UN261363

占領期生活世相誌資料

I

敗戦と暮らし

監修
山本武利
編
永井良和

新曜社

『占領期生活世相誌資料』刊行のごあいさつ

終戦直後の日本は、雑誌メディアを中心とした史上空前の草の根メディアの叢生期であった。自由民権期に草莽の臣による反藩閥のメディア活動が全国的規模で展開されたが、その送り手は政治意識の高い人びとに限定されたため、権力による弾圧で短期間で終息した。ところが終戦直後においては、敗戦国となり、被占領国とはなったものの、軍国主義から解放された喜びを自分たちのメディアで吐露したいという欲望が各階層から噴出した。労組員、共産党など従来、権力に弾圧されたグループや組織ばかりでなく、青年団員、俳句・和歌などの文芸サークルや学校ＰＴＡまでもがメディアを創刊する一大ブームが起こった。

それらのメディアでは各階層、各地域の人々が飢餓脱出を中心にさまざまな工夫や意欲を表現した。この『占領期生活世相誌資料』に収録された記事は庶民の生活の知恵を凝縮させている。ちょっと本書をめくっただけでも、焼け跡、空襲・原爆体験、兵士遺族、帰還、引揚げ、食糧難、代用食、すいとん、ララ物資、ケア物資、タケノコ生活、住宅難、生活立て直しなどの関連記事が目に入る。底辺庶民が自身の知恵や発見を、着飾ることなく、自分の言葉で素直に表出させた。それらは飽食に象徴される豊かな現在では想像もつかない、血と汗からにじみ出た情報である。

占領軍を軍国主義からの解放軍と見た人びとは、憲法の保証する言論・表現の自由を獲得したと考えた。しかし占領軍は大メディアには事前検閲制を、小メディアには事後検閲制を敷いて、活版メディアのみならずガリ版メディアまでも検閲した。検閲はラジオ番組、郵便物、電信電話などにも及んだ。事前検閲制は一九四八年七月に終了したが、事後検閲制は四九年一〇月末まで継続した。

検閲を担当したのはＧＨＱのＣＩＳ（民間諜報局）傘下のＣＣＤ（民間検閲支隊、民事検閲局）であった。

ＣＣＤは全国に張りめぐらせた支部、支局やＣＩＣ（対敵諜報部）を通じて、各メディアに強制的に活動内容を届け出させ、プレスコード（日本出版法）で検閲した。ＣＣＤには数万人の日本人が検閲者として雇用されていた。そして占領目的に反すると見なした内容を一部削除したり、公表禁止にしたりした。また悪質と思われたメディアの発行者を軍事裁判にかけることもあった。

こうした全メディアを対象とする検閲は、戦前戦中の軍国主義時代以上の厳しさといってよかろう。とくに群小のメディアにも遺漏なき検閲を実施した点では、空前のものであった。ＧＨＱに勤めていたゴードン・Ｗ・プランゲ博士は、母校の米メリーランド大学に帰任する際に、そのメディア的・インテリジェンス的歴史価値を評価し、それらの資料を持ち帰った。現在プランゲ文庫と命名されて同大学付属図書館にある一万三千の雑誌、一万六千の新聞はそのタイトル数だけでも驚くべき数である。それら紙誌の多くは国立国会図書館や地方公共図書館などに現存していない。

私を代表とするＮＰＯ法人インテリジェンス研究所では、日本学術振興会の科学研究費を得て、二〇〇〇年から二〇一二年の期間にプランゲ文庫の全雑誌の執筆者、目次、小見出し、版元などの情報と地方有力二八紙の冒頭記事、見出し、固有名詞、広告のデータベースを作成し、順次無料公開してきた。そのデータベースは、本文記事は収録していないが、三二三万件ものビッグデータを収録している。データベースの運用には多額のプログラム構築・改修費、サーバー維持費が恒常的に必要なため、二〇一三年からはやむなく有料公開となっている。

先ほど、小メディアへの検閲は多くが発行後に提出を命ぜられる事後検閲扱いであった、と述べたが、ＧＨＱの監視は庶民のメディアには結果的に緩かった。ＧＨＱが恐れたゲリラ的な反体制活動がこれらのメディアには弱かったことがあろう。というよりは、庶民メディアに載せられた生活・世相の言説はプレスコードでも対象になりにくかったからである。検閲が一応実施されたけれども、占領下において全国各階層のメディア刊行ブームに水がさされることはなかった。日本人に嫌われた検閲体制のおかげで、こうした刊行物は廃棄されることなく保存され、現代人も接することができるのは歴史の皮肉であろう。

　われわれはすでに『占領期雑誌資料大系』大衆文化編、文学編の全一〇巻（岩波書店）を二〇〇八－二〇一〇年に公刊している。今回は版元を改め、新たな視点から、とくに庶民層の表出記事を幅広く発掘した。結果として他の分野に比べて生活・世相記事は検閲的な歪みが少なかった。したがって本資料集は当時の庶民の声をストレートに反映させた貴重な情報源となったといえよう。プランゲ文庫新聞・雑誌情報データベースからこうした占領期の世相・生活探究に不可欠な記事を精選し、編集したのが本資料集である。前回は編者代表として私は各巻の編集にかなり関与したが、今回は各巻の編者に参考意見を述べる監修者の立場で終始している。

　最後に今回も『現代メディア論』（一九八七年）以来、長く私の執筆活動を支援してくださった新曜社編集部の渦岡謙一氏の献身的なご協力に依るものであることを記して感謝したい。

二〇一四年五月二一日

監修者　山本武利（NPO法人インテリジェンス研究所理事長）

凡例

●本資料集は、米メリーランド大学図書館のゴードン・W・プランゲ文庫に所蔵されている雑誌の記事を、精選し配列したものである。
●巻を構成する各章はテーマ別に資料を編成した。
●記事については翻刻を行なったが、写真や漫画など一部の図版は版面をそのまま収録した。翻刻にあたっては、プランゲ文庫のマイクロフィッシュ版（国立国会図書館、早稲田大学中央図書館、国際日本文化研究センター所蔵）を底本とし、版面の収録に際しては、原則としてプランゲ文庫に所蔵されている雑誌の複製を使用した。
●収録した各資料の標題は見出しをもとに編者が付した。その際、「特集」などの内容にかかわりのない角書、および連載記事のシリーズ名などについては、適宜、省略あるいは記載の位置を移動した。

本文の作成について

●旧字体は新字体にあらためた。ただし、常用漢字・人名用漢字以外のものが用いられている場合は、原文のまま表記した。
●仮名遣い、送り仮名は、原文のままとした。
●振り仮名・傍点・傍線・太字などは可能なかぎり原文通りに示した。ただし、総ルビや、それに近いものについては適宜省略した。
●原文が横書きで掲載されている記事については縦書きで収録し、その旨を記事本文末尾に注記した。その際、横書き原文記事中にあるアラビア数字は漢数字に置き換えた。なお、原文で「十」の表記が用いられている箇所はそのままとし、あえて統一は図らなかった。
●部分的に省略を行なった場合は、その箇所に〔略〕として示した。
●漫画や記事に添えられた挿絵・写真は原則としてそれ自体を個別の資料として扱い、文章を中心にした記事においては、特にことわることなくそれらを省略した。

●検閲によって何らかの手が加えられた部分は網をかけて示した。また、検閲事由が示されている場合、必要に応じて解説で触れた。

●記事中には、今日では不適切と思われる表現が見られる場合があるが、資料の歴史性を尊重し、原文のままとした。

翻刻の方針について

●句読点は、各記事の方針を尊重しつつ、明らかに脱落と思われる箇所は適宜補った。ただし、　つの記事中で句読点の付し方に一貫性がみられない場合は、そのままとした。

●改行の際に行頭が下がっていない場合でも、読みやすさを考えて一字分の空白を補った。

●明らかな誤字・脱字・衍字以外は当時の表記法を尊重し、今日では通用しないと思われる表記もそのままとした。ただし、誤字であるかどうか判断できない場合は、今日一般的と思われる文字が指定できるものについては〔　カ〕の形で注記し、それ以外については「ママ」とルビを付した。また、人名、団体名の誤りは訂正したが、映画のタイトルなどの作品名については、当時の表記を尊重し、原文のままとした。

●印刷の汚れや破損などで判読できなかった文字は文字数分の□（白四角）を入れた。判読不能部分が長文にわたる場合は「〔〇字分不明〕」とした。文脈上明らかだと推定される字句を補った箇所がある。

●引用者による注記を示す〔　〕と区別するため、原文中に〔　〕が使用されている場合は［　］にあらためた。

●各記事の後には、雑誌名、巻号、発行者名（所在県名）、刊行年月日、マイクロフィッシュの請求番号、などを記した。なお、請求番号はメリーランド大学と国立国会図書館とで作成したものである。

●雑誌名、巻号、発行者名（所在県名）、刊行年月日は原則として奥付の表示に従った。ただし奥付がない場合は、表紙、裏表紙の表示に従った。

占領期生活世相誌資料Ⅰ　敗戦と暮らし――目次

第四章　食と住まいの変遷／住宅難

第五章　新生活／生活改善

続巻の内容

●Ⅱ巻　風俗と流行　松田さおり・永井良和 編

第一章　性風俗、パンパン、鳩の街、男娼、オフリミット　松田さおり
第二章　アプレゲール、不良　岩本茂樹・松永寛明
第三章　衣服の変遷　加藤敬子
第四章　家庭生活のアメリカ化　加藤敬子
第五章　地方の風俗、集団見合い、ダンス、市民駅　永井良和

●Ⅲ巻　メディア新生活　土屋礼子 編

第一章　メディアの民主化（街頭録音と壁新聞）　土屋礼子
第二章　英語メディアと流行歌　土屋礼子・吉田則昭・市川孝一
第三章　活字に飢えて　土屋礼子・鈴木常勝
第四章　広告の新時代　竹内幸絵
第五章　博覧会と近未来　井川充雄・土屋礼子

（内容・執筆者は変更の可能性があります）

Ⅰ巻巻頭解説

永井良和

戦争も、いわゆる「戦後のどさくさ」も、遠い昔のことになった。遠い昔のことは、もっと遠い昔のことと区別することがむずかしくなり、あいまいな記憶となる。

こうの史代のマンガ『夕凪の街・桜の国』（双葉社、二〇〇四年）は、戦争を知らない世代が、被爆という歴史的事実を受けとめていく可能性があるのかを考えさせる作品であった。また、今後も、事実の記録と伝承の方法に道すじがたつことを示した点でも意義深いものだった。多くの賞が授けられ、評価も高い。そして、二〇〇七年には映画化され、これまた好評を博した。

二〇〇八年に発売されたこの映画のＤＶＤには、出演者の記者会見、インタビューなどが収められている。記者会見には、第二部の主人公の父親役を好演した堺正章も出席しており、作品についてコメントした。そのなかで堺は、原子爆弾が落とされた年をまちがえて「昭和十九年」と言ってしまう。もちろん、すぐに訂正したし、堺が出演したのが「平成十九年」に設定された第二部であることを斟酌すれば、単純な言いまちがいとみなせなくもない。しかし、ベテランの、というより還暦を過ぎた堺正章が「終戦の年」をまちがう、ということに驚いた。だが、考えてみれば堺正章も一九四六（昭和二一）年の生まれで、戦争を知らないのであった。

二〇〇五年に放映されたテレビドラマ『広島 昭和20年8月6日』（ＴＢＳ）は、爆心に近い街の旅館に暮らす三人娘と末の弟の物語である。娘たちがすべて原爆で亡くなり、生き残った弟は語り部となって、平和公園や資料館を見学にきた生徒たちに昔話をする。これも放映後に評価が高かった作品で、翌年、再放送されている。しかし、この再放送のときには、エンディングロールが差し替えられていた。もともとの放映時には、夏川りみが歌う「涙《なだ》そうそう」が流れるなか、広島の被爆者の遺体や、傷ついた体を撮影した白黒の写真や映画フィルムがテレビの画面に映し出された。しかし、どういう事情があったかは明らかにされていないが、再放送では、夏川りみの歌はそのままに、別の画像（本編のダイジェスト）に変更されたのである。悲惨な画像を用いることは差し控えられた、ということであろうか。ただし、二〇〇六年に発売されたDVDでは、オリジナルの画像のまま収録されている。

いま二十歳くらいの若い人たちにとって、一九四五（昭和二〇）年は遠い昔である。日本が第二次世界大戦の敗戦国であることは頭で理解していても、都市空襲がくりかえされ、二発の原爆が落とされ、敗戦が決まったのはいつかと問うたとき、それが一九四五年だということをただちに答えられるとはかぎらない。

この資料集の編集・執筆担当者たちとて、敗戦後の生まれで、戦争を知っているわけではない。だが、昭和四〇年代くらいまでに生まれた世代は、まだじぶんの親が戦争をくぐりぬけてきていた。その経験を聞く機会もあった。くわえて、戦争や敗戦後の生活のようすについては、メディアもよくとりあげていた。それが、娯楽番組であっても。戦後たとえばNHKの朝の連続テレビ小説は、戦災と、戦後のどさくさを、くりかえしドラマ化して放映していた。戦後を生き抜いた女性の一代記は、高度経済成長を支えた主婦たちの自画像であり、高い視聴率をとることもできた。しかし、その世代が高齢化するとともに、そのようなドラマづくりはマンネリだといわれた。近年では、戦中・戦後の生活が描かれることもまれになっている。

なるほど、年に何度か、大がかりなセットやCGを用いたテレビ番組や映画がつくられている。戦争や戦後の暮らしは、新しい技術で「再現」されるようになった。それはしかし、よりリアルな（リアルらしい）描写と、大きな予算をかけた特別なものでないと、見てもらえないという事情を示してもいるようだ。

いま思うと、それがたとえパターン化された描写、ありきたりの映像であっても、上の世代が経験したことを想像する手がかりが与えられていたことには重い意味があったようだ。上の世代の経験についての想像力が保たれただけではなく、よその国に暮らす人たちにも同様の苦難があったであろうことを想定する構えも、なにほどかは培われていた。しかし、そういったフィクションの力に過度に期待することは、いまはできない。

ここに集められた記事は、ほとんどがフィクションではなく、書き手のそれぞれの実体験にもとづくものだ。フィクションの体《てい》をとっていても、実体験によって裏づけられたものだといえる。こういった文章が、社会のなかで衰えつつある想像力を補うものであってほしい。

このI巻では、まず、焼け跡暮らしの前提となる空襲の経験、肉親を失った子どもたちの生きざま、海外に送られていた兵士たちの帰還、占領軍としてやってきた米兵たちとの交流など、当時の世相に関する資料を多面的に採録した。さらに、食糧難や住宅難の実相を記録した資料、そして、日常生活の立て直しから、より豊かな暮らしの希求といった方向性が探られていく。

収められた文章は、いずれも、戦争という悲劇を繰り返さないために、次の世代に実態を伝えておきたいという強い動機によって書かれたといってよい。そして、それぞれの文章にこめられた願いは、語り継ぐ主体となるべき世代が少なくなり、口頭で直接に語り継ぐことができなくなりつつある今、あるいは将来においてこそ、実をむすぶべきである。語り手がこの世を去っても、綴られた文字は残り、生きて会うことのない世代との架け橋になるからだ。

なお、時代背景や執筆の経緯など個別の資料に関する説明は、各章の解説にゆずる。

第一章

記憶の抑圧——爆弾が落とされた街

章解説

永井良和

第一章には、戦災経験について書かれた記事を採録した。該当するものは多いが、紹介できる数はかぎられている。ここでは、広島と長崎に原子爆弾が投下された直後の記録、それからしばらく時間が経ってからの回顧、さらに、函館や仙台、岩国などの都市に対する空襲にかかわるものを選んだ。

敗戦から約七〇年のあいだに、空襲被害に関する膨大な記録が蓄積された。各都市ごとに戦災誌が編纂され、体験を記録し語り伝える活動、平和を構築するための施設の運営などが継続されている。もっとも、問題がないわけではなく、戦争経験者が高齢化し、あるいは他界して語り手が少なくなったこと、その体験を受け継ぐべき世代が戦争について関心をもてないことが、活動の大きな障碍になっている。

それとは別の問題点も考えておくべきだろう。国内で蓄積された被災記録は、必ずしも海外からの共感を得られたわけではない。第二次世界大戦の戦勝国や日本の侵略を受けた地域では、日本の加害者性が強調され、被害者性を認めない傾向にあるからだ。ブラッケット『恐怖・戦争・爆弾』(田中愼次郎訳、法政大学出版局、一九五一年)のように核兵器使用についての反省を促し、将来的な使用を抑制しようとする思想は古くからあった。しかし、日本に対する核兵器の使用はおうおうにして正当化された。近年になってようやく、空襲という無差別殺戮を行なった点についての反省が旧連合国の論壇にもあらわれるようになった。二〇〇六年には、グレイリングが連合国の無差別爆撃について倫理的に検証し世に問うている(『大空襲と原爆は本当に必要だったのか』鈴木主税・浅岡政子訳、河出書房新社、二〇〇七年)。このような思潮のなかで、ドイツと英国とのあいだでは空襲被害についての相互理解を深めようという努力が継続されている。

もちろん、日本の被害者性が主張できるようになったからといって、加害者性が免責されることにはならない。にもかかわらず、いや、だからこそ、「難死」した人びとの記録は、いずれの社会においても大切に残されなければならない。

その記録の社会的な意義はさまざまに考えうる。記録を残すことが、生を奪われた者への手向けとなり、生きながらえた者にとっての慰めになるかもしれない。頭上からの攻撃によって一瞬にして命を奪われた人たち、何年も苦しんだのちに人生を途中で奪われた人たち、親しい者を失った人たちの経験は、自分たちの被害の実態を示す証拠でもある。

しかしながら、それらの記録は同時に、他者が受けた被害を想像し、共感するためのよすがでもある。とくに、戦争の経験がない世代、肉親や知人を戦争で傷つけられたことのない世代が、戦争という体験を知ろうとするためには、想像力の作動する場が必要である。その場をかたちづくるのは、「もし、このときに父母や、あるいは祖父母が命を落としていたら、いまの私は存在しない」という原点の確認であり、そこからの連想によって、他者の経験を理解する基礎が生まれる。そして、そのような連想や理解の出発点は、本章に採録された記録のなかにたもたれている。

差し控えられた表現

敗戦後には、いや戦中から人びとの生活は大きな混乱のなかにあった。戦時においては厳しい相互監視のしくみもあって、戦争遂行を疑問視するような意見の表明は控えられた。戦争に負けたあとも、日々の暮らしが再建されるまでは、出版をつうじての意思表示の機会もかぎられていた。それでも、戦時をふりかえって体験を記録にとどめようとする努力はあった。

広島・長崎の市民に対する原子爆弾の使用が、どのような被害をもたらしたのか。周知のとおり、その報道は、厳しい検閲を受けた。プランゲ文庫の資料を用いて検閲の実情を明らかにした研究としては、たとえば堀場清子『原爆表現と検閲』（朝日新聞社、一九九五年）、中川正美「原爆報道と検閲」（『インテリジェンス』第三号、二〇〇三年）などの成果を参照することができる。また、最近では、繁沢敦子『原爆と検閲』（中公新書、二〇一〇年）のように、米国側でどういった情報の統制が行なわれたのかを明らかにした試みもある。

『原爆 表現と検閲』は、まだ資料のデータベース化が完成していない時期の作業によるもので、国内での閲覧にも不便があった。堀場は、米国まで足をのばして資料を掘り起こし、検閲の実情を調査している。これらの研究では、強い規制によってたくさんの表現が改められたというよりも、強い規制があるはずだという日本側の自己検閲のために、原爆をはじめ、米軍の空襲や爆撃に関する表現そのものが差し控えられる傾向にあった点が指摘されている。

じっさい、「占領期新聞・雑誌情報データベース」（20世紀メディア研究所）を用いてキーワード検索をしてみても、「原爆」や「空襲」などの言葉でヒットする記事の件数は極端に少ない。米軍による本土攻撃についてのまとまった回顧が表立って出版されるようになるのは、講和条約が締結され、さらに時間が経った一九六〇年代以降のことなのである。しかし、詩歌や創作的な小説などの分野では、敗戦直後から戦時下の空襲被害にかかわる表現が試みられていた。直接的表現が検閲者の目にとまり削除を命じられたケースももちろんあるのだが、中川が指摘するように、表現の工夫によっては掲載が可能なばあいもあった。

広島・長崎の被爆経験に関するものが注目されるのは当然だが、いっぽう他の都市に対しておこなわれた空襲そのものの無差別性、非人道性を問うことも不可欠だろう。前田哲男『戦略爆撃の思想』（新訂版、凱風社、二〇〇六年）をはじめ、空襲という攻撃手段について総合的に検討する作業が進められている。

この章でも、原子爆弾による被害状況の記録にとどまらず、空襲によって人びとの日常の暮らしがどのように壊されたのかを描き出す資料を採録した。

ヒロシマとナガサキ

では、具体的な資料の内容を簡単に紹介しつつ、説明を補っておきたい。とりあげた資料のなかには、くろうとの書いた文学作品などとくらべれば拙いものもある。また、書き手がおかれていた立場によっては、自由に書き綴ったとは思えないものもある。なんらかの肩書きをもった専門家であっても、文筆で身を立てていたわけではない書き手もいる。そのような人びとの、生活者としての記録への熱意、検閲への抵抗の試みを読みとっていただければさいわいである。

「原爆下の警官達」は、プロローグと三つのエッセイから構成される特集記事である。執筆者はいずれも警察あるいは警察学校の関係者で、プロの文筆家ではない。戦時には警察署などの現場で任務についていた。『警察文化』という雑誌は広島管区警察学校の刊行物であった。被爆の体験をつづった民間の記録は、もう少しあとの時期からじょじょに公表されていき、被爆地以外に暮らす人びとの耳目にふれるようになった。それらの多くはあるていどの時間の経過ののちに回顧されたものである。『警察文化』所載のこの資料は、被爆後四年という、比較的早い時期に残されたものだといえよう。手記を書いた三名の見かたや表現のしかたはそれぞれにちがっているが、警察官らが職務を優先して被災者の救援活動にあたったことが読みとれる。

戦時下社会の警察は民間の警防団などと連携し、敵の攻撃に備え、あるいは空襲の被害拡大をおしとどめるための「民防空」(軍が行なう「軍防空」に対し、一般官民が行なう防空のこと)を担当していた。しかし、原子爆弾の威力は、焼夷弾や爆弾による空襲について想定された被害のていどをはるかに上まわるものであった。

坂本ひろむの「ピカドンこぼればなし」には、新しい爆弾が「ピカドン」と命名されたいきさつが書かれている。当時もちろん、坂本がこの言葉をもっともはやく使った、しかも唯一の人物だったということにはならないだろう。当時の被爆地では、共有された経験のなかから、似たような連想によって、たとえようのない悲劇に名前が与えられたはずである(本章所収の「「ひろしま」の人気」にも「ぴかドン」という言葉の由来が書かれている)。この資料からは、そういった命名の過程と、公的な文書に記載された名称「落下傘附曳下爆雷」とのあいだに乖離があることを読むべきだろう。何が起こったのか、どんな兵器が用いられたのかまったく知らされていなかった人びとと、まがりなりにも名前をつけて、公的な報告をつくらねばならなかった役職にある者とのちがいが表わされている。

しかしながら、公的な職務についていたとはいえ、彼らもひとりの人間として被爆している。そして、彼らの目に映った被爆者たちの姿は、ときに簡潔に、ときに濃密に描かれ、読む者を引きこむことだろう。久城革自の「地獄の街を往く」および平賀繁の「原爆の思出」には、途絶した連絡経路を復旧し、被災者救済の指揮系統が構築されていくなかで、倒れていった同僚たちのようすが記録されている。

発表時期は前後するが「ぴかどんから三年」は、被爆から二年後の一九四七年夏に刊行された『ひろしま』所収のコラムである。タイトルには「三年」とあるが、これは満三年という意味ではなく、三周忌を迎えてという思いがこめられているのであろう。『ひろしま』は広島鉄道局の機関誌だが、執筆した中尾龍作については、よくわからなかった。広島に原爆が投下されてから三年のあいだに、街は、また人びとの暮らしは少しずつ立て直されていく。そのようすをとらえたスナップ写真のような小文である。立て看板という人為的につくられたもの、そして、古い木の株からのびる若芽など人と自然のゆっくりとした移り変わりが描かれている。イラストに登場する白神《しらかみ》さん（白神社）の被爆クスノキは、いまも境内にすっくと立っている。

ヒロシマに対してナガサキはどうだったのか。三菱長崎造船所の刊行物『くすだま』からは、被爆一年後の記事を選んだ。書き手は、原田二郎。本文にあるとおり、占領軍の記者会見に呼ばれたところをみると、報道関係者か、あるいは英語をなりわいとした通訳、翻訳者かと思われる。しかし、詳細は不明。読者は、タイトルの「結果より見た原子爆弾の人道性」から、どのような主張を想像するだろうか。被害をみれば、無差別攻撃は非人道的に映るかもしれないが、原爆の投下により戦争が早期終結し、また日本に対する懲罰として有効だったというのが、原田の見解である。これは、核兵器の利用を正当化する、典型的な書きっぷりといえる。米国に迎合する立場に、反感を覚える読者がいるかもしれない。事実、この記事には検閲の痕跡がない。ただし、文章末の微妙な言い回しが気にかかる。

広島の被爆者が告発的だったのに対し、長崎では被爆を戦争加害者が報いとして受けるべき運命とみなすような意識が認められたとする解釈がある。被爆者にキリスト教徒がふくまれていたことについて米国も心を痛めたという説明や、戦争をしかけた日本に対して神罰が下ったとする解釈は、キリスト教信者の多い街の人びとに受け入れやすいものだったとみなされてきた。

高瀬毅『ナガサキ　消えたもう一つの「原爆ドーム」』（平凡社、二〇〇九年）によれば、「劣等被爆都市・長崎」という言い方があるそうだ。広島が原爆ドームという「負の遺産」を維持したがゆえに世界に対する強いアピール力をもち、いっぽうの長崎は「神の摂理」として被爆を受容してしまう。そのことを象徴するのが「劣等被爆都市」という言葉である。ここに翻刻した原田の主張も、そういった見かたを裏づける資料とみなせよう。だが、それにしては文章の締めくくりの歯切れが悪い。「私は只許された範囲に於てのみ、米国将兵の一部の人の感想を記したのだが、更めて不幸な方々の御冥福を祈つて筆を擱く」――ここには、発表できる書き方を用いて、発表することをまず目標とし、書ききれなかったことがあることを示唆して終わるという執筆者の意思が潜んではいないか。読者の判断はどうだろう。

関連する資料をひとつ、紹介しておきたい。『科学画報』一九四六年一月号に掲載された「紀行・原子爆弾被害調査行　ひろしま　ながさき」という文章である。内田祥文という原子爆弾の被害調査に出かけた建築・都市計画の研究者が長文のレポートを書いた。ただし個々の都市に滞在した時間が短く、詳細な記述とはいえないので翻刻はしなかった。ここで示すのは、このレポートに対してなされた検閲による削除部分である。広島と長崎とでは、被爆を受け入れるしかたにちがいがあった。そのことについて、次のような説明を人づてに聞いた、というのである。

長崎、広島に、その被害の甚大さと、慘絶さは、米国よりの同情を生じ、食糧衣類等の支給が、申し出されたのではあるが、長崎市民はこれを心よく受けたに対し、広島に於ては、頑強に拒んで止まなかつたと云ふのである。長崎は、元来外国を相手として発達した、云はば受動的立場にある港街であるのに対し、広島には、海外への発展が盛な、積極性を持つた人々が多いと云はれる。この受動性と能動性とが、一方に於ては消極的と成り、米国まかせと成つたのに対し、他方に於ては積極的と成り、自立して行かうとする方向に走つたのかもしれない。

提出されたゲラにして九行に相当するこの部分は、untrue（事実ではない）ということで削除された。被爆から一年もたたない時期に、長崎は受容、広島は告発といった構図があったことを示していて興味深い。また、それはかならずしもキリスト教と関連づけられた説明ではない。じっさい、キリスト教という回路をつうじての民意の操作は、さほど簡単ではなかったのではないか。さきの高瀬も、戦時までの長崎では、キリスト教信者が分断されていて、その地域が爆心になったことについての評価は市民のあいだでもさまざまであった点が示されている。

長崎を、広島と対比して「劣等」とみるような考え方は、長崎の被爆経験を軽んじるという点で誤っているばかりではなく、そのような見解に同調することで被爆者を分断することにつながるし、ふたつ落とされた原子爆弾のうちの一つを免罪する効果があることを隠蔽してしまうだろう。『ナガサキ昭和20年夏――GHQが封印した幻の潜入ルポ』（毎日新聞社、二〇〇七年）などの資料も公開され、あらためて長崎にかかわる情報操作の再検討が求められている。

空襲と地方都市

つづいて、地方都市に対する空襲を記録した資料をみておこう。函館病院に勤務する小児科医で、歌人でもあった阿部たつを（阿部龍雄／竜夫とも）は、空襲のあった数日間を描いている。雑誌『海峡』は、地元の文化人であった阿部じしんが編集していたものである。記事タイトルは「創作　空襲挿話――屍体収支の話」で、「創作」とのことわりがきがあるが、内容からは記録性の高いものと読める。関係者に配慮して、仮名などが用いられているのかもしれない。しかし、これも「民防空」の状況をよく示している。また、被害の程度が小さかった都市においても、相応の準備がなされていたことがわかろう。東京や大阪にくらべれば規模は小さかったかもしれないが、空襲の被害は想定を凌駕するものであった。

筆者の阿部は、医師として被災者の治療に心を砕いただけでなく、死亡した人びとのなきがらに対しても深い敬意を抱いている。「収支」という客観的な言葉が用いられているが、慎重に対応したつもりでも混乱のなかで計算が合わなくなったことが告白される。そして、たったひとりの遺体の運命から、阿部は戦争全体のなかで粗略に扱われた人びとが数知れずいたであろうことを想像する。

つぎに、『産科と婦人科』に掲載された「戦争に依る月経異常に就て」をみる。仙台空襲が少女たちの身体にどのような影響を残したのか、その実態を報告したものだ。著者は複数だが、筆頭の山本公彦は東北大学医学部の産婦人科学教室に所属していた。研究者による学術論文だが、一般の人びとの空襲被害に関する客観的調査の例として採録した。

内容は簡明である。仙台での空襲の結果、「銃後」の女性たちに無月経などの身体的影響が認められた。敗戦後に多くの兵士たちが引き揚げてきて、その後にベビーブームが起こったことはよく知られている。いわゆる「団塊の世代」の誕生だ。しかし、その子どもたちを生んだ女性は、戦時中、空襲の不安から月経不順や無月経状態におちいっていたのである。

空襲の被害といえば、建築物や道路や鉄路のような都市のインフラストラクチャーがとりあげられることが多い。破壊され、炎上した構造物の写真は、戦争の被害をよく象徴するだろう。人的被害についても、焼死者や重症者のようすが典型とされる。しかし、外見に傷はなくても、生理がとまってしまった女性や、ここではとりあげていないが精神をむしばまれた人は少なからずいたと推測される。医学的調査による計量データであったために、検閲などを受けず、比較的早い時期に公表されたとみてよい。プランゲ文庫所収の資料のなかには、広島で生殖能力について男女ともども調査がなされたことを示す記事もある。ただし、こういった科学的データも、事前の打診があったうえでの掲載だったことが堀場らの先行研究で明らかにされている。

制約のなかから

プランゲ文庫の資料を参照することの意味は、検閲や削除のようすをとおして、どのような情報操作がおこなわれていたのかを知ることができる点にある。ここからは、検閲や削除の実例を紹介していきたい。

ふたたび広島に関するものをならべていく。まず、被爆直後に広島入りした電気関係の技術者であろう人物が書いたもの。『電気技術』一九四五年一一・一二月号に掲載された。署名はS・Y生とだけ記されている。この雑誌の編集者だったようだが、詳細はわからない。さきほどの医学的レポートと同様、客観的な叙述は比較的許容されたと考えられるが、勤労奉仕の女子学生たちの多くが犠牲になったようだという伝聞情報が削除対象となったことがわかる。

また翌一九四六年三月に刊行された『技術文化』創刊号には、児玉励造「原子爆弾の中にあつた私信」が掲載された。ここでも原爆の使用について欧米でも否定的な意見があったことに関する記述（「全アングロサクソンの牧師たちは原子爆弾使用に対し、米当局に非難の声をあびせた」など）が削除され、肯定的な評価のみが残されたことが読み取れる。この資料については、堀場もリストアップしているが、本書では全文を翻刻した。

被爆の経験をどのように表現、伝達していくか。地元での取り組みを追っておこう。たとえば、中国文化聯盟の機関誌『中国文化』創刊号は「原子爆弾特輯号」として一九四六年三月に広島で発行された。これは、事前検閲を受けて発行されたもので、いわゆる「原爆表現」のなかでは著名な文章群のひとつである。一九八一年には、資料を補足し、地元で復刻されている。ただしこの特集もふくめ、『中国文化』はプランゲ文庫には入っていない（同名の別雑誌がある）。

被爆経験を書き残す試みは、しかしながら、他の集団、媒体によってもなされた。ここでは、さきにとりあげた広島鉄道局発行の『ひろしま』に再度注目したい。被爆から一年あまりが過ぎた一九四六年一二月号には、三崎重雄が「「ひろしま」の人気――「ぴかドン」人種への希望」という小文を寄稿している。三崎は鉄道関係者で、『国鉄労働運動史』『蒸気車誕生』『物語日本鉄道史』などの著書がある人物だ。米国の文学者で、ピュリッツァ賞の受賞経験があるジョン・ハーシーが執筆した『ヒロシマ』に、三崎は注目する。そして、ハーシーの作品が米国人に受け入れられたのであれば、被爆者じしんが体験を記録・発表することこそ必要だと主張した。この記事には検閲の痕跡がない。

しかし、その後、『ひろしま』誌には具体的な体験記があらわれない。ようやく一九四九年になって、三崎の主張を受けるかのような見聞記が登場している。執筆した相武愛三は、鉄道関係の紀行文などを書いていた人で、戦前期にいくつかの著作を残している。やや古めかしい文体でつづられているこの記事は、しかし、広島の被爆の直接的な経験を書いたものではない。原爆投下後の広島に、終戦の直前に知人を訪ねていったときの回顧で、帰路に遭遇した岩国の空襲などについて書かれたものだ。文学性が高いかと問えば、高い評価を与えられそうにないが、しかし、きわめて庶民的な感覚でつづられた文章だとはいえる。これも、削除のあとはない。

本土の空襲に用いられた爆撃機Ｂ29についての記録も見ておこう。『国鉄文化』一九四八年一月号に掲載された柴田賢次郎の「Ｂ29搭乗記」がそれだ。柴田は、戦前期に活躍した職業作家で、戦時には報道班員としてフィリピンなどに出向いた。ここでは、戦犯を裁く法廷に証人として召喚されたときのことが回顧されている。柴田は作家の今日出海らとともに、マニラに呼ばれた。多くの人びとの殺戮に用いられたＢ29に乗るという、特異な体験が書かれている。米軍将校の態度はあくまでも紳士的なものとして描かれ、爆撃機の性能やそれを支える技術も優等なものとして示されている。これは、掲載が許可される典型的な表現だといえるだろう。プロの文筆家であれば、検閲の意図を読み取って、迎合的な文章を書くことは困難な作業ではなかったはずだ（ただし、冒頭の「昭和二十年」は、「昭和二十一年」の誤り）。

この巻では、基本的にノンフィクションの散文を採録しているが、さいごに、伊藤和というプロレタリア詩人の作を紹介しておく。検閲で、かなりの部分について削除を命じられている。けっきょく、この作品は予定された雑誌『コスモス』第七号に掲載されないままおわった。本章でとりあげた他の記事と比較して、読者の参考にしていただきたい。

原爆下の警官達

プロローグ

一九四五年八月六日の朝、ヒロシマの西南方に一機のB二九が小さく姿を現わした。高度九五〇〇メートル、そのころ日本最新鋭の高射砲でもようやく八〇〇〇メートルの高さまで届くか届かぬ程度のものであつた。宇品の丘の陣地では指揮官は既に射撃をあきらめていた。

――B二九は悠々とヒロシマの上空を斜に横切つて遠く東方に飛去るかに見えた。しかし巨大な鳥は銀翼をひるがえして再び引き返してきた。ほぼ市の中心と思われるところまできたこの鳥が怪しげな三箇の黒い物体を落した瞬間！ヒロシマは忽ち死の苦悶にさらされた。

一九四五年八月六日！それは人類がはじめて体験した新しい戦慄の日であつた。

――カット〔省略〕　新延輝雄――

ピカドンこぼればなし

坂本ひろむ

原子爆弾の体験――といつても、当時私は警防課で防空主任をしていたからといつて、今更防空対策でもあるまいし、およそそれはノンセンスである。が然し、私の席の関係で、自然話はそこに落ちて行きそうである。

元来、体験を語る――などとでると、何か大げさになつて来る。よつてもつて、読者の参考になる底のことがらは、私の貧しい体験からは割出せそうにない。割出せなくても原爆を体験していることは事実であるから、当時の警防課の楽屋裏からのぞいたあれこれを、想い出すまゝに書きとめて見る。閑話休題。

―●―

原子爆弾のことを俗に「ピカドン」という。この言葉は当時の警防課から出た。はつきり言うと、今は呉市の警察局に居る新畑警部（当時警部補）や私などが「こりやあ何だよピカツとしてドンと来てそれでしまいだつたからピカドンぢやろ」と話していたことに初まる。それがだんだん広まつて、今は全国的にひろがつた。

―●―

「落下傘附曳下爆雷」と言つても人には何のことか判らないであろう。ところがこれが広島空襲の第一報を防空総本部え《ママ》報告する時に使用した原子爆弾の最初の名前なのである。

何しろ、全然見当もつかない空襲であり、それこそピカツとしてドンと来るとそれですべてが終りであつたので、何が何だかさつぱり判らず、況んや投下弾の種類、性能など一切不明。軍に聞いても判らない。爆弾だろう。いや特殊な性能をもつた少くとも二噸《トン》位のものだろう――など、まことに噂とりどり。

当時の空襲判断では「日本本土の空襲には先ず最大二五〇キロ爆弾であろう。それと焼夷攻撃を併用するであろう」というのであつた。従つて、あらゆる防空対策もこれを基礎に実施されていたのである。又、それ迄の空襲状況を検討して見ても、大体その判断は正しいことが立証されていたのである。だから早晩、行われるであろう広島空襲も大体この程度のものと吾々覚悟していた。やれ火たたきだ、やれポンプだ、バケツ操法だと所謂家庭防空群を指揮してやかましく云つていたのもそのためである。ところがこんどの広島空襲はドカンと一発来た瞬間、全市がペチヤンコになつたまゝ何が何だか判らないのである。大体二五〇K、大きくてもせいぜい五〇〇Kでそれ以上の大きなやつは日本などえ《ママ》はとても使わないであろうと安心？　していた所え《ママ》大きいも小さいもない、まるで見当のつかぬもので攻撃されたのだから面喰つたのも無理はない。先ず、一番困つたのは投下弾の素性が判らぬことであつた。それが判らぬため正しい空襲判断ができず、従つて爾後の防空対策が成り立たないのである。いずれにせよ何とかしなければならない。蟻の巣をぶちこわして、蟻が右往左往する恰好である。防空総本部え《ママ》も報告しなければならない。何か判らぬ大きな爆弾と――いうのも不思議な話。

ところで、私の家内は爆心地から約六Kはなれた矢賀町の自宅にいて、玄関脇の窓から外を見ている時、何か白い変なものが空から落ちると思つていたらドカンと来たという。又ある人は、落下傘の様なものが落ちるのを見た――という。更にいくら大きな爆弾でもその被害は局限されている。殊にこんどの分はどうも空中炸裂らしい。結局、これらのことを綜合して、苦しまぎれにつけたのがこの「落下傘附曳下爆雷」という珍名である。それにしてもこれが立派に通用して、防空総本部え《ママ》の報告や関係機関え《ママ》の通報に使用されたのである。それもその筈。誰一人本当のことを知らないのだから世話はない。正体が判つたのは暫らく後のことである。

――●――

広島空襲の特徴は「人が火傷するのと、家がつぶれるのと、火災が起るのが同時」であつたことである。警報が出て、敵機が来て、焼夷弾なり爆弾が落ちて、家が崩れたり火災が発生して、それから火傷や怪我人が出る。これが吾々の空襲常識であつた。ところが広島の場合は全然この普通の経過を辿らず、三者が同時に起つた所に特質がある。さしている日傘がボボツと燃えたり、着ているものがピカツとした瞬間ボロツと焼けたり、「あつい」と思つて顔をなでるとズルツと焼けただれて居り、家がつぶれるのも、ちようど茶椀をふせて上からたゝきつぶす様にまともにそのまゝグシヤツとつぶれているのである。生きながら焼け死んだ人は随分多い。

当時の中国地方総監大塚維精長官の官舎は上流川町にあつた。まだ出勤して居られず、そのまゝ家の下敷となられた。

奥さんはどうにかはい出されたが、総監は遂に出られなかつた。見ると外から見えるのである。それでいてどうすることもできない。一人や二人で然も素手では家の下にいる人を救出することは到底できない。私が被爆直後、県庁にかけつける途中、「この中に母が居るのですが救けて下さい」と若い男が私の制服を見て頼むのである。頼む方は金筋の入つた制服警察官はよほど頼もしく見えるであろうが、私は当惑したのである。無下にはねつける訳にも行かないので「よし来た」とばかりつぶれた屋根に上つてあちこちのぞいて見ながら「おーい」と呼んでも返事はない。家をこわすにも邪魔物を取除けるにも一人や二人素手の人間がかゝつて見た所で処置なしである。仕方がないので「気の毒だが返事もなし、もう暫らく待つていて下さい」となだめて逃げる外手はなかつた。件の男のあきらめ切れぬ顔が今も眼につく。

で、結局大塚総監も出られないのである。奥さんが「お辛いでしよう」と声をかけられると総監は元気で「いやわしはもう覚悟をしている。あなたはあぶないから早く逃げなさい」と言われた。もう火は近く迄迫つている。途方に暮れながら奥さんはその場を去られたが、又後戻りして声をかけられた。二三度、後戻りして話をされたが、終に火に追われて奥さんは逃げられた。総監はそのまゝ生きながら灰になられた。覚悟はできていても無念なことであつたであろう。どれ程苦痛であつたことか。私はこの話を聞いて、私自身火の中に居る様に感じた。

—●—

段原の比治山下に住んで居た大工さんは息子と一緒に家の下敷となつた。父親はどうにかはい出したが、息子はどうしても出られない。どうにか助け様とあせつたが萬策つきた。仕方がないので、「許してくれ。助けてやることができないから死んでくれ。お父さんを決して恨んでくれるな」と泣いた。すると子供も泣きながら「お父さん、早く行きなさい」と云つた。それこそ後髪を引かれながら火に追われて父親は逃げ出した。後に残された子供は一人観念して「南無阿弥陀仏」を唱えていた。もうすぐ焼けるのかと思うとたまらなかつた。泪が出てしかたがなかつた。火はだんだん近づいてもう足もとにまで迫つて来た。あつくてやり切れない。一生懸命念仏を唱えていると、ふと躯が動く様になつた。下に敷いていた座板の足が焼けてグッと座板が下りそのため自由がきく様になつたのである。それから「やれ嬉しや」とばかりごそごそはい出して助かつたのである。

翌日、その父親が近所の人に出合つたら、「あんた所はよかつたな、息子さんも助かつて」と話しかけられびつくりし「そんなばかなことはない。昨日実はこれこれ」とその時の模様を話しかけると「それでもわしは今朝現に会つたんだからうそではない」という。驚いて息子がいるという場所え《ママ》行つて見ると真実生きていたので筋書通り、夢かとばかり打よろこび、二人は相抱いて泣いたとなん。これも貰い泣きした話。

—●—

当時、広島市内の各機関が本格的に活動を開始したのは翌八月七日からである。何せ、物も人も一瞬にして全市の各機能が完全に破壊されたのだから動きがとれない。原子爆弾対策など夢にも考えていなかつたのであり、バケツ、火たたき戦法を唯一の信条としていたのだから世話はない。私が県庁え《ママ》かけつけたのは、途中負傷者の処置などしていたので暇どり、十一時頃でもあつたろうか。既にして市庁舎は燃えており、生き残つた庁員は池のほとりに集まつていた。「お、来たか。よく来た」と今は広警察署長の久城警視（当時警部）が言われた。そして暫らくそこで様子を見た上で外に出ることにした。「出られるか」「それは出られます。私が入つて来たのですから出られると思います」「よし、それでは案内してくれ」ということであつたが、結局、北と西と東の三方面に連絡しに分れて行くことになり、私は東に向けて一人で歩いた。的場町迄来ると初めて呉からの応援隊が二十人ばかりトラックで来ているのに出合つた。指揮はその後尾道で病死した長尾警部補。「本部はどこか」と聞く。本部どころの騒ぎではない。「本部というと県庁だろうが、それがこんな状態だ」とかいつまんで説明した。すると「県には呉がやられた時、ひどくやかましく言つていたがやつぱり同じぢやの」と言つて笑つた。然し、呉と広島とは事情が違う。それは外から来たものには判らない。「何から手をつけたらい丶か」という。「先ず食糧と救護だ。今から連絡に出る所だ」「よし、それぢやあトラックをすぐ帰そう」と云つて一人巡査をつけてその車を引返させた。「そうするとわしらはこの辺の負傷者からしまつをして行こうか。然し何だな、薬も何も持つていないし、この人数でかかつても処置のし様がないなあ。やつぱりこりやあ、一ぺん県庁のあつた所え《ママ》行つて見よう。そうすりやあ中の様子も解るから」と言つた。正にその通りで二三十人の人数でどうなるものでもない。「まあ頼みます」と云つて私は別れた。

海田市の警察え《ママ》行つて見ると当時の広島県知事高野源進知事が尾道方面の出張から帰つて署長室に居られた。そこえ《ママ》現在呉市警察長の相原警視（当時警務課次席）が負傷した胸に繃帯をした姿で状況報告をして居られた。高野知事は一々「ウムウム」と合点しておられた（知事の奥さんや家族は下中町の官舎で遭難された）誰であつたか、知事の後からうちわで風を送つていたのを今も思い出す。私はそこでたまたま居合わせた情報課員に、「部長（当時の石原虎好部長）はどこに居られるか知らないか」ときいた。「部長は比治山の多聞院——（頼家の墓地のある寺で、春水や杏平の墓がある）におられます」「多聞院に。それで誰か居るのか」「い丶え部長一人です」「ふうん。部長一人おいといちやあいけまい」そんなことで私は漸やく部長の所在をつかみ、早速、町から握りめしを運転（運搬カ）する自動車が署の前から出るのえ《ママ》便乗して帰つた。多聞院え《ママ》一人で辿りついて見るとその前で二三の警察官がにぎりめしや梅ぼしの配給をしている。「部長がここに居られるそうなが知つとるか」と聞くと「いや知らない」という。「一人居られるそうだが行つて見様ぢやないか」と言いおいて私は寺に入つた。部長はこわれた寺の縁にたつた一人腰かけていられた。「お、来たか」と嬉しそうに言われたのを今も覚えている。一通り知る範囲の情報や、知事の動静などを報告している中《うち》前の道路に居た連中が入つて来た。それはもう夕方であつた。それから夜に入つて、ぼつぼつ人数が集まつて来た。当日は結局そこで夜を徹し、翌日現在の東警察署の建物に引うつつたのである。

　あの小さな銀行の建物に、広島県庁全部が入つたのである。古い県庁に居た人は内政部長以下全戦員《ママ》死。残つたものは出張していたかたまたま家に居た人ばかりである。総ぜい〆て百人余り。漸やく本格的な活動が初まつたのである。各府県から状況視察員が来る。第二総軍司令官畑俊六元帥が元帥刀を左手にさげて出入りしていられた。

「それでどうですか。将来どういうことが必要でしょうか」と各県視察員は聞く。「そうですねえ。やつぱり防空壕の効果はあつた様ですね」何しろ落ちた品物自体、正体不明であるから適当な対策のあろう筈もない。この程度のことでお茶をにごす外手はないのである。中には「一寸こちらえ《ママ》」と態々《わざわざ》隅の方え《ママ》呼びよせて「まあひとつこれでものんで下さい」と持参のビールを抜いてくれる気のきいた視察員もあつた。県庁はそこえ《ママ》二十日ばかり居てその後東洋工業え《ママ》かわつたのである。

—●—

広島県警察部発表の「広島県下における空襲被害状況表」は、新畑警部（当事警部補）の労作である。この人は（案外と言つては大変失礼だが）綿密な人で、数多く集まつた情報の整理を黙々 —— ではなくして賑やかにやつていたのである。これによると、来襲機数B29四機とある。一機か二機か、将又四機かということは相当問題となつたことである。が要するに各方面の情報を綜合して四機と断定した訳である。弾種は原子爆弾（ウラニウム）一個とある。これを作る頃には原子爆弾の正体は判つていたのであるが、それでもまだ（ウラニウム）とことわつてある所がよい。死者七八、一五〇人。重傷九、四二八人。軽傷二七、九九七人。行衛不明一三、九八三人と仲々こまかい計算である。行衛不明は死亡と看做してもよい数字なので死者の合計一〇六、一四七人となる勘定である。然も、人的被害は疎開作業その他で動員されていたものが殆んどやられたので全県下に亘つているし、日がたつに連れて病死（所謂放射能による原子爆弾症）するものが現われていたが、その数字はこの中に入つていないので実際はこれ〔以上〕の被害である。

　世紀の原子爆弾 —— など、いうと、何か有がたいもの、様な錯覚を起し易いが、閃光一瞬にしてこれほどの被害を起した原子爆弾こそ正に人類の呪いであろう。

　序に建物被害、全壊六、八二〇戸。半壊三、七五〇戸。全焼五五、〇〇〇戸。半焼二、七九〇戸となつている。

憐れをとどめたのは天神町の防火用水で死んだ人々である。火に追われて逃げ場を失い近くにあつた防火用水槽に十人ばかりの人がつめかけて奇麗に死んでいた。おくれた人はぐるりで死んでいた。その中には子供を背負つた母親が、中は《ママ》入れないで自分の頭だけ突込んで死んでいた。

——●——

人間の感覚も、あれほどの悲惨な場面に遭遇すると、恐怖を通りこして無感覚になる。恐ろしいということ、汚ないということよりも生きることでせい一パイである。黒こげの屍体のそばで平気で握りめしをたべている。屍体の処理も鰯を焼く様に鉄棒の上に並べたり山にしたりして適宜な場所で火をつけている。当分、ふんぷんたる臭気が全市にただよつたが、人はもう馴れて極めて無表情である。警察部が市庁舎に移転していた関係で被爆の翌日、市庁舎附近の屍体検視に私は出かけた。それは警察部員発見と、市庁舎清掃のためであつた。次々に視て廻るうち、部員の戦死者を相当発見した。それを一々記録に取り、遺品の品をとつておいた。

谷山さん（元西警察署長、当事市理事、現県議）が庁舎玄関に居られた。挨拶をすると「私が案内してあげ様」と言われる。その時後の椅子に学徒動員の火傷した女学生が一人腰を下していたが、その時もう相当弱つていた。これが、私共が中を廻つて再び玄関に出てみるともう死んでいた。人はそれと並んでめしをたべていた。面没子《〔ママ〕》。まことに仕方がない——という人々の顔である。終

（管区学校教官）

地獄の街を往く

久城革自

広島市役所内に陣取つてゐた警察部防空本部の全員は、八月五日の真夜中の空襲警報下に全員各部署についた。夜の空は星が散りばめ銀河は美しい流れを双葉山に流してゐる等、詩的な感じを抱かすような美しい真夏の空であつた。豊後水道を通過した米機の第一梯団第二梯団第三梯団は数十機を以て一団を編成しその銀翼は視界に映らないが、広島湾上空に轟々たるうなりをたててゐる、今にも広島全市を襲ひそうな重苦しい緊迫した空気が緊張した我々に応えて来る。今宵こそ広島市が焼夷弾の攻撃を受ける宿命の日であらうと当時の石原警察部長以下全防空本部員は最後の腹を決めたのだつた。

米来襲機は市の上空を旋回すること数十分ののちその進路を光海軍工廠と覚しき西南方にとつてたちさつたので、関係本部員にやつと安堵の気持が訪れたのは八月六日午前三時三十六分頃の空襲警報解除発令の時であつたが警戒警報のまま待機することになり、当直員である私以下四人のものは、御互に来襲機に対する対策を研究してゐる間に、短い盛夏の夜

も明け初めて東天遙かにほのぼとのと白く染め出され、昨夜来の来襲によつて疲れてゐる体も、疲れてゐる眼も、朝の冷い空気によつて生気が甦つて来る感じが体一杯に漲つてきた。洋々たる朝の太陽は東天を昇りその旭光を小窓より体一杯に受け、生気を取り戻さんとしてゐる時、中国軍管区司令部より警戒警報解除が発令されたのが丁度午前七時四十分頃であつたらう。室内のラヂオは県内に米機が《ママ》四機が上空を飛んでゐたがみんな脱去して一機もゐないと放送してゐたが当事警防課長寺岡警視より警察電話で警戒警報は解除されたが広島上空に米機の爆音を聞くから警戒を十分にするよう連絡があり、之が寺岡課長最後の言葉にならうとは誰が知つてゐたことか。その直前にラヂオ放送は広島県に進入した米機は広島湾上空を南下しつつありとの情報を放送しつつあつたから南下途中にある米機の爆音と思料されるので注意警戒中であつた。午前八時十五分頃であつたらう。突然眼の前に青い閃光が「ピカツ」と光つたと思つた瞬間、且つて経験した事のない轟音を感じ乍ら無意識の内に机の下に避難したが同時に何とも形容することの出来ない圧力を体に受けその圧迫感を抱いた儘に人事不省に陥つてゐたのであらう（時間的には数分間位）〔。〕はつと気がついて四辺を見ると一寸先も見えず全く暗黒と成つて居り自己が生きてゐるのか感じの上では、はつきり眼を開いてゐるにも不拘ず《ママ》何物をも視界に反映せず自分自身生死を疑ひ吾身をつめ《ママ》つて痛みを感じたので未だ生あることを知り勇気を出して危機を脱出すべく体を机の下より起し粉砕によつて私の体の上に後方の鉄の窓枠が覆ひかぶさつてゐる木材壁土其の他の破片を払除けて、出口と思〔わ〕れる方向に転げ乍ら出ようとして、地下室出口に行く途中誰人か判らないが誰か人が倒れてゐるのに、つまづいたので声を出してその人を呼んだが何等の答も得られないので先程の爆弾投下によつて爆死したものと思料し其の儘に出口の方向へ足を運び乍ら、大声で、みんな元気か、如何してゐる、と互に暗黒の中に声を頼りに各々が近づいて見ると当時出勤してゐた雇員坂本千恵子以外今田、吉永、島田　各雇員の姿は見えず唯声丈でその人を知るのみであつた（では視力が奪れてゐたのかと言ふと、そうではなくあとから考へた事であるが爆発による煤煙と爆風による塵灰によつて黒煙色の空気と成り太陽の光りをさへぎつてゐたものと思料される）〔。〕互に元気であつたことを喜び合つたが雇員坂本千恵子は重傷してゐるのを知つて他の三人と互に励し合ひ乍ら屋外へと避難しようとしたのであるが、地上も矢張り暗黒なのと重苦しい黒煙色の空気とで坂本千恵子は途中二回位倒れたのを救助し広島市役所前の電車筋の方向へ行つて見ると、附近に中学生らしい若者の声がするので其の学生に日赤病院に坂本雇員を連れて行つて貰ふよう依頼し、他の雇員の避難路を明示したのち更に引返し他の警防課員の消息を知るべく警防課に当てられてゐた地下室内に入ると、人の呻声がするのでその呻声を頼りに近づいてみると当時警防課勤務中の消防士補秋山光二氏であることが稍々四辺が視界に開かれてゐたので判り、警務課勤務であつた岡本此平山田金光両氏等に竹梯子にのせて救助を託し室内に入つたが同氏の形相は実に凄惨眼を覆ふものがあつた。

其の後経済防犯課長麻生警視（現国警本部）警務課桐原警部（現呉市警察長）の両氏と会ひ協議の上私が県防空本部（県庁）に連絡に行かんとした時に麻生課長の顔の皮は剝か《ママ》れ緊張を失つた花びらのように赤く大きく開いて、白く煮えた顔の形相は物凄く頭髪は頭皮と共に焼け剝がれてゐるにも不拘《ママ》ず僕も一緒に県防空本部に連絡に行くと負傷をおして出発された責任感の旺盛さとその真摯な姿は永遠に私の脳裡より忘れさることの出来ない敬虔な事実で、同氏と明治橋まで行〔動〕を共にしたが人間としての美しさと強さは各自の責任感を有する度合によつて増減され各個人が最悪の事態に処するには崇高な理論や文才よりも現実的な腹の問題であることを痛感した。当時の市内の状況は筆舌に尽し難く道路に小さい子供が蛙のように叩きつけられ、白い半シヤツは、焼け焦げ虫の息である者、顔面から首筋にかけて皮が無惨にもはがれて呼吸は絶えに《ママ》〳〵成つてゐる母親をゆり起してゐる可憐な子供の姿や、息絶えてゐる母親の屍体の乳房を吸ひ無心に道行く人を眺めてゐる子供の姿、或は遠くに近くに妻を呼び子を尋ね果又家屋の下敷と成つてゐるのであらう悲しい声で助けを求めるもの等、其の惨状を表す形容詞を見出すことが出来ないが、さながら阿鼻叫喚八熱地獄の感があつた。明治橋を渡り巣守工場の附近まで行つた時には県庁は倒壊後既に火災となつてゐたので連絡不能の状況にあつたので直ちに引返さんとするや吉島町一帯に火災が発生し加ふるに風は南より北と吹いてゐるので火勢は愈々猛烈を加へ天を焦がしてゐた。引返しの途中倒壊家屋中より悲痛な声で助けを求めてゐるのを聞いたので四人を救い出し更に明治橋附近では屍体となつてゐる母親の乳房にすがつてゐる三才位の子供を附近の婦人に託して鷹野橋まで帰つたとき、当時西消防署長山名行雄氏と会つたが同氏は丁度消防署長の辞令交付式の最中に爆撃を受け右横腹を抑え苦しい呼吸の中から消防手其の他三十数名が消防署の下積に成つてゐるから之を救助したいが、其の手段方法がないと、悲境の涙を流して共に泣き、何等之に対して施す術もない、それは市民全体が重軽傷者であるためだ。其の時であつた、同署長より私の顔面が真赤に血で塗られ服も破れ血で染められてゐるのを知らされ、初めて私が負傷してゐることを知り市役所に引揚げて警防課松永警部補から負傷個所に対する応急手当を受けたが、後頭部に破片創と左背部に硝子破片が無数に立ち込んでゐるので取敢へず後頭部を水道の水で洗滌したのみで鉢巻をして広島市爆撃による被害救助対策を如何に樹立するかを、麻生警視桐原警部中川警部等と鳩首協議し兼ねての計画通り比治山に本部を移すことにしたが、時遅最早比治山方面は火災が発生しその焔は天を焦し煙は地を覆う程であつたので本部を強行に比治山に移すこともならず、市内のあらゆる通信機関は途絶されてゐるので麻生警視外三名と共に相謀り各自が徒歩で救援を他署に要請することに決定し、廿日市大竹署への連絡は自分が、祇園可部署方面に中川警部、海田市署方面に桐原警部が担当して各々出発しかけたときであつたと記憶するが桐原警部は横腹に掌をやつてゐるので見れば、言葉を交す度毎に血液が噴き出て居るのである。その姿を見てよく頑張られたものだと実に氏の精神力の偉大さには敬服したものだ。取り敢ず氏の巻ゲートルを脱して巻きつけても出血が止まないので更に自分のも外して巻きつけ誠に簡単な応急措置をして互に心の中では之れが生別になるかも知れないと悲痛な思ひをして鷹野橋附近の倒れかけた電柱のところで分れて出発したことを想起するとき感慨無量のものがある。

先づ私は己斐巡査派出所を目標として、自分以下松永警部補加川消防手と共に鷹野橋から五間道路を西進したのであるが、その途中の状況は何とも表現する言葉も無い程の凄惨そのものであつた。当事私の住家は市内観音町にあつたが其の附近一帯も一物もなく灰燼となつて罹災民の避難最中で、家族の安否は知る術もなく其の儘目的地に急いだが、同行の加川君の好意によつて附近の人達からの様子では、避難したであらうといふ不安定なものや相当の負傷をして己斐方面に行つたといふ程度で、その生死すら省みてやる暇がなかつたのである。己斐巡査派出所に行つて見ると案に相違して之も破壊されてゐるので止むなく消防派出所に行き当時上田廿日市署長（現広島市警察局長）宛に所内の壁に貼つてある紙（他に用紙が無い為め）の裏を利用し鉛筆の走り書きで

広島市は本朝八時過ぎ米機により爆撃され全市恢滅の状態にあり、全市に死傷者多数あるものと認められるも調査の術なし、至急警察官並に警防団員其の他救護班の派遣をお願ひする。この旨大竹署へ御連絡願いたい、追而県庁市役所の警察官及職員中にも多数の死傷者あり目下の処警察本部長の生死不明

といふ文意の第一報を発し位置は己斐消防派出所と附記したのが時午前十時前後と思はれ、数時間の後工藤警部補（現音戸町署長）の指揮する一中隊の派遣を受けたが直ちに屍体を整理し広広〔島カ〕市内への交通路を確保するよう依頼し午後一時三十分頃市役所に辿りついたのであるが早や市役所の南側建物が火焔により市役所に延焼する状況にあつたので消防官を督励して自動車ポンプ二台をようやく水源に位置さしたがそれも爆撃のため放水不可能で、遂に南側二階窓に飛火し瞬く間に火勢は猖厥を極め内部に火災が発生し火焔は窓より吹き出して焼けるに委す状態に立ち至つた。火災は市役所の周囲を包囲してゐるので危険を感じ附近に二三百名の避難民を文理大運動場に誘導をして市役所に引返して見れば、逃げ遅れた人があるので之等の人と共に万策つきて市役所北側にあつた公会堂の池に飛び込んで毛布を被つて避難したが火勢は愈々猛威を振ひ灼熱は度を加へ時々火焔は池の周囲で竜

巻を数回起したので冠つた毛布から湯気が立ち上り傷付いた麻生警視桐原警部外重軽傷を負ふた防空本部員や一般市民百数十名と共に火の池に喘いでゐること約三時間、それは艱難の時であり生への執着の斗争でもあつた。

この斗争を通して私が切実に体得した事は、平素何か尤もらしく、聞くものをして頼りになる人と思つた人達は非常大事の秋《ママ》は何等の役にも立つものでない、避難民の救護特に之等を安全地域に誘導する等の措置に出るでなく唯自己の生命を保持することに汲々たる状況を見せつけられたとき、人間の本性は斯くもあるものかと痛感し総ての計画を樹立するときは最悪の場合を想定して計画を樹立することと又一面其の場に臨んでは変じて機転を活用することが大切だ。午後八時三十分頃比治山多聞院の防空本部に行く途中比治山橋附近で当時の警備隊と現在管区警察学校高等部池田警部の指揮する一個小隊に会ひその堂々たる隊伍を見たとき非常事態に処するには警察官ならではと感じ乍ら多聞院の本部に到着して見ると、石原警察部長は右足を負傷されて居られたにも不拘ず《ママ》高野県知事服部副総監等を《ママ》爆撃により倒壊しかけてゐる院の中で善後措置の協議に余念がなく警電の故障により本省との連絡は海田市署まで徒歩連絡で警電を利用する状況であり一方市の上空には米機が一機二機と偵察して居り再度の襲撃を予想されるので、警報を発せられたのであらうが、電気通信施設も無く「サイレン」の吹鳴もないので各自が爆音を聴取して互に知らせ合つて避難態勢を執るといふ状態であつた。

かくする内刑事課長片岡警視其の他の警察部員が出張先より帰還し夜明けまでには或程度の陣容を整備することができた。翌七日の朝になると県内各署の手配によつて続々と応援隊が到着し東署へ県庁を移し救助対策を講じ先づ、死者の整理と重軽傷者の救助収容を主眼にして活動し県下の警防団から毎日数千名の出勤を得て活躍を願つたのである。かくする内に流言蜚語は至る処に流布されその主なものは

一、本爆弾は七十五年間は有害で人畜は住むことができない。

二、広島市内は空気が汚染してゐるので爆弾症と成る。

三、出勤した警防団員中にも帰省後死亡したものがあるとか。

十数万の尊い犠牲を出すに至つた遠因を冷静な気持で反省したとき、吾人は何を感得したか、それは原子力の強さを現実に受けた広島人と長崎人としては何としても世界の絶対的恒久平和への実現であつた。茲に広島市民としては再び斯る惨禍を避ける為め、世界一の美しい平和都市として発足するべく、平和都市法に基いて投票も実施され、世界平和を表徴する一輪の花として市をめぐる青葉の山、街にある清い七つの河の詩的な流れ、紺碧の瀬戸内海に臨み近くには紫錦に霞む、あきの宮島等世界平和の恒久的象徴としての、ふさはしさ、を備えてゐる広島が世界平和の聖都広島として生れる事を願ひつつ全世界の協力を希ふものである。

戦争による人の子の苦しみ、哀しみ、共の中より滲みでた

恒久的平和を熱望し過ぎ去つた四年前の八月六日を回顧しつつしるす。

原爆の思出

（現呉市広警察署長）
平賀　繁

一、世紀の脅威

大東亜戦争の初期頃、或科学雑誌に、夢物語りの如く、世界各国の科学水準が上昇しつゝあるから、近い将来に、小箱マッチ一箱位の火薬があつたら、戦艦陸奥長門も容易に、爆破されるであらうと謂ふ事を、掲載されて居たのを読んだ事があつた。

　原爆当時は、特殊爆弾或は新型爆弾だと勝手に言はれて、罹災者にも一般にも、原子爆《ママ》の威力は知られて居らず、理研の仁科博士の、現地調査に依つて、始めて《ママ》、原子爆弾である事を、確認されたものであつた様に、記憶して居る。

　原爆当日は県本部と勤務署が、通信不能となり、正午頃隣接署から、広島がやられて全市壊滅らしいと、連絡があつたのみで、退庁頃罹災者の一群が、町に避難して来て全く、全市が一瞬にして潰滅した事が判明した。当日の敵機来襲状況より判断すれば、広島の潰滅に対し、懸念を持ち、想像する事も出来なかつた。

　私は翌朝（早朝）署長代理として、見舞を兼ねて状況視察を命ぜられ、地方事務所総務課長と同道して、午前三時頃馬鈴薯、みそ、醤油等を満載したトラックで広島市に向つた。車中で在りし日の広島市の思ひ出、或は県庁の事、知人の動静安否等を話して居る内に、山陽線八本松駅附近の山間の国道上に朝を迎へた。

　此の頃から、傷〔つ〕いた市民のあはれさ、避難道中行列を目撃し始めた。二三度車を停めて状況を尋ねて見ると、誰もが戦慄した、真剣な面持で

「広島は全滅です、朝八時頃警戒警報が解除されほつとして居たら、ピカーと光つた瞬間、轟音がして、一面暗黒となり町は忽ちくづれ落ちて、火の海だ」

と聞かして呉れるのみで、国道上の行列は、何処で果てるとも無く遂に、広島迄続いて居た。家族や近親者の集団、学徒動員の一団、重傷者の大八車、火傷に依つてまるで鬼面をかむつた様な顔、煤煙にくすぶつた様な顔、恐怖の余り形容し長い《ママ》青白色の顔、つぶやき乍ら歩いて居る者、三角巾の応急措置をした者、等々、千差万別の恰好で、思ひ思ひの携帯品で、逃げ出して居る姿を見せつけられ、一層敵愾心は躍動して来て、寸時も早く広島市へと車はスピードを増した。

　広島駅東方で、憲兵隊の交通遮断の検問に出会ひ、車外に出て見た処、余燼は燃え続けて居り、福屋ビル、中国ビル等の高層建築物だけが、足許から姿を見せて、遠く己斐横川方面の山が余燼の中にかすかに山麓を望まれるのみ、あゝ、全く広島市は全滅かとたゞ呆然として眺めた。此の時総務課長

や運転手と、期せずして顔を見合せ、誰言ふともなく
「もうこうやられては叶わない、駄目だ」

と言つて嘆息した。

次で市内の中央部へと、車を走らせて居たら、広島県の表示ある黒塗りのハイヤーに出合つた。ハイヤーを停車さして、県本部を尋ねて元勧業銀行跡に乗りつけた。

一瞬にして、市民四十五万を擁する大広島市の潰滅こそ、誰一人だに想像しなかつたにも不拘、現実に最大の兇器に依つて、はかなく潰滅したのである。

二、警察部長の統率振り

県本部（元勧銀跡）前に車を停め、表玄関から入らんとした処、負傷した罹災者が泣き叫び乍ら、或は区々に大声を出して詰めかけ、雑沓して居て入る事が出来ず、止むなく通用門に廻つて屋内に入つて見れば、罹災証明、食糧受領に、押し合ひ、ひしめき合つて居る中に、市内勤務警察官の生存者（大半負傷者）が整理に汗だく〳〵で、某警部補は頭部を繃帯に包み左腕を吊り、歩行困難を軍刀に托して鬼神の様相で叱咤し乍ら、或は破れた汚れた官服姿で、少人数の警察官が我が身をも顧る事なく立働いて居た。

上級幹部に警察部長の安否を尋ねた処、在庁されて居るとの事であつたから、案内されて部屋に入つて行つた。窓ガラスの吹き飛んだ天井や壁の破れた暗い部屋で、うす汚いテーブルを四五人が囲んで、重要会議らしかつた、私は名刺を出して御見舞の挨拶をし署長から托された清酒を差出した処、非常に喜ばれて、「署員は元気でやつて居るか、署長に宜敷く伝へて呉れ、何れ応援出動を命令する」との事であはたゞしい中に会議続行の様子であつたから私はすぐ室外に出た。そうして署員の一部に簡単に挨拶をして、救援物資の引渡手続をした。

石原警察部長に会つたのは此の時が始めてで、以前巡査部長試験にちよつと御見受しただけであつた、此の時部長は国防色の汚れたズボンに白シヤツで、腰に兵子帯を巻きつけ、いとも不恰好な悲壮な面持で、民防空の最高責任者として真剣に指揮を続けて居られた。何時の場合に在つても治安の重責が警察に負はされて居て、拾収《ママ》困難、滅裂《ママ》の渦中にも一身を顧ず御奉公を続けなければならない尊い姿に接する事が出来、警察職員の重大さを間近かに体験した。破れた窓辺からは炎天下の太陽の、遮ぎる物もない強い陽ざしが一ぱい差込んで居り、余燼もえる光景と右往左往する罹災者の外には目に写らない、私はしば〳〵焼土と化した町を見下し、涙を揮つて敢然として立つ気魄の躍動を覚へた。

三、惨□□□□状

本部を出てから電車道を西へと車を走らした、両側の民家は焼け落ちて余燼は何時果てるとも無く燃え続けて居り、電柱は路上に横倒しになつて燻り、電車は脱線したまゝ、焼け残されて居る、その間を罹災者の群、警察官、警防団、救護班

員等が炎天下を物ともせず往来して居り、腥い熱風に焼け残つた街路樹の枝が僅かにゆらいで居た。

余燼の中には幾多の尊い生命が焼失して居た臭気は鼻に上り、火傷で膨満した死体、半焼の死体、馬の屍が随所に散乱して居て直視し難い状況である。西練兵場入口附近で窓外に目をやれば、軍都を象徴して居た広島城、大本営跡、或は神洲不滅を信じて聖戦に散華した忠霊を祀つた護国神社等々見る影もなく、相生橋に到れば、幼き日の出広に際し目印にして居た、産業奨励館の丸屋根が吹き飛ばされてあらはに骸骨を現して居る。

橋上には裸体死体が中央部の車道にも、人道にも、正視出来ないそれ〴〵の姿で、倒れてそのまゝとなつて居り、編上靴が、しつかりと履かれ、ゲートルらしい附着した布片に依つて、兵隊の一団であらう事が想像出来た。何うして被服がこんなに迄、爆風ではぎとられたものか全く判断に苦しんだ。美しかつた太田川の流には上流から、倒壊家屋の材木が岸寄りに流れて居り、あちこちに死体が見られて居た。此の時は何処が爆心地であつたか判らなかつたが、偶々私等が車を走らせた方面が中心地であつた訳である。

その附近で原子爆弾の残忍性を身近かと感じた主なものの（相生橋を過ぎ通行不能になり車外にて目撃したもの）一例は、広島駅方面に向つて走つて居たらしい一台の電車（脱線方向から判断して）が、焼けた残骸のまゝとなつて居り、その中で原子爆弾の一閃を受け爆風を蒙つた人々が腰かけたまゝ、或は吊革に下つたま〔ま〕、幾十の生命が一つとして逃れる事も出来ず、その狭い車内で奪ひ去られたものである。一応死体は取除かれて居たが車体には、人の頭髪や皮膚の一部、衣類の片がひつかゝつて居る様子は、火力の充分でないこんろに、魚を焼いた後の状況に似て居た。

某所では疎開建物の取壊しに、学徒か義勇隊か兵隊か、鉄兜を冠つた一群が魔の一閃に、もだへ倒れ、それに引続いて起つた火災の為に、幾多の生命の絶へた跡を見受けた。

余燼くすぶる焼跡に、点々と鉄兜の残骸、半焼した頭部、頭骸骨等々、文字通り凄惨を極め、現世の地獄絵巻そのまゝであつた。

四、人生最後の劇的シーン

惨状を見せつけられて、ここ迄やられゝば半狂乱で負傷して右往左往するより、一《いっ》その事、生命の絶へた方が幸福ではなかつ〔た〕らうかと他事乍思つても見た。彷徨して居る者はよいが身体の自由、歩行の自由を失つて、焼け残つた民家の陰に、或は路傍で逃げ行く途中に倒れて、死を待つ群のあつた事は見逃せない。非常事態に備へた準備、周辺からの応援隊をいくら繰出しても、全く手のつけ様もなく、そのまゝ原爆と運命を共にした市民の多かつたであらう事が想像出来る。

昼食を終へてから市内三川町方面で検察庁裁判所関係の判検事、並に家族その附近の傷〔つ〕いた群を、トラックで市外（府中国民学校）に収容の為輸送した。現場附近には、重傷者の為一夜の雨露を凌ぐ様に誰かゞ作つてやつたらしいむしろを一枚張つた下に、焼けたゞれた上半身を出して呻吟して居る母らしい者の姿、家族と離れぐ〳〵となり身の自由を失い狂乱した少女、警察官の姿を見て物陰から走りより、焼けくずれた下敷に家族の在る事を泣き乍ら伝へる者、遠近から親族が馳せ参じて焼跡を探して居る者等々、大方の者が破れたり汚れた防空頭巾雑のうを、無雑作に持つて居る姿がいじらしかつた。

　負傷者輸送については、最重傷者から収容してやらうとしても、我先にと自動車にたかつて来た。身体の自由を失つて倒れて居る人達が「どうぞ私も御願します」と泣さ《ママ》叫び乍ら合掌して居るのも見受けた。

「よし助けてやる」と声をかけてやつた時には、形容し難い笑を湛えて、渾身の力を出して立ち上らうとして居る。立ち上つて自動車の方に向はんとしたが、そのまゝどつと倒れた者もあり、如何にしても助けてやり度い一念は一杯であつたが、積載に制限もあり幾多の者を見殺しの様な事にして出発した。町の通りは焼け落ちた材木電線で、通り抜けるに困難であつたが、無謀な運転を続けて、約一時間かゝつて目的地に達した。四十人余の者がつかれきつて仕舞ひ、安堵したものか即座に下りやうともしない。救護班員に頼んでいたわり乍ら下して教室内に収容してやつたが、二名の主婦らしい婦人と労働者風の一人は既に生命が絶へて居た。

　折角収容してやつたのにと思つても、ほどこす術もなく係員に引渡して置き、木陰に少憩してから収容室内に入つて行つた。負傷者を教室にも廊下にも、一杯雑魚を乾した様に、無茶苦茶に収容して居た。点々と警察官らしい人々の姿が見られたから二三室順次廻つて見た処、当時経済防犯課勤務の中本警部の気の毒な姿を発見した。

　上半身をやられ頭部に仮繃帯をして、うなり乍ら苦しい呼吸を続けて居られた。私は耳元で「元気を出して下さい、警部さん」とどなつて見た。そしたら僅かに頭をもたげる様にして「誠にすまない、僕はもう駄目だほつて置いて呉れ」と言つて苦しい呼吸を続けられて居た。私はどうして上げる事も出来ず、その場に止まる事も出来ず次の任務に移つた。罹災直後混乱した中に絶へた生命こそは、何れも数多くの人生最大の悲劇を演じ、随所に苦しみもだへる断末魔の一声は、最愛の妻子の名を、或は母を求め、夫を求めて、淋しく叫び乍ら散つて行つたものである。

（管区学校教官）

［『警察文化』第二巻八号、一九四九年八月、広島管区警察学校警察文化編集部、広島・大竹町、K744］

ぴかどんから三年

中尾龍作

爆心地は静かだつた。物珍らしげにうろうろ見物する人はいなかつた。鉄道草と白く光つている石ころと、青い空で極平凡な色調の景色。製材所からの回転鋸の唸り、大工や左官等の物声　時々川で水遊びしている子供達の元気そうなさわぎ声が聞えるだけ、実に無脱のない平和調だつた。

　立入を禁ずとか、土地所有者の名前を書いた立札ばかり焼跡に立てられていたのが、近頃では『美しい心の町にしましよう』と書いた札が立つている。感じがよい、こんな事を申し合わせて立てた人々の心根が嬉しい。三《ママ》年後の広島の姿としてこんな情景を宣伝したいものだ。白鳩のいるポスターをみせた処でどの程度の平和的生活振りかわからない。

　紙屋町から南へ一粁ばかり行くと、白神社の付近にそびえていたあの有名な大樟の樹、天然記念物だつた三百年の樟が切り運ばれ、残りの切株に二本の若々しい芽がふき出している。三百年以上の記念樹として育て、もらいたいものだ。

［『ひろしま』第二巻八・九号、一九四七年八・九月号、広島鉄道局総務部労働課、広島市、H478］

結果より見た原子爆弾の人道性

総務部長室　原田二郎

「広島や長崎に落ちた爆弾は英語で何と云ふのか。」

　九月三日の夜鹿児島県鹿屋の旧日本海軍将校クラブの一室で九州第一回上陸軍附の新聞記者Y氏に対し、最初に私の発した質問はこれであつた。原子は「アトム」で、爆弾は「ボム」だから、「アトミツクボム」じやないかと、誰でも私の質問を馬鹿らしく思ふだらうが、それなら、英語の新聞も来ぬ、外国の雑誌も勿論来ぬし、外国の放送も聞けぬ当時の一般の日本人が、その時「アトミツクボム」だと直ぐに造語が出来たかとお尋ねし度い。

九州総監府の命によつて本県から鹿屋出張を命ぜられた二十幾名かの通訳官の中、このクラブに接待係として勤務を仰せつかつたもの四名。その中の只一人のインテリである私を、Y氏は本土上陸第一回の「プレッスインタヴユー」の相手として選んだのである。

英語を習ひ初めてから二十七年、中学校の二年の時から英米人に接し初め《ママ》て、「会話なら」と高をくゝつてゐた私は、学校で教へられ或は個人的に接して得た「米国語」の観念を根こそぎとり上げられてしまつた程、それ程、新来の占領軍将兵の言葉は、「生粋」のメリケンなのである。しかしY氏は実によき発音と、正確な文法とを以つて私に語り、答へ、そして聞くのである。

「民主々義であらうが、祖国が戦つてゐる以上、全力を尽して国家の勝利のために、戦争目的を遂行するのが、国民としての義務である。

だから貴下と自分とが昨日迄、共に敵として互ひに憎み合つて来てもそれは決して不思議でもなければ不自然でもない。だが休戦となつた今日、個人的には昔の通りの友人であつて、何を語り、何を答へてもよいのだ。それで…」と、真に鮮かにインタヴユーして行くY氏なのであるが、敗戦の実相を未だ知らぬ私にとつて戦時中の諸々の事を口に出してよいか悪いか見当がつかぬし、「終戦」にたいする感想は?」《ママ》と聞かれては、正直なところ嬉しいとも悲しいとも云へぬ立場にある事は当時の誰にしても同じだつたらうと思はれる。

だから私は終戦直前、政府が抗議した「原子爆弾」に話をもつて行かうとして冒頭の問を発した次第であつた。

「……そのアトミツクボムで、長崎の多くの家々は焼かれ、只日常生活に於てのみ戦争に協力してゐた貴下の云はれる愛国的な無辜の人々が幾万となく生命を失つた。

幸ひ私の家族は全部無事だつたが、それによつて死んだ人は勿論、生き残つた者と雖も、より以上に、不幸な人々が多いのだが、貴下のこれに対する御意見は?」

遺憾ながら占領軍将兵の個人的意見を、紙上に残すことは許されぬので、Y氏の言葉をダイレクト・ナレイシヨンで書く事は出来ぬが、真に平和を愛好する米国人として、広島長崎両市に史上曾つてなき結果を与へた事は、その両市と両市民にたいしては真にお気毒に思ふ次第ではあるが、この両市の犠牲に於て日本全体が戦争の惨禍を免かれ、世界幾億の人々の平和が確保されるなら、神も決してこれを責め給ぬだらう。世界の史家は必ず米国に味方するに相違ない。……といふ意味の事をY氏は私に語り終ると、しばしの間黙禱を捧げるのであつた。

越えて九月廿五日、海兵隊の長崎上陸の三日目の夜「日本医師二名と共に本部に至急出頭せよ」といふ英語の命令を始めて電話で辛じて聞きとつた私は、軍医将校その他から偶然、爆心地浦上で或る病人を中心として再び原子爆弾に関する意見に接したのである。

「死人は如何ともし難いが、生きてゐる人のためなら凡ゆる努力を傾倒して、原子爆弾に傷つき倒れた人々の速やかなる回復を計り度い」といふ切なる希がこの深夜の浦上行きとなつたのである。

爆弾効果調査団とか、科学調査団とか、或は医学〇〇団とかが陸海空軍ならびに民間から多数派遣されて、夫々の専門の角度から原子爆弾の調査が行はれたが、それ等は決して調査のみではない。そこに発見された犠牲者に対してはどの団隊《ママ》の人々も皆並々ならぬ努力を払つて、知れる範囲の犠牲者に医療を良心的に行ひ、若くは行はしめてゐるのである。

その夜の意見を、再びインダイレクト・ナレイションで書いてみよう。

基督教に知識がなければ判らぬのだが、ノアの洪水と、原子爆弾との比較から話が始つた。米国とても負けてはならぬこの一戦だ。だからあらゆる方法に於て戦に勝つことを研究したのだ。日本の様に味方の白兵戦といふ犠牲に於て戦ふのは、敵のみならず味方をも無用に死傷せしめるではないか。一人でも死傷を少なくするといふ事が神の意志にも副ふことだから、出来るだけ機械の力や、科学の力で戦ひ、せめて味方の死傷でも少なくしようと云ふのだ。

この点日本の「死んで帰れ」とは思想的に開きがある。敵とする以上はその相手を暴戻なる者と解するのだから、これに神の裁断を加へる事は罪ではない。

原子爆弾のために幾十万の不幸な犠牲を出した事は悲しみに堪えぬが反面幾多の世界人の生命が救はれてゐる。世界の人類にたいする神の慈みは、結局公平である。しかし自分等個人としてはこの結果にたいして深い同情を寄せる。決して「ザマを見ろ」とは思つてゐない。《ママ》といふのである。

帰国に当り教会復興のために寄附をして行く将兵が多いが、これは只教会だけが目あてではない。教会が復興する事によつて、その社会事業が進展し、したがつて、原子爆弾による不幸なる「生き残つた罹災者」を救済する手段が早く構《ママ》ぜられると信ずるが故である。だから、若し、米国が仏教の国であつたら「お寺」に寄附を残して行くに違ひない。そこで私の結論。米国民といふのは宗教上の自由を確立するために新天地に走つた人々の子孫であつて、一般に基督教新教（プロテスタント）の信奉者でありそして、民主々義はかくて具現化されて行つたのである。だから只民主々義といつても、真底から此を理解する事は仲々難しいものである。私は「民主々義は先づ基督教を理解する事から始まる」といふ県の終戦連絡副委員長若松元総領事の言葉をよく考へてみたいと思ふのである。日本の侵略行為は神の意志に触れてゐた。だから「原子爆弾」といふ懲罰を以つて神からたしなめられたのだ、とは、特に家族を失つた方々や身を以つて罹災された方々にはとてもあきらめられるところではない。私は只許された範囲に於てのみ、米国将兵一部の人の感想を記したのだが、更めて不幸な方々の御冥福を祈つて筆を擱く。

〔『くすだま』第四号、一九四六年八月一日、三菱重工業長崎造船所、K2055〕

創作　空襲挿話 —— 屍体収支の話

阿部たつを

函館が最初の、そして最後の空襲を受けたのは七月十四・五の両日でした。私の勤務先の市立函館病院は救護病院として、予め万一の場合の体制は整へて居たのでありますが、一方特別防護団として病院自体の防空・防火にも当らねばならず、入院患者の救出・避難も行はねばならず、院内に傷病者の出来た時の事も考へねばならずその上、市内に発生した重症傷病者を引き受けねばならないのでありますから、医師、薬剤師、事務員など四十名足らずの人数と、約百名の看護婦——と云つても、その過半はまだ講習所の生徒で、高等科二年を卒業して一二年しかたつて居ない子供なのですから、防火・避難・救護のどれ一つを遂行するにしても、手薄たるを免れない状態で、一人二役三役、帳面上は完備して居ても、実際の運営には一方ならず難色があつたのです。

ただ、救護病院として、市内に発生した傷病者を引き受ける場合は、空襲下でも、病院自体の防空・避難・救護よりは時間的に多少ずれがあるであらう。だから、上手にやればその間に新らしく陣容が立て直せるだらう、と云ふのが、私たちとして幾分の心休めでした。

救護病院の体制に入つたら、外来診察室を治療部とし内科側の軽症部と、外科側の重症部とに分ける。軽症部では内科と婦人科にその準備をし、重症部では外科に三台、耳鼻科に一台、眼科に一台手術台を用意して、それぞれ医師・看護婦が待機する。別に収容部を設けて、医師が二名玄関先に待ち受けて、運び込んで来た傷病者の重軽症を区分けし、同時に所属の職員が住所・氏名・年齢等を書きとめた紙片を患者の着衣に結びつける。その時貴重品はこれを受取つて保管する。万一搬入時既に死亡して居た場合には直接霊安室に送る。治療部では直ちに適当の処置をして、帰宅出来る者は帰宅させ、症状によつては入院させて、経過を監視し又は手術をする。それと同時に、患者につけて来た紙片から氏名その他を写しとつて病歴カードを作る。此の病歴カードは即日帰宅の者の分は事務室に届け、入院の者の分は婦長室に保管して、退院の場合に事務室へ廻はす。大体そういふ順序で運ぶことにきめてあつて、既に数回の実地訓練を重ねて居たのであります。

さて、その十四日の空襲は午前五時半からはじまりました。私は、警報を聴くと直ぐに家を出たのでしたが、電車杜絶のため病院まで約五キロの道を歩きました。途中数回の待避信号で、防空壕に身をひそめなければならなかつた為め、病院に着いたのは七時半頃でした。空襲目標は主として港湾施設にあつたらしく、その方面には相当の被害がありましたが、市街地には割に被害を見ませんでした。それでも病院も機銃掃射は受けて、病室の窓から覗いて居た水兵が一人、頭部を打たれて死亡したと云ふ事です。此の水兵は別の病院に入院中の同僚に附添つて居たのですが、敵機を見るためにここまで出かけて来てやられたのでした。

空襲の敵機が去つてから、港湾方面から続続傷病者を運んで来ました。そのうち海軍武官府からも電話で海軍関係の傷者を送る旨の予報があり、間もなく担架で湾内に居た海防艦の戦傷者を運んで来ました。重症十六名、内一名は既に死亡して居たし、二名は入院後間もなく死亡しました。此の三名の外に、艦上で死亡した者が尚五名ある。あとで運んで来るから明朝病院で八名同時に納棺して、坊さんを呼んでお経をあげてやつてくれとの事でした。軽症者十七名の中、三名は加療後帰艦、十四名は歩行不自由のため入院しました。

午後重ねて空襲があり、また港湾施設がやられた外に今度は市内にも火災がおこりました。待避壕に入つて居ると、高射砲の音、機関銃の音、そして爆弾の音。壕の入口から、見上げる空は青空で、白雲が浮んで居ます。草の葉をそよがせて、爽やかな初夏のような風が吹いて居ます。あまりいいお天気なので頭の上の銃砲の音が、映画の録音のやうに錯覚されたりしました。

敵機が去つて、火事がおさまつて、たそがれになりました。随分ながい一日でした。火事の怪我人も運び込まれて、戦傷入院合計六十四名。海防艦からは夕方艦上の屍体を五体運んで来ました。駆逐艦も一艘やられて、これは殆んど全滅した由ですが、一体だけ屍体を運んで来ました。南浦と云ふ水兵のだとの事です。その他の港湾内の死傷者には船舶警備隊の者が多数でした。その中には死んでから運び込まれた者も数名ありました。死亡者を運んで来るのは火葬するために死亡診断書を貰ふのが目的です。入院後死亡した者も数名ありました。その屍体を引きとりに来るとき、船の名だけを云つて死人の名もはつきりしない様なものもありましたので、うつかりして屍体の取りちがへを起しては大変だと思ひ、責任ある引取人が来なければ引渡さぬ事にしました。はじめに考へて居た事とちがつて貴重品をあづけた者などは一人も居ませんでしたので、貴重品あづかり係などよりも、当初考慮して居なかつた屍体あづかり係の方が必要に思はれた位です。屍体は病室の霊安室に納めたのですが、元来ここは手狭な所なので、海防艦の八体を納めると殆んど余裕がありません。巳《ママ》むを得ずその他は臨時に外来診察所の注意患者室に納める事にしました。ここは院内電話交換室の隣に当りますので、交換手たちが気味悪るがつて困りました。夕方水上と云ふ船舶警備隊員の屍体を運んで来て、死亡してからも傷口から出血が止まらないから何とかして貰ひたいとの事です。治療部で看護婦が処置して帰しました。此の日は全員病院へ泊りました。翌十五日も早朝から警報が出ました。然し函館は割に平穏でした。時々待避信号が出て壕へ入りましたが、敵機は上空を通過するのみでした。

海防艦から急に出動命令が出て出航するから、あとの事は武官府に連絡して置くが入院患者その他万事宜しく頼む、と云つて来ました。八つの屍体に対しては昨夜おそく柩をもつて来たものの、出来合ひの柩で小さくて入らなかつたので、作りなほして来ると云つて持ち帰つたままだそうです。屍体がむき出しなので読経供養も出来ません。終日屍体の出入があつたので、夕刻書記長が調らべて見ると、霊安室に現存する屍体は海防艦の八体だけです。《ママ》と云ふ治療部の報告に対して、収容部からの書類では九体になつて居ました。治療部に訊き合せると、それはきつと死後出血がとまらなくて連れて来た船舶警備隊の水上さんのを算へ込んだのでせう。あれは処置して帰しましたと云ふので、その分を除外して数を合せました。此の日また松下と云ふ船舶警備隊員の屍体を運んで、死亡診断書を貰ひに来ました。そして、船は出て了つて連れてゆく所がないので、屍体を一晩あづかつてくれとの事です。病院は屍体置場ではないなどと云つてもはじまりません。仕方なく注意患者室に納めました。此の注意患者室には尚船渠会社でやられたのと、栗林商船恵山丸でやられたのと二つの屍体が昨日から残つて居ました。海軍関係の八体はどうしても柩が間に合はぬらしいのです。後事を托された武官府でも処置に困つて居るとの事です。此の晩トラックで屍体を受取りに来た者がありましたが、死人の名も分らず、屍体の数も分らず、ただ函館病院へ行つて屍体を貰つて来いと云はれたから来た。《ママ》と云ふ運転手の話でしたので、或は武官府からの使かとも思ひましたが、大事をとつて渡さずに帰しました。此の日は病院の職員は半数病院へ泊り、半数を休養のため帰宅する事になりました。

明けて十七日、此の日も早朝から警報は出ましたが、函館には敵の機影を見ませんでした。

朝早く、船舶警備隊から屍体を受取りに来て、昨夜あづけて行つた松下氏と、一昨日あづけて行つた水上氏の屍体を持つて行くと云ふのです。昨夜の松下氏のは分つて居るが、一昨日の水上氏のは血止めをして直ぐ運んで帰つた筈だと云ふと、いや確かに病院に置いてあつて、現に仲間の者が附いて居ますと云ふのです。書記長が行つて居ると、松下氏のは注意患者室にあり、水上氏のは霊安室にありました。あとで聞くと、止血をして貰つて連れて帰る事にして、治療部から引きとつたものの、行く所がないので、別の人に断つて霊安室の隅に置いて貰つて帰つたと云ふのです。従つて治療部でも知らず、事務室へも通じて居なかつたのです。

書記長が序に霊安室へ残つて居る屍体を調らべると九体あります。これは一昨夜以来海防艦の八体だけの筈なのです。それで一体一体調らべてゆくと、最後に一体着衣も殆んどなく、氏名札もついてない屍体がありました〔。〕そして、いろいろ調査した結果、これは駆逐艦の南浦水兵のである事が判明しました。駆逐艦は海防艦とちがつて、全員殆んど全滅したため連絡がなく、その上、屍体で到着して、治療部の手を経ずに霊安室に移されたため治療部では数の中から漏らして居たのでした。然し、収容部受附の数の中には入つて居たので、一昨夜調らべたとき治療部の報告と、収容部の書類の数とが合はなかつたのです。あの時、血止めをして帰した水上氏を算へ入れたためだらうと考へたのが間違いだつたのです。

　船渠会社と栗林商船からはまだ屍体を引取りに来ません。三日目で屍体には少し臭ひがついて来ました。書記長が何回も電話をかけて、君の方で迎に来なければ市の方へ引き渡すからと云つたら、午後にそれぞれ引き取りに来ました。武官府の方からも今度は正式に引きとりに来て、海防艦の八体と一緒に駆逐艦の南浦水兵のも運んで行きました。あとで調らべて見たら、治療部で書いた死亡診断書の控の中にも駆逐艦上で死亡した五人の分はありましたが、南浦水兵の分はありませんでした。

　終戦になつてから間もなく戦時中の戦死者の数と共に生死不明者として夥しい数が発表されました。それを見たとき、私は死亡してからも屍体の数の中にも入れられず、死亡診断書も書かれず、駆逐艦の戦死者の火葬の序に焼かれて了つた海防艦の南浦水兵の事が思ひ出されて仕方がなかつたのであります。――昭和二〇・一〇・一三――

「『海峡』創刊号、一九四六年四月、函館文化懇話会、K228」

戦争に依る月経異常に就て（特に仙台空襲の影響）

東北帝国大学産婦人科教室（主任　篠田教授）
山本公彦・穴沢清子・小榮文代・木下いう

前大戦時に始めて認められた戦争無月経が今次戦争にどの程度に現はれたかを知るため吾々は昭和二一年三月から三年三ヶ月以前にさかのぼつて仙台市内女学校四年生及び専攻科生徒九二五名にカード記入方法で調査して、次の結果を得た。即ち九二五名から原発無月経及び記載不備の四四名を除いた八八一例中二ヶ月以上無月経となつた者は二三八例（二七・〇％）あり、更に仙台市居住者八四八名のみについて見れば二〇五名（二四・二％）であった。この二〇五名中一三二名は昭和二〇年度中に無月経となり、其発生月分布は第一表となる。これを見ると七月、八月が特に目立つて多い。これは七月一〇日の仙台空襲罹災の衝撃に関係するものと考へてよからう。

初潮から半年以内で大空襲に遭つた者では無月経出現率二

第1表　昭和20年在仙者無月経開始月別分布

月	1	2	3	4	5	6	7	8	9	10	11	12	計
無月経者実数	4	5	5	10	10	9	23	24	10	13	10	9	132
%	3.0	3.8	3.8	7.6	7.6	6.8	17.4	18.2	7.6	9.8	7.6	6.8	100.0

第2表

初潮より空襲を受ける迄の月数	1	2	3	4	5	6
無月経者数の頻度%	30.0	27.6	29.6	25.0	35.7	20.0
辻氏の初潮より順調になる迄の月数	1	2	3	4	5	6
順調になる迄の期間別分布%	22.51	10.16	11.08	8.65	8.84	8.42

第3表　昭和20年来院患者数と無月経者数との関係

月		1	2	3	4	5	6	7	8	9	10	11	12
来院患者数		21	29	40	48	65	54	28	38	62	73	66	41
無月経患者数	実数	3	0	1	3	3	2	1	2	5	10	13	7
	来院者に対する%	14.2	0.0	2.5	6.3	4.8	3.7	3.6	5.2	8.1	13.7	23.2	17.1
	%	6.0	0.0	2.0	6.0	6.0	4.0	2.0	4.0	10.0	20.0	26.0	14.0

第4表

無月経開始月	実数	痩せた者		痩せぬ者		神経質な者		神経質でない者	
		実数	%	実数	%	実数	%	実数	%
1－6	43	13	30.2	30	69.8	19	44.2	24	55.8
7－8	47	8	17.0	39	83.0	16	34.0	31	66.0
9－12	42	6	14.3	36	85.7	14	33.3	28	66.7
計	123	27		105		49		83	

七・八%、初潮後半年以上経て遭つた者では一八・四%であつて初潮後未だ日の浅い者に空襲の影響が大である。然し一般に初潮当時は月経も不安定不順なものであるから以上のことだけではどれだけが本当の影響であつたかは判定し難い。そこで初潮から大空襲迄の期間別頻度と辻氏(日本婦人科学会雑誌二六巻七九一頁昭和六年)の初潮から月経が順調になる迄の期間別分布とを比較すると第二表となる。即ち初潮後時日を経過しても無月経頻度が殆んど減少して居らず、辻氏の分布とは全く趣を異にして居り、初潮当初の不順性無月経ではないことがわかる。従つて矢張りこの差異は空襲の影響と見なければなるまい。

なほ当婦人科昭和二〇年度外来患者に於ても第三表の如く一〇月以降は無月経者が激増して居る。此の事は空襲後二―四ヶ月間無月経となつたので不安のため、又は妊娠を疑つて診察を求めた結果であり、無月経開始は殆んどすべてが七月―八月である。

次に之等無月経が精神上の打撃のためか、又は食糧事情悪化のためかを調査する目的で昭和二〇年一―六月、七―八月、九―一二月に三分して観察すると第四表の如く栄養不良のために痩せた者よりも神経質な者に一・五倍―二倍に多く出現して居るが、又自分では神経質でないと称する者にも相当多数起つて居る。従つて単一条件との聯関は認め難く、大空襲、敗戦後の環境の変化、生活状態の激変等種々の影響が加はつたものと云ふべきであらう。

猶本調査女学生七〇四名(一七歳―二〇歳)の初潮年齢の算術平均は一七五・〇三月±〇・四六、即ち一四歳五ヶ月であつた。

〔『産科と産婦人科』第一三巻六号、一九四六年七月、診断と治療社、東京、S204〕

原子爆弾の広島訪問記

S・Y生

八月二一日、前夜この地方の暴風雨で停電し機関車への給水喞筒が動かぬとかで、復員軍人で車内は超満員の汽車は、大阪から八時間も延着して、ヤツト広島駅に着いたのが漸く午後二時過の日盛り頃、灰燼となつた駅頭に立つた記者は、全市廃墟と化した広島市の爆心と思はれる市街の中央部へ歩を進めた。此処の焼跡も終戦近くの焼夷弾による他の都市の完全爆焼の跡と一見殆んど大差がないやうであるが、見渡す市街を囲む周辺の山々——東西三里、南北二里——の樹木は赤茶化してゐる。

途中とある銀行の日陰に少憩し、土地の人達から当日(八月六日)午前八時の実況を聴く。

その話し中ばにも痛々しい繃帯に、杖に縋つて、トボトボ治療所へ行く罹災者がヒツ切りなしに続く。

「私の学校では五〇〇名の女学生が勤労奉仕で出てゐましたが、其の中で無事だつたのはタッタ三名、今もつて家庭から何の問合せも来ないのが百名もあります……被害の程度は之で充分お分りでせう……」と、一家全滅の惨しい事実だ。

都市の鉄骨の建物は推定される爆心地を中心に何れも放射状に薙ぎ倒され、橋梁は飴のやうに捻じ曲つてゐる

百貨店福屋は爆発の瞬時に、凡ての窓から、一斉に猛火を吹いて燃え出したと言ふ。

投下された爆弾を偶々見てゐた人の話では、B29から小さい白い固りが落された、それが段々大きくなる様に見えた一瞬、パツと凄く煌いた、それが爆発だつたと語つてゐた。

原子爆弾が爆発した瞬間には、普通の火薬の爆裂と同じ爆風の他に、凡ゆる電磁波が出るので、殺人光線と毒瓦斯と電撃が併合して、同時に作用した様に思はれたと罹災者の或人は語つてゐた。

記者は焼跡の電話ケーブルを手にとつて見ると、芯線の紙被覆が奇麗に傷付かず残つてゐる。

街路に脱線した電車内に乗車してゐた乗客は凄い衝撃を受けたとも言ふ。γ（ガンマ）線の放射で、高低圧線間の導通で混触もあつたのではないかとも想像する。

以上は一般の現地観察者から未聞の報告である。

原子爆弾の痛ましい犠牲者の一人、広島通信局長の吉田正氏は記者が伯林以来の知己である。氏の冥福を蔭乍ら祈つて、滞市僅か数時間、匆々と夕暮迫る広島を退去したのであつた。

［『電気技術』第二一巻一号、一九四五年一二月、逓通社、東京、D157（原文横書き・謄写版）］

原子爆弾の中にあつた私信

児玉励造

終戦直前の八月九日、第二回目の原子爆弾攻撃が長崎において行はれたとき、落下傘つきの起爆筒と共に東京帝大嵯峨根遼吉教授あてに、米国留学中昔の「科学上の友人三名から」とした次のやうな私信が投下された。鉛筆の走り書きで、日附は「八月九日、原子爆弾部隊司令部」となつてゐる。つぎはその訳文である。

嵯峨根教授殿

貴下が名声ある物理学者としての勢力を利して、次のことを日本軍参謀本部に悟らせることを貴下に慫慂したい。それはもしこの戦争を継続するならば、貴国民が蒙るであらう戦慄すべき結末についてである。そのためにわれわれはこの書状を私信として貴下に呈する。

貴下はここ数年、もしも国民がそれに必要なる材料を準備するに要する莫大な費用を、喜んで提供してくれれば原子爆弾は造られ得るといふことを知つてゐた。今や貴下は、我々がその生産工場を造り上げ、貴下の心中には必ずや一日二十四時間働きつづけるこれら工場の全生産物が貴国で爆発されるであらうことがおわかりのことと思ふ。

　三週の間に、われわれは一弾をアメリカの沙漠において実験し、一弾を広島において爆発させ、今朝第三弾を投下した。われわれは貴下が、これらの事実を貴下の指揮者に確認させ、戦争を継続すれば唯貴国の全都市が壊滅するといふ結果を惹き起こす破滅と人命の消耗を阻止することに最善をつくされんことを切望する。科学者として、われわれはこの素晴らしき発明を使用することを悲しむ。しかし、もしも日本が直ちに降伏しなければ、この原子爆弾の雨は猛烈をきはめるであらうことを保証する次第である。

　なるほど、戦争に原子爆弾を使用したといふことは残酷にはちがひない。人道上の問題ともいへるであらう。これは米本国でも問題になつたことで、たとへば全アングロサクソンの牧師たちは原子爆弾使用に対し、米当局に非難の声をあびせた。また一流の雑誌「エコノミスト」、「デイリー・メール」などもそれに絶対反対を述べてゐる。しかしそれはともかくとして、われわれ我々がここで考へて見たいのはその軍事的な原子爆弾に上掲の如き私信が附けて投下されたことである。これがもし日本であつたらどうであらうか。こんなことは絶対に許されなかつたであらう。ここにわれわれは日本の軍当局と米国の軍のそれとの相異を認めることができる。軍民一致といふことが戦争中つねに叫ばれてゐた。しかし、〔日本の〕軍当局はかう叫びながらも民間における戦争に必要と思はれる技術でさへ容れなかつた。ところが米国では、原子爆弾製作研究にあたつて、英国のオクスフォード・ロンドン・リバプール・バーミンガムの各大学が米国においても各大学の科学陣を総動員して協力研究し、つひにこの成果をあげたのである。

　それで、われわれのいひたいことは、もし日本の陸海軍が原子爆弾を用ひて敵を襲撃することがあつたとして、果して一科学者の私信を起爆筒の中へ入れることを許してくれたであらうかといふことである。じつにありさうもないことである。このやうな独善と傲慢の傾向が日本人になくなつたと早合点せず、われわれの警戒すべきことと思ふ。

〔『技術文化』三月号、一九四六年三月、天然社、東京、G302〕

「ひろしま」の人気——「ぴかドン」人種への希望

三崎重雄

「ひろしま」の人気といつても本誌『ひろしま』の人気についてではない。本誌は、漸く創刊号が出たばかりで、その人気はどうか、といふやうなことは、編輯者は気にかけてゐるかも知れぬが、雑誌を一号や二号出して人気は、さう早々と決るものではない。それを、さき走つて、本誌の人気などといつて頼まれもせぬ提灯を持つ気持は、わたくしにはない。

それでは、いつたい何を書かうとするのか、といふと、それは「ひろしま」の世界的人気についてである。この「ひろしま」は、本誌の題名とは同じいが、広島の人々のことである。別の言葉でいへば「ぴかドン」人種のことである。おもへば「ぴかドン」とは、いみじくもつけたるかな。これは、いつたい、どこの誰がつけたか。あの原子爆弾が、ぴかりときて、ドンと音を立てたとおもふと、広島市街およびその周囲は、未曾有なる悲惨の巷と化したのである。もちろん、この「ぴかドン」は、そのとき、広島にゐた、そしてこの惨状を目撃した人のうちから吐かれた言葉であらうとは推測できる。

原子爆弾といふ言葉を、学者は使つてゐるが、広島の人たちは、一向それに頓着せず「ぴかドン」といふ言葉を使用してゐる。言葉といふものは、つくられるものでなく、それこそ自然発生的に生れてくるものであることを立派に証明してゐる。わたくしは、この意味において、「ぴかドン」といふ言葉を《ママ》非常な興味と関心をもちつづけてきた。

そして、広島以外の土地から、広島に訪れる人あるいは、わたくしのやうに、あの当時の広島にゐて悲惨事に直面したものが、他の地方へいつたときなどは、きまつて原子爆弾のことを聞かれる。わたくしは、そんなときは、まづ「ぴかドン」の語源から話すことにしてゐる。この言葉は、今やジヤーナリストの通用語となつた。わたくしは、あの時「ぴかドンと局長」といふ雑文を『交通新聞』に寄稿した。あれを読んだ友人は、わたくしの書いた文の内容よりも、あの中の「ぴかドン」の意義に興味をもつたことを語つてゐた。また『広島労働新聞』にも「ぴかドン」欄がある。いはずと知れた原子爆弾的な欄のつもりで設けたのである。さらに『サンデー毎日』か《ママ》に、原子爆弾の論文めいた文章の中で「ぴかドン」といふ語をつかつてゐた。

わたくしの友人の栗原孟男君——交通交社《ママ》外国部勤務——は、数ヶ国語に通じた外国通であるが、あの「ぴかドン」があつてから間もなく広島へ来て、いろいろと事情調査して行つたが、この「ぴかドン」の言葉は、きつと外国語となるであらうといつてゐた。何も彼の予言が的中したといふわけではないが『ライフ』や『タイム』に「ぴかドン」の語が、現らはれてゐるやうである。

さて、ここでいふ「ひろしま」の世界的人気もこの「ぴかドン」を通じての人気であることはいふまでもあるまい。アメリカの作家ジヨン・ハーシーが小説「ひろしま」を『ニユウヨオカー』誌に発表した。これは、同誌の全頁を、この小説で埋めたのである。ハーシーの書いた「ひろしま」は、小説であるが「ぴかドン」から間もなく、この広島へ来て「ぴかドン」人種にいちいち会つてその体験談を聞き、それをネタにまとめあげたものである。

もちろん、原子爆弾の洗礼を世界さいしよに浴びた「ひろしま」は俄然、世界の人気者となつたが、それに関する記事は、ほとんど科学的な角度からのものであつた。ハーシーは、人間を捉へて小説化した。その点に特異性がある。ハーシーは昨年『アダノの鐘』でピユリツツア賞を獲たほどの才人であるから、彼が、この「ひろしま」の絶好の材料を獲て、すぐれた作品を書いたことは、むしろ当然のことであつたらう。

小説「ひろしま」の人気は、発売後三十分で小売店から姿を消し、発行元でも、三十万部が一晩で売切れたといはれてゐる。それが、その後、スタンド売りで十五セントのものが、バック・ナンバーで二ドルといふ法外な値段となり、全国七十八の新聞に内容が紹介されたのである。また、ABC放送局が三十分間のプログラムで四回にわたつて放送した。単行本では、アルフレット・A・ノツプ書店が十一月一日に新刊として発売することを予告し、「ペンギン」叢書も廉価版二十五万部を印刷することになつた。かくの如く、アメリカのジヤーナリズムの人気をさらつてゐるのがハーシーの「ひろしま」である。日本でも、やがて翻訳されることであらう。翻訳について世界各国から紹介が山ほどきてゐる。

わたくしは、いまここでハーシーの小説「ひろしま」の人気を述べたのは、なぜ日本の作家が、この「ぴかドン」について探求しなかつたか、といふことである。失礼ないひかたかも知れぬが、日本の作家でハーシー以上の才能をもつひともある、とおもふ。しかも、ハーシーとはちがい、言葉や風俗の点において日本の作家の場合は有利である。問題は熱意如何にある。もちろん、あの当時、日本の作家も、日本人並の放心状態にあつたのかも知れぬ。しかし、それは、それとしても未だに「ぴかドン」を取材した一篇の小説があらはれぬとは、どうしたことか。

そこで、わたくしの希望が生れる。いはゆる、日本の作家が、エロ文学で新円かせぎをやつてゐるとき、広島の文学愛好家が、この「ぴかドン」を刻明に調査し、堂々本誌『ひろしま』に発表されることである。もつと具体的にいへば、われわれ鉄道従業員は、あの当時の交通事情を、そして「ぴかドン」人種の動きを発表するべきである。本誌『ひろしま』の創刊号を手にして、この大切な記事が一頁もあらはれてゐなかつたことを甚だ残念におもつてゐる。とかく、日本人は、大きな災厄に会つても「のど元すぐれば熱さを忘れる」的な人間である。しかし「ぴかドン」人種は、もつと執拗に、あの「ぴかドン」に喰ひ下つていくべきである。もし、わたくしの希望を入れて一篇の長篇小説「ぴかドン」を書下した鉄道人あらば本誌『ひろしま』の編輯者も『ニユウヨオカー』誌の如く全頁を提供するだけの決断をもつていいであらう。

（本省陸運監督局総務課）

［『ひろしま』第一巻三号一二月号、一九四六年一二月、広島、H478］

ヒロシマを見るの記

相武愛三

昭和二十年八月十四日（以下日記の文のまゝ）七時五十一分藤生発広島に向う。被爆以来数回見舞と問合せの手紙を風耳に出せど返事なし。やすからぬ思いして、この日見舞にいでたちしなり。（風耳はもと広島診療所長。広島市旭町一三〇一ノ四。医博。当時広島の被害があのように甚しいとは知らず。）

褐色に染めたカッターシヤツ、黒ズボン、巻ゲートル、防空頭巾、水筒、握飯二回分（一回三個、梅干入、黄名粉まぶし―むろん砂糖なし、沢庵）雑のうの中に、五十瓦入の薬瓶に酒を入れたり。連日晴天。八日前の八月六日、広島は前代未聞の原子爆弾をうけ灰燼に帰していると聞く。こえて九日は余の郷里長崎もこの爆弾に見舞われたりと。

車中、余は二日に一度ずつくる新聞―これは人手なきため新聞の配達も、藤生あたりでは出来なくなっているのなり―をつまり三日も前の新聞を、かつては国際ルートといわれし山陽本線に住みながら見ているのなり。たゞこの六〇八列車は、近頃珍しきことには、定時に運転しおるのなり。七時五十一分藤生発故、このまゝ行けば九時半、おそくとも十時頃までには広島に着き得べし。幸朝の間は車中涼し。沿線の光景もまた平和なり。

たゞ二等寝台の濃きコバルトのビロードは全部はぎとられ、フエルトの地そのまゝむき出しにして惨胆たることなり。戦前平和の時代には、まして旅客誘致、サービス時代よく旅行せし余には、当時の磨き上げたる窓ガラス、ビロードの上に白きカバー清清しく、床は常にボーイが清掃して気持よく楽しかりし当時の汽車旅行を思い浮べ、まことに今昔の感にたえず。

車内の客も、当時の二等車はそれらしき身なりの人々のみなりしに、きょうは尉官位の陸軍々人のみ多く、一般人も凡て国民服に鉄帽、ゲートルなり。途中より乗車し来たれる広鉄の局員達も胸に、「戦」の字を縫いつけ腕に区隊長、何とか副隊長など物々しき腕章を付したり。かゝることの嫌いな余は、たゞ苦笑しつゝ眺めいたり。中に一人は頭に繃帯して、いかにも広島被爆後の鉄道義勇隊らし。

己斐、横川に近ずくにつれ、今までの平和な沿線光景は一変し、民家の屋根落ちたるもの見え、やがて倒壊家屋あり、関東震災の時と同じようなるトタンの掘立小屋、畳二枚ばかり敷き、そこに布団一枚、茶わん数個の惨めなるもの点々と見えそめたり。

広島駅は本屋以外の駅舎すでに無く、満目しょう条、たゞ焼け崩れたる瓦のみ、見渡す限り一物もなし、広島駅につきたり。九時四十分なり。客貨車の焼けて鉄骨ばかりなる、赤くなりて倒れたるもの、傾きたるもの、倉庫の尚くすぶりつゝあるものなど、惨鼻を極む、広島駅は、鉄筋コンクリートの外廓のみ焼け焦げて残れり。ホームは二番ホームのみトタンの屋根めくれて、反りかえりたるがあり。いま下車せし人々の、黙々として群れ行きしが、突如地下に吸いこまれたり。見れば地下道なり。手摺も何もなければ、全く突然地下に吸いこまれつゝある如き感じす。

駅前に出て、カン〳〵照りつける烈日を洋傘に遮りながらあたりを見まわせば、所々に不燃性洋館の残骸のみ、中はガラン洞に焼けたるが二、三立ちたり。これは反つて淋しき姿なり。その洋館の前に人あまた群り居るに近ずき見れば、おのがじし有合せの紙に立退先を書きて貼り出したるなり。宇品線上大河のほとり、風耳居〔風耳の居宅〕を見舞わんと、川に沿いて歩く。一眸際《いちぼう》がい〔涯〕なければ、あのあたりと見当つけて歩くこと、家並の揃いし時よりは反つて易し。ガソリンカーもいつ動くやら解らず。それよりも、変りはてたる町の姿具さに見おかんとて、歩き始めたるなり。

水清き広島の町、かつてこの川岸には小粋な料亭並びて、余も幾度か千金の春宵を味いたることあるに、今は全く一物もなき瓦礫のみなり。

荒神橋の一つ川下なる橋を渡り行けば、このあたり二間幅位の道路、舗装したるはそのまゝなれど両側の家全部傾き、建具などは殆どなく、家財散乱し、屋根大半は崩れ、天井概ね打破れ、今にも倒れんばかりなり。その大部分は住む人もなく、戸も障子もなければ、おもてより裏まで家の中は見透しなるに、烈々たる太陽の下に寂然として猫の子一匹動くものはなく、まさに死の街なり。腥惨の気充ち満つ。

ふと、それらの家の一と間に、珍しや茫然と座す人あるを見たり。一つは三十ばかりの男、何するともなく、何を見るともなく、シヤツ一枚なるがじっと目をすえて、崩れかゝつた家の中に座しいたり。いま一つは、これまた半壊の、僅か残りし六畳の座敷に、おそろしや畳は波うちたるが如くに盛り上り或は凹みたるを、それでもきれいに掃除して、仏壇の前に座す一老婆ありたり。若かりし頃はいかばかりと思はれん瓜核顔の華奢な身体、古物なれど小ざっぱりと洗った浴衣撫で肩に着て、こめかみに何やらん貼り、鉢巻形に繃帯し、小さき手あぶりの上に両手重ねて細身の銀煙管もちたり。これも一と所に目をすえたるまゝ、家の前を、無遠慮に覗き見しながら通る余を振り向こうともせず、たゞ放心の態に座しいたり。家の中にたま〳〵居る人は、みなかくの如く、たゞ途法《ママ》にくれたといった無表情なり。さもなくば、なすこともなく、或は心身ともに疲れ果て、なるようになれといった捨て鉢気味に二、三人、シヤツ一枚の男、簡単服の女、ゆがみたる柱危険とも思わず長々と寝そべり居れり。

段原何町というあたりを、一路たゞ歩きに歩く。七、八才の娘、眉も焼け、顔一面白き油薬を塗り、首より耳、後頭部まで赤チン痛々しく塗りたるが、路次の石段を虫の這うように、そろり〳〵と下りゆくを見る。あわれいのち、きょう中に絶えなんかと思えば、この罪もなきおさな児を、あゝ呪われてあれ戦の無慈悲さと胸痛めり。やがて半島人の労働者、四十五、六の男、十才ばかりの男の子を、手製の小さき車にのせて押しながら来る。その子は、投げ出したる両足、腿のあたりまで赤チンぬりて思わず目を反けさす。

風耳居を尋ね〳〵て漸く十一時頃尋ねあつ。このあたり（旭町）は被害最も少し。家の形、ともかくも原形を保てるもの多し。されど瓦大半はずれ落ち、塀は崩れ、建具は歪み、或はなくなり、欄間ははずれ、屋根は穴あき完全なる家は広島に一軒もなし。しかも目下、いな戦争終結までは、これを修理し、安心してこの家に住むようにすべく、人手も資材もなし。しかも戦争はいつ果つべきや誰も知らず。さればこの半壊の家に、いま一度爆風うけなばいかなることになるや図られぬ危険さを思えば、この家の中におち〳〵と居る気もすまじ。さればとて、素人の手には、いかに小さき家とて取り壊すことも出来まじ。途法に暮《ママ》るゝも当然なり。行くに家なければ詮なしと、その半壊の危険な家にはいり、いまは晴天続き故まだよしとすれど、雨降らば、瓦はずれて所々に穴あきたる屋根の、雨はしとゞに降りこみ、いずこに寝ね、いずこに食せんとするにか。いまは、富みたる人とて、すでにねぐらもなし。豈況んや貧しき人々においておや《ママ》。

風耳居も、外構いのコンクリート塀は倒れ、家の中引越の如く家具散乱し、蚊張は吊りっぱなし夜具は敷きっぱなしなり。欄間半ば折れとび、天井は抜け、屋根の穴より青空見えたり。これ新築して未だ三、四年、風耳たらずとも茫然たるの外なけん。

真夏の真昼、家並びても人声もなく人影も見ぬ寂然、むしろ怖ろしき死の街をこゝまで来て、玄関より案内を乞えど返事なし。半ば壊れし生垣打またざて庭より座敷を見れば、いずこも同じ戸障子吹きとばされ〳〵、あけっぱなしの座敷は、前記の如く蚊帳、夜具、道具類雑然として、抜けたる天井より屋根の穴を通して真青の空光り見ゆるなど、宛然暴徒の掠奪をうけし跡もたゞならず。余はたゞ深き溜め息もらしつゝ、裏口にまわる。

裏にまわれば、焼板で畳二枚敷位の掘立小屋をつくりあり。しかもその中より、人の唸き声聞ゆ。あっと驚き、余は「御免なさい」といゝながら小屋の入口より覗きこみたり。寝て唸っている人の顔は見えねど、枕元に座っていた娘はこなた振り向きたり。同時に、小屋の後の小さき壕の中から、幅広き風耳が鉄兜物々しく猪首に被て出て来たれり。なるほど、いま警報発令中なり。余は、無頓着に歩きまわりいたれど、原子爆弾をうけしばかりの広島の住人としては、サイレンの音に過敏となるは尤もなり。爆撃をうけたこともなく、人の死ぬを見たこともない余は真の怖ろしさを知らず。暑いから、とか、蚊がいるからとかいって、壕にはいったこともなし。されば、壕の中から、鉄兜かぶって出て来たる風耳を見て、余は思わず笑い出したり。「いやア勇ましい」といったら、風耳妙な笑いかたをしながら鉄帽の紐をときつゝ家の中に案内す。

やがて風耳と、茶の間のわきの四畳半に座す。風耳は頭に少し怪我、三針縫い、細君は左腕をガラスの破片で切り出血し、発熱臥床中とのこと。何故涼しい座敷に寝ないで、風通しもない蒸し暑い乞食小屋のような掘立小屋にねているのかと問えば、家の中は危険だという。さればとて、家と一間もへだてぬ掘立小屋の方が安全とは、一寸納得しがたけれど、とにかく余は、鉄帽をとりたる風耳の偉大なるやかん頭二、三ヶ所に、赤チンをべた〱と塗ってあるのを見ているうちに、どうも古やかんを、銅で修繕したようでおかしくてたまらず、とう〱吹き出したり。すると風耳は「あなたはほんとの怖い目にあったことがないからそんなに笑ってるが、原爆の猛威というものは想像に絶するものですよ。警報があってもあなたは壕にもはいらぬが、敵機は残りの地域に再び原爆を投ぜぬとはいえないでしょう。あなたはこゝにくるまで歩いて来たというなら、その怖ろしい力を充分見て来たでしょうが。警報が出たら、すぐ壕にはいらなければいけませんよ。笑いごとじゃありませんよ」と大いに不平顔なり。それは充分解っておれど、余は、はげ頭に赤チンをところ〲ぬってるのが、何となくおかしかったのなり。「とにかく、無事であるのを見て私は安心した。暗くならぬうちに帰らなければならぬから、ここで飯を食います。どうです。少しあるが飲みませんか」と薬瓶に入れて来た酒を出したれど「いや、酒なんか飲む気になりません」という。「そんなら一人でやるか」と、余は持参の握飯を畳の上におき、薬瓶の酒をラッパのみしつゝ握飯四つ、晩の分まで一個食いこみたり。蓋《けだし》、十五時五分の列車にのれば、十六時半には藤生まで帰れると思った故なり。

風耳は、食欲なしといゝながら、大井で粥三杯も食いたり。余には南瓜を一皿出したり。細君も部屋に来て、横になりながら、当時の模様を夫妻交々語る。とにかくこの辺は、比治山の陰になっているので、被害最も少き地域なり。十四時半、近くの上大河よりガソリンカーが出るとのことに、娘に送られて、十四時風耳居を辞す。風耳は細君の容態渉々しからずとて、近くの軍医を迎えにやるわけなり。風耳は、化学方定《ママ》式を沢山書いて医博になりたれど、細君がガラスで手を切ると、軍医を呼びにやるのなり。

外に出れば―十四時といえば暑い最中、まさに炎熱焼くが如し。停留所には既に十余人の人々待ち居たり。余も日陰に立ちて古新聞を読みながら、待てど〱ガソリンカーは来ず。卅分余無駄に待ちたれど、いつ来るかあてもなく、かつ客は刻々に増え、この分では非力な者は一寸乗ること叶うまじ。歩いた方が安全かつ早いに違いなし。のみならず、この千載一遇の災害地をよく見ておくこと無意義ならずと意を決し、かくてまた惨胆たる廃墟の中を、炎天に照らされながら歩く。眼くらめくような暑さの中に、流るゝ汗を拭き〱、いよ〱駅近くの橋の上まで来し時、十五時少しすぎ、今し下りの列車進入し来たれるが、見渡す限りの焼野ケ原故遠くより見ゆ。もしこれに乗りおくれなば、次は十七時五十分故大変なり。走り行かんと洋傘をたゝみ、腰にブラン〱とする雑のう、水筒を押えながら走り始めたれど、朝からの歩きつゞけに足重く、それに列車の進入は直線に見透せたれど、焼野ケ原とて直線には走れず。瓦礫の道を拾い〱ヘト〱になって駅に走りこめば、列車はすでに停車しおれり。急ぎ交通遮断の縄張を越えて行きしに、一人の少女「もし〱」という。この娘、制服を着ていない故、余は改札掛とは気ずかざりしなり。余はパスを見せしに「どうぞ」という。然るにこの列車は下り列車にあらで、芸備線広島止りの列車なり。早や十五時すぎなるに、十三時発の列車さえ未だ来ず。今のところ下りはいつ来るか解らずという。ヘト〱になり炎天下を駆けつけしに、この態なり。がっかりしたけれど、外に法もなければ、いつくるとも解らぬ列車を、一番ホームの端に行き、臨時に建てし事務室の、僅にかげる日陰により、そこにある菰包に腰かけ、苦しき鼓動のおさまるを待つ。されどそこら一面何ともいえぬ臭気たえがたし。便所の臭気と、そこらにおいてある荷物より臭気紛々と発するのなり。見れば、壊れかゝつた木箱に沢奄を詰めあり。菰包にせる生魚あり。それらが被爆以来八日、連日の炎天下にほおり出されたまゝであり、汚れに汚れしホームは誰一人掃除する人も閑もなき様子なり。余はこの臭気紛々たる中に踞して、雑然右往左往する人の波を茫《ぼ》んやりと眺めいたり。いつか余も、被爆地の住民同様、放心状態となりしなり。

芸備線よりつきし列車の小荷物車より、担荷にて負傷兵を卸し始めたり。六人なり。あの窓もなき小荷物車の中に、荷物と荷物の間に挟まり、床に寝せられて来し負傷兵等も気の毒なり。戦時といえばこれも詮なきことならんも。

こなた余等の一番ホームでは、半裸の兵等、医療梱包を、有合せの角棒、青竹等にて担い運べり。たま〱余の傍に陸軍大佐、同じく僅の日陰を求めて踞し居たり。福岡県の田舎にいますという。この大佐より、長崎に原子爆弾投下のラジオの話を聞けり。

「原子爆弾投下の模様故、市区全部退避々々」と叫びつゞけ、やがて「敵機はもう去った故、全市民壕を出て、勇敢に消火に従事せよ」と繰返し〱叫びたる由。これによって「長崎も広島の如く、大半は滅失せしことなるべし」といえり。よって「かくて都市を次々に一瞬にして抹殺し、しかも秋の稲の取入れの時、佐賀熊本など米の産地の平野を灰にされて、人も物も焼き尽されなば、陸軍いかに強しといえども、戦わずして勝敗の決はつくにあらずや」と余がいゝしに「然り。処置なしというの外あるまじ」と、この大佐はいえり。

さて〱、待てども〱列車は来ず。十六時となり、十七時となりても、列車はいっかな進入の模様だになし。そのうち、アシユ《ママ》を積みたる二輛の貨車をひきて、機関車に鉄道の者夥多乗りたるが二番ホームより西下す。余はそれに強行便乗することも忘れ、茫然としておりしに、大佐いう。「けさ十一時の爆撃で（余が風耳居にいたる時）宮島口あたりの線路破壊され、今のはその救援車らし」と。やれ〳〵これでは一体いつになったら帰れるやら。今更風耳居に引返して泊る気にもなれず、さりとてこの焼野ヶ原には宿はおろか一軒の家だになし、厳島に渡れば或は一軒位宿あらんも、外食券もなき余は、泊りても明日の食事に困るべし。困ったことになったと思っていると、やがて人々のざわめき、列車がはいった〳〵という。見ると、三時間おくれて列車進入し来たれり。されど三時間もおくれて来し故、車内は超満員と思わざるべからず。広島より乗る人人のみにても、悠に一列車分すでにこのホームよりこぼれ落ちんばかりなり。かくては二等車を捜さんより、目の前に来し車に早くのりて座席をとること肝要なり。と思い居りしに、何と余の前にとまりしは手荷物車なり。とはいえ三等車のステップに今更行っても、すでにそこは怒濤の如く押し合いへし合いしているの故、到底ステップに近ずくことさえ出来まじ。ふと見ると鉄道の制服二、三人手荷物車より乗りたり。余も直ちに乗らんとせしに、入口に立ちし若き乗務員「こゝからはいかン〳〵」と余を拒む。余は「俺は鉄道の者だ。パスを見せる」と怒鳴りつけながら押して乗りたり。余は鉄道の者ではなけれど、この時はこの一喝より外にテはなかったのなり。そして乗務員には目もくれず、隣室の、半車しかない狭っくるしい三等車にはいりこめば、ここはまさに蒸すような暑さ、息もつけぬほどなり。されど突嗟に席もとりたり。やがて大佐、つら〳〵息をつきながら来り「あなたは乗せたが、私はどうしても乗せませんでした」という。この半車の狭い所に、刻一刻、怒号しながらあとから〳〵と詰め込み来たり。通路は無論、四人掛けの、旧い三等車のたゞさえ前の人と膝と膝とは組み合せるばかりなるに、そこにさえ次第に人々割り込みくる始末なり。常さえ動かぬ夏の汽車は、鉄の箱に蒸し焼にされる苦しみのところへ、この超満員すし詰めとなっては、身内締め上げられるように脂汗滲み出す。それを拭き〳〵ともかくもと一服して不図見れば、余の前には、八十ばかりにもなりなんか、いと小さく、いとヨボ〳〵とした老婆、黄色く汚れし白髪ふり乱し、よれ〳〵の浴衣、素足、草履ばき、そして生竹の杖、顔色蒼白、歯がない上に聞きとれぬほどの低声にて、罹炎《ママ》者なりと語る。干からびた薄い胸に、絆即《ママ》膏二、三カ所貼りたり。その隣には、十八ばかりの娘々した絣のモンペの娘あり。これは新しきタオルに包める小さき袋を抱き居れり。余は初め、米を一升持っているのだろうと思い居たるに、老婆は傍に立てる三十近い気の強そうな、ハッキリした顔のおかみさんにいう。「この娘が抱いているのは、この娘の姉です。」余はハツとしたり。その亡くなった娘は、広鉄のどことやらに出ていて火傷をうけ、いまその遺骨を抱いている妹娘が会いに行った時には、先方から「よく来てくれたねえ」といわれても、これが姉だとは解らぬほど顔は腫れふさがり、その上一面に薬を塗っていたとのことなり。そして一と晩苦しみもがいて遂に死んだ。これの火葬費が三百円でしたよ、老婆は絶え〳〵《ママ》な声でい、たり。余は、姉の遺骨をタオルに包んで胸に抱いている娘の方に、心からなる黙礼をなせり。

　余の隣には、二十才ばかりの美しい女、当才位の男の子を背よりおろして膝に抱く。この人は服装も見苦しからず。色白によく肥えて可愛らしきその幼児は、どこを見るともなく笑う。「あんた笑ってるのねぇ。あんたのお父さんは、もう死んで了ったのに。」おや〳〵この人もか、と、何かグッと息ずまる思いせしに、この若き母親は余に話しかけたり。「主人は偕交《ママ》社に出ていました。広島は原子爆弾をうけたと聞いて、軍の方に何度も〳〵問合せたのですけれども、まだ解らぬ〳〵といわれるので、多分そうではないかと居た、まれなくなって、きょう宮島から出て来ました。すると偕交《ママ》社は一ぺんに無くなって、それこそ何にもないょうになったのだそうです。これではいくら待って、も帰って来ない筈です」とそっと泪を拭く。慰めょうもなき気の毒さなり。途端に、余の傍に立って、老婆と話をしていた気の強そうな女、突如声を荒らげ「何をいうんだねお前は。その位のことはお前ひとりじゃない。広島の人はみんなそれ位の目には会っていなさる。見っともない。泣くんじゃないっ」と叱咤す。そして余に「これは私の妹です。ばかなっ。泣いたりなんかして」と終りの方はまた妹にいう。この強き言葉の裡に、姉の泪が溢れるように余には見えたり。余はこの言葉猛き姉にも、無心の幼児に話しかけてそっと泪を拭く妹にも、手を握り、背をた、いてやりたいほどの気の毒さを感じたり。

　一とわたりお互の悲惨な身の上ばなしがすみ、動かぬ列車の中に汗を拭き〳〵たゞあえぎにあえぐ。ふと見れば、余の車より一輛ばかり前のホームの隅に、鉄管の破れから水の噴出しあるを見る。人々群れて、或は飲み、或は手拭を浸して顔を身体を拭きいたり。余も水をのみ、水筒にも一ぱい入れておかずば、途中で困るべしと思いたり。されど、三時間おくれて来たこの列車、客をつみこみてもいつかな動こうともせず、水汲みに行けば行けそうな気もすれど、こんな気紛れの列車はまた、いつ突然動き出すやも知れず。しかもこの超満員、入口まで三、四メートルの人波押しわけて出で、又押しわけて席に戻ること容易な業にあらず。されど水は欲し、と、とつおいつしばらくためらいいたれど、この動かぬ列車より察すれば、岩国、藤生まで果して何時間かかるや常識をもって律し難し。如かず、用意だけはなしおかんと、人波を押しわけて下車し、腹一ぱい水をのみ、水筒にも入れ、タオルをぬらして車に帰る。水も思うさまのみ（これが後でいかなる報いとなるかこの時は夢にも知らず）たゞ満足し、顔を拭き、首を拭い、腕、胸、と人の前にて拭ける限りは拭き、いくらか気持をとり直し、莨に火をつけて不図目の前のガラン洞になった広島駅本屋の二階を見上げたり。あ、こ、には羽田食堂があったけねえと思いたり。羽田食堂の頃は、羽田歌劇団の美しい下地っ子達がサービスし、料理もよく、室内も清潔でわけて冷たいビール殊に美味なりけり。当時この食堂は、駅食堂としては一番気持よき食堂なりけり。名物のカキフライで、名代の芳醇加茂鶴を酌むもまた楽しかりき。思えば目の前の廃墟、このガラン洞の二階なりしが、一瞬にして変れば変る世の中なり。桑田変じてもおろかなり。

　十五時五分発の下り列車は、漸く十八時になり、百八十分おくれて発車す。これがかつて正確無比を世界の人々にうたわれし日本の汽車なり。敗戦の色、今は隠すべき術もあるまじ。しかもこの列車は、きょう岩国駅爆破のため、一つ手前の大竹駅までしか行かず、そこから余の住む藤生まで二時間徒歩とのことなり。けさ藤生をたち、岩国駅も常の如く、何の変りもなく通りしものを、僅か数時間のうちにこの惨胆たる有様なり。いま十八時とすれば、大竹につくのは二十時、それより三里半の道なら、うちに帰りつくのは二十四時頃となるべし。夜更けて歩くとすれば、飯を食いおく必要あり。余は宮島にて、この老婆も若き細君等も下車したる後、直ちに残りの握り飯をひらく。昼一っ《ママ》余分に食いたる故、晩は二個なり。食わんとすれば、梅干は入れおれど早や聊か腐臭あり。されど腹へりては歩けまじと思い、残りの酒一と口に飲みほし、二つの握り飯も食い終えたり。超満員の車に夕陽照りつけ、暑さと疲れと、酒と梅干とのために、喉かわくまゝに水筒の水ガブ〳〵とのむ。

　余の隣には、いつか廿二、三の女座しいたり。この女は柳井まで行くとのこと、藤生に廿四時頃つきて、果して連絡の列車出ずべきや。それはそれとしてこの女は、広島鉄道局の分室にて、駅近く、タブレットの修理工場に事務をとりいたりと語る。余も最近まで門鉄にいたりといゝたるに、かの女も心易く、いろ〳〵と当時の模様を語りくれたり。

　原爆投下の時は丁度八時頃にて役所は朝礼がすみ、おのれは席につきたる瞬間なりしと語り出ず。人々多く死傷せし中に、不思議や頭髪の中に少し怪我せしのみにて、四肢何のこともなし。（後日追記原爆のための傷ならば、この女も後日発病して死したることとなるべし。行きずりの名も知らぬ娘なれど気の毒なり。）余は問う。「駅の傍にあたる管理部は、いま見れば何もなきようなれど」「あのあたりは殆ど直撃ともいうべく、一瞬にして何もないようになり、殆ど全職員が登庁せしばかりのところ故、おそらく全員あとかたもなく粉砕されしことならん」と答えたり。聞けば師団長以下首脳部全部、わけて気の毒なるは当日召集をうけて集りたるばかりの兵等、中部総監大塚維精以下官吏多数、特にあわれなるは、奉仕のために来し幾百千の、歳端もゆかぬ少年少女等、出動直後、一旦警報解けて待避所より出でたるばかりのところを、一挙にして撃滅されしこと、悲惨事なり。将兵は三個師団一瞬に滅したりという。聞くこと一々想像を絶することばかりなり。

　列車は各駅に無闇に停車し、その停車時間出鱈目にて、いつ大竹駅につくのやら見とおし全くつかず。加《ママ》おるに余は、その頃より腹工合悪くなり、それを堪えているのと、油照りじり〱と焼けつくばかりの暑さとに、脂汗流れ〱て湯を浴びたる如し。しかもこの超満員便所に行くこともむつかしく、今更ながら生水むやみにのみたること、腐敗しかゝった握り飯二つも我慢して食いたることなど悔れど、後の祭なり。そのうち大竹の一っ手前まで来たれり。もはや我慢ならず。今のうちに用便しおかずば、一旦下車しなば、知らぬ夜道を、この列車の人の群より離れては途方に暮るべし。と、意を決して人々の間をかき分けつゝ、漸く便所の前まで辿りつけば、こゝには既に先客の女等二、三人、或は跼蹐し、或は足踏みしつゝ、順番を待ち居る有様なり。死ぬような苦しさを耐え、やっと順番を待ち、暑気と汚穢とに胸悪くなるような臭気たちこむる便所に入れば、汗一入流れいで、顔より滴してしたゝり落ちるを拭きもあえず用便す。かくて漸く席に帰れば、はや大竹駅なり。

「列車はこゝまでなれば、一同下車せよ」といわれ、千人近くも客ぞろ〱と下車す。そしてその大部分は、岩国に向って歩き始む。下弦の月、赤銅色に鈍く、一種無気味に凄惨なり。しかもその月は西に傾きて山に近し。せめてこの月の、山の端に入らん前に歩けるだけ一歩でも藤生に近ずきおくの要あり。

　余は、車中知り合いになりたる広鉄の女と、その友人と三人一緒に人々に伍して、知らぬ夜道を広き国道に出ず。とにかくこの道に沿いて、南へ〱と行けば、たとえ一同とはぐれても、何れは藤生に達すべし。

　われら荷少き者はまだしもよし。されど重きトランク担ぎたる人あり。子供の手をひきたる女もあり。赤子背に負いたるもあり。これらの人々、いまは歩くより外に詮なしとはいえ、この遠き夜具《ママ》〔道カ〕を人人に伍して、果して藤生まで歩き得べきや。たゞ気の毒というの外なし。「これが戦争だ」といわばそれまでのことならんも。

　余が連の女達は、晩飯も食っていないとのことなり。（広島より柳井まで帰るのなれば）この女一人のみならず、大部分の人々は食っていないようなり。やがて女達は手提を捜り「一っ！」といゝて、何やらん余にもくれんとす。暗き中にうけとれば、小さき地梨一っなり。若き女等、人の顔も見えぬ夜道の仄暗さの中なれば、歩きながら食う。余は腹グル〱と鳴り、いまにも又下痢しそう故、食わで握りながら歩く。

　余は「遠道の時は急ぐべからず。たゞかくして常に同じ歩調にて歩かん。かくすれば疲れも少く、永続きもすべし。かつてハイキングせし時の経験に従い、一時間ばかりも歩きなば、十分ばかりずつ休むということにして行かん」と語る。女達は余を頼りにして一緒に歩き居るのなり。

　初めのほどは、交る〲何やかと話もしいたれど、二十分三十分と行くうちに、何も見えぬ暗さの中に興も話も尽きはて、かつ余自身、腹の工合いよ〱悪く、ものいう元気もうせはてたり。その頃より、行くて南の空、ほの明く見えそめ、黒き山影をまわりしに、明かに大いなる火、炎々と燃えさかる状、夜空にくっきりと見えたり。「岩国駅が焼けている」と人々いう。

けさ十一時、広島には風耳居に行く時警報出でしが、その時岩国の駅付近を爆撃されしと見ゆ。やがて小一時間も歩きし頃、とある橋上に着きたり。人人そこ、こゝに座し休息しいたり。余等もこゝで一と休みせんとて、土手に座し、余は「一服するまで待たれよ」といゝてたばこに火をつけ、靴をぬぎて足を冷やす。女達、この間に用をたしおかんとて、そこらの叢に入る。

さきほど警報発令されたり。この女達は広島で罹災せしだけに、直ちに防空頭巾をかぶりたれど、余は例の如く、頭巾は持てど暑い故かぶらず。暑いといえば、一時間歩きたるため全身汗ばめど、夜道のことなれば難儀でありみじめではあれど、昼間に比ぶれば炎熱にあらざるだけ、どれだけ助かるか知れず。もし日中ならば、近頃毎日卅数度あるものを、日陰一つもなき埃の国道を四里も歩くこと大変なり。夜で反って幸なりと女等に語る。かく語り、かく行を共にすれど、余は女達の顔も知らず、まして名も知らず。仄暗き車中に会い、仄暗き大竹に下車し、仄暗き夜道をたゞ一緒に歩きおるばかり。

さて小休止もすみたれば、靴はき、ゲートル巻きかえ、いざこの道を南に向い、あの火を目あてに行かんと歩き始めしに、やがて岩国の方より来し四、五名の人々「この道は通れず。駅付近は火災と爆弾孔とにて歩くこと出来ず、かつ交通も遮断されておれば、これより山手に道をとり、西岩国の方にまわられよ」という。これを聞きて、余は一刻も早く帰らずば、この容態相当危険なりと、おのれの急性腸カタールを危ぶみおるため、一時にがっかりしたり。とはいえ今の場合、歩くより外には何の法もなく、一刻の躊躇は一刻危険を増すのみ、一刻帰着の時間をおくらすは、一刻おのが苦しみを増すのみなり。今となりては、他人の力を借る何の手段もなく、いかに疲れ、弱り、苦しむとも、おのが足にて歩くより外にはなし。

二人の女は案外平気にて、一とことだに疲れたともいわず、暑しともいわず、苦しともいわず。黙々としてわれら三人は、ひたすらに歩みつゞく、暗き中を、心細くも、今は岩国駅とおぼしき火を離れて、広き国道よりそれて小さき道を山裾にそい、西に向って盲滅法に行きて見る。しかるに嬉しや段々家ならびて、すでに岩国の町の東端に入りたりとおぼしきあたりを、大略の見当のみにて尚西に向う。西岩国に出でよといわれたればなり。

月はや山の端に落ちたり。町は警戒警報発令中ゆえ灯を消したり。されど町はずれなるこのあたりの人々はのんびりと、町の処々に集まりて、夕涼みの雑談中なり。炎々と夜空を焦がす火を遙かに眺めながら。

しかも不思議にさえ思われるは、このあたり直径五、六間の爆弾孔諸所にあり。それには既に水たまり、迂回路もブヨくにになっているのを見れば、これはきのうやきょうの被弾にてあるまじ。こんにちまで岩国は度々爆撃されたれど、そは飛行場のあたりとのみ思いおりしに、か丶る町はお〔ずカ〕れにさえ、すでに五、六個の弾孔を見たり。これに比すれば、余が住める藤生あたりは、同じ岩国市とはいえまことに無事にすみたるものなり。

さるにても、岩国の町に入りてより、行けども〳〵埒あかず。もう錦川に出そうなものとそれのみ思いつ丶歩き居るに、なか〳〵川岸に出でず。錦川にさえ出でなば、あとは一里半くらい、かつ道の心得もあれば心丈夫なりと思えど、どうしたことか川に出でず。歩行の時間を心の中に計算して見て、段段不安になり来たれり。この暗き夜道に、余は方向をあやまりたるにあらずやと。

ふと、細く暗き町角より、リヤカーにのせし若き女の負傷者を、男ら五、六人で取りかこみて、お葬いの如くそろ〳〵と歩み来たるに会う。昼の負傷者を、いまいずこかに運びゆくらし。「これが戦争だ」と、また呟く、疲労こんぱいの余は、一入暗然たる気持となりたり。

岩徳線を横断してより早や一キロは歩きたり。しかるになお未だ錦川に出でず。道は確かに南に向い居る故、もうとくに川岸に出なければならぬと思うに、不思議なこと丶思いつ丶、疲れし足を殆ど無意識に運びつゞけたり。後日五万分の地図を見しに、余が岩国の町に入りしと思いたるは今津なりしなり。行き〳〵て漸く川に出ず。「あ丶やっと錦川に出た。これから一里半だし、もう道もわかっているから安心だ」とい丶ながら橋を渡る。渡ってこ丶に第二回目の小休止をなし、余は川岸の地べたに足なげ出して一服す。その間に女等は、余の水筒をもちて水を探しに行き、やがて余の傍に蹲して水筒の口よりラッパのみしたり。余は「こ丶から川下に下っていくと広い道路に出る。それを一直線に南に行けば藤生に出られる。もう一と息です。元気で行こう」と歩き出す。前方に若き女の一人行くあり。連の女この人をよびとめ「藤生にはこの道を行くのですか」と訊く。然るに意外や、「いえこの道違います。藤生ならあの橋を渡って真直ぐに行くのです」という。おかしいと思えども、この若き女は、自分は今まで学校警防にいたが、交替になったから今帰るところ、道を間違ったのなら、道路に出る所まで送ってやろう。本来ならこんな夜更け、お泊めしてもい丶のだが、と親切にいう。土地の人のいうことなら間違いあるまじ。余等この女の行くに従う。小さき路、ろじ裏の如きところをぐる〳〵まわり、藤生とはまるで方向の違う西に進む。されどこの親切な女が、夜更け道に迷いて難渋するわれらを、よも欺くことはあるまじ、と、不安ながらもついて行く。やがて星明りに白々と乾きたる広き道路に出ず。これを真直ぐに行けという故、そこに別れてまたわれら三人のみ、無言の徒歩を続く。

その頃より腹工合いよ〳〵悪く、堪えておれば脂汗たら〳〵と流れ出で、眼くらめくばかりなり。遂にたえかねて女達にいう。

「この道を真直ぐに行きさえすれば、藤生に出られる故行きたまえ。もし不安ならば、少し先に行きて休みおられよ。尾籠なれど余は、先程より腹工合悪く、今は歩行にも堪えがたし。幸このあたり人家もなし。しばらく用を便ぜん」という。顔見えぬ夜道の、行きずりの連とはいえ、若き女の前で、この廿間道路のわきで用を便ぜんとは、よく〳〵堪えがたければこそいゝ出でたることなり。

女達諾して前進す。余は雑草に半ば掩われたる人道より一段低くなりたる車道を後ろに、急ぎ肩の水筒をはずし、雑のうをとり、女より貰いし梨一つそのそばにおき、洋傘を並べ、暗き中にも持ち物とり忘れぬように順序よく並べてパンツをおろし、脂汗流しつゝ踞みこむ。サアと水の如き便出ず。

広島は被爆後赤痢盛んなりと聞く。依て生水のむなとおふれさえ出ていたるに、きょう生水ガブ〳〵とのみ、半腐れの握飯を食いたり。この急性腸カタールは、相当危険性あり。ふと不安におのゝく。されど今、この道のべにてそのようなこと考えたりとて甲斐なけん。しばらく唸りながら、汗たら〳〵と流して用を便ず。かゝる場所で、かゝることなすは生れて初めてなり。苦笑しつゝ、「戦争だ」と呟く。まことに、かくするより外には、この苦しみを緩和する法はなかりしなり。

用を便じて、膝に手をあてやっとのことに立ち上り、水筒の水で手を洗い、雑のう水筒を肩にかけ、洋傘をとって五、六歩あるき出してより「あ、梨を忘れた」と思い出したり。されど今の叢どこなりしかと判らず。捜しに引返すも億却《ママ》なり。一寸立ちどまりしかど、そのまゝ思いかえしてまた歩き始む。

二、三十米突《ママ》も行きたるに、女達ゆっくり歩きつゝ余を待ちいたり。いまは半分はいりし水筒さえ重く感ず。「水の重さに堪えず、拾てんかと思う」といえば、女達「たまわれ」という。即ち水筒を渡す。これより余は見栄もなく一と足毎に低く唸りながな《ママ》、ヘト〳〵になってゆく。下痢後の疲労急激に甚だし。

さるにてもこの道はおかし。航空隊前の道は、三十米幅位なるに、この道は少くとも四十米以上はあり。定かにそれとは見えねど、何となく様子も違うようなり。されどとにかく一路、南へ〳〵と歩みつずく。約千米も来てから、思いがけなくまた川に出たり。こゝにおいて余は初めて、錦川の川下が二た股にわかれおることに気ずき、先きほど渡りし橋は今まで余が通りしことなき今津川にて、こんどのが門前川なることに気ずきたり。やれ〳〵やっと道が判った、とは思えど、同時に、今まで歩みしだけもはや愛宕近くに来ていると思っていたのは錯覚なりしと気ずき、あゝこゝより改めてなお一里あまりありと思えば、これから先をこの病状で果たして歩き終せるやと、新たなる不安起りたり。されど、いかに不安といえど、いかに疲労甚だしといえど、その上気力も失せはてたりといえど、たゞ自分の力にて歩くより外には帰る方法なきをいかにせん。余は歯をくいしばり、かつて読みし中支戦線で、来る日も〳〵はてしなく続く強行軍に、兵等苦しさに泣きながら、ひたすらに歩きつゞくる記を思い出でたり。余もまたその兵の如く、いまは殆ど朦朧とした気持のまゝ、歩きつゞく。この頃より次第に幻覚起こり始めたり。月はすでに早く落ちたれど、数時間に亘る暗さに馴れたると、星明りというべきや道ほの白く見え、時として人道の右手に、新しきバラツクも仄白く見ゆ。何となく水底に建ちたる家の如し。意識次第に混迷し来たるを感ず。とぼ〳〵と歩くわが目の前の道路、次第に三坪四坪位ずつ盛り上り来たる。不安にたえず足を高く上げて見れば、道は平坦にして、トボ《ママ》ンと深きに落ちる如き感じ、膝頭ためにガクンとなる。危くそのま、前のめりにくず折れそうなり。不安はやがて恐怖となりたり。わが家に帰りつくまで、意識と健康とを持続し得るやと。

　ふと、前方右手に、思いもよらぬ大いなる家の、仄白く現われ出でたり。近よれば、いつか消え失せたり。余はかゝる幻覚により、いよ〳〵体力の弱りたるを知り、一刻も早く家に辿りつかんと心のみせく。されどフラリ〳〵と、一歩々々、よろめく如き歩きかたなり。それでもなお、わが力にて歩くより外にはなき現在の状態なれば、いまは歯をくいしばることも忘れはて、一と足〳〵、低く唸きながらとぼ〳〵と歩みつゞく。

　この間にも、多少余を力ずけてくれたるものは、余等と逆コースに、藤生に下車せし沢山な人々が、いま大竹に向い行くと会うことなり。かれらは時々余等に「大竹はこっちですか」とか「大竹はまだ遠いですか」とか訊くのなり。まだ四分の一も歩いていないこの人々の、これから先の難儀、時間もはや二十三時をとくすぎたるに、気の毒にたえず。中には、五つ六つの子の手をひきたる者、幼児を背負いたる者、重きトランクを担ぎたる者もあり。この人人が、どうして大竹までこの夜更けの道を歩けるだろうかと、殆ど不可能に近きこの難渋を、いまおのれが歩き来たるだけに同情にたえず。特にあわれと思いしは、五つ六つなる子の、殆ど眠りたるまゝ引きずられる如く歩きゆく姿なり。「これが戦争だ」とまた呟きたり。

　余は殆ど自暴に近くピッチを上げ始めたり。いよ〳〵あと三十分位と知るケーブルのほとりまで来し時には、無意識状態になりたり。再び腹工合の悪くなりたるを堪える苦しさに、脂汗たら〳〵と流れ始めたり。

　漸く、日頃見なれし小さき橋のほとりまで来し時、女達に「余はこれより右手、山の方に帰る故、あなた達はこの道を真直ぐに行かれよ。これより約二十五分にして藤生駅なり。されどこの夜更け、連絡の列車ありともおぼえねば、幸あなた達は広鉄の人ゆえ、助役にでも話して、駅前の旅館に泊られよ」といゝて別る。小林部隊の前を通る時、いよ〳〵わが家への坂を登る時、気力もゆるみしが殆ど倒れんばかりになりたり。雨にあいたる如く汗びっしょりになり、カツターシヤツ膚にピツタリ貼りつきたるようになり、玄関にへたりと腰かけし時は、あ、救われたりと思いたり。丁度二十四時なり。常ならば水風呂にでもはいるべきを、汗流さんと水少し身体にかけしに、ぞっと鶏膚だちて悪寒を感ず。いそぎ拭きて、汚れし身体のま、伏戸に入る。

（筆者住所は八幡市東鉄町五ノ八三八）

［『ひろしま』第四巻六号、一九四九年八月、広島鉄道局、H478］

B29搭乗記

柴田賢次郎

昭和二十《ママ》年の一月、私たち数人の者がマニラにおける本間雅晴元中将の戦犯証人として要求されて行つた時の思い出である。

米国の飛行機でマニラに飛ぶ。厚木飛行場の滑走路を歩きながら、私は感慨深い気持であつた。終戦後米国の飛行機に乗るのは、民間人として私たちが最初なのではなかろうか……印象深いB29が厚木飛行場にずらつと翼をひろげて並んでいた。

朝八時に出発するという予定だつたが私たちといつしょに乗りこむ米軍の人々の都合で午後になつた。その間私たちは整備された飛行場の待合所で時間を待つたが、私たち日本人が証人で行くというので珍らしいのか、飛行場の人々が入れかわりたちかわり入つてきて、私たちに話かけ物珍らしげにいろ〳〵のことを訊ね、話はつきなかつた。飛行長あり、将校、下士官と時には五、六人いつしょになつて語りあつた。

数ヶ月前まで戦つてきて、今は戦勝国民になつた米国の人々であつたが、そんな気分は少しもなく、私たちも気楽に話しあうことが出来た。その時のM飛行長と私たちとの話である。……

「あなたは日本へ何回ぐらい爆撃にこられたか」

B29の飛行長だというM大尉に私は問いかけた。

「私は丁度八回日本爆撃をやつた」

「日本爆撃の印象は……」

「別に印象としてはない。自分の職務を果すことに努めたゞけだ」

意外な返事である。坦々とした言葉だ　これが日本兵なら、特意《ママ》になつて何かしやべり出すであろうに……米軍将兵の気質が、職務を果すことに努めただけだ……という言葉によく現われている。

「それでも、痛快だつた爆撃とか危険だつた爆撃とか、何か印象はあるでしょう」

今日出海氏が側から口を出して訊ねた

「危険だつたと思うことはないが、痛快だつたと思う爆撃はある」

「それでは、その痛快だつたというのは……」

「三月十日と、五月廿五日の東京爆撃と横浜の昼間爆撃だ」

「どうして痛快だつたのですか……」

「理想通り行つたからだ」

その時、今日出海氏が、

「その痛快だつたといわれる二十五日の東京爆撃の時に私の家は丸焼けにされた」

と、笑つて答えると

「そうか、それは気の毒だつた」

と、如何にも気まずそうに、顔を赫らめて答えながら

「そうだつたのか、気の毒だ。奥さんや子供さんたちに間違いはなかつたか……」

と真剣になるのだつた。家族は皆な無事だつたが……と今氏が答えるのに

「戦争だつたのだから、仕方がないが、気の毒だつた」

と、繰りかえし繰りかえし謝まるようにいうM飛行長だつた。

側で聞く私たちは何という立派な態度だろう。高度に発達した民主主義的人間性、そういつた姿をこの飛行長に見るようだつた。

「戦争は終つた。相互に親しくしていかねばならない」

そういつて、飛行長は今氏の手をにぎつてふつた。

時間が来たようである。私たちが飛行機に乗る前に、さつき話あつたM飛行長があわたゞしくやつ〔て〕きて、これは自分の下給品だから……と言つて、罐詰や菓子や煙草をどつさりおいて、飛行機の中で食べてくれと言う。そうして今氏の手をとつてもう一度気の毒だつた、元気で行つて早く帰つてこい……とはげますように手をふるのだつた。私たちは感《ママ》深い気持で厚意を謝して飛行機に乗つた。

戦争中米機来襲という警報を聞く度にこわごわは《ママ》と下から見上げた物凄い爆撃機……そのでかい機に乗りこんだ。来客は私たち日本人十数名と米軍の将兵が四五十名もいたであろうか。武装兵器は全部、とり払われていたが、大きい。簡単に例えて見ると、地上を走る客車だ。乗りこんで先ず驚いたのは、機内が実に簡素で実用的なことである。私は日本の飛行機に度々乗つた。比較してこれでも私は負けだと直感した。日本の飛行機に乗ると、豪《ママ》な椅子で機内は満員だ。機内を半分以上椅子と雑具で埋められているのに、この飛行機内は整然とされていてガランドだ。簡単なジュラルミンの椅子とそれに張られてあるズック張りの腰布、これだけである。百人は楽に乗れる。すばらしい豪華な機内を予想して乗つた私たちは、あまりに簡素な機内にまず驚いた。

機内の隅々に柳行李大のズックが沢山積んであつた。これが救命艇である。非常時の注意を受けてそれであることが分つた。救命艇は十人位いは充分に乗れるということである。救命艇の中には電機信号灯、食糧、薬品、水、その他数十種

の必需品が積載されてある。何処の海上に不時着しても、救護飛行艇のくるまで充分に耐え得る準備がされていた。三日や四日は漂流していても大丈夫であるという。

戦時中、日本を爆撃したB29が煙を吐いて洋上へ逃げてゆく機影を私たちは度々見た。そうしてそれらの飛行機はとうてい基地までは帰れまい。途中洋上に墜落して搭乗者は戦死するのだろうと思つた。また日本軍の戦果発表には、こうした飛行機を墜落したものとして勘定されていた。ところが、私は今話を聞いてこれらの飛行機搭乗員が殆んど救助されているという事実を聞いた。煙を吐きまたは機関に故障を生じたB29は洋上を飛びつゞけつゝ、愈々不時着の止むなきに至ると、基地に無電しつゝ不時着地を知らせつゝ洋上に着水、搭載せる救命艇に移乗して救助を待つのである。基地は救護艇を不時着地へ飛ばせて救命する。こうしてその殆んどが救助されているということであつた。

B29はマリアナの基地をはなれてとおく日本上空に飛出しているけれど、機内では常に基地と無電連絡をとつていて少しもはなれている感じはなかつたということである。すばらしい無電の力……。

無電といえば、私たちは飛行機に乗つてつくづくと無電の威力を見せつけられた。

厚木飛行場を飛び立つたのが午後三時半だつた。

富士山の白い頭が見えたと思つたのも瞬間で、飛行機はもう本土をはなれて洋上飛行に移つていた。日本の飛行機なら本土沿いに飛ぶのだが、この飛行機は目標のない水一色の海上に飛び出い《ママ》ているのである。

日本の航空技術は殆んどが目標飛行、それからようやく気象航法とか海上無電航法などに移つていつたが、無電航法などはまだ〳〵幼稚の域を脱せずして戦いは終つた。目標相手に飛ぶ。これが日本航空機の殆んどの航法だつた。それなのに米軍の航空機は殆んど無電航法のようだ。無電が鳴りつゞけている。然も飛行機は電波によつて誘導されているということを聞かされて驚いた。私たちの乗つている飛行機は厚木基地から出ている電波と鹿児島の鹿ノ屋の基地から出ている電波との交差点に乗つていて、この電波に導かれているという。然も基地からは無電が鳴りつゞけ、高度何米、何の方面に低気圧あり、何の高度に積雲ありと基地から機上にはつぎ〳〵と通報されている。

こうした調子の飛行である。こうして見ると、航空技術は簡単な訳である。二年も三年もかゝつて各種航法を習つている間に、米国では四ヶ月か六ヶ月で充分な航空士として飛び立てるのである。こゝらにも戦に負けた原因が潜んでいるようだ。

機内温度は最適だ。高度は三千米、厚木の飛行場では冬外套を着ていてふるえていたのにこの高度で、外套を脱ぎ冬着の上衣をとつて丁度いゝ温度、これは高度上によつて調節されているようだ。

飛び立つて間もなくサンドウヰツチが出る。林檎が菓子がつぎ〳〵と配給される。指導役の将校が煙草をくれる。まことすばらしいサービスである。

「どうしてあんな立派な紳士の国と戦争をしたのでしよう」

同行の山本正金支店長の言葉である。私も同感だつた。

私は度々日本の飛行機に乗つた。そうしてその度に不安感を抱いたものだが、この飛行機に乗つていて、私はすつかり安心していられるのはどうしたことだろう。私ばかりではない、同行の皆もそういう様子だし、米軍の人々もその様子だつた。

何時の間にか時間は過ぎて九時に近かつた。清い星の夜である。途中沖縄へ寄るということだつたので、もう沖縄へ着く頃かなと思つていると、

「大変なところへ来ているようだぜ」

と今日出海氏が声をかけたのに、窓下を見ると、真下は真赤な火の海、すさまじい電化の都市が見下ろされた。

「沖縄ではないぜ。上海かな。マニラは焼けているし……」

今氏の言葉にも答えず、私は驚き眺めていた。飛行機は高度を下げつゝ着陸した。電化の都は那覇。飛行場は小禄飛行場だつた。廃虚と化した那覇が十ヶ月を経ぬまに、かつての灯の港だつた神戸のように電化されてしまつているのに度肝をぬかれた。こゝで少憩、十一時には小禄飛行場を飛び立つて三時間半でマニラに到着した。

気安い空の旅、こんな飛行機で空を飛べばどんなに楽しいであろうか。と私は泌々と思つたことだつた。

〔『国鉄文化』第二巻一号、一九四八年一月、国鉄労組本部文化部、東京、K1637〕

B29の大音

伊藤　和

おゝ。
ひさしぶりに、
B29よ。
例の大音お、やすらかにひゞかせて。
それから、
一分間もたゝぬまに、
もう、北に去り。
また二分間もして、
次のが迫る。
おゝ。
このように飛ぶ。
B29わ、
つまりいま、

演習である。
墜落する一機もなかつた。

B29よ。
そして次から次と、
大音の通るたび、
顎をあげて仰ぐのわ、
老いぼれや。女や。子供ばかりでなく。
おやじ。若い衆も。
しばらくの間わ、
顎がのびてしもうほど、
仰いで詠嘆した。
まつたく、いまわ。
いまわ、逃げることもなし。
怖しいと考える必要がなくなつた。

だがしかし。
大音よ。
あれがB29と、
振動音に耳を打たれて、
二分間も仰ぎつずけると、
田舎者の頭わ、
変つてくる。
神と云う奴が、僕に命じたように、

直ぐに、
詠嘆のお喋べりが立つ。

「ドカンと始まる気配ぢや」
――どこかの国が、
いまに火ぶたを切る。
イヤ僕《しもべ》根性の詠嘆が、
まつたく。
大げさに。
そんな愚劣お、
頭のなかに描いて喋べる。
B29よ。
まだしかし、
田舎わひろい。
八方に、
ぴかりと星わ光つている。
鳴いているのわ溝の蛙ら。
もつともつと、遠くにも蛙ら。
笛の音。
太鼓の音。
これわ、
若い衆のいろ香もおぼれて、

芸能会の稽古。

B29よ。
またこの外に、
北から南から還つてきた、
復員のなかからの、
もつぱらオブローモフがごろごろし。
すこし学問を出た奴わ、
いまこそヒユーマニズムだと喋るのもあり。
ヤニ下つて、
愛情の半端や。
あれやこれや。
空虚や。

おゝ。
B29わ、
ゆつくりと、
やすらかに、
卯の花時の空を飛ぶ。
B29よ。
まつたく、
ひさしぶりに、

例の大音よ。
田舎者のびつくりする飛行機よ。
――墜落のことや、
――火をふくことや、
いずれの国も。
もう、
損なことわ間尺にあわぬ。
さて演習わ、
そちらさまの御都合だろう。

〔『コスモス』第七号、一九四七年一〇月、東京、K1795〔ゲラのみ、刊行された雑誌には掲載されず〕〕

第二章

焼け跡ぐらし

章解説

渡辺拓也

焼け跡、浮浪者、浮浪児、戦災孤児、闇市――これらは終戦直後の日本社会を象徴するキーワードとしてイメージされてくるものではないだろうか。度重なる空襲の被害を受け、日本全土が焼け跡と化した。家を失った人びとは浮浪者となって焼け跡となった街に溢れ、親を失った子どもたちは孤児となり、浮浪児となった。敗戦後の物不足のなか、統制経済はうまく機能せず、闇市が乱立した。戦後の混乱を乗り越え、高度経済成長を遂げていく日本の再出発の「どん底」を物語るものとしてこれらのイメージがまず登場する。日本全体が経済的に貧しく、国民が共に苦しみを乗り越えていった大きな物語を構成するのである。

しかし、プランゲ文庫に収録された占領期の雑誌資料をひもとくと、大きな物語の背後に隠れた人びとの生活のディテールが生き生きと浮かび上がってくる。本章ではまず、戦災孤児や浮浪児といったキーワードから当時の世相を読み込んでみたい。彼／彼女たちはまさしく大人たちが始めた戦争の犠牲者であり、また終戦直後に生み出された特異な存在として目をひく。

戦災孤児と浮浪児

川越鈴「戦災孤児Kの場合」（『生活科学』第四巻八号、一九四六年一〇月一日発行）では、「生活士」である川越が出会った戦災孤児Kとの交流が物語られている。川越は戦災孤児のための「学園」を興して救済事業を行なっている。数多くの戦災孤児たちとふれあったなかでも、Kの存在は「孤児の奇蹟」だと彼女は述べている。孤児たちが見せる無邪気さやおちつきの多くは見せかけであり、彼らは偽装をもつてわれ〳〵に臨んでゐる場合が多かつた」が、「Kの場合そこには一点の疑ひも差しはさむ余地のなかつた」のだという。川越は肉親たちの焼死していく姿を目にし、戦火を逃れて上野の杜へたどり着いた孤児たちの過酷な過去に思いをやる。強いられた浮浪生活のなかで孤児たちは必死に生き抜いてきた。その過程で彼／彼女たちはかっぱらいや恐喝といった犯罪に手を染めるようになり、結果的に浮浪生活に楽しみを見いだすようになってしまった。ついには父母たちの死に様すらあっけらかんと語る。そのような孤児たちの一般的な有り様に対し、Kは身だしなみからして他の子どもたちとは違っていた。父母、妹が焼け死ぬ場面を回想し、「僕だけ、どうして助かつたのか、いつでも考へるの……」とふと語るのである。

ある日、夜遅くなってもKが学園に帰ってこない。心配し気をもみながら待っていると、Kは夜更けになってようやく戻ってきた。帰ってきたKは「御馳走だよ！」と言って、肉やサラダ、果物などたくさんの食べ物の包みを土産に持っていた。事情を聞くと、かつて上野にいた頃に手伝いに出入りしていたことのあった料亭のおばさんが宴会の残り物を持たせてくれたのだという。ただで貰っては悪いからと台所の片付けや手伝いをしたために遅くなってしまったという次第だ。

このエピソードを聞いた川越の友人はKを引き取って育てたいと申し出た。友人は四〇歳になるまで独身で通ししっかりもので、人柄もよく教養もある人物で、Kには願ってもない話であった。ところが、その二、三日後、Kは他の少年たちと一緒に学園から逃亡し、行方知れずとなってしまったのである。

川越は孤児たちに与えられるべき愛情不足を嘆く。学園の孤児たちのなかでも「本当の孤児」は少なかったという。他県に嫁いだ姉がいたり、東京に叔父がいたりといったケースは少なくないが、子どもたちはそこへ訪ねて行こうとはしない。また、子どもたちが学園にいることを知っていても、訪ねてくる親類縁者はいなかった。彼／彼女たちを救うには愛情しかないが、その愛情をそそいでやる者がいないのである。Kのような「善良な少年もまた殆んどの戦災孤児と同様に、所詮は幸福の神に背を向けねばならぬ宿命の子なのであらうか」とその将来を惜しんで川越は筆をおく。

川越の手記にも見られるように、戦災孤児たちの多くが浮浪生活を余儀なくされる。次に彼／彼女らの浮浪生活を描いた記事を見てみよう。高野まさ志「地方のひとに読んで戴きたい よこはま「浮浪児」点描」（『市従文化』第一六号、一九四九年四月二五日発行）では、著者と浮浪児たちの交流の様子を交えつつ、横浜市の桜木町駅界隈の浮浪児たちの「生活実態」が描かれている。ここで描かれるのは生き抜くために、時には犯罪に手を染めつつたくましく生きる浮浪児たちの姿である。

駅前の広場で新聞売りをする「幼児」たちに話しかけ、煙草を手渡すところから高野のレポートは始まる。幼児たちはもらった煙草をうまそうにふかす。そうしていると彼らの親方が近づいてくる。因縁をつけられてはかなわぬと、高野は早々にその場を立ち去る。続いて靴磨きの浮浪児たちに話しかけると、大人顔負けの接客に面食らう。彼らが「ドヤ」（寝床）にしているというクスブリ横丁の屋台では、閉店後の留守番をする専属の浮浪児がおり、盗んできた石炭やコークスを店のあるじに売っているのだという。この一角のなじみの飲み屋に入ると、先客のなかにどう見ても一四歳以上とは思えぬ少年が二人いる。

少年たちは腕時計もして、さしてひどい身なりでもなく、どうやらカストリらしきものを飲んでいる。商売について、人差し指を曲げて「これか?・」と聞くと「ふふん」とうなづき、「でも、ときどきだよ。仕事は何でもやるよ。昨日のヨロク（儲け）で今日は一んち野毛の図書館で本を読んでいた」と答える。話しているうちに少年たちのうちの一人は淋病にかかっているということがわかり、驚かされる。今夜は寒いから風呂屋へ行くという彼らに同行すると、脱衣所で隙をみて靴下を盗もうとする姿を目撃し、暗い気持ちにさせられる。翌日、昼食をおごるという約束をして再会し、さらにくわしい話を聞く。

街歩きをしながら当事者たちに話を聞くというスタイルを取っているが、ところどころ差し挟まれる伝聞情報と交流で知りえた事実とが必まじりあっているため、ステレオタイプなイメージの味付けに当事者の語りが利用されているようにも読める。しかし、大人が実際に浮浪児たちと接して、そのやりとりを記録したものとしては興味深い。

近藤日出造「まんが探訪 浮浪児の生態」（『新しい教室』第四巻四号、一九四九年四月一日発行）では浮浪児の類型、生活実態がくわしく紹介されている。この記事によれば、浮浪児は一種と二種に分けられるという。一種が本当の孤児であるのに対し、二種は親も家もあるのに家出をして「天涯孤独をよそおつている」者であり、盗みによって生計を立てている「チンピラ」である。記事で紹介されるのは二種についての事例が中心となっている。チャリンコ、ノビ、カツアゲ、キスグレ、ハイノリといったさまざまな盗みの手口、日々の寝床、パンパン遊び、浮浪児同士の掟などについて語られている。盗みを行なう知恵や器用さのない一種の浮浪児は「浮浪児らしい」生活を送っているが、才覚のある者は二種へと移行していくものと捉えられている。これまで紹介した記事のなかでは女児についての記述が見られないが、この記事では「浮浪児には殆ど女児が少ない」ものの、「一種浮浪児として巣立つた女児は、齢十三四才に達するや、翻然としてパンパン界に飛込むのだ」とある。

ここで登場する一種、二種という分類は興味深い。その内実について「本当の孤児」と「偽物の孤児」、「犯罪に手を染める者」と「生き抜く才覚に乏しい者」という二つの基準で説明されるのだが、この二つの基準はぴったり重なるようなものではない。本文の記述の中心が浮浪児たちの犯罪の手口についてであるように、著者が強調したいのは「犯罪者」ないし「犯罪者予備軍」としての浮浪児イメージであることが窺える。

本章には収録していないが、「浮浪児」を二通りに分類する視点は他の多くの記事にも見られる。そもそも「浮浪児」は「戦災孤児」が家も親もなく路上に放り出されたものだったはずなのに、実態を調査してみると「本当の孤児」は半分程度に過ぎなかったということが驚きをもって語られる。「戦災孤児」や「引揚孤児」「一般孤児」の他に、少なくない割合で「家出児」が含まれている。そして、この「家出児」たちは「戦災孤児」のなかに紛れ込み、「戦災孤児」に向けられた同情を利用してうまく生き抜いているのだと問題視される。こうした浮浪児たちへの対応として何度となく「刈り込み」が行なわれており、彼／彼女たちは浮浪児収容所に入れられた。

次に、浮浪児収容所を訪問した際の記録を見てみよう。高木源一「福岡県百道戦災孤児収容所　松風園を訪れて婦人部慰問随行記」（『組合広場』第一巻一号、一九四七年四月一日発行）では、福岡県にある戦災孤児収容所「松風園」が紹介されている。本文によれば、松風園は県立の施設として博多港に上陸する海外引揚げの戦災孤児の収容所であった。そして、この前年より県内の浮浪児を収容することになった。その当初は孤児たちの逃走に職員たちは頭を悩まされていたというが、この記録のなかで紹介されるのは規則正しい生活を送り、慰問団のメンバーに人なつこく話しかけてくる姿である。「俸給めあてでは到底おつとめ出来ません」と熱をもって語る職員や、慰問で紙芝居を読みにやってくる地元の青年たちに囲まれて暮らす孤児たちが、孤独と逆境を乗り越えて明るく正しく育っていくことを著者は祈っている。

将来的には孤児たちが職業教育を受けるための職業補修所の計画があると聞いて著者は安堵する。幼いうちは同情を買われている孤児たちも、放任していれば「無宿者として「不良」「不逞」の冠詞をつけられた青年となり、闇の女と堕ちてゆくことはあまりにも自明である」。「今にして適切を欠けば将来社会の「癌」となる」ということのないように、国家的な対策が必要であることを強調している。

終戦直後の「戦後」という文脈では、われわれは「戦災孤児＝浮浪児」と見てしまいがちではないだろうか。特殊な状況で現われた特殊な問題としてイメージが固定化してしまっているのではないかと思われる。もっとも、それは当時においてもそうだったことがわかる。しかし、当時の人びとがそう思い込んでしまうことと、現在のわれわれがそう思い込んでしまうこととは意味合いが異なる。二〇〇〇年代末、派遣切りにあった労働者たちを救済するために年末年始に登場した「派遣村」が話題になった。派遣切りにあった労働者たちに同情が集まる一方で、「派遣村」の「村人」のなかに、派遣切りにあった労働者ではない「もともとのホームレス」が多く含まれることを問題視する声が上がった。そもそもホームレス問題は不安定雇用の問題であり、「ホームレス」の人たちが生み出されることと派遣労働者が派遣切りのために行き場を失うこととは、問題の解決を考えるなら構造上切り離せるものではない。「偽浮浪児」を問題視する視点と「派遣村の偽村人」を問題視する視点とは同じ思想にもとづくものかもしれない。特に浮浪児に対しては「歴史」のフィルターをかけて見てしまっている。「戦後」を「特殊な過去」とせずに、現代社会と通底するものとして読み解いていく必要があるのではないだろうか。

本章では「浮浪者」「乞食」に関する記事も一点ずつ採録した。井口信雄「浮浪者」（『あゆみ』第一巻五号、一九四九年九月一日発行）では巷に溢れる浮浪者に対し容赦のない意見が述べられている。「京都駅と乞食」（著者不明、『さんるうむ』創刊号、一九四六年四月一〇日）は、列車を待つ京都駅の待合室で弁当を広げると「乞食」に横から手を差し出されて驚いたというエピソードが紹介されている。

闇市

T・Y「生麦、闇市場の生態を探ぐる」（『東京魚商業組合旬報』一一五号）は横浜市・生麦にある魚の闇市を取材した記事である。前半は生麦市場を訪問した体験記、後半は取材の結果にもとづいた闇市についての評価がなされている。前半の「朝の生麦市場を行く」は早朝五時に記者二人が品川駅で電車に乗る場面から始まる。車内にはすでに買出人らしき人びとで溢れている。不案内な記者たちはそういった人びとの後を追う。活気のある市場に潜入した記者たちだが、写真を一枚撮ったことを見とがめられ、漁師たちに取り囲まれる。顔役のところに連れていかれ、取材の意図を説明することでようやく警戒が解かれる。そして、顔役が語る彼らが「闇」で稼がざるを得ない事情や言い分が紹介されている。後半は「統制撤廃を叫ぶ人々」と題して、生麦市場の歴史的背景、闇市場が成立した事情が整理されている。生麦村の人びとは、かつて行商人として魚商組合員の資格を持って商売をしていたが、店舗を持たないことを理由に戦時中政府の要請で転廃業を余儀なくされる。そして応召されたり、軍需工場で働いたりすることになったのだが、終戦後は失業してしまう。魚商組合復帰を陳情したが受け付けられなかったために、生活するためには「ヤミ屋」にならざるをえなかったというのである。生麦村の人びとにすれば、統制があるために自分たちは「ヤミ」扱いされているだけなのだ。掲載誌が東京魚商業組合の旬報である以上、生麦の闇市場を肯定的に書くわけではないが、問題の根っこが統制にあるという立場は共通している。戦中・戦後で移り変わる時代状況のなかでそれぞれの立場とそれぞれの事情が入り交じっていた世相が描かれている。

焼け跡

「焼け跡」も終戦直後を象徴するキーワードの一つである。「浮浪児」「浮浪者」「闇市」といったキーワードで記事を見ていくと戦後の悲劇的な状況や混乱が現われてくるのに対し、「焼け跡」をキーワードにして見つかる記事は少し違った雰囲気を持っている。

大原透「焼跡の草花　科学掌話」(『令女界』第二四巻五号、一九四六年五月一日発行)では子ども向けの読み物として、焼け跡の観察記録がしたためられている。戦後の復興が叫ばれるものの人の営みは遅々として進まない。その一方、焼け落ちた建物の跡で小さな復興が始まっている。焼跡に草花が生い茂っていたのである。記事ではどのような植物が繁殖しているかを一つ一つ観察し、その傾向について記述している。なかでもキク科の植物が多いことに注目し、これは冠毛によって飛来したものだろうと推理する。焼土を飾った草花は人びとの復興への励ましとなっていたようだ。

焼け跡の観察は単なる物珍しさで眼につくだけでなく、本格的な研究対象としてもとらえられていたようだ。植物群落の変遷や季節的景観について研究しようとすれば、試験地を定めて一定期間調査すればよい。しかし、既に植物は繁茂しているため、その発生の始めから調査をする条件は得にくい。ところが、戦争のおかげで日本のあちこちの都市には焼野原ができたため、実験のための思わぬ好条件が整った。このような問題意識から焼け跡の植物群落を調査したのが沼田眞「焼跡の植物群落〔I〕」(『採集と飼育』第八巻一二号、一九四六年一二月八日発行)である。著者の沼田の肩書きは「千葉県師範学校教官理学士」と書かれている。沼田はいくつか実験地を定めて、「ワク法」なる方法で植物群落の分布や密度を調べている。一〇メートル四方のワクを設け、さらにこれを一メートル四方ずつに区切り、一〇〇個の「小方形区」を作る。そして、そのなかでのそれぞれの植物がしめる面積、個体数から比率を計算し、比較するのである。沼田による「焼跡の植物群落」の研究は一年にわたって続けられており、報告は四回に及んでいる。

このほか、「焼け跡」の記事にはゴシップや娯楽的な読み物なども見られる。「焼け跡」を生活の背景としながら、人びとの暮らしは必ずしも暗い話題ばかりではなかったようだ。

労働の民主化

最後に人びとの暮らしの労働面に関わる記事をいくつか紹介したい。戦後の物不足と統制経済による物価高騰のなか、人びとは闇市や農村への買出しで生活物品を得ていた。正規のルートで商いをする者からすれば、「闇商人」たちは裏道で稼ぎを上げる「こずるい」存在であったかもしれない。しかし、生麦村の事例にも見られるように、「闇商人」自身も食べていくためには「闇」の仕事に手を出さざるを得なかったという側面もある。闇市場が人びとの生活にとって不可欠だったと同時に、「闇商人」たちにとってもそれが生きていくための限られた手段だったのかもしれない。

「闇商人」として売る物を持たない人たちは、戦後の仕事不足と大量失業の状況のなかでどのような仕事をしていたのだろうか。まず、当時の日雇労働市場について見てみよう。

慣習的に早朝の路上求人が行なわれる場所のことを「寄せ場」という。寄せ場は現在でも全国に散在しており、有名な寄せ場に東京の山谷、大阪の釜ヶ崎、横浜の寿町がある。これらは三大寄せ場と呼ばれ、寄せ場であると同時に仕事を探す日雇労働者たちが寝泊まりする簡易宿所（ドヤ）が集まる「ドヤ街」でもある。戦後の民主化政策の下、労務供給業は禁止されていくが、実質的には残存しているのが現状である。

終戦直後、日雇労働の斡旋は「日傭勤労署」という公共機関によって行なわれていた。野崎生「調査　大阪の自由労務者　天六の日傭勤労署索描」（『ダイヤモンド』第三四巻二一号、一九四六年七月二一日発行）では大阪・天六にある日傭勤労署が紹介されている。冒頭にまず「寄場」という言葉が登場することに驚かされる。現在の寄せ場がイレギュラーな存在として人びとの目から隠されているのに対し、当時は「寄場」や日雇労働が一般的なものだったことが分かる。また、多くの新規労働者が日雇労働市場に参入していた時流があったことも窺える。「従来、日傭労務者と云へば、不浪人も同様な独身もの、「あんこ」が大部分であった」が、「最近の日傭労務者には家族持ちが多く」なり、「従つて落ちつきもよく、悪癖もないから、自然、信用がある」という。また、高学歴の「知識階級者」の姿も見られ、「一般勤労における就職の難易」が反映されていた。主な仕事は進駐軍からのもので、民間や公共団体の需要は少なく、供給過多が常態であったようだ。

労働者の内訳や賃金体系などの紹介に続いて、日雇労働であるにもかかわらず、雇主側の都合で賃金がまとめ払いになってしまっている問題について議論されている。その解決策として勤労署が一時的に賃金を立替払いするような制度の導入が検討されているが、勤労署にはそのための基金がない。その基金があったとしても、その運用において企業資本的な利子が生まれてはならないことが強調されている。

最後に、天六日傭勤労署はこの年に仮設されたもので、他の勤労署のような「寄場」を持たないことから生ずる問題が語られる。進駐軍の時間外の求人が入った場合、これを断わるわけにはいかない。常に労働者が集まっている「寄場」が近くにないため、天六日傭勤労署では急な求人への対応に苦慮するという。当時の「寄場」の語られ方や位置づけは現在の下層労働市場の形成を読み解くヒントとなる。

芝浦公共労働安定所「日雇の労働市場とは」(『職業問題研究』第二巻五号、一九四八年六月一日発行)からは、日雇労働市場一般についてもう少しくわしい情報が得られる。記事内の見出しを拾っていっても、「一　日雇労働市場の概念」「二　形態及び構成」「三　労働条件及び就労状況」「四　日雇の労働組合」「五　今後における労働市場の活用方策」といったように、日雇労働市場の概説として興味深い。「溜場」「寄場」「アンコウ」「買う」「アブレ」「軽子」「摑み銭」「ピン刎」といった日雇労働市場特有の用語解説があるのも面白い。全体としては、日雇労働市場に残る封建的色彩を問題視し、その実態を把握するとともに、労働の民主化と近代的労働市場の実現に向けた課題を検討するといった展開になっている。

次に「労働の民主化」という視点から、労働組合を中心として取り組まれていた職場の文化運動について見てみよう。労働組合の文化運動に関する記事数は多く、熱心に取り組まれていた様子が窺える(記事タイトル「労働文化」一一三件、「勤労文化」二二一件、「文化運動」五五九件)。職場演劇のようなサークル活動についての議論、職場演劇のための台本、職場を題材にした小説・ルポルタージュの募集・掲載など組織的な取組みが行なわれていたと見られる。しかし、労働組合の文化運動の推進は決して平坦な道程ではなかったようだ。

平井一雄「組合員の言葉　労組健全化への反省　伊福部敬子氏に応う（労組文化運動について）」（『月刊労働組合』第一巻七号、一九四八年一〇月一日発行）では、「勤労人の新しい文化」の定義をめぐって激しい議論が提起されている。記事タイトルにあるように、この記事は社会評論家・伊福部敬子が寄稿した記事への反論として書かれたものだ。伊福部は「生花茶の湯文化を拒けよ」（『月刊労働組合』第一巻五号、一九四八年八月一日発行）と題して、労働者独自の文化を育成していく必要性を主張する。生花や茶の湯の文化は有閑階級・富裕階級に属する資本家の趣味であり、そのような文化に労働者が絡めとられぬよう拒まねばならない。そして、それに対抗するような労働者階級の文化を生み出さなければならないというのである。

伊福部の主張はそう的外れなものではないように思われるのだが、平井は伊福部の主張は幾多の盲点を持っていると言う。現場で文化運動を実践する平井からすれば、伊福部の説は「もっとも観念的、もっとも抽象的な、机上に描かれた「天国」に過ぎない」ものであり、現場での実践から論を導き出すよう伊福部は努力すべきだと切り捨てる。伊福部と平井の主張を読み比べてみても両者の主張の中身がどう違うのかわかりにくい。現場で汗を流しているわけでもない評論家への反発心が平井にこのような反論を書かせたのだろうか。特に、伊福部が労働者の文化が「労働階級の新しい生活から、そして、その自覚からやがて自然に生れ出るであろう」と述べた点について、労働者の文化は積極的に取り組み、実践するなかでしか作りだせないと批判している部分で現場主義が強調されている。

対抗的な文化を作りだそうという取組みは、労働者の自発性の尊重を説きながらも、組織をコントロールしようという思惑と表裏一体であり、指導者層の主導権争いになってしまっていたのではないだろうか。また、労働者階級の文化は労働の生産性の向上を下支えするものでなくてはならないという信念も根強い。労働者階級の集団としての凝集性を高めるために勤勉倫理が利用されていたのだとすれば、平井が伊福部に対して表明していた不満は、実践の有無というより、労働者階級の凝集性を低めるような方向で「文化」が発展してしまうことへの懸念だったのかもしれない。

伊福部と平井の記事のように労働者階級の文化がどのようなものであるべきかを論じた記事は多く、一方でいかなる文化を形成しえたのかを伝える記事は少ない。野村青二郎「ある侠客伝　職場演劇のために」(『がす灯火』第二巻一号、一九四八年一月一日発行) は職場演劇のために書かれた短い台本だと見られる。この台本は国定忠次を題材としつつも、忠次とその子分たちが封建主義と決別して民主主義を称揚するという筋書きになっている。この台本を人びとはどのように受け止めたのだろうか。この時期に労働組合の文化運動が盛り上がりを見せていたことは間違いない。その実態を探る手掛かりがプランゲ文庫には多く残されている。

調査　大阪の自由労務者
——天六の日傭勤労署索〔素カ〕描

野崎生

自由労務者の実情を知る一端にもと五月七日の午前、天六の日傭勤労署を訪れたが、先ず、目についたのは次ぎの掲示板である。

求　軍人夫募集
作業　ドラム缶作業　一〇〇名
期間　永久
賃銀　最低　十三円
　　　加配米　一合五勺

アメリカ進駐軍が、この日本に何年進駐を続けるか。我々の民主化を見届けるまで、十五年でも、二十年でもといふが、期間については、未だ猶ほ、確定してゐるわけでもない。しかし、何れ平和会議の際には、何らかの期間が決定されるに違ひないが、右の掲示板には進駐軍人夫の傭入れ「期間—永久」とあるのが面白い。

さては、アメリカ進駐軍の永久進駐とでも思つてかと心私かに微苦笑しながら所長さんから、次ぎのやうな話を聞く。

天六日傭勤労署は、今年三月九日の開設、労報事務所の建物で借家住ひである。れつきとした日傭勤労署なら、毎朝労務者の集まる「寄場」を必要とするが、こゝではそれがない。設備としては間に合せである。

先づ、日傭労務の需要であるが、此処の主たる需要先は、今日のところ、進駐軍である。

一般民間では、金融緊急措置令以来見透しがつかないといふので、捗々しい需要がない。

公共団体方面でも、また、最低賃金問題が解決しないので、暫らく、見送り模様とある。

自然、進駐軍御用専門といつてい、現状で、毎日、六・七百名が使はれてゐる。但、大方は定着化して、日日、こゝに来る本当の日傭的のものは、一割あるか、なしの五・六十名程度に過ぎない。

かうした需要に対して、幾何程度の供給があるか。

現在、大阪市内に、どれだけの日傭労務者か〔がカ〕ゐるか、明瞭でないから、的確な数字は表示できないけれども、大観したところ、供給過多状態であることは明言し得られる。それなら、労務者は職場を求めるのに焦つてゐるかといふと、さうでもない。闇商売といつた避難場のあるためか、労務者の考へ方は甘くて、色々と労働条件に注文をつけ、それを充足する職場が見付からねば、見付かるまで……といつた程度で、生活に余裕があるといふのか、まだ、その日の仕事に焦らない現状である。

しかし、それは表面でのことで、日傭労務者の階級性とでもいふか、構成部子の、著しく変化しつ、あることが注目される。

従来、日傭労務者と云へば、浮浪人も同様な独身もの、「あんこ」が大部分であつた。

この種の勤労者は封建性が身に泌みついてゐるといふか、それとも役徳とでも思つてか、平気で職場の物品を持ち帰る悪癖がある。

最近もある所で一本三百円もする檜木の丸太を五本も薪木に切つて持ち帰つた事件があつた。

朝鮮の女中は休みか《ママ》などで実家に帰る場合、必ず主家の何物かをくすねて平然たるものあり、上海の紡績工場の支那人職工は落棉を持ち帰るのを当然の権利としてゐると云はれるが、彼れと此れと、そこに一脈の相通ずるものがあるやうに思はれる。しかし「あんこ」の時代は過ぎ去つたのかそれとも一時的現象なのか、とにかく最近の日傭労務者には家族持ちが多くなつた。従つて落ちつきもよく、悪癖もないから、自然、信用がある。

のみならず、知識階級が茲に現はれて、中等学校卒業以上の学歴の持主がざらにあるやうになつた。一例をあげると、大阪市の一清掃部の日傭労務者二十名のうち、半数くらゐが、かうした知識階級者である。

更に年齢別で見ると、二十五歳以下の若い者と四十五歳以上の初老級のものとが大部分を占めて、中間の青壮年者が少くなつた。戦時中、ある大飛行機工場工員の年齢別調査を一瞥したとき、二十二歳以下のものと二十七歳以上のものだけで、二十三―二十六歳級のものが、恰かも櫛の歯の欠けたやうな事実に、戦時動員の影響は「かうまで顕著なものか」と喫驚したことがあるが、原因は、勿論、全然ちがうけれど一定の年齢層の欠けてゐる点において、彼れと此れと相似してゐるところが面白い。

しかして、以上の、家族持ちの点〔、〕知識階級者の点、年齢層の特異な点、等々、いづれもが日傭労務者における質の向上を意味することは論をまたないところであらうが、同時に又、之れらの事実は、正しく一般勤労における就職の難易を反映してゐることが指摘されてよからう。

更に、さうして又、良心的な為めにか闇商人たるを得ない知識階級層の就職への熱意といふよりは、焦慮の有様が窺はれ得て余りあるではあるまいか〔。〕

賃金は、進駐軍で、一日最低十三円〔。〕年月と慣れとによつて、幾らか高くなるが、それにしても一般に較べれば安い。

一般日傭は二十五円前後である。但進駐軍日傭傭《ママ》には、重労働だと、一日一合五勺、軽労働でも一合二勺の加配米が貰へるが、一般日傭労働にはこの魅力がない。

序に一言すると、日傭労働の中で、一ばん賃金の高いのは、やはり、大工らしい。

素人同様なので六十円、腕のいゝのになると百十円位まであると聞いた。但、食事がつくと十円乃至十五円安である。

× × ×

進駐軍に限らず、多少厄介と思はれる問題は賃金の支払へ《ママ》制度である。その日の稼ぎ賃金で、その日のパンを買ふのが、日傭勤労者の経済であることは解説するまでもなからう。ところが雇主の例からいふと、日払へ《ママ》は繁雑で週払へ《ママ》とか、旬払へ《ママ》とかの方が手数がはぶけて便利である。

こゝが勤労者側の実際生活と雇主側の経理との間にまつ《マ》ち《マ》しないところであつて、出来ることなら、この賃金受払への日時的調整を勤労署自体がやるに如くはない。唯だ、それには勤労署に基金がいる。例へば雇主側では週払ひとして、天六日傭勤労署の毎日取扱勤労者数千人、一日平均賃金十五円とすると、日曜休みの一週六日間として総額九万円の支払基金が必要になるのである。

勿論、この基金は、経済学でのリカルドオの賃銀基金説の意味においての基金でない。

この基金の故に、日傭労務者の賃金率が縛られたり、労務者数が拘束されたりするものでないことは、無論である。従つて労務者千人の場合総額九万円の支払基金若くは立替払基金と書いても、それは説明の便宜のための仮定であつて、実際においては、大凡の見当での総額が必要であると同時に、労務者の数の伸縮、賃金の高低に即応し得らるゝやうに弾力性のあるものでなければならない。しかも、この基金には企業資本的な利子を生むことは許されないのである。

天六日傭勤労署と同一建物の中に、有限会社・大淀労務供給事業所といふのがある。

同一建物の中に公私両種の勤労紹介施設が併存してゐるからとて敢へて競争が行はれると、想像してはならないが、又、散〔敢カ〕へて、この大淀労務供給事業所に限定してのことでないが概していふと、私設日傭紹介事業所の賃金は三十五円見当のものらしい。それが労務者の手に入るのは二十円ないし二十五円と云はれる。その間、十円ないし十五円差引かれたことになるがこの十円ないし十五円が、勤労者側の負担か雇主側の負担かは研究を要する問題として、とにかく、紹介手数料の名において差引かれる、この金額の中には、紹介事業のための人件費や、各種の物件費、雑費と同時に又、賃金立替払のための資金の金利が含まれてゐるのである。

しかし、それは公設事業のためには許されない。

国際労働条約によつて、労働紹介事業は如何なる名称を以てするも、勤労者に負担をかけることは禁止されてゐる。

無論、紹介手数料をとることも出来ないが、同時に、賃金立替払の故を以て金利をとることも許されない。一切が無手数料である。

それや、これやで、公設勤労者にもなほ、立替基金の制度が設置されるに至らないのであらうが、勤労紹介事業の完璧を期するためにも、その急速な設置方が要請される。けだし、この資金立替払制度の樹立によつて、勤労署当事者にはまた、必然に、日々、現場の出面を的確に調査せねばならず、自ら、日傭勤労の需給調整に役立つこともあるのである。

× × ×

それなら、進駐軍現在の日傭労務の賃金支払へ《ママ》制度は何うなつてゐるかと問はれるだらう。

それは週勘定の後払へ《ママ》であつて加配米も賃金払も勤労署が事務の代行〔を〕するのである。

さうして、その賃金支払の場合、分類所得税を差引く。お役所仕事といふわけではないが、その辺、きちんとしたものだ。

進駐軍御用で、時々、戸惑ひするのは勤労署自体である。勤労者がその日の勤労を終へて、それぞれ、ねぐらに帰つた後の、たそがれ、梅田駅に進駐軍の貨車が、五車とか十車とかついたさあ荷役だ、早速、二十名とか、三十名とかの人夫を申込まれる。

明日にして下さいと云ふわけにはゆかない。

思案投首の末、日通の労諸《ママ》合宿所に駈けつけ、彼れらの男気に訴へて、据えた腰をあげさせるのだが、深夜業の賃金は五割増しでもあり、つい先夜の如き三十円ほどの賃金の上に、鶏卵四つづゝの特配が出て、思はざる余徳をした事例もあるのである。

新円よりも、現物のもの云ふ今の世の中では、日傭労務者にとつて、正に進駐軍様々である。

× × ×

天六日傭勤労署では、寄場がないので、現在のところ、定職者は現場に直行、新応募者はその日の午前七時までそれ以後は翌日廻し。

現在の乱雑なる電車で、朝の七時といふのは容易であるまいが、更に現場までの時間もありとにかく、さうした定めになつてゐる。

天六勤労署で聞いた話は、この程度として、五月六日朝、京都を立つときホームで、財団法人労務者援護財団理事長の坪田光蔵氏に会つた。自由労務者問題の大家とて、面白い話がある筈と思はぬでもなかつたが、列車に片足かけたわたくしは、いづれその内にと他日を期しての挨拶で終つたのは、いま想出しても残念でならない。新円生活では、一行も、さうさは出来ないからである。

× × ×

大阪につくと、直ぐ様、府庁に松井長官を訪問、教育民生部長と杉野勤労課長から、府下の失業状況、就職斡旋の近状について詳細の話があつた。その足で、阿部野の勤労署に廻り、此処でも現場の見学をさせて貰つた。併し京都に較べて、それぞれの統計に多少の相違はあつても、傾向としては、全然、同一であるから、大阪の失業問題は、別の機会に書くこととして、こゝに割合《ママ》したい。

唯だ、阿部野勤労署で初耳だつたのは、争議予防の見地から、勤労署が発起人となつて、管内の「労使懇談会」で、之れから、第一回総会といふところであつた。労使懇談会の組織は、他の地方にもあるのか知れないが、とにかく、時節柄、有益な組織と云へやう〔。〕

〔『ダイヤモンド』第三四巻二一号、一九四六年七月二一日、東京、D70〕

日雇の労働市場とは

芝浦公共労働安定所

一　日雇労働市場の概念

日雇の労働市場とは、人意的に若しくは自然発生的に日雇労働者が寄場を形成し、求人者と日雇労働者が個々に又は集団的に売買の方式において使用関係を締結する特定の場所である。

すなわち、日雇における求人（労務需要）と求職（労務供給）との結合は、通常斡旋機関の仲介によるか寄場において自由取引を行う場合が多くて、散逸している求職者（日雇労働者）が自己の住居から直接求人者と結合することは極めて稀であるからである。

この場合の日雇労働者とは、一定の職業に雇用契約によつて就業することなく、日々又は継続的に、臨時作業に使用される者をい、〔　〕屋外作業、社外作業等であつても常用として使用される者は含まない。

まず日雇の労働市場特有の言葉の意義を説明して理解の便に供したい。

溜場　日雇労働者が、自然発生的に集合して封建的な売買の方式において求人者に買はれる場所をいう。

寄場《よりば》　溜場を日雇労働者が、自主的に、若くは斡旋機関の指導により一定の秩序をもつて求人者と結合する形態、即ち就業方式において溜場より称々進歩したものをいう。

アンコウ　主として港湾荷役を対象として稼働する日雇労働者で、この種労働者としては、比較的知的水準の低位な寄場労働者のことをいう。

買う　求人者が日雇労働者を雇入れる場合を買うといゝ、日雇労働者は買はれるという。

アブレ　寄場又は溜場に集合して当日不就労になる場合、或は紹介斡旋され又は買はれた後において、求人者の都合により就労出来ざる場合をいう。

軽子《かるこ》　魚河岸、青物市場等における荷役労務へ臨時に使用される日雇労働者をいう。

摑《つか》み銭《せん》　日雇労働者を供給又は使用して、賃金支給、災害発生の場合における報償、盆、暮における賞与等、親方負担の支払金を決定又は相互間に定められた金額でなく、親方の一方的意志によつて、その状況に応じ適当に支払はれることをいう。

ピン刎　許可の有無にかかわらず、労働者を供給して労働賃金より何割かの手数料をとること、賭博用語に一のことをピンといゝ、一は数字の始まりで、頭初から賃金より手数料を刎ねるためだと謂われてゐる。

日雇の労働市場を歴史的に観れば、遠く江戸時代の前期幡随院長兵衛の人いれ稼業の時代から興つたのであるが、寄場としての形態は、第一次世界大戦後の所謂前期失業時代以後に、資本主義経済組織下における産業合理化の副産物として発生したのであるが、わが国における産業方式の未熟、特に生産設備の不備によつて近代的形態を整へるに到らず封建的色彩を温存したまゝ残存してゐたのである。

昭和十二年中日事変を契機に、年次動員計画の一環として日雇労働者も登場することゝなり、寄場労働者の必要性が生ずるに至つたのであるが、事変の進展とゝもに日雇労働者は、炭山、鉱山、重工業等戦時重要産業へ、或は土建作業、荷役作業等基礎的重労働へ時には、前線基地の築城工事等、当時のあらゆる労務必要部門へ狩出され、引続き太平洋戦争へ突入後、昭和十八年屋外労働者の結束強制配置を目途として労務報国会が発足し、これに伴つて、彼等は乙種会員として動員されることゝなつた。この労務動員によつて寄場は、漸次衰微の傾向を辿りつゝあつたが、加之戦時中の疎開、戦災等によつてその職場は分散し、且又その住居の中心である簡易旅館（木賃宿）を失つた日雇労働者はその寄り所を失つて一次散乱して仕舞つたのである。終戦当時までは一部の特殊労務を除き、ほとんど片影すら止めぬまでになつたのであるが、終戦後、工場閉鎖、生産縮減等による工場労働者の家庭復帰、復員、海外引揚等によつて尨大なる失業者群が国内に充満してきた。いまだ全面的に顕在化してはゐないが、これらの失業者群は、今後実現されるであらう政府の諸施策、即ち経済緊急対策の具現、企業整備、産業の合理化、闇取引の取締の強化等によつて潜在から顕在へ、逐時街頭へ溢れ出すのは必然である。既にその兆候は随所に現はれつゝあるのであるが、こゝにおいて戦後の新しい形態をもつた寄場が、再び出現するに至つたのである。

二　形態及び構成

特殊労務については農山漁村等の寄場をも対象とすべきだが、こゝでは主に都市を中心として考察する。

からうじて残存してゐた寄場寄存の日雇労働者は、都市復興の進行とゝもに稍々生気を取戻し、戦争中、若くはそれ以前形成してゐた寄場附近へ姿を現はしはじめたが、いまだこれら日雇労働者を吸収すべき国内産業が活発にならないため、当初はアブレが絶対多数であつた。昭和二十年下期連合国軍の進駐によつて、多数の日雇労働者を必要とするに至つても、彼等はその労働条件に満足せず依然としてアブレてゐた。

終戦後において最も多数の日雇労働者を、しかも集団的に必要としたのは進駐軍関係労務であつて、この需要に対しては、新興労務階級とも称すべき青年層の復員者が就労することゝなつた。復員者という特定のものに限定した訳ではないが、従来からの日雇労働者は進駐軍作業における環境、すなわち時間的制約及び規律に堪えることが容易でなく偶々就労しても翌日は就労を拒否する実情なので自然こういふ形になつたのである。

澎湃として街頭へ進出してきた新興労働階級は、進駐軍作業が整備されるにしたがつて常傭的日雇労務から常傭労務へ逐次切替へられ、日雇的性格を精算し、職業人として一定の職場へ定着すること、なつた。他面進駐軍関係労務の需要も作業の整備に伴つて漸時減少の傾向を辿つてきたゝめに、それまで進駐軍関係労務という特定の労働形態をとつてゐたこれら新興労働階級は、日を追うてアブレる機会が多くなつてきた。そこで一応職業人として職場へ定着した彼等は、再び日雇労働者として街頭へ溢れてきた。而して彼等が、戦前より慣習的に日雇労働者として残存してゐた労働者と合流して進駐軍作業場の隣接地、又は、従前寄場のあつた地域へ自然発生的に新しい寄場を形成するに至つたのである。この新興寄場の形態及び構成を概観すれば大要次の如きものである。

所在的に観れば、大別して港湾地区と進駐軍作業場を中心とする工場地帯と二分することができる。港湾地区の寄場は、アンコウの勢力と新興労働者の勢力が相伯仲し、各々その利害を相争つている。アンコウは自分のもつ技術的格付（沖仲仕、陸仲仕等）に、一種の誇と自信とを持つてゐて低賃金では仲々買はれない。その日の需要（求人数）と供給（労働者数）の実情を判断して賃金を釣上げ又は引下げを行う。一方新興労働者はアブレをおそれて低賃金でも先を争つて飛付いてゆく。そこで両者間に摩擦を生じ、時には血の雨を降らすが如き不詳事態が発生することがある。彼等の離合集散の実状を適確に把握することは容易ではないが、彼等は早朝、恰も、勤労者が日々自己の職場へ出勤するが如く寄場へ出頭する。当日就労する意志の有無にかゝわらず一応は出頭するのである。求人者に買はれて、就労するものが職場へ行つた後、アブレた者は少くとも午前中、稀には終日寄場にあつて雑談に耽つてゐる。又寄場を闇物資或は盗品の売買取引場として利用してゐる者もある。

寄場構成員の顔ぶれは大体決つてゐて、寄場から寄場へ転々と移動することは稀である。

地域的に需要と供給のアンバランスが生じた場合は、斡旋機関の需要調整か、又は彼等自身の聞込みによつて、多数求人のある地域へ流動してゆくが、これはあくまで求人口、即ち作業場への移動であつて、寄場への人口移動ではない。彼等の出頭する寄場は、依然彼等の帰属する寄場である。例示すれば、A寄場において求人数が急増し需要に応ずることができなくなつたゝため、労働安定所の斡旋か或は求人者の買出しによつて、B寄場より多数の日雇い労働者を、A寄場地域の作業場へ送り込んだとする。この作業が進駐軍作業における労務需要の如き稍々継続的なものゝある場合においても、彼等は直接求人者と結合し、又はA寄場へ帰属することが、求人者、求職者両者にとつて利便であるにもかゝわらず、翌日は依然B寄場へ出頭して、労働安定所の斡旋か、求人者の買出しを待つてゐるという状態である。港湾地区寄場労働者を職種別に観れば、その主流は仲仕であるが、さきに述べた新興労働階級の街頭進出と、進駐軍作業の機械、設備による荷役作業の合理化、加之職業安定法による労働者供給事業の禁止等の理由によつて、封建的荷役労務の形態が崩壊に頻してきて、アンコウの存在価値が逐次衰弱になりつゝある。他に自動車上乗、倉庫雑役、荷扱運搬夫等であるが、通常日雇労働者の職種は、求人者の需むる職種によつて決定される場合が多く、労働者個人の技能によつて就労先を選定する場合は極めて稀である。

次に工場地帯の寄場は、一言にしていへば新興労働階級の寄場であるということができる。発生的に観れば、進駐軍関係労務として就労してゐた復員者、引揚者、厚生浮浪者などの日雇労働者が工事の完成、或は作業の縮小によつて職場を失ひ、かつての職場附近、或はその職場最寄の交通機関附近へ集合して溜場化したものである。時の経過とゝもに逐時求人者の利用するところとなり、一方潜在失業者が、日々の賃金を獲得せんがために進出してきて、遂に尨大なる日雇の労働市場としての寄場が出現するに至つたのである。離合集散の状況は港湾地区と異つて、早朝、遠隔地より蝟集した日雇い労働者は、高賃金求人より順次低賃金求人へとてきぱきと取引を了し結合されてゆき、当日の需要（求人数）に対する充足が完了したと見極めがつくと同時に、アブレた者は直ちに離散して仕舞う。港湾地区の如く終日残留するやうなことはない。

彼等は寄場へ出頭するときは日雇労働者であるが、離散すれば失業者である。したがつて必ずしも日雇労働に執着を持つものではない。むしろ常傭として一定の職場へ定着することを希望してゐる。

構成分子としては、復員者が絶対多数であるが、厚生した戦災浮浪者、工場労働より失業した技能者、知識階級失業者等で、これを求人側が要求する職種別に分類すれば、土工、人夫、荷扱夫、軽子、上乗等の基礎的産業労務から、雑役、小運搬、引越手伝、大工、左官の手元等軽労働に至るまで多種多様である。この形態の寄場、即ち新興日雇労働者よりなる労働市場が、今後における日本経済の再建、都市復興等の基礎的労務給源地として重要な役割を果すであらう。

港湾地区と工場地帯の寄場における共通する主なるものを拾つてみると（一）規模が尨大であること。且て昭和五六年頃の所謂失業時代の寄場は、前に述べたやうに内容的にも異つており、規模においても狭少であつたが、終戦後の寄場は、集合者の居住地別にみても非常に広範囲で数都府県に亘つてゐる。又その構成分子が多種多様であり、その員数は十数倍にも上りつゝある。（二）寄場への定着性が少ないこと。帰属する寄場から他の寄場へ移動することは嫌うが、求人の増減、又は一定職業への就職で顕在、潜在の差が激しい。（三）新興労働者が絶対多数であること。従前の寄場労働者は日々就労先は異つても、日雇労働を職業として定職に就職することはなかつた。彼等は特定の技能（沖取人足、仲仕などの歩み板の踏み方、パイスケの担ぎ方等、土工、人夫などの掘鑿《くつさく》技術、担棒の取り方等）を身につけ、日雇労働者として一種の誇をもつてゐた。これはわが国の生産方式における機械、設備、器材等の不備によつて基礎的産業を人力に依存した結果であるが、連合国軍の進駐による生産方式の近代化に伴つて、日雇的労働部門基礎労務は、個人的技能の必要性を失ひつゝある。この種の日雇労働者は、港湾地区の寄場に一部残存してゐるが、新しく勃興した復員者、引揚者、失業者等の進出によつて圧倒されつゝある現状である。（四）学生のアルバイト進出が目覚しいこと。従来アルバイトは、暑中休暇等を利用して知能的職業へ臨時に就労したのであるが、近時経済生活の窮迫は学生の修行生活にも影響を齎らし、学生自身の稼働による補助収入の必要を生ぜしめるに至つたので、アルバイトに拍車をかけることになつたが、知能、学術を必要とする臨時職業は皆無のため、筋肉労働を提供する寄場へ進出すること、なつたのである。その種別は中等学校から大学高専に至るまで多種多様であるが、最近は少年層の中学生が著しく進出してきた。而して彼等の一部には休暇を利用するのみでなく、平素においても、寄場へ□々出頭して学業を怠るものがあり、寄場労働者の稼働に脅威を与へるのみでなく世の識者をしてその成行を憂へしめてゐる。

三　労働条件及び就労状況

日雇労働者の労働賃金は、昨年十二月制定された公定賃金を基準とすべきであるが、現実には、物価の昂騰に伴つて、上昇の一途を辿りつゝある。寄場における労働賃金も同様であるが、特筆すべきは、その上昇形態が正常昂騰でないことである。当日需要と供給の状況（求人が求職者より多数の場合、又はその反対の場合）によつて、日々高低の線を辿りつゝ上昇してゐる。求人が多数の場合は、労働者が相互間に牽制し低賃金の就労を拒否して賃金を釣上げる。求職者が多数の場合は、求人者側において賃金を引下げるのみでなく、求人条件を低下せしめ労働者を選定する。この情況を彼等は「高く買う、買はれる」「安く買う、買はれる」という言葉で表現してゐる。最近後者の場合が、漸時日を追うて多くなりつゝある現状である。然しながら一般的に、進駐軍関係労務及び公共事業の賃金より三割乃至十割は上廻ってゐる。最近学徒の進出によつて賃金は稍低調を来してゐるが、最近の調査では最低七〇円、最高三五〇円となつている。

従前の賃金支払い方法は、所謂摑み銭と称して、親方（主としてその代人）が当初就業条件として決定した賃金を無視して、労働者の稼働成績によつて適当な賃金を、摑んで支給してゐたのであるが、最近これは改められて、労働賃金その他労働条件が明確に示された上支払はれてゐる。支払は原則として現場払である。

常に問題になるのは、業務上災害発生の場合の処置であるが、従来、寄場利用の求人は主として労働者供給業者（寄場においては人夫出しと謂う）が多かつたゝめ、労働者災害補償保険法を遵守する求人者は稀で、通常前述の賃金支払と同様の方法で処理され、労働者側は甚だ不利益な場合が往々にしてあつた。職業安定法施行に伴う労働者供給事業の禁止によつて、労働者の保護が強化されることになつたが、今後この問題を中心として、寄場における労働条件の是正措置が強力に実施されなければならないであらう。

労働時間は、概ね午前八時頃より午後三時までを通常とするが、港湾地区における寄場は、本船の出入港、艀船の曳航、貨車の発着等によつて、昼間、或は夜間短時間作業が行はれる場合もある。

求人者との結合は、さきに述べたところであるが、寄場の求人は使用者〔が〕直接買ひにくるものは稀で、供給業者又はその代人（世話役と称し業者に所属してゐるものと、寄場労働者の中の顔役で業者の信望により募集に従事するものとある）であつて、これらと個々に、或は集団的に、取引を了し職場に行くのであるが、この取引中にその寄場の顔役が中間搾取を行う場合が多い。寄場における際物的中間搾取は、求人条件である労働賃金からピン刎を行うのでなく、求人者の要求する人員を取纏めることによつて、求人者から手数料として支給を受けるのである。したがつて、彼等は寄場における顔が絶対要件であるから、常に顔を売ることに腐心してゐる。所謂顔役的ボスの存在である。この顔役の半強制的仲介によつて結合した労働者は、職場への引率途上において脱落する場合が屢々ある。

四　日雇の労働組合

日雇い労働者の労働組合は、大別して四種に分類できる。その一は進駐軍作業場を単位とする進駐軍労働組合である。進駐軍関係労務確保の絶対的必要性から、常傭的日雇労働者として、一定作業場へ定着せしむる方針をとつたゝめ、日雇労働者であるにかゝわらず作業場単位の労働組合が成立したのであるが、ＧＨＱ総司令部の方針によつて、進駐軍関係労務は全面的に常傭化されることになつたので、この種の労働組合は早晩解消され、常傭労働者の組合として再出発するであらう。その二は、職種別労働組合であつて、主として大工、左官、鳶職等一人親方を包含した所謂職人の同業組合の如きものである。その三は地域別労働組合で屋外自由労働組合という形式をとつてゐるものである。その構成員は、屋外作業に従事する労働者であるが所謂自由労働者ではなく、土建、荷役、倉庫業等、小規模の請負業者の所属労務者であつて、屢々一の業者から、他の業者へ移動する場合はあるが純然たる日雇労働者ではない。以上の内二及び三は、主として勤労加配米、その他作業用物資の受配を目的として結成されたものであつて、純粋の意味において、労組法による労働組合か否かは疑問である。その四は、寄場における日雇労働者を主体とした自由労働者組合である。日雇労働者は一定の職場（わが国の労働関係法では三十日以上、連合国軍の方針では十四日以上同一事業所へ就労する労働者は常傭でなければならない、としてゐる）へ定着せざることを原則としてゐるが故に、この種労働組合の運営は極めて困難であつて、指導に当る組合幹部は発足当初の意志に反して、客観的或は主観的条件によつて組合ボスに惰する傾向がある。元来日雇労働者は、その性格的理由から好むと好まざるにかゝわらず、労働ボスの支配を受けることによつて、能率を増進するという宿命的な従属関係の制約下に置かれてきたのである。したがつて現在少数の労働組合が結成されてゐるが、労働ボスの存在することは否まれない。

五　今後における労働市場の活用方策

職業安定法第四十四条の規定によつて、労働者供給事業が全面的に禁止され、封建的残滓たる支配隷属の関係、即ち親分、子分、親方、子方の制度が、完全に払拭される秋こそ、現在の寄場形態の労働市場は解消され、労働の民主化を理念としての近代的労働市場が実現する時であらう。

労働者供給業者に所属してゐた労働者は、三月一日より従来の使用先である事業主に直用労働者として定着するか、又は労働安定所へ登録され、その斡旋によつて、就労するやう措置が講ぜられたのであるが、供給労働者の従事してゐた作業の性質上、直用化が困難なる場合が多くて、その大半は労働安定所へ登録されてゐる。将来これらの労働者が日雇労働者として、寄場へ合流することは必然であるが、職業安定機関は、従前の寄場労働者と同一条件の下に、新憲法下における個人の基本的人権尊重の趣旨に則り、あくまでも個人の自由意志を尊重しつゝ、需要と供給の結合を図るべく、国民の公僕としての良識をもつて指導しなければならない。

その具体的方策として以下三点をあげることができる。第一に、厚生施設を設置すること。日雇労働者へのサービスとしては、上屋（紹介斡旋の窓口を有するもの）、便所、食堂及び宿泊所は絶対に必要である。第二に、訓練された優秀なる職員を窓口へ配置すること。窓口職員の応接態度は直ちに労働者へ反映するをもつて、日雇労働者の心理的動静に充分理解のある経験者を配置し、求人、求職の統合を円滑に行うと同時に、職員、労働者間に紛争等の牛ぜざるやう配慮する。第三に、健全なる労働組合の結成を促進すること。連合国軍の十四日以上の継続就労は常傭でなければならない、という原則と、わが国における労働関係法の二十日以前を限定とした日雇労働者の概念より思惟するならば、将来労組法による日雇労働者の労働組合は、寄場において結成されたもの、みが、合法的組合として成立することゝなるであらう。寄場労働者は原則として労働安定所に登録し、その斡旋によつて就労することゝする。而して労働安定所々属労働者をもつて労働組合を組織せしむる。以上の他、日雇労務処理委員会の小規模なもの、即ち寄場単位の業者及び労働者の協議会の設置、労働組合との労務協議会の設置、勤労加配米の操作、作業用物資の配給、フオアマンの配属等諸般の施策が必要であるが、以上の諸点については、関係行政庁の理解ある措置によつて急速に整備されることが要請される。

［『職業問題研究』第二巻五号、一九四八年六月、職業問題研究所、東京、S2140］

生麦、闇市場の生態を探ぐる

朝の生麦市場を行く

走る買出人

十一月の朝風は身に泌みる

同行T君と品川駅で五時十七分の桜木町行に乗車する。五時だと云ふのに車内は混雑し魚の買出人らしい兵隊服戦闘帽の男達が思い〳〵の竹籠や缶を網棚や足許に置いてノースモーキングの貼札を横目に煙草の煙を吐き出して車内は蒙々と立込める。あたりに目をくばつて門外漢は我々二名丈かと心細くなりながら一方未だ見ぬ生麦市場に思〔い〕は飛躍する。程なく鶴見駅着先を争つて飛んで行く男達の後を追いながら臨港線の駅に入り込む。いるわいるわ兵隊服の男達ゴム長にモンペ姿の女達が入り乱れ程なく到着した電車に吸はれる様に飛び込んだ。鶴見駅から一駅国道駅で八、九割まで下車する件の買出人達は先を争ひ細長い階段の降車口は時ならぬ行列が出来てしまう。

生麦に第一歩を印した我々は右も左も分らぬ不案内の為彼等の後を追跡する。

何の為に急ぐのか分らないが我々が駅の外に出る頃は何百人と云ふ買出人は夫々思い思いの横町に入り込んで買出終つた一番電車で来た組が荷を担いで駅に行くのにすれ違ふ。

巾六、七米の道路の両側は平家のお粗末な家々が軒を列ね未だ六時前だと云ふのに処々雨戸をあけて樽や箱に入つた小魚を売つて居る〔。〕暫く行つて買出人の後に従つて左に折れるとすぐ鶴見川、漸くあけはなたれた東の空に水面がキラキラと反射して、船体を休める小さな漁船が三四十艘〔。〕船上の漁師は一仕事終つたか船上に車座となつて雑談をかはす様は嵐のあとの静けさを思はせて感慨深い。河岸に列ぶ□んだ平家の家々が漁師の家であらうか〔。〕曲りくねつた横町がその間を縫つて、綾小路が点在する。

空襲警報発令

買出人、売子の漁師の応酬する声が入り乱れ、各路地は取引に忙しい、荷のないのを恨む買出人「遅過ぎる」と答える漁師の声から大半はすでに暗い内に取引されてしまつたらしいが、暗い内に取引する処から闇と云う言葉が生れたのかと今更ながら言葉の詮議に心を引かれてしまう。

然し冷凍の鮮度低下品になれた我々の目には梶木類鯖などが各横町で売さばかれ、さすが名高い生麦の名に相応しい活況を呈して居る。ぐる〳〵見回る我々二名の傍を「空襲だ

〳〵」と叫びながら飛んで行く少年達の声に今更ながら漁師達の我々に対する警戒心を察知する。

河岸で一枚撮つた写真が漁師諸君の感情と、警戒心を刺激したものか〔ヽ〕横町に入る我々に悪意ある目付で睨むのは我々二人のひが目丈だらうか？　同行Ｔ君も此の空気を察知したものか急いで横町を出て□に向ふ、水廻りに出十五、六米行過ぎると後からバタ〳〵下駄の音をさせながら追いかけてくるものがある。四十五六の年配の詰襟国民服姿赤ら顔の背の小さな親父が屈強な一人の若者を引連れて我々の腕を摑んでタンカを切る。

「オイお前達は何んの為に写真を撮つたんだ、話があるからちよつと顔を貸してくれ」「イヤ我々は新聞社の者なんで」「写真なんか撮つて何んの利益があるんだ。文句があるなら家で聞かう、ちつと家まで来てくれ」風雲急を告げる其の場の様子に我々は新聞本来の使命を説くのは得策に非らずと妥協する。

顔役と語る

元きた細い横町を幾つもまがつてとある一軒の家の玄関に腰掛けて件の親父と対峙した。

其の外数名の土地の顔きゝが我々二名を取巻いて話は元に戻る「何故皆さんが、こんな事をしなければならないか、その根源を衝くのが我々の使命であつて、徒らに煽動的な記事を書くのが我々の《ママ》の使命ではないんですからどうかその意味に於て、今日は皆さんの生活環境並にご意見を承り度いと思ふんです」

我々の穏かな態度に彼等もしんみりと生麦の歴史と現状を語つてくれた。

此の生麦村は元来が湾内の蟹や貝類をとる者が多く戦前は此の土地の者達は行商として東京都内や神奈川県下に販路を有して居たものであるが、最近では産地としてよりも寧ろ中継地としての存在価値がある様で主として三崎方面の流れ物を取扱つて居るとの事である。

品種は鰯、鯖、イカ、大物等が多く当日の鯖の取引を耳にはさむと二一〇らしい。東京より地の利を得て居る為夏期特に取引は殷賑を極め、冬期は買出人が遠距離まで出張する為特に淋しいものらしい。

偶々七五三の祝日十五日を前日に控えてか今日は特に買出の数が多いとの事であつたが東京は言ふに及ばず、遠く埼玉辺りから来る相で、都内の店舗持の魚屋さん等が定期的に買出に来るとのことである。彼等に言はせれば『今更商売替も出来ませんし、それかと言つて正規業者にや商組の方で許してくれませんし、やはり子供の時からの此の道で食つて行くより仕方がないんですよ』としんみりと真情を吐露する。

統制をめぐって

やはり彼等も熱烈な統制撤廃論者で安過ぎる公定価格で取れた魚を売つて闇の生活をしなくてはならない困難さを述べ

て居た様だ。『私達のやつて居る事は統制がある為に闇と言はれるのだからこの際撤廃して貰ひ度いんですよ。勿論統制を撤廃すれば一時値は上るでせう。だがきつとその内に価格は安定し現在の闇値よりはずつと安くなると思います』

勿論彼等の頭には、一、八〇〇円ベースの線を往来する一般勤労者階級の事などは楽《ママ》にし度くもないらしいから其の儘首肯して統制撤廃論を拝聴する。

「一昨年の統制撤廃なんか、唯時期が悪いんですよ。これから魚が少くなると云ふ十一月に撤廃するなんて愚の骨頂です。而もこれから魚が出廻ると云ふ時になつて再統制するなんて全くどうしやうもありません」

澱みない統制撤廃論（?）を数十分聞かされて其処を辞去したが七時頃

国道駅から望む生麦市場は朝の躍動後の静かな一時を貪り楽しんで淡い陽光に鶴見川が一線を画して居る。

果して今日の探訪は成功か不成功か判断は読者諸君に任せるとして一応この辺で筆を擱かう。

（Y記者）

統制撤廃を叫ぶ人々

過日記者は噂に聞く生麦市場を見学してきたが、聞きしに勝る実態に驚ろかされた。

生麦市場とは勿論公認の市場ではない沖取引によつている鮮魚介ヤミ市場のことである。

見たまゝ聞いたまゝの見学記は同行のY記者が別稿をものしたので、本稿では統制撤廃を要望する彼地に定住する一連のヤミ商人の述懐から感じたものを解説してみたい。

生麦市場の組織は生産地から船積してきた魚を、該地で先祖代々貝類いわしなどの採取を業とする小漁師兼魚介類行商人（戦前は地方魚商組合員）が沖取引して彼らの自宅にもち帰り、それを東京遠くは埼玉などから買出にくる所謂かつぎ屋に売るのである。

この組織は市場本然の姿である問屋、仲買、買出人の組織となつてゐる。問屋、仲買人が該地に永住してる人々で彼等は非常に強固な組織を有し役員の選出などを行つて生活権擁護を行つてゐるようである。

記者は組合長及び役員数名から何故ヤミ行為を行はねばならないかを聞いたのであるが、彼らは口を揃へて官僚攻撃と統制の撤廃を強調してゐた。

彼らは行商人として魚商組合員であつたが店舗をもたないため、戦時中政府の要請で転廃業を余儀なくされ戦時中は応召、徴用或ひは進んで軍需工場などで働いてきたが、終戦後は復員解職などにより失職し魚商組合復帰を陳情したが入れられず止むを得ず結束して（?）ヤミ屋になつたと云ふ。（彼らは、世間ぢや我々のことをヤミ屋と言ふがヤミと言はれるのは心外だと気焔をあげてゐた）

統制さえ撤廃されゝば彼らは先祖伝来の魚屋を正々堂々と営むことが出来るのだ、魚は穫れているのだから統制は撤廃し一時的な値上りがあつても沢山出廻れば値下がりする云々――。

これが彼らのヤミ行為を行う表面的な理由であるが、彼らの言うところにも三分の理はあるが、これを白紙で全面的に受け入れることは出来ない。

最近一時鳴りをひそめてた統制撤廃論が再起されてゐるが、これは片山内閣が吉田内閣末期に引続いて統制強化の必要性を国民に認識徹底させそれを裏付けるために新物価賃金体系の設定、食糧緊急対策の実施、経済白書の発表など非常に努力してきたが国民の消費生活は安定せずますます窮地に追いやられるので業をにやした人々が、終戦後の統制撤廃の利得に味を占めた一部の悪徳業者とともに、統制なんかやつても成功しないのだからと云ふ理由だけで撤廃論を振り廻しているが、その論旨は非常に皮相的で統制強化論を少しも衝くものがない。

統制強化の必要については今更喋々喃々するまでもなく諸氏の既知するところであるが、それならば何故統制は現在のように乱されるかについて考えてみる必要がある。

それらの理由としては、取締の不徹底とかなんとかいろ〳〵理由はあるが、四月から実施された現在の統制方式が失敗している根本的な理由は自由競争とか自由経済的とか統制方式の中に自由経済的なものを加味すると云うことがそも〳〵誤りなのではないか。自由経済的でないものが統制であり統制でないものが自由経済なので、記者に言はしむれば現在の統制方式は非常に緩慢でもつと〳〵徹底したものを統制の枠内に入れるべきで、自由の魅力に惑はされた方式を採用して過ぎたる弾力性により枠を蹴飛ばすことがあつてはならないと思ふ。

その一例が鮮魚介の流通過程に於て生産者と消費者には自由が与へられていることである。

即ち生産者は生産したもの、出荷に対して何所え出荷しようが自由である為に、リンク物資を獲得するためにのみお役目的（鮮度低下品、非嗜好品）出荷を行い後は横流しする（時には正規の出荷をしてリンク物資を得るより横流しによる利得でヤミ物資を入手した方が得な場合もある）ため、市場への入荷は少く且つ入つてくるものは鮮度が悪いなどの理由から配給品拒否の自由を消費者には与へられてゐる。消費者に拒否されて希望配給とかなんとか面倒な問題が起てくる。

生産者に対する細部の点まで出荷割当をしてその出荷の監視を徹底するならば、生麦市場のような馬鹿気たこともなくなり、鮮度の良い魚が市場えどし〳〵入つてきて、消費者も喜んで配給を受けヤミ買をしなくて済むのではないか――これを裏書きするものとして生麦市場の買出人が、○○の所はこの頃配給が多いために売行きが悪いそうだ、と云つてる事実でも分るのではないか――なにしろ入荷が（質量ともに）よくなれば生麦のようなヤミ市場もなくなり消費者もヤミ買の必要もなくなつてくるのだ。まず生産者が丸公出荷によつて生きて行かれる裏付けのもとに、出荷割当と監視を厳重〔に〕して流通過程の大元から統制を強化して行くべきである。

生麦のヤミ商人が転廃業者であることは前述の通りだが政府の要請によつて転廃した旧業者が職場復帰出〔来〕ないことは独り生麦だけでなく全国的な問題で且つ斯界だけの問題でもないが、終戦により戦争協力の職場を追い出された転廃業者が生れついての商売へ帰りたくとも許されず〔、〕生きるため、腕に憶へた職業を生かしてヤミ魚屋になつていることは憂慮すべきことである。

少くとも現在の政府はこれらの者に対する対策は何ら考へてはおらない。（悪く云えば戦時中の責任はそこまで負えないとみられる態度である）生麦の一例みても痛感されるところで〔、〕自由登録になつて魚屋でなくとも登録さえとれば魚屋になれるので、生麦のヤミ商人が真に正業復帰の熱意があれば正々と登録を獲得して正規の業者になれる自由はある。

しかしながら生麦の連中は昔は行商人であつたため店舗を有しないので、彼等が正業復帰のためにはまず店舗新築の資金問題と、たとへ資金があつ〔て〕も生麦では人口疎散で彼ら全部を業者として受入れることが出来ない。

かと云つて、ヤミ屋になり正規のルートを乱すことは再建日本の国民として許すべきでなく、且つ商組復帰の不可能を統制撤廃に結びつけることは攻《ママ》められて然るべきであるが――完全なる統制の不可能の必然性を口実にこれらを放置することは、正直者にます〳〵馬鹿をみさせる結果ともなり一連のヤミ屋群へ身を投じるものを増加させることともなるので、一切の情実を打破した取締当局の徹底的な取締とともに、彼らを善導し彼らを正直者にしてやる機会を与へるのは政府の責任であることは云うまでもない。

ともあれ、取締当局の不備とそれとのなれ合いを公言する組織的ヤミ商人の絶滅のため、無定見な統制撤廃論者の転向のためにも統制の成果を（敢えて成功とは云はない）国民に示すゞ《ママ》きであろう。少くともヤミ売りのなぐれものが市場へ入つてくる現状（生麦の仲買人は、こゝへくるのは東京、横浜市場のなぐれものだ、と云つてたが現実は逆だ）を打破するために思い切つた統制強化の施策を首を長くして待つてゐる。

（T記者）

〔『東京魚商業組合旬報』第一一五号、一一月二五日号、東京魚商業組合、T609〕

焼跡の植物群落〔I〕

沼田　眞

植物も生物である以上その環境と不即不離の生活を営んでいる。環境といつた場合、温度、光、水の如き気候的要素や土壌的要素などを想起しやすいが、その他に生物的要素たる同じ仲間の植物を除外して考えることは正しくない。即ち完全に単独生活を営んでいることは実際上あり得ない。疎密の差はあれ、とにかく社会（即ち植物の群落）を構成しているのである。

×　×

個体の生命そのものが動的平衡であるように（昨日の私と今日の私は厳密にいつて数学的の同一―静的平衡―を示さない。しかし私には違いない。）その集団である群落もたえず生長し、あるいは衰退するものである。

季節により年により決して同一ではない。季節による相違を「景観」という言葉であらわし、年々変化していく現象を遷移とか更行とかいつている。前者は季節によつて示される群落の姿であり、後者は群落の移りかわり（生長とか衰退とか）を意味する。

ところがこの群落の移りかわり（変遷）を調べるためには長い年月を要する。一例を示せばわが国などでは、ススキの原がやがてアカマツ林（陽樹）になり、それが最後にシイ、カシ、ヒサカキ等（陰樹）の林になること（この最後の段階が安定期）が一般に考えられているが、それにはいうまでもなく何十年とかかることなのである。こうした群落の変遷を確めるためには、全然植物のないところに新らしく植物が発生し、それがりつぱな群落を作つていく様子をみる（人工を加えずに自然のままで）ことができれば一番よい。それがために外国ではクラカタウ火山島の出現や、日本でいえば桜島の噴火後の植生の変遷などが学者の注目を集めたのである。

×　×

このような群落の変遷や季節的景観は、われわれが身近なところで研究しようとすれば、庭や林の一部分などを試験地として手を加えずにおいて、ある時期を定めて調査すればよいが、いずれもかかる変遷の途中からはじめるのほかはない。はじめからというわけにはいかない。しかしわれわれに幸したことは、戦争のおかげで日本のあちこちの都市にはたくさんの焼野原ができた。これは今のような研究をするのには誠にありがたい実験となつた。もつとも自ら試みた実験ではないから火災の条件は厳密にはわからないが、焼け方の程度などは大体わかるはずである。

以下に述べようと思うのは千葉市における一例であるが、これによつてみても繁殖力や生活力がさかんで第一次侵入種と目されるものは何かということがおおむね判明するように思う。又その間についでながら植物群落の調べ方の一例をも知つて頂きたい。

A）武徳殿跡

もりあげられた高い土台が昔の面影をしのばせる。一〇mのワク（框）（麻縄をもつて一辺一〇mのワクを設け、さらにこれを一mづつに細分してけつきよく一〇〇箇の小方形区をつくる）の中で植物のしめる面積の比率（地面への投射面

積のワク面積にたいする百分比――これを被度という）は

ヒメムカシヨモギ　五〇％
アカザ　三％
オヒシバ　五％

であつた。このさい被度を

5　一〇〇～八〇％
4　八〇～六〇％
3　六〇～四〇％
2　四〇～二〇％
1　二〇～　五％
＋　五＞　％

の六階級として表わすと、上記は

ヒメムカシヨモギ　3
アカザ　＋
オヒシバ　＋

となる。その他わずかながら侵入している種類としては、アキノノゲシ・タカサブロー・スベリヒユ・ホソバアキノノゲシ・メヒジワ・オーイヌタデ・イヌビユ・イヌビエ・エノコログサ・ノボロギク・アレヂノギク・ニワホコリがあつた。

その武徳殿の土台の外廓に接している植物群はツユクサ・メヒジワ・イヌビエ・アカザ・ヒメムカシヨモギ・カタバミ・エノキグサ・イヌムギ・ノチドメ・イヌビユ・カモジグサ・スベリヒユ・シロツメクサの如きものであつた。これは第二次的の侵入種と考えられる。

B)　食糧営団跡

一ｍのワク法（一辺一ｍの方形ワクを一〇〇等分してあるもの）をくりかえした結果の平均値を示す。特に被度のみでなく、ある植物がその一〇〇個の小方形区のうち何個に生じているか、即ちその植物の分布状態を示す単位を頻度とし、これを五階級にわける。

Ⅴ　一〇〇～八〇％（実は一〇〇～八一等とした方がより確かである）
Ⅳ　八〇～六〇％
Ⅲ　六〇～四〇％
Ⅱ　四〇～二〇％
Ⅰ　二〇＞　％

しかしこの頻度は、Ａという植物が一〇〇の小方形区のうちもし一個に生じていれば、その区内に一〇本あろうと一〇〇本あろうとかまわないで一％とかぞえる。したがつてただその生じている区数の比率を示すだけである。

そこでさらに分布の状態をも少し適確に示すために各頻度階級をさらに五階級にわかち

a　個体数のきわめて多いもの
b　多数
c　少数
d　まれ
e　きわめてまれ

とし、頻度階級と結合して、例えば I^{a}、II^{b} の如くするとよい。

今同地の統計の結果をみると（被度頻度で示す）

アオビユ	3／I^{b}
オヒシバ	2／II^{b}
アレヂノギク	1／I^{a}
メヒジワ	1／I^{a}
コアカザ	1／I^{a}
ヒメムカシヨモギ	1／I^{a}
イヌムギ	1／I^{a}
オーマツヨイグサ	1／I^{a}
イヌビエ	1／I^{a}

の如くなる。その他マメグンバイナズナ・オニノゲシ・シソ・スベリヒユ・オーイヌタデ・ヨモギ・マツヨイグサ・イヌドクサ・コヒルガオ・ヨーシュヤマゴボー・ノボロギク・クララ・ヒメジヨオン・キバナノバラモンジン・ブタクサ・シバ等が見られた。武徳殿跡よりは群落の生長がだいぶ進んでいるように見うけられた。この地続きに焼跡ではない以前からの荒地があつたので、種子の播布も早かつたのであろう。第二次的侵入種と思われるものが早くも入つている。その隣接（小川一つを隔てている）した荒地をみると、以上のもののほかにミチヤナギ・オーバコ・エゾオーバコ・アオカモジグサ・アメリカセンダングサ・キツネノマゴ・カラスムギ・イタドリ・ススキがみられた（これらは第二次的かそれ以後の侵入種）

C) 細菌研究所跡

ここでも以上とほぼ似たような状態をみたが、その米軍防諜部前の荒地でワク法（一m）を試みると図の如くであつた（第1～2図）。同地で採取した植物には、オニタビラコ・タカサブロー・ヒメジヨオン・ヒメムカシヨモギ・アレヂノギク・オニノゲシ・アキノノゲシ・チョーセンアサガオ・アレチギシギシ・イヌタデ・オーイヌタデ・キバナノバラモンジン・コヒルガオ・ヨーシュヤマゴボー・エビヅル・アカザ・シロザ・コアカザ・イヌビユ・コーゾリナ・ホソバアキノノゲシ・オーマツヨイグサ・イヌドクサ等があつた。

× ×

以上示したのは調査のごく一部であつてわずかの例にすぎないが、千葉市の焼跡における夏季の景観からの推定では、第一次侵入種の主なるものとして、ヒメムカシヨモギ・アレヂノギク・アカザ・コアカザ・メヒジワ・オヒシバ・オニノゲシ・アオビユ・イヌビエなどをあげることができようと思う。

現在の食糧事情では試験地を保存するというようなぜいたくなこともできないであろうが、それらが来年、来々年とどんなふうに変つて行くかをみることは誠に楽しみとされることである。心ある諸君は身辺の焼跡について試みられよ。問題はつねにある。それを拾い上げるか否かは一に諸君の手腕にかかつている。（二二・七・一六）

（千葉県師範学校教官理学士）

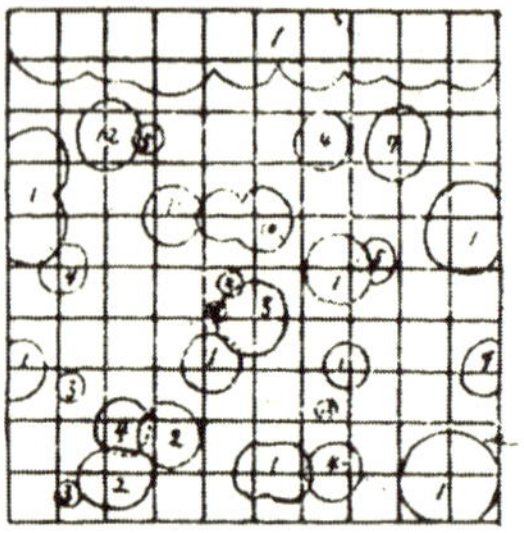

第1図

1. ヒメムカシヨモギ　2. メヒジワ　3. アオビユ　4. イヌビエ　5. コニシキソー　6. ツメクサ　7. アカザ　8. アレヂノギク　9. オニノゲシ　10. アオギリ　11. アオキ　12. イチョー　13. エノコログサ

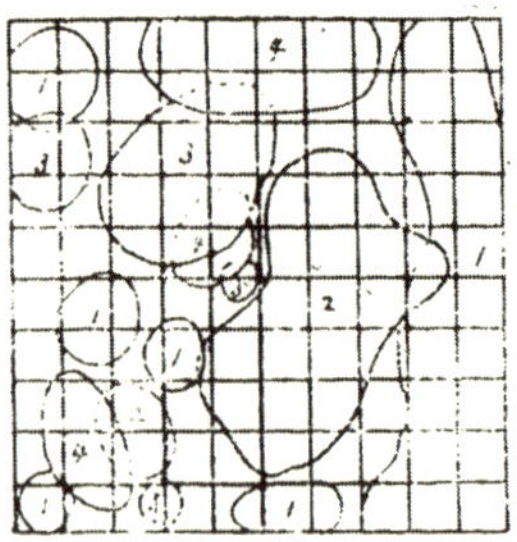

第2図

1. コアカザ　2. アレヂノギク　3. メヒジワ　4. イヌビエ　5. エノコログサ

アオギリ、アオキ、イチョーなどは焼残つたものである。根株からの若芽である。第1図と第2図とはわずか10 mしか離れていない同じ焼跡内の状況であるが、それらがいかに異つているかがわかろう。群落は種々の条件によつて左右されるので、その成因や生長を考えることはなかなかむずかしいことである。

［『採集と飼育』第八巻一二号、一九四六年一二月、内田老鶴圃、東京、原文横組み、S50］

焼跡の草花 —— 科学掌話

大原　透

復興だ建設だと、口にはしきりと云はれてゐるが、人の営みはまことに遅々としてはかばかしくない。

ひとびとが索漠たる顔をして毎日の食ひものあさりにうろうろとしてゐるとき、焼け落ちた建物の跡で、崩れた塀の一隈で荒れた路傍で、すでに着々と、小さな復興がはじまつてゐる。起ちなほつてゆく自然のすがたが見られるのである。

それらは、あまり名も知られない草の一群ではあるが、誰にも知られず、そつとせいいつぱいに生きてゆく姿を眺めてゐると、胸の熱くなるやうな可憐さを感ずる。

＊

試みに、どんな草花があるか一つ数へてみよう。

もつとも多く眼についたのは「ノゲシ」と「ノボロギク」であつた。

「ノゲシ」には「ハルノノゲシ」と「オニノゲシ」があるのだが「オニノゲシ」は殆ど見られず「ハルノゲシ」だけが

至るところの焼跡に満開してゐる。

　また、道を狭くするほど生えはびこつてゐるものがある。これは、もとは外国産の「ルウダサウ」と呼ばれる「アカザ」の一種なのである。

　こゝで気のつくことは、路辺や庭園のあとであると思はれるところに、この種のものが多い。これは、もともと、そのあたりに、根を張つてゐた草なのであろう。

　ところが「ハルノノゲシ」は主として建物の崩折れた場所にみられる。どうしてそんなところに生えたのかと、むしろ奇異の感さへ抱かせられる。

＊

　まだまだ探してゆくと、づい《ママ》ぶん色んな植物がある。私の眼についたものだけでも、およそ二十五種類。それが、ほとんど菊科植物なのであつた。

　主なものをあげると、ヲナモミ、ヒメシヨオン、ハルノノゲシ、オニノゲシ、ノボロギク、タンポポ、ヒメムカシヨモギ、ハハコグサ等である。

　次に多いのは「あかざ科」の植物で、アカザ、ルウダサウがあつた。「ひゆ科」には、アヲビユ、ヰノコヒメヂヨオン、ヰノコヅチがあり、「萱科」ではムラサキツメクサ、シロツメクサが眼についた。その他、スゞメノカタビラ、エノコログサ、メヒシバ、ハコベ、ツユクサ、マツヨヒグサ等が、鉄筋コンクリートの焼跡、焼トタンのかげなどで、ひそやかな春かぜにそよいでゐるのであつた。

　このうちで、なにが優占種であるかは、厳密に決し難い。それは場所によつて異つてゐて、ある地域には「アカザ」の大群落があるかと思ふと、他の区域には「ルーダサウ」の群落があるといふふうであつた。

＊

　とにかく、鉄もとろける猛火の洗礼をうけたのだから、地表部にあつた植物の根も種もことごとく死滅したにちがひないのである。だから、現在生えてゐて眼につくものは、地下ふかくもぐりこんで生きてゐた根がときを得て、ひと知れず芽を出し、花を開くにいたつたものである。

　その強いねばりは、他の何物にも比較することのできないほど偉大なものである。

　たゞ、数多い、それらの植物のなかにあつても、菊科の植物が断然多いのは、なぜであらうか。ことにも、たうてい草の根などの在つたとも思へないやうな場所に、突然、この花をみつけるとまつたくふしぎの念にうたれる。

＊

　しかし、その原因は、すぐに探究し得た。

　彼らは、もともと此処に在つたのではなく、かなり遠方から飛来してきたものであるといふ想像が成立つのである。

　なにしろ、彼らは、種子保存に於て、もつとも大切な種子散布の方法では、はるかに他の植物に優越してゐる。

　すなはち、菊科植物の種子には、冠毛といふ特異な飛行道具が附属してゐる。それで彼らはそのパラシユートに乗つて、新天地へ飛来してきたのである。それにしても、それがどんなに大きな飛行能力を持つてゐるかといふことは、全く広漠たる焼野原の真中にも繁茂してゐることによつて知られる。

彼らは実に、冠毛の威力と、周年開花植物であるといふ強みによつて、実に草花復興のさきがけをなし、焼跡の植物としてもつとも優占的な地位を占めることができたのである。

ある植物学者が、植物中、もつとも高等なるものは、菊科に属するものと、□科に属するものであると説かれたことも首肯できる。

＊

たゞ、菊科植物のなかで「アキノノゲシ」といふのが、他のものに比して、割りに分布が遅れてゐるのは、その名のごとく昨年の秋にはじめて開花したせいで、新天地にあつては、まだ芽を出すに到つてゐないのであらうと思つた。

いづれにしても、これからのいい陽気に向つて、多くの種類の植物が、さらにさらに元気よく拡がつてゆくことであらう。

現在はまだ眼につかないものも、いろいろ現れてくることと思ふ。

＊

荒涼とした焼野原のまつ只中に、旺んに生えてゆく、これらの忘れられた草花が、ぐんぐんと萌えて、繁茂してゆくさまを観察するにつけても、ひとの世の復興の遅さが反省される。

そして、植物中の高等のものがもつとも復興が多いやうに、人間でも、混迷から、一日も早く脱出するもの、そして、自己建設に向つて、一早く出発するものこそが、優れた人物であることには間違ひがないと思ふ。

私は、これらの小さい植物こそ、まさに雨にも負けず風にも負けぬ前進するものの頼もしい姿だと、敬意を表して、焼跡の植物探索行の、たのしい一日を終へたのである。

〔『令女界』第二四巻五号、一九四六年五月、宝文館、東京、R88〕

まんが探訪　浮浪児の生態

えと文　近藤日出造

藻には根がない。藻は流れただよう。藻ほど繁殖するものはない。親がなく、家がなく、どん〳〵殖える浮浪児は、人の世の藻である。水が冷たいからには、刈つても刈つても藻は殖える。人の世が冷たいからには、カリコミで浮浪児をなくすることは出来ない。

話を陸地にたとえるならば、敗戦国の荒涼たる焦土に、ペンペン草より先にパンパン娘と浮浪児が生えた。パンパンと浮浪児は醜くも逞しい雑草である。苅つても苅つても伸びはびこるものと知りながら、苅らぬわけにはまいらぬ雑草である。

ある日私は、植物学者を気取り、巷を歩いてこの雑草のメモを取つた。自然科学者に感傷は禁物、ねぢれた蔓も、ひねくれた茎もありのまゝ見たまゝ聞いたまゝのメモの公開。

× ×

浮浪児を大別して、一種と二種に分ける。

一種は完全無欠？ な浮浪児で筵を小わきに、駄鳥のような汚れた跣足で、虱の食いあとを掻き掻き、ゴミ箱などを漁つて歩く類である。

二種は俗称チンピラと申し、こまちやくれたリーゼント髪、小さな指に偽物の石入り指環などはめ、変り色ジャンパーのポケットに人絹水玉模様の半巾を覗かせたりして、やけに上体を左右に振り振り、裏街を妙に斜に横切つて歩く類である。

一種は、親なく、家なく、金なく、食なく、すつからかんのからけつで、あるものは因果とままな五体と、それにくつついた垢と、その垢にくつついた虱ばかり。

二種の中には、れつきとした親も家もあるのに、ヤサグレ（家出）て天涯孤独をよそおつている者が多く、そのこまちやくれたおしやれは、全部盗みによつてあがなわれる。

一種の憧れは二種である。俺にもうちよつと知恵があり、乗り降りが器用だつたらなア、と一種はしみじみ身の鈍重さを嘆く。一種の中で、多少甲斐性？のある者はどん〳〵二種に栄転？して行く。

二種の生計は、盗みによつて営まれるが、それはどんな盗み方なのであろうか？

チャリンコと称するスリ稼ぎがある。ノビと称する忍び込みの窃盗がある。カツアゲと称する恐喝がある。酔つぱらいの後を尾け、小間物店をひろげようとしたりする時、「小父さん苦しいかい？ 背中さすつてあげよう」なんかと持ちかけ、左手でさすりながら右手で財布を抜き取つたりするキスグレと称する手がある。ハイノリと称する持逃げがある。ジープ荒しがある。

一種が、ボロを引きずりながら、ハロー、ハローとお貰いほしさに米兵にたかりついている姿を、チンピラは、「ヘッ！意気地のねえ奴等」と、ヂャンパーの肩をすぼめて嘲笑い、ばくち場へ急ぐ。ばくち場といつても、とある露地奥の、とあるしもたやの、とある部屋、というわけではない。チンピラ三四人落ち合う所、公衆便所の横だろうが、広告塔のわきだろうが、直ちにそこがばくち場となる。乳臭い口に御法度の洋モク（外国煙草）をきなくさそうにくわえ、ポケットにねじ込んだ百円札の束を、どうだ、どうだと張つているチンピラ浮浪児。

「負けた負けた！　スッテンテンだよ。もうモトがねエやな。ポケット裏返してもチギ（十円札）が二枚のフリヂウ（二十円）ぢやァ話にならねェ」

「不景気な野郎だ。口惜しかつたら今夜あたり一山踏んで（一仕事して）出直して来い」

「おととい一山踏んだんだけどさ、昨夜ぐれちやつてね」

「あの女か？」

「あた棒よ。こちとら貞操堅固だもの」

これが、見た目十四五才の子供の会話だ。人目に付かず、どこでも直ちに開帳出来る彼等のばくちは、張つた一コ（百円札）の、聖徳太子の上に刷つてある番号の、七ケタ並んだ右から二番目とか三番目とかの数字の数の一ばん多い者が勝ち――といつたような至極簡単明瞭なやり方である。

一種は、真つ正直に、浮浪児らしく、地下道や縁の下に寝るが、山を踏んでボロいことのあつたチンピラは、のほほんと安ホテルの客となる。当局の手入れがありそうで、ドヤ（宿）はヤバイ（危い）と感じた時とか、ばくちでスツテンテンになり、山も踏みそこなつてしけている時とか、或は今夜どこかへ忍び込んでやろうという時などは大トラ（大型トラツク）の運転台で青カン（野宿）をしたりするが、オシン（金）の続く間はホテルに陣取つてテン屋もの（出前もの）を食べ、月に三度位はパンパンを引張り込んで遊ぶのが定石だ。

十五や十六の子供がパンパン遊び？　と、みなさんはたまげるだろうが、彼等は、「山踏んでボロ儲けした時の気分と、パンパン抱いて遊ぶ気分が生きる張合だねェ」と、しやァ〳〵云うのである。ある浮浪児通は私に語つた。

「彼等は、年齢の割にみんな小さいですよ。十八才といつても、普通の家庭の子供の十三四才位の小柄です。何故かと云いますと、子供のくせに女を買って、生長する養分をみんな出してしまうからなんですな」

坊や坊やとパンパンに親切にされ、俺ァあの女にちよい惚れさ、となると、チンピラは莫迦げたほどの手土産を工面して女の歓心を買おうとする。持つている限り、金に糸目をつけず、文なしになるまで遊びつづける。いざという時の用意に、彼等は必ず洋ラン（洋服）ビラ（衣類）の縫目に、百円札を小さく〳〵折りたたんで隠して置くが、最后にそれまで引つ張り出して、シワをのばして遊びつづける。

遊び疲れてフラ〳〵として、山を踏もうとしても、山どころかドヂを踏む位が落だ、と思うと、ポツポ屋（駅員）の目をかすめて、ヌマカン（沼津行終列車に乗り、寝たまゝ沼津着、折返してそれが新橋、東京駅へ着くのが丁度晴々とした朝、という仕かけ）かタミカン（熱海行終列車）をきめ込む。冬のさなかでも、ヂヤンパーの襟を立て、腕組みしたまゝ、ゴロリと坐席に横になりグーグーやつて、風邪も引かなきやクシヤミも出ない、というのは、流石浮浪で鍛えた身体だ。豚箱（留置場）の板の間の冷たさ、固さなぞ、彼等にとつては屁でもない。誰にどう意見されようが、ひつぱたかれようがニヤ〳〵不敵の笑いを浮べて、「十八までは断然やるんだ。十八過ぎると小菅へ持つてかれるから気を付けねエとな」と、心に固く誓つている。政府も、法律も、教育とやらを受けた窮くつな大人どもがこしらえた余計ものだと考え、天衣無縫好き勝手に振舞つているが、彼等の世界には、その世界の法律、即ち掟がある。

少年審判所から出て来たり、収容所をトンヅラ（逃亡）して来た仲間と、ばつたり顔が合うと、合つた瞬間、自分の身についた物を「シヤリ代（飯代）にしてくんな」と差出さなければ、仁義知らず浮浪児チンピラの風上にも置けねエ奴、とさげすまれる。

或は又、山を踏んで、それを仲間に知られた場合、必ずおとしまえ（口止料）をやらなければならぬ。おとしまえの割合は、ネタ次第（盗品次第）の臨機応変。不幸にして捕まつた場合は、自分が罪を着て、おとしまえにあずかつた者は、差入れの方を引受けたりする。

分け前をやつたり取つたり、仁義を知るの知らねェのと議論をしたり、差入れをして見たりされて見たり、女の味を覚えたり、煙草をふかしたり、指環をはめたり、ホテルの女中に布団を敷かせてみたり、闇料理を食つてみたり、兄貴と云われてみたり——盗みを悪と心得ぬ前提のもとに、することすべてが大人じみて、独立独歩、俺の意気地で俺は生きているんだ、俺は一人前なんだ、という素敵？な自惚が、育ち切らないチンピラのリーゼント頭を支配する。親の許で、あ、しちやいけない、こうしちやいけない、勉強なさい、お使いに行きなさい、とやられている「良家の子弟」が、話にならぬ頓間に思える。よくもまァあんな不自由な空気の中で、しるこ食うにも許可を得て食うようなしけた気分の中で我慢出来るものだ、あいつ等ァてんでガキなんだと考える。

ゴミと虱だらけの、トロロコブみたいな蓬々たる髪を頭に乗つけ、尻も股も丸見えのビラを纏い吸がらを拾つて喫む一種浮浪児の中には、「良家の子弟」をしみぐ〳〵羨やみ、行方も知れぬ親をなつかしむ憐れさが見られるが、なつかしんでも慕つても、所詮父母の愛なんてものは縁のないもの、と見限りをつけ、収容所とか保護所の、べからずだらけの窮くつさを聞き、ある日ふと盗みのスリルと割のよさを知り、二種の方にうつつてくると、だん〳〵そうした感傷を忘れ、やがてそうした感傷を軽べつするようになる。そして二種浮浪児業の見込みが立つと、忍び込みに音立てぬようズックの靴を買う。盗品包装用の風呂敷を、マフラのように首に巻く。ズック靴、首風呂敷のチンピラが、道路に置いてあるトラックの運転台で寝ていたりしたら、その近辺の家や事務所は、戸締りを厳にしなければなるまい。

ある浮浪児の研究家に聞くと、

「一種二種おしなべて、いや、まつたく例外なく、飛上るほどの辛い物を食べたがります。神経が鈍いので、辛い物を食べてピリシヤン！とするつもりかナ、とも思つて見るのですが、大体チンピラの神経などは普通の子供より敏感で、敏感だからすばしこいというわけなんですが——とにかく何故皆が皆辛い物好きか？　ということは、私にもわかりませんですね。

それから、これも一種二種おしなべて、彼等を前にして話していますとね、意味もなく、話の合の手のように、バカヤローッ、バカヤローッと言うんですよ。そしてもう一つ面白いのは、しよつちうペッペッと唾を吐き散らすことですね。およそ十分間も話している間に、あたり一面唾だらけ——或はこれは辛い食物と関係があるのかも知れませんが、とにかく例外なくバカヤローのペッペッだということは面白いぢやありませんか」

例外なく、と云えば、浮浪児は例外なく犯罪者で、スネにキズ持つ、という自覚はあるらしく、だから彼等は、人にじつとガンズかれる（見つめられる）ことを忌み嫌う。人様の持物をガンズけることは好きだが、見つめられるのは真つ平だというわけである。

一ばん不思議なのは、彼等が殆ど酒を飲まないことだ。盗み、かつぱらい、ばくち、女、煙草とよくないことは何でもやるくせに、酒だけはどういうものか殆どやらない。生命がけのきわどい仕事、正気を失つちやアとても成功覚つかなし、という次第か？　一つ位はお上の顔を立てて、＝未成年者飲酒行うべからず＝だけを守つてやろうという、罪ほろぼしの気持ちからか？

さてところで、目下東京にはどれほどの浮浪児がいるかというと一種二種取まぜて約千人ほどいる。盗つた、売つた、買つた、食つたがハイ・スピードで行われる所、即ち盛り場の人混みが彼等の職場だ。客種？により、盗る手が違つて来るので、自ら、あそこのチンピラはこの手口、あそこの奴等はあの手口とローカル・カラーがある。何故そうなつたか、ということは詳らかにしないが、とにかくバシン（新橋）の浮浪児は殆どノビだそうだし、ラク町（有楽町）がジープ荒し、ノガミ（上野）がカツアゲ、神田がキスグレ、エンコ（浅草）がカツアゲとチャリンコ、ブクロ（池袋）がノビとチャリンコ、ジュク（新宿）が同じくノビ、チャリンコ、渋谷がカツアゲ、といつた工合に色分けされているという。

盗品は、バイ人（故買人）が立ちどころに買う。盛り場のあちこち、人目につかぬ屈きような場所に、浮浪児を食いものにする、人品骨柄見るからに卑しいバイ人おやぢが出張つていて、二束三文の叩き買い。青カンかホテルかの岐路とて、チェッおやぢめガッチリしてやがらペッと唾を吐きながらもいいように値切られていくばくの札を掴み、むささびのようにいずれへかふつ飛んで行くチンピラ浮浪児。

一方、そんな器用な真似も出来ず、一週のうち、水、土、日の三日が、銀座尾張町角のＴＯＫＹＯ・Ｐ・Ｘ（元服部時計店）へ米兵が買い物に集まる日なので、その米兵にうるさくしつこくまつわりついて金や菓子や煙草をねだろうという一種の方の浮浪児が、日がな一ン日P・Xから日劇前までの間をハロー、ハローと行つたり来たり。

だがさて見渡して、浮浪児には殆ど女児が少ない。といつて、女児は男の子よりしつかりしているなぞと早合点してはいけない。一種浮浪児として巣立つた女児は、齢十三四才に達するや、翻然としてパンパン界に飛込むのだ。このような娘が、功なり名遂げた?チンピラに惚れられて、チョコレートの贈り物なぞ受け「あんたいいズック靴買つたわね、あたいもほら真紅なハイヒール買つたよ」なんかと、安ホテルの一室で語るような女になり果てるのだ。

東京暮しのチンピラは、平均して一ヶ月一万五千円から二万円、つまり日に五百円から七、八百円の生計費を、最低の線として維持しようとする。これだけは何が何でも盗まなければ由緒あるチンピラの体面が保てないらしいのである。

そこで、ある事務所のタイプライターが消えてなくなる。あるマダムのハンドバッグの紐だけが手もとに残される。

苅り込んでも苅り込んでも、すぐまた生えて、まともな木々や花々の栄養を奪い取る雑草、どうしたらそれを絶滅させることが出来るのか?どのような家庭が、どのような教育が、その子供をヤサグレ（家出）させずに、ちやんと成長させて行けるのか?

ポンチ絵描きの私にわかる問題ではないが、十五才の私の倅に、おやぢやおふくろを離れて好き勝手をしたい、という奔放な気持が多分にあるのを気付かぬほど私は間抜けでもない。

学童疎開で、親を離れ、疎開先から親元へ手紙を出しても、それがちやんと取次がれず、次第に親子の情が薄らいで行く、加えて付添いの先生が、食物の心配ばかりで、子供たちに健全な童心を培う間もゆとりもなかつたことが、このように多くの浮浪児をつくつた一ばんの原因だ、という人もあるが、そしてなるほどそれはそうかも知れないが、私は、子供の好きこのみを無視して、やたらにいろいろな枠をこしらえ、子供の生活環境を味気なく狭くすること、そのことが即ち教育でありしつけである、と考えているような気分に反対したいのである。そして、原価一円八十五銭のピースに五十八円十五銭の税金をくつつける暴利屋の親玉たる政府が、こと教育とか社会施設とかいう段になると凸凹大家の禿ちやびんのように吝臭くて、浮浪児が、巷をうろつくよりこの方がい、や、と心から思うような伸び伸びと愉しい施設が一つもない、という現状に呆れかえつているのである。

［『新しい教室』第四巻四号、一九四九年四月、中等学校教科書株式会社、東京、A469］

戦災孤児Kの場合

川越　鈴

―川越さんは生活士です。川越さんは終戦後間もなく、社会秩序の混乱からくる種々雑多な噂の中から、特に戦災孤児のいたましい話をきゝ、またその目に彼等のあはれな姿を見てやむにやまれぬ気持で、N氏と共に協力、学園をおこして、戦災孤児と共に親しく生活された方であります。

これはその記録の一節ですが、この抄録が読者の皆様に何らかの示唆を与へれば幸です。（編集部）

一

Kは戦災孤児である―

Kの父親は、ある軍需会社の守衛で、なか〳〵しつかりした人物であつたといふことであるが、これはKがポツポツ語る思ひ出の中にもうかゞはれ、また彼自らの生活がはつきり説明してゐるところである。はじめ私は、どうしてもこの少年があのやうな浮浪児と共に、明け暮れ上野の山に、たむろして、放浪の幾月かをすごした少年とは肯けなかつた程であつた。

年齢は九つだといふ。―彼は学園に来た当初から頭髪は綺麗に刈つて居り、手足もさう汚れてはゐなかつた。雨風にさらされて破れてゐたとは云へ服もそれほどきたないとは思はなかつた。そしてみるからにあどけないその表情、年齢に似合はぬおちついた態度……。

いや、孤児達がこのやうな無邪気さをみせ、おちつきを示すのはさう珍らしいことではなかつたのであるが、実はその殆んどは偏狭すき《ママ》るほど偏狭であり、彼等は、偽装をもつて、われ〳〵に臨んでゐる場合が多かつたのであるが、Kの場合そこには一点の疑ひも差しはさむ余地のなかつたことはN氏はじめ学園の人々が一斉に認めたところであつた。

小さい少年なので、私がお風呂をつかはせた。Kはまるで実の母にでもあまへるやうに、あどけない表情で色んな話をきかせた。

「先生。僕、割合きれいでせう。だつてね、僕、山にゐたつて一日おきにお風呂に行つたんだもの……。お風呂屋でもね僕が戦災孤児だなんて、ちつとも気がつかなかつたでせう。」

さういへばKの身体には、多くの孤児たちにみる疥癬やおできもなかつた。

一体、私がはじめて目のあたりにした戦災孤児とは―噂にもまして痛々しく、想像をはづれて悲惨であつた。―伸び放題の髪と皺だらけの顔、その瞳は光なくうつろであつた。垢にまみれた両手で膝を抱き、睡るともなく覚むるともなく、うづくまつてゐるのである。それは、希望もなく、感情もない……単にうごめいてゐる昆虫にひとしいとさへ思はれた。無論、Kもその中の一人であつたことに、何のかはりもないのだが……。孤児の奇蹟……私は呟いてもみる。

「さう……あなた感心なのね。」

「先生、僕ね、ルンペンらしいの、いやなんだよ。お父さんもいつも、きれいにしろ、きれいにしろつて教へてくれたの……。僕、級長だつたよ。……」

私はだまつて、思ひ出をおふやうな彼の瞳に応へた。そして彼はまた時には、よく私に「子守歌」をなんども〳〵歌はせた。「子守歌」はどの孤児も好きであり「子守歌」を歌へば、どんな荒々しい子も猫のやうにおとなしかつた。

二

憶へば彼等はその目で肉身《ママ》たちの焼死してゆく無惨な姿を後にしながら、辛うじて猛火の中をくゞりぬけ、上野へ、上野の杜の方へと、人波にもまれて流れて行つたのである。そして、肉身に代つて彼等を愛してくれた避難者たちが、一人去り二人去つたあとに、彼等の孤児としての生活が始まつたのだ。彼等といへどもはじめは、自分の全く孤独な境遇に狼狽し、悲しみ、上野の浮浪生活を嫌悪し、或ひは戦慄さへ感じてゐたに違ひない。しかし生きるためには、かつ払ひはもとより、恐喝すら、いつとはなしに意に介しないやうになり、はてはそのやうな生活を楽しいやうな気にさへなつてしまつたのであらう。

「どかん〳〵、とやられたと思つたら、俺らのおやぢ、どつかへ吹つ飛ばされちやつてたよ。全く面白えやなあ。」

「俺のおふくろ、俺らと一緒に逃げだしたんだけど、おふくろだけやられちやつたのさ。女はのろまだから、駄目だなー。」

これが逝き親に手向ける彼等の告白であらうか。彼等は如何なる悲惨も悲惨としないほど、無神経であり、痴呆症でもあらうか、声を合せて、ゲラ〳〵笑ひつゞけさへした。しかし、Kだけはこんな時いつも小さくなつて、歌つて下を向いてゐるのが常である。たゞある時彼はなにを思つたか、私に当時をこんな風に話してくれたことがある。

「……家中火でせう、僕真先に飛び出して、うしろを向いたらね、お父さんが焼けてたの。……その時のお父さんの顔、何べんも夢に見るの……。」

「お母さんは?」

と私が尋ねると、

「お母さんと妹も、その時死んだの、一緒に……。僕も、もう一ぺん火の中に入らうと思つたけど……。僕だけ、どうして助かつたのか、いつでも考へるの……。」

私は戦争を呪ふ。

三

第二の故郷のやうに、上野を恋しがる彼等の熱望に応へて、私達は日曜日毎に、彼等を交替で遊びにやることにした。

学園名の記入された、新しいシヤツを着て、彼等は喜々として出かける。ふりかへつてみようともしない彼等の後姿に、私はいつも思はず目頭の熱くなるのを覚えた。しかしKだけは曲り角で必ず振返つて、につこり笑つたりした。私はこの少年ひとりのためにでも、学園の存在価値はあるやうに思つたくらゐだつた。

或る日のこと――いつまでもKだけ帰つて来ないことがあつた。日は暮れて、折悪しく氷雨も降つてゐた。

私はわが子を待つ母親の心にも似た不安と焦慮の中に、少年たちと徒らにストーブを燃しつゝ、夜を更して待つた。と突然、

「唯今!」

と相変らず元気な声で、そのKが勝手口から飛込んで来たのである。みれば、彼は大きな箱を重さうに背負つてゐる。

「御馳走だよ!」

とさも嬉しさうに、みんなに笑ひかけながら箱の蓋をとつた。その中にはお肉と野菜サラダが一ぱいつまつてゐるのである。そして別の包の中から、ネーブルとリンゴがいくつも転げ出してくるのであつた。さすがこの突飛な事実にはたゞみんなは呆気にとられるばかりであつた。

彼が語るところによると……

上野にゐた頃、よく勝手口の雑用などを手伝ひに行つた料亭があつた。そこのおばさんがいゝ人で、いつも可愛がつてくれた、今日もおばさんの顔をみたくなつたので行くと、折よくぜいたくな宴会があつて、残りものだが持つて帰つてみんなに食べさせておやりといつたといふのである。そこで彼は、たゞ貰つてきては悪いと思つたから、台所のかたづけや手伝ひをしたために、こんなに遅くなつてしまつたといふ。

「そしたら、また色んなものくれたの。」

「ずいぶん重かつたでせう。」といへば、

「重かつたけど、みんな喜ぶだらうと思つて……夢中で走つて来ちやつた。みんな食べなよ。先生も……。」

私はふと雨で上衣がびつしよりしてゐるのに気づいてあはて、着かへさせた。

さて――私はたまたま、このKのことを私の友人に話してきかせたことがある。じつと興味深げに黙つてきいてゐた友人は、だしぬけに、

「そのKつて子を、私が引取らうかしら。」

といつて、私を驚かせた。友人は、四十歳になるまで独身で通した、しつかり者であつた。人柄もよく、教養もあつた。

「私、本当にその子を育てゝもいゝわ。」

「でも一度、園長さんにも相談しなくちやね。それに、さうなれば、私も責任があるから、何とかして、一応、親元やら血統を調べておくわね。」

しかしそのKはそれから二、三日して、他の二、三の少年たちと何処かへ逃亡して、今日まで杳として消息がわからないのである。

彼等のうちでもKのやうに本当の孤児といふものは、案外少かつた。福島に姉が嫁いでゐるといふ子もあれば、やはり叔父がこの東京にゐるといふ子供もあるのに、彼等は決してそこへ訪ねて行かうとはしなかつた。そして彼等の性格に先天的な欠陥が多々認められるにもせよ、彼等が学園にゐることがはつきり分つてゐても、その姉も叔父も、ただの一度でも学園に訪ねてくる者はなかつたのである。

彼等の経験は、あまりにも深刻であり悲惨であつた。いまでも彼等は、めい〳〵に、言ひ難いなげきを数多く持つて居ることであらう。彼等を救ふものは、愛情以外にはない。そしてこの世に全く唯一人残されたの《ママ》やうな場合には、彼を庇つてやり彼を常に母親の心で強く導いてゆく愛情が、最も要求されるのではなかつたか――。

今私は、そのKがなぜ学園を去らねばならなかつたかわかるやうな気がする。然し、私がなほかなしく思ふことは、彼のやうな善良な少年もまた殆んどの戦災孤児と同様に、所詮は幸福の神に背を向けねばならぬ宿命の子なのであらうか。私は感傷を離れていつも追憶の中にKを画く日が多い。

［『生活科学』第四巻八号、一九四六年一〇月、社団法人生活科学化協会、東京、S439］

地方のひとに読んで戴きたい
よこはま「浮浪児」点描

高野まさ志

原子力戦争の惨禍の中から立ち上つた大よこはまの表玄関、桜木町駅――構内、構外、街角にみなそれぞれに理由があるのであろうが浮浪して歩く児童のいかに多いことか。子を、弟を持つ社会人としてひとり心を痛めぬものがあろうか。よこはまの「浮浪児」は、いまやある意味で世界の話題になつている。敗戦日本の姿がこれほど卒直《ママ》にむき出しになつているところはないからである。戦争指導者たちがどのように償いをしたところでこの惨ましい現実をかき消すことはできなかろう。同時に政治の貧困もまたこゝに圧縮されている。

私は文化機関のあらゆる面から浮浪児のために彼等の代弁者となり、彼等から民衆え《ママ》の訴えとして、また警告としてのこの拙稿を浮浪児救済の主張としたいと思うのである。

× × ×

身をきる木枯しが駅前の広場から街路樹の葉を遠慮なく吹きつける師走の宵。すこしばかりの夕刊新聞を小脇にかゝえた見すぼらしい幼児――ほんとに幼児――が二人、三人背のびをして出札所から乗車券を買つては改札口えと駈けて行く。プラットホームで、電車の中で商売をするためである。

私はひとりを呼びとめてポケットの煙草を一本唇につつこんでやる。ライターの火を差し出してやると無感動に喫いつけてうまそうに吐くけむり。二服、三服。なん日はいらぬ風呂であろう、垢がかさぶたの様にごつてりとこびりついている指先で器用に挟んだ煙草の印刷文字の形を見て、

『新生だね、ピースの方がいいや。』

『ぜいたく言うねえ。ヤサ（家）はどこだ?』

『野毛だよ。』

『公園か?』

『きまつてねえや。』

『アオカン（野宿）か?』

『………』

濁つた目が寂しくそつぽを向く。

『ブンバイ（新聞売り）でいくらになる。一んち二コか?』

『わかんねえや。』

と最前から気がついていたが、陸軍の夏衣を着た若者が人混みの中から私を目指して来る。労働基準法の網を脱けた親方に違いない。駅の横手の暗がりに連れこまれて、何のかのと因縁をつけられたあげく、二つ三つ殴られオーバーをはがれ時計をとられではかなわぬので急ぎ構外え逃れて雑沓する広場の交叉点を横ぎつた中区役所の前に出る。

浮浪児が大部分、二三人一組となつてずらつと店を並べて靴みがきである。店を畳もうとしていた一組が声をかける。

『磨いてらつしやい。』

前金で三十金を投じたらすばしこく磨き、遊んで行かないかという。ショートタイムが二コでオールナイトなら五コ。ドヤセン（宿銭）は客持ち。私の靴を立派だとほめてから、こんな靴をはいていながら女と遊ばぬのは金のつかい途を知らぬ男など、本職顔まけのポン引き振り、いやおそれ入つたものである。稼ぎ高はというと靴磨きで一日三百円以下ということは殆んどなく最悪の場合でも二百円は生活費として確保させてくれるか飯をくわせてくれる親方のような者がいるらしい返事。ドヤはときくとクスブリ横町（註 — 日本ニユースについで文化ニユースもとりあげた横浜名物プウタロー景気に出てくる）ときた。

そこで橋をわたつて右折するとこゝがクスブリ横町。またの名をカストリ横町、オケラ横丁ともいう。不潔な屋台が軒を並べてえたいの知れぬたべ物を一杯五円から売つている。いつの日乾くか地べたは泥んこで漂う鯨肉のにおいとかび臭い浮浪者の体臭が鼻をつく。大陸の小盗児市場とおんなじである。クスブリ人生の休憩所というわけであろうか。毎日の生活がオケラ（文無し）というわけか。

これらの屋台が店を閉める頃、専属の浮浪児がそれぞれ留守番として現はれて夜毎小屋に泊るのである。彼等は大人の浮浪者の真似をして薪をモサ（かつぱらい）つて来る。そして石炭を、コークスを。燃料が高値で入手難だから店のあるじとは相互扶助の関係にある。彼等の社会にはやかましい仁義もなければ、見よう見まねで流れこんで来たその日から気

楽に暮せる安易さがある。おきてのあるような無いようなこれがこの集団の弱さといわうか。

この一角はおびたゞしい浮浪者の群で昼でも薄気味が悪く、よくぞニユースカメラマンのレンズに納め得たと思うほどであるが、独り歩きの私は誰かに狙はれているように不安な気持で落着かず摺れ違う浮浪者たちの顔を正視しないように急ぎ通りすぎて、やや世間なみの店が続いている花咲町河岸のマーケツト街え出る。カストリ屋が大部分である。

とき折は借金もする馴染みの店で私は一杯ひつかけてこの悪夢のような散歩を元気づけようと頭でのれんを分けた。と驚くではないか先客の中にどう見ても十四才以上とは思えぬ少年が二人、さしてひどい身なりでもないが腕時計もして湯豆腐とジヤーマンビーフ（?）の皿を前にコツプをつかんでいる。水にしては濁つているところからどうやらカストリのよう。

商売はときくと丸顔の少年がはづかし相にニヤツと笑つた。やい歯がいぞいて可愛らしい。私が人差し指を曲げて『これか?』というと『ふふん』とうなづき『でも、ときどきだよ。仕事は何でもやるよ。昨日のヨロク（儲け）で今日は一んち野毛の図書館で本を読んでいた。』

この少年、戦争中は中村町辺にいたがよく図書館え通つたもの。親を失い兄弟と別れて浮浪する現在、懐かしい図書館を訪うのが唯一の楽しみで時折は図書館の屋上からわが家の焼跡を眺めては幼時の思い出にふけるという。こんな話を交しているうちに、もう一人の細顔で目尻に青いアザのある少年がスイバレ（小便）といつて外え出て行つてからしばらくになる。どこえ行つたのかと丸顔にきくと『あいつ淋病なんだよ。』愕然とした私。救いようのありそうもない彼等の毎日がうかがえるではないか。今夜は寒いからズンブリカマる（入浴する）というので私はこの店の勘定を引受けて同道することにした。

野毛といえば戦後、伊勢佐木町、中華街と並んで横浜の繁華を極めている商業中枢。この辺一体をおとくいにするたつた一軒の浴場え私たちは出かけた。時刻のせいもあつて大した混雑である。靴も一緒に乱れ籠えつつこんで私が特別に借り賃を出した手拭をぶらさげて流し場のガラス戸を開けるとき何気なく振り返ると私の乱れ籠から靴下を盗み出してポケツトえかくしこむ丸顔。私は無言のまゝ靴下を引出す。暗い気持ちだつた。

流し場と浴槽がまた大へんである。文字通り芋を洗うありさま。すきを見つけて浴槽につかる。と目の先をヨコネの内股がしづくを垂らして横切る。髪の伸び放題の浮浪者である。私の横に連れの少年たちが割り込む。丸顔の二の腕にまづい字で彫られた「男一代御意見無用」が湯気にかすむ。ああ何をかいわんや。

浴場を出て昼飯をおごることを条件にあす図書館の屋上で逢う約束をして、今夜はどこにねるとたづねる、と図書館の裏には市役所の車庫が沢山あるよとのこたえ。そういえばさる夜半、市会議場の隣の車庫の横腹にべたりとくっついた十名ほどの浮浪児の群。十七八と見える少年が独り石畳の上を行きつ戻りつ見張りしている姿を街灯のかげに見たことがあつたが、それから二三日して新聞紙に防空壕にひそんでいた野毛の浮浪児でトラックのタイヤ専門に盗んでいた一団が検挙されたという記事の出ていたなど思い出したことである。

さて翌日、約束どおり図書館で彼等と逢つてから昼飯をたべに行くまでに得た私の知識によるとこれ等浮浪児の生活はおよそ犯罪の記録であり、業とするところは良家の子弟のカチアゲ（恐喝。タカリ。カツともいう。）から、モク拾い。モクバイ（煙草のガラ＝喫い殻。シケモク＝を拾つて巻き直して売る。）ブンバイ、靴みがき、ポンビキ。モサ。ズンブリ（板の間稼ぎ）ヤチネタバイ（春画売り）と一通りの悪徳はいうまでもなく夏場はタコツリ（格子窓などから竿の先にカギをつけたものを差入れ屋内の衣類などをつり出す盗み）などもいゝ、ヨロクだという。だが何といつてもトウモ（掏摸）あるいはモサとよぶスリが一番の稼ぎになるようで、その手口も種々あつて最も容易なソツバー（ヨウラン＝洋服＝の外ポケツトを狙うこと）からウチツバー（内ポケツト）を狙うかけ出しの一番苦手とするところ。それから吸いとりと称してズベ公（不良少女）など交えた所謂リレー式の集団スリがオイソレ（スリが犯行に使用する刃物）など用いる方法や、カリ（狩込み）があつてヤバイ（危険）とかオクられたとなるとトウモ係（スリ係刑事）にカマれて（捕まる）当分ほとぼりのさめるまでタカマチオイ（田舎の祭日に出かける）などで結構しごとがあり却つて横浜市内より儲けがあるなどという内幕だつた。

屋上の陽だまりでヨウモク（外国煙草）をふかしながら語つた丸顔はそのあとで思い出したようにハーモニカを取り出すと巧みに「誰か故郷を思はざる」を吹き始めたものである。哀愁を帯びた曲が遠くとおく中村町の空にまで響くかのように。だが、このハーモニカも暮れの野毛繁華街で火災の折ある楽器店から火事泥でアゲて（せしめて）チラした（売りとばした）残りだとはこの少年の問はず語り。

繁華街の横丁にある小綺麗な外食券食堂で昼飯をたべることにした。細顔が私の手に持つ一枚十五円で買つた外食券を見て、

『おぢさん、いくらで買つたの？』

『チギチヨウ。』

『おれ達ならオキ（七円）かチギ（十円）で買えるよ。』

おかずは何にしようというとフリチヨウ（二十五円）の刺身がいゝという。口は案外おごつているとみえてシヤリ（飯）も少し残して楊枝を使う様子が小面憎いよう。

『ゆんべの車庫は寒くて碌にねられなかつたから、これからドウカツ（映画館）でカタンつける（眠る）んだ。』

漂々と手を携えて巷え消えて行く彼等。

だが、こうした悪徳も犯し得ぬ無能な少年少女はモライ（乞食）をしてゴミ箱をあさるか屋台飲食店の客からめぐん

で貰うより途はなく、飢えて凍えて命を絶つものも多いという。ああ、戦争の遺産にいつの日めぐる春やある。

伝え聞く彼等の世界の人情の温かさ。魂のつながり。お互に過去も境遇も知らぬ者同志が、同胞のように、いやそれ以上の気持ちで助け合っている。それは愛情に飢えているからである――と。

だから彼等の眼は――心は――声を限りに叫んでいるではないか。

『おれ達はみんな弱いんだ。だから何時も仲間を組んでいる。ほんとに弱いおれ達の気持ちをわかって貰えたら、おれ達はきっと更生できるんだ。生きるに辛い夜毎、泣いて泣いて泣いている。』（一九四九、一二）

〔『市従文化』第一六号、一九四九年四月二五日、横浜市従業員労働組合文化部、横浜、S1164〕

京都駅と乞食

〔著者不明〕

東京駅を夜行で発つた汽車は翌朝大阪へ着く。これは大阪行である。私はここで山陽線へ乗換へる旅程だつた。

大阪で乗換へるべきか、京都にすべきかをちよつと心迷ひしたあとで、私はやはり京都で乗換へることにした。戦災をまぬかれた大京都。もとより、京都は幾度も私の曽遊の土地。京都発の列車もある。その乗換への時間都合では半日くらゐ京都をぶらついてみるのも悪くないな……と思つたりした。

大阪駅には大《ママ》いへんな乞食だといふことも聞いてゐたので。

が、また気が変つて、時間表を見ると二時間ばかり待つと、目的地に着く時間都合のよい京都発があるので、これへ乗ることにした。ホームで顔を洗つたり、朝の弁当を食べたりしてゐると、構内アナウンスの金属性の女の声が何か云つてゐる。私は気にもとめなかつた。自分には何の関係もないことだと思つたからだつた。が、ふと、それが私の乗らうとしてゐた列車番号を云つてゐることに気がついた。乗車指定席券がなければ絶対に乗車出来ないと云つてゐるのだ。私は改札口を出た。その指定席券の窓口の行列に立つた。が、その列車のは既に無くなつてゐた。貰つた指定席券は夜中の列車。これでは私の旅程にも都合が悪いのだ。

スウツケエスひとつ提げた軽装でもあつたので、私はやはり、それまでの時間を、嵐山あたりまでぶらついて見ようと思ひ乍ら、駅前の広場のはうへ足を向けた。

今朝、ここへ到着した進駐軍で、駅前に何となく緊張したものが漂つてゐた。縄が張つてある。警官がものものしい顔をして立つてゐる。私は踵を返した。

案内所で訊いてみると、午後の四時幾分に、やはり京都発で指定席券の不要なのが一本あることがわかつた。私はそれへ乗ることにした。が、それにしても、私はそれまでの時間をどうして消したらいいのであらうか。

「待合室で本でも読んで……」

と、誰でも考へさうなことを私も思つたのである。

その待合室で、早速、私はベンチの端を選んで、膝の上に本をひろげたのだつた。最初は、気がつかなかつた。「汚ない風態」には見慣れてゐたからであらう。が、この一行はもう一度言ひ換えてみなければならない。それほど「汚ない風態」でもない乞食が、乗客のやうな顔をしてそこのベンチに、あちらこちら、実にその数の夥しいのに驚いた。現に私の左隣にゐたのがその一人。私が弁当をひらくと横から手を出したので……吃驚《ビックリ》した。

箸とすれすれのところへ汚ない手を、すこし震はし加減に差しだされて、私は自分の顔色が変つたかと思つたぐらゐである。私はあはてて弁当を仕舞つた。

が、そのうち、私はこの「乞食のゐる風景」にも次第に馴れてきた。

「あれは夫婦者でせうかね?」

私は、旅の徒然で、右隣の人に話しかけた。

「さうぢやありますまい。ちつとも女のはうに分けてやらないぢやありませんか。自分ばかり食つてゐますね。自分の貰つて来たものを自分で食つてゐるだけですからね。夫婦ではありますまい」

「さうお感じになるぐらゐですからあなたは愛妻家と見えますね」

「私が?」

二人は他意なく笑つた。私は、やはり、これを夫婦者と見てゐたのである。時たま、男が、お前も行つてみな、あの人なら呉れるから……といふやうなことを云ふらしい。男の行つたあとを行く。なる程、うまく貰つて来る。が、女が勝手に行くとどこでも手を振られてゐる。それにしても……男のはうの百発百中。

「乞食としてはまつたくいいカンを持つてゐるぢやありませんか」

私たちは感心したのである。

手を差出せば必ず成功。自分のベンチへ戻つて食ふ。而ものべつに食つてゐる。そのまるまると肥つた体格。褞袍を着た猫背。いかにもそれは満腹らしい風貌に見えた。が、女のはうは、それとよきコントラストで、細腰。いかにも空腹に疲れてゐるらしい恰好。

私の右隣の人が云ふのである。

「私も、あなたと御同様、さつきから観察してをりますのですが、ともかく、あの男は私どもよりも満腹でゐますね。いや、恐らく、私どもの配給量の何倍かを食つてゐます。而もなかなか御馳走ぢやありませんか。白米があつたり卵焼があつたりして……」

殊に、痩身の私は、同感の意を表するために頷いてみせた。

(夕)

［『さんるうむ』四月創刊号、一九四六年四月、洋々社、
東京、S226］

浮浪者

井口信雄

焼落ちたビルの赤煉瓦に鉄板屋根のバラックが戦災都市の姿なら、パン〳〵と浮浪者は敗戦国の現象である。

人生に善を否定し享楽を追つて罪に走つて行くのが前者であるなら、たとえその日の食に困つても善を肯定して行くのが後者であろう。

若し浮浪者に希望と、罪を怖る気があるならば浮浪者とはなつていないだろう。

この様な立場から考えると、寧ろ好意と同情こそすれ決して憎む気にはなれない。

露台の下や焼跡の蓆の影で彼等と膝を交えて話して見ると、たとえ汚れている身にも温い人生の情愛が感じられる。

世の中の全てが利害得失に動いている時、人生の一切を忘却して、物を忘れ、肉親の情を絶ちその日〳〵に生きて行く、彼等こそ美しい心の所有者かも知れない。

併し将来を忘れ向上と計画性を失つた空虚なこの人々の姿は寧ろ生ける屍か蠟人形に過ぎない。

人生の一切を超越して、馬耳東風塵箱から塵箱へ野良犬のように残飯をあさつて歩いている人々、一日の生活というより、一食の生命を求めて住衣を忘れ食だけに活きて行く、彼等が明日の事を考えれば浮浪者でなく、動かなかつたら屍体となつていても彼等自身気付かないだろう。

豪華なパツカードで走る彼等も終戦時は油饅頭一個の立売商人であり、ネオンとジヤズのキヤバレーも板張りの掛け小屋に過ぎなかつたのだ、共に復興へのスタートを切つたが運命と努力は社会に大きな差別を造りつゝある。

敗戦の現象とは云うもの、民主国家の一員として考へてみなければならないところがある。

階級と差別たとえ社会と本人に責任があるとしても、新憲法下には認められない存在である、新らしい考で彼等に接し、明朗な社会生活に進んで同化するよう指導協力する必要がある。浮浪者と云つても戦前の様な無能力者や怠惰者と全く性質が異つている。一部の者を除くと誰を見てもたとえ破れ衣を纏つて汗と垢に泌んでいてもよく肥えた若者が多い。

それは戦災や引揚者を浮浪者として運命ずけたのかも知れないが、今一歩深く調べてみると殆どすべての者が非道義者か犯罪者で占められている。

要はその土地に居れない者が故郷を飛出して生活の根拠を失つて浮浪者となつたのである。会社の金を費消した事務員、公金を横領した役場官吏員、不馴の商売に失敗した闇商人、

親兄弟と意見の合わない不良青年、犯罪者、刑余者等々の例はあまりにも多い。

自分の悪を否定して再び悪と罪を繰り返す元気もなく、一食にその肉体を賭けて動いているのが今日の浮浪者である。

何の蓄もなく、身寄りもなく、明日への希望もなく然も社会の嵐の中に生きて行かねばならない、浮浪者は青空に寝る流島であり、露台に夢を結ぶ浮草にすぎない。

職にありつけば、鯨油の鼻突く露台の影で「おやぢ焼酎と串かつをくれ久し振りの散財だ」と豪勢な啖呵を切つてメートルをあげて、夜露に濡れるのも知らず、酔いつぶれてしまうのである、職がなければナンバ粉のパンや一杯十円の雑炊に食欲を押えている者はまだよい方で「ノーチカブ」だと云つて水ばかり二、三、《ママ》日も呑んで過す者もある。

将来の希望はなくとも生きて来た身には過去だけが残つている、蓆小屋の仮寝に想い出すのは故郷の妻子の事であり、幼い頃の想い出である。

金がなくとも彼等は燃料用アルコールをしぼつて飲んだり、残飯の会食や拾煙草の廻り呑で満足する。

月に一度でもカストリにありつければそれこそ一大饗宴が露台の下で催される。

夏も冬も油泌みた、一枚の破れ衣をまとつて漂々として街の塵箱を漁り或は港湾の荷役に身を寄す恵まれない人々の群れ、

併し社会の不景気は無遠慮に押し寄せて来る。今は拾い屋に残飯の最低生活すら許されない状況である。

街から残飯や拾煙草迄が姿を消して行く〔。〕一体彼等はどうして活きて行くのだろう。

しかし国民はすべて基本的人権の享有を妨げられないか？

……すべて国民は健康で文化的な最低限度の生活を営む権利を有すか……

等が民主々義下の浮浪者の一課題としてとり挙げられている。

吾々には働く意志があるが、吾々に仕事を与えないならば、吾々には食う権利があり、社会は吾々に食はす義務があるのだと強く理論を楯に説く浮浪者もあるが、各自の歩んで来た道を振り返つてみるとそれすらも主張する事の出来ない過去を持つあわれな浮浪者、それが浮浪者の今日の姿である。

（防犯課警部補）

「『あゆみ』第一巻五号、一九四九年九月、神戸市警察局総務部警務課、神戸、A511」

福岡百道戦災孤児収容所

松風園を訪れて―― 婦人部慰問随行記

教育宣伝部長　高木源一

二月四日、徳永婦人部長をはじめ、部員十九名の第八回松風園慰問に私も随行の光栄に浴し、その一日の見たまゝを次に報告する。

×　　×

その日、まだ明け切らぬ大牟田駅のフォームはいたづらに空ッ風に吹きまくられ、私達は首をすくめて西鉄急行車に飛び込んで発つて来たが、久留米に到ると夜は明け切り、昨夜の名残りの雪が屋根々々を白く覆つて居た。

筑後川の鉄橋を車窓から望めば、九千部山の頂は淡い朝靄のヴエールの中にあつて、雲間から洩れ射す朝日に銀に輝いてゐた。

二日市、春日原あたりとなれば、雪はます〳〵募り車窓に吹きつける雲片の流れを透して、白帯の如き道路が見え、雪だるまの様にして歩く人の姿がまばらで、今日の難行が予想せられて互ひに苦笑した。

福岡に着けば降つてはゐなかつたが、雪は建並ぶバラックにもアスフアルトにも一面に積つて風があり、今まで車内の暖気にほてつた顔には痛い程の寒さだつた。姪ノ浜行の市電に乗つたが待つ間に玄海からの風にさん〴〵冷え切つた体は人目にをかしい程震ひがしてしばらくは止まらなかつた。

百道で降り、福岡刑務所の赤煉瓦塀に添つて過ぎると白砂の松原がつゞき、その一隅に竹矢来をめぐらして標札新しい「松風園」は、ひよう〳〵と鳴る松籟の下に見るからに寒々と建つてゐた。

案内を乞ふと快く保姆さんが取次でくれ、主任職員の阿部さんが案内されて講堂に入つた。講堂とはいへ此処は仏間であり中央の祭壇には小さい御堂をはじめ造花の蓮花や線香立てが備へられ、木の香新しい造りではあるがどこか湿つぽい感が漂つてゐた。この前訪問した時は、孤児の両親兄弟の遺骨が山と並べてあつたと聞けば、部屋が陰気に感じられるのも尤だと思つた。

園長夫人の懇な来訪謝辞を受り、孤児たちが「お客さんだよ」とはしやいでくれた火鉢を囲んで阿部さんと語りあふ。婦人部員の方は直ちに洗濯班と裁縫班に分つて甲斐々々しく奉仕に活動はじめた。

阿部さんの話を要約すると次のやうであつた。

この「松風園」は県立の形で経営され、以前は博多港に上陸する海外引揚の戦災孤児の収容所であつた。その折、見知らぬ内地上陸に、天涯孤独の身に父母の遺骨を抱いて収容されたときは思はず涙を誘はれたと云ふ。それらの孤児が一先づ内地の空気に馴れたところでこれを市外和白の収容所に移し、此処は昨年の暮より県内の浮浪児を収容することになつた。

この孤児は新聞でも問題にされた通り、駅前や映画街闇市等を放浪し、頭のいゝ子は靴磨きなどやり一日三百円も挙げてゐたのもゐるといふ。その他人の袖を乞ひ塵箱を漁るなど放浪僻強く収容当時はこの枠内を窮屈がり逃亡者続出しひどいのになると「薩摩の守」で北海道までノシてゐた児さへ居たそうだ。その大胆と無謀に私達は顔見合せて嘆息した。

この逃亡には係員も悩まされ一ケ月位ひは不寝番までして監視し、現在やつと落付いたところだと語つた。若松の収容所ではたへ切れず窓に鉄条網を張つたところ、反つて児童は反感を起し天井破つて逃亡したとは子供にしては出来過る芸当に私達はむしろ寒心を以つて聞いた。

現在此処の収容内訳は九十一名で、その中女が七八名あり、年齢は七歳から十八歳までだが、十四五歳が一番多いとのことである。

殊に私達が愕然となつたのは十四五歳の女の児の健康診断をやつたところその大部分が「性病」を持つてゐたといふことだ。如何に敗戦後の混頓の世相とは云へ、この物の道理の判らぬ幼き人々への惨酷な仕打に慨嘆するといふよりは悲憤を覚ゆるではないか！

あまりにも悲惨な現実である。現在その人々は夫々の病院で手当を受けつゝあるであらうが、神の如き「幼き純潔」を汚す理性を失した人々が恨めしく情なかつた。

日課としては、七時半起床の後十五分で朝の点呼があり、受持の掃除をすませて朝食を頂き、極めて気楽な遊戯がはじまる。殆んどの児童が無学に近く、義務教育程度のものを実施しやうとしても、一度び放縦な生活をおくつた彼等はこれを嫌ひ、こゝしばらくは興味本位で厭かさないことが大切だと言はれた。

夜の点呼は反省の時間とされ、一日の善い事、悪い事を包み蔭しなく、阿部先生に吐露して先生の批判を受ける。そして故郷に向ひ、亡き父母の御冥福を、紅葉の様な掌を合せて祈る姿は、涙が泌んでならぬといふ。

年齢別に四班に分け各班自主的に班長を定めその命に従順に団体生活を営んでゐる。その外に特別班があり、逃避の強い子や新入者がこれに編され、担当は憂世の情熱家阿部さんといふが、阿部さん自身、語りゆく眼は熱情をまし「此処では単に俸給めあてでは到底おつとめ出来ません」と言つたが、私たちもこの若きペスタロッチの抱負に深くうなづかされた。

この孤児の将来は？と問へば、久留米の兵舎跡を利用して職業補修所とし、夫々の希望と適性を考慮して農工商と専門に、公民たるの教育と職業斡旋に計画があると聞いて、私は愁眉を開く思ひがした。

今でこそ可憐だ憐愍だと、人の袖下の情で育つてゆくとしても、この儘に放任して五年の後十年の後のこの人々が果して現在の頑是ないまゝに延長されるとは相像《ママ》できない。おそらくは無宿者として「不良」「不逞」の冠詞をつけられた青年となり、闇の女と堕ちてゆくことはあまりにも自明である。これは国家として断じて忽に出来ない重大な社会問題の一つである。国家は慎重に対策を施し、苦しい経理の中からも割いてその施設を充実しなければ悔を千載に残す因となる。今にして適切を欠けば将来社会の「癌」となるのだ。

私たちは不幸にして、その経済的援助は思ふにまかせない。

然し私たちには「愛護」といふ無形の援助が出来る。

今、私の眼の前で、一人の児童は大きな孔のあいた汚れ切つた靴下を下げて裁縫班の部員に「をばちゃん」と差出したのを、嫌な顔もせず受取り繕ひ終つて「はい」と返すと「ありがと」と頭を下げるいぢらしさを見よ。浮浪の児とはいへ人の児である。情の分らぬ筈はない。

一針々々の縫目を撫でゝ、うれしげに帰りゆく児よ。顧りみられること薄い社会の偶に、希望なく育ちゆくこの児らも、情の糸で「人間」の暖かい仲間へ結びつけることが、今この部員の手でなされつゝあるのだ。人の香を慕ひ寄る孤児を「汚い」と言ふ前に奇麗にしてやつてこそ「汚く」なくなり、ともすれば荒まんとする孤児を救ふ途なのだ。

私は阿部さんの了解を得て破れたダブ〳〵の上衣を着た腕白そうな一人の児に各部屋の巡視の案内を頼むと「先生おいでよ」と、私を先生と読んで気軽に案内してくれた。

六畳位ひの各部屋には十二三名位の孤児が居たが「今日は」と挨拶して入ると「先生こんにちは」と明快に返事して迎へてくれる。殆んどの児は「バチ券」に口角泡を飛ばして興がつてゐた。畳はそのつはものぶりの跡を雄弁に物語つて、満足な表をしたものはなくひどいのは裏返してあつた。気がつくと七ツ八ツの児や女の児は時折去来する淡い陽かげをあてに病雛の如く鳥肌となつて窓ぎはにちゞこもつてゐた。来訪の私の顔をものうげに見上げる、活気のない鼻垂れた顔が胸に痛かつた。


「坊や、寒くないかい」

「うん」

「なにか遊ぶおもちやないかい」

「ない」

「絵本でも持つてくればよかつたね」

「先生こんど来るとき持つて来てね」

「あ、い、よ」

私はともすれば眼がしらの熱くなるのを押へてこれらの部屋を巡つたが、大牟田の児童が五名も居て、先方から「先生は大牟田でしよ」と私の工場帽を見て問はれ、驚きもし一層他人事とは思はれなかつた。

教室、便所、洗面所、食堂等が、小じんまり乍ら割合に奇麗に備はつてありうれしかつた。

浴室のドアを開けると、洗濯班の部員が裸足で袖まくしあげ手首まで赤くして、冷たさもめげずせつせと溜つてゐた汚れ物の洗濯につとめてゐた。その敢然とした奉仕の姿の尊さに、私は心から「御苦労さんです」と礼を述べてドアを閉めた。

講堂にかへつてみると市内西新町の女子青年の人達が紙芝居を持つて慰問に来てゐた。児童は班長の引率で講堂に入り、手を叩いて紙芝居を喜んだ。遊び盛りの年頃を外出禁止でしばられ、久方振りの娯楽ですつかりはしやいでゐる様は自分の事のやうに嬉しかつた。無心に紙芝居に見とれる児らの横顔をながめて、私達はこんど来る時は何か用意して来なければと囁きあつた。

紙芝居が終ると童謡を黒板に書いて教へたが、歌は誰だつて嫌ひな筈はなく皆浮立つてぢきに覚えてしまつた。

やがて岩崎さんたちの骨折りで、ふんだんにミツゲンをきかせた紅茶の用意が出来たので、阿部先生は「みんな、御馳走を頂こう」と食堂に引卒して行つた。

私たちも冷えた中食を震へながら食べつゝ、孤児援護強化を語り合つた。

中食をすませると、児童はまた飛んで来て「甘かつた、甘かつた」とはねて喜んだ。

私達も帰りの時刻が来た。三輪さんのカメラに児童と一緒に収つて外に出るとまた雪であつた。

「さよなら、先生」

「さよなら、また来てね」

霏々と降る雪もかまはず玄関から裸足のまゝでとび出し、手を振つて別れを惜む児らを振り返り私達も松の間から見えなくなるまで手を振つて応へた。

不運の孤児たちよ、孤独と逆境に嘆く勿れ、いぢける勿れ。明るく正しく育ちゆけと祈りつゝ、一あし一あし白砂に靴跡を残して感慨深い一日の慰問の帰途についた。

× × × ×

〔『組合広場』第一巻一号、一九四七年四月、三井化学三池染料工業所従業員労働組合、福岡・大牟田、K1944〕

ある侠客伝 ―― 職場演劇のために

野村青二郎

赤城山山頂　一場

劇を織る人々……。

国定忠次
忠次女房　お秋
日光の円蔵
清水の頑鉄
板割の浅

忠次「ミリタリズムに踊らされた時代の月影は三角だつたが、平和民主々義の今宵の月の美しくすがすがしき！」
お秋「ほんによい月さんで御座ゐますこと」
円蔵「これで遅配もなく、白いおまんまが存分と喰へたら……
……」
頑鉄「ナンバ粉だつて闇値で百八十円、たまらねえや」
忠次「また喰ふ話か。メランコリヤになるな」
円蔵「でも……眼も痛む銀めしはよいからな」

お秋「びつくりぜんざいが欲しい」
頑鉄「大きな餅がふつくりと浮きよつて、嗚呼インフレは、ユウウツのすけだ」
忠次「円蔵！一曲吹きたまへ」
円蔵「虫はすだき、月は良し、風はすがし、何か一曲やりますかナ」
頑鉄「腹のふくれる、そして人生天国の曲をやつてくれ」

円蔵、尺八に唇をしめし、やがて——酒は泪か、ためいきか——を吹奏す。

忠次「あゝ酒がのみたい」
お秋「私はペパーミント」
頑鉄「俺はかすとりだ」
円蔵「俺はウイスキーを飲んで、タンゴで踊りたい」
一同（哄笑す……）
忠次「それはそうと浅のかへりの遅いこと」
お秋「又闇市場でも廻つてゐるのでせう」
頑鉄「一とやま十円の樽柿でもしやぶつてゐやがるかな」
円蔵「浅はあれでも読書家だから古本屋へでも………」
忠次「封建主義から民主々義への百八十度のおつむの切り替へ、さてうまく説服してくれゝばよいに」
お秋「浅太郎だつたら訳はなからうに」
頑鉄「シグナルは青！ＧＯといふかんたんには」
円蔵「人民のための、人民による、人民の政治」
忠次「舌を噛むな」
円蔵「へイ」

暫く沈黙、虫の声がすだき、声高まる、浅太郎前方より登場す。

浅「ミスター忠次、国定の」
忠次「御苦労だつた。そして結果は」
浅「伯父は闇ぶとりの新円階級ときてゐまして」
忠次「骨がおれたことだらう」
浅「舌が疲れ、腹がへりました」
円蔵「余り帰りが遅いので、又闇市をうろつきやがつてと思つてた」
浅「円蔵兄イ、闇市とはひどいや」
忠次「円蔵、半畳を入れるナ」
円蔵「へイ」
浅「伯父貴は俺のヒルめしを見て、先づびつくりしたよ、ナンバ粉の焼いたのに乾魚二つでせう、浅！苦労してゐるナと云ひまして——俺は威張つてやりましたよ、配給一本の生活だつて……」
忠次「それで民主々義といふことを少しは、のみこめさしたか」
浅「それが解つたやうな、解らないやうな」

忠次「バカ野郎！何故デモ、デモ、デモクラシーの本質をはつきり教へないんだ」
浅「俺らは三ん下、解つたやうで……トワン許りでね」
忠次「しやうもない野郎だ。トワンときやがつた」
浅「ぢや、ミスター忠次、国定の」
忠次「もうよい」

浅、月明りにふところから本をとり出して黙読し、やがて音読に移る。

〝――真の民主々義とは義務先行である……〟

頑鉄「ぼつ〳〵山を下りませうか」
忠次「下るとしようか」

忠次、立ち上り、ゐずまいを正す、忠次の腰を下ろしてゐた台に大きく「封建」の文字あり。

円蔵「親分！」
忠次「大きい声でびつくりするぢやないか」
円蔵「でも……この親分の腰かけに」
忠次その他一同「うゝむ、ほうけん、ほうけん――か」
頑鉄「剪つて捨てゝ、おくんなさい」
浅「門出の血まつりに」
お秋「すつぱりと見事に」
円蔵「さいさきは上々吉、さア親分！」
忠次「小松五郎の刀はよくきれる」

大上段に振りかむり「エイツ」の懸声と共に「封建」の台を二つに断ち切る。自由の鐘が幕うらに鳴らされる……

忠次「新らしい新日本の黎明か……」
お秋「ほんに、ほのぼのと……」
円蔵「デモ……」
頑鉄「デモ……」
浅「デモ……」
お秋「デモ行進のことでせう」
忠次「メーデーではあるまいし、それはデモ、デモ、デモ、そうだ、やつと思いついた、デモクラシーだ」
頑鉄「そのクラシーといふものは西洋料理ですか、それともフランス料理、支那料理……」
忠次「バカヤロ！　すぐ喰ふことにくつゝけやがる」
頑鉄「バカヤロ！といふ言葉は親分、いや旦那、いやミスター、封建主義ですぜ」
忠次「これは一本まいつた！」
お秋「面白い世の中になりましたこと」
忠次「みんな！　デモクラシーを履き違へてはならんな、お互が他人を、自分を尊重することが、真のデモクラシーの意味だ」

円蔵「なるほどね」

赤城の子守唄　二節独唱

浅「思ひ出させやがるな！」

忠次「因襲と封建のこの赤城の山を、さアぼつぼつ下るとしようか」

一同——頷く……。

浅「月とデモクラシー、詩にならんかな」

円蔵「えらなりだ、一同で唄はうか、忠次さん音頭とつておくんなせい」

頑鉄「われらのマドンナ秋ちゃんどうぞ」

こゝで「港の見える丘」を合唱し舞台を二回ばかりめぐり、静かに——幕——

（玉出営業所）

［『がす灯』第二巻一号、一九四八年一月、大阪瓦斯株式会社、G134］

組合員の言葉　労組健全化への反省
——伊福部敬子氏に応う（労組文化運動について）

藤沢薬品本社従組　平井一雄

本誌八月号「生花茶の湯文化を拒けよ」と云う伊福部敬子氏の論説は非常に興味深く読了した。私は、本誌七月号「労組の文化運動」に於いて、現実に組合文化部員として苦闘する体験と理想を報告したのであるが、知名の社会評論家としての伊福部氏の論と、無名の一勤労人である私の説が、結局目指す所でほゞ一致することを甚だ嬉しくおもう。

たゞ残念なことは、社会評論家としての伊福部氏が、生活面で、いかなる工場あるいは会社、官公庁、銀行に於いて、真に額に汗しつゝ、実働八時間の生産勤労に携わり、六百万の組織勤労人の一員としての自覚と認識の下に執筆して居られるのかを知りたいのである。氏の理想が単に理想として、幾多の盲点を持ち、浮き上つてしまつていることは、職場をもつ者にはあまりに不思議で仕方がない。たとえば、その致命的な欠点は、氏が最後に

「これらと、もつと違がつた種類のものが、労働階級の新しい生活から、そして、その自覚から、やがて自然に生れ出るであろう。そして、それが次第にかたちをまとめるであろうと思われる。それは必ず生れることを、いまはそれがどん

な種類で、どんなかたちをとつて発展するか、私にもわからないが、必ず生れてくるだろうということを、信じていのるものである」

と結ばれた点であつて、こゝに、氏が、近代勤労人として、真に生産にいそしむ者でない、批評家特有の繊弱な盲点を曝露してしまつていられるではないか。氏の立脚点は逞ましい「勤労人」としてではないのだ。

勤労人の新しい文化は「自然に生れ出る」ものでもなく「次第にかたちをまとめるであろう」ものでもなく、まして「私にもわからないが必ず生れて来るだろうということを、信じていのる」だけでは、絶対に発生し、生長するものではないのだ。信じたり祈つたり、おたまじやくしが蛙になるように、自然に生れ、次第にかたちがまとめ《ママ》るような、神がゝりの概念で真の勤労文化がどうして建設できようか。愚かな白昼夢や、机上のお説教で、われ〳〵勤労者を慰めないで欲しい。われ〳〵が作り、われ〳〵が考え、われ〳〵が決定する他にないではないか。

そのためには伊福部氏が、毎朝弁当箱をぶらさげ、殺人電車にぶらさがり、タイムカードを捺す苦痛を真に身に泌みこませない限り、真の「勤労文化」の本質を摑むことはできないのである。

氏は何故「信じたり祈つたり」している時間と労力を、「生産」に打ちこまれないのか。なるほど「生花茶の湯的文化」はまさに、「労働者の勤労生活の中で生れたものでもないし、その中で発展したものでもない。勤労や生産と凡そ縁のない消費遊閑階級の生活が要求した文化」であると云われる意味はよく判る。しかし、それは氏自身「勤労人」としての自覚から発したのかどうか？

私もまたこう説いた。

「これは勤労を忌避し、勤労意欲を低下させる一つの悪魔の遊戯と見られよう―中略―それを喜ぶ心理の中に、近代勤労人の知性と相容れないものが潜んでいるのではないかを怖れるのである。プチブルヂョア的生活への無意識的な憧憬にあらずして、真に、同じ職場につながる同志の心を基とした、香り高いレクリエーションであつてほしいのである」

つまり、貴族的、封建的、消費的階級の玩弄物ではなく、市民的、進歩的、生産的階級の共同の「花園」であつて欲しいのである。だが、この言葉は、私が職場の文化について幾度も苦汁を嘗め、絶望を感じながら綴つているのであることを、伊福部氏はよく考えていたゞきたい。

なぜなら、「生花、茶の湯」などは、資本家側がアヘン的効果を奏するために、天降り式に与える場合よりも、むしろ、勤労者自身が後髪を引かれ、母の乳房を恋うように求めてゆく場合が多いのである。この背後にある日本人の文化の伝統と、教養をどうするのか、まして、絵画とか音楽とか、詩、文学などの高級な芸術を求め、理解し、観賞しよ〔う〕とするのは労組内でも相当知的水準も、年齢も、社会的経験も高く、かつ深い人々に多いのであることをどうすればいい、のか。

われ〳〵は勤労者であるが、その前に「人間」なのである。日本人なのである。個々の細胞は個々の生命をもち、相寄つて全体を形成する。「勤労」の精神面では全体を一貫するわれ〳〵であつても、「人間」としての思想、教養、信仰、生活態度は別々なのであり、軍隊式に命令し、同じユニフォームに身を固め、同じ分量の飯盒の飯を食うのである。人間が成長するための正しい自由を拘束することは出来ない。もしそれを強制するなら、新しいファッショを築くのと同じではないか。

労組の文化運動に身を挺するものならば、伊福部氏の論ぐらいは、常識のイロハとして心得ているが、何を、いかに与え、育成してゆくかについての、苦痛と心労はなみたいていではないのである。深く考えるまでもなく、その新しい文化の出発を引きもどす日本の伝統文化の存在をどう処置すべきかゞ最大の難関なのである。われらの背後には千五百年の日本文化が長く尾を曳いているのである。

しかも、これを克服して具体的に結論を導き出し、組合員に強制せずして、勤労人にふさわしい真の『文化』を、自分たちの貧しい頭で考え、拙ない手で作り出さねばならないわれ〳〵にとつて、伊福部氏のお説は、もつとも観念的、もつとも抽象的な、机上に描かれた『天国』に過ぎない。氏はもつと、鋭敏に、もつと、親切に、もつと、具体的に、勤労文化の本質を指示し、自らの所属する作業場に於いて、身を挺して実践の経過を報告していたゞきたいものである。

われ〳〵は、いたづらに愚昧な『経験主義』をふりまわし、誠実な『第三者の提言』を拒否するものではない。しかし、働かざる者のさかしらな抽象論よりも、働くものの汗みどろの具体策の方に多くの示唆と、深い真理の籠つている場合が多いのである。

スポーツに関しても、伊福部氏と同じようなことを私も説いている。また

『労働者は勤労者としての高い意識に目ざめ、階級的の自覚と誇とを持つべきだと思う』これは氏の言に同感であるが、それが『階級的自覚をもつならば、労働力を資本と同じ高さにまで引上げて認めさせる、それが労働組合の目的でなければならない』

と、氏のお説の通りにうまく発展している位なら、現在の惨烈なストライキなどは起らない。そんな生つちよろい理想をふりまわしていたら、労働組合は常に資本家に牛耳られ通しなのである。結局有難い観念論であつても、現実のきびしい暴風の前には一たまりもない『天国』論にすぎない。

だから、私は、具体的に

『労組の文化運動は、あくまで組合自身の手によつて、正しく運営し、全組合員に質の向上を促し、近代勤労人としてふさわしい成人教育を施すにある』とし、その結果

『各自が勤労人としての高邁な誇と自負をもち、社会を正しく批判する知性と、自己の職場を熱愛する熱情をすこやかに育て、ゆくならば…』と説いたのである。

労働組合の文化運動を健全に推進するためには、ペン先のお説教は要らない。伊福部氏自ら、職場の中にあつて、その抽象論を、厳しい現実と対比せしめ、しかも、その『天国』を地上に出現せしむべきなのである。まづ闘いたまえ。その苦渋と過労と絶望の中に、手を伸ばしたまえ。

われ〱が、同じ苦息の道を拓く同志の一人として、あなたの手をしつかり握り、したゝる汗を拭きながら、肩を組むのは、その時なのである。

労働文化の概論をノートする時代はもう過ぎた。いまは講壇を降りて、自ら荒地に、自らの鍬をふるわなければならない。拓き、種をまき、肥料を与え、そして開いた花と、結んだ実を見せたまえ。自説の正しさは、そこに於いて立派に実証されるのである。これは無名の一勤労人の捧げるまずしい贈物である。

（完）

［『月刊労働組合』第一巻七号、一九四八年一〇月、月刊労働組合社、兵庫・西宮、G212］

第三章　復員と傷痍軍人／進駐軍

章解説

中嶋晋平
大橋庸子

復員と引揚げ

一九四五（昭和二〇）年九月二五日、最初の復員船である高砂丸が大分県別府に入港、中部太平洋のメレヨン島から陸海軍の軍人・軍属一六二八人が帰還した。これ以降、アジア・太平洋各地にちらばっていた陸軍約三一〇万人、海軍約四〇万人にのぼる軍人・軍属が、続々と日本に帰還することになった。

「復員」とは戦時に動員した軍隊を平時の状態に戻し、兵員の召集を解除することを指す。従って、敗戦に伴って、海外に在住していた一般の日本人の帰国を意味する「引揚」とは区別される。現在では、復員者と引揚者を、敗戦後に海外から帰国した日本人として一括りにすることも少なくないが、復員者の体験は文字通り、引揚者と異なるものであった。

アジア・太平洋各地から復員してきた将兵は、所属部隊の派遣先、復員した時期、復員時の健康状態、出身地などさまざまであったため、その体験は復員者の数だけあると言っても過言でない。しかし、ここで紹介する復員者自身の執筆による記事からは、共通の体験を読み取ることができる。それは一般の人びとからの「敗戦の象徴」という烙印であった。

上海からの復員兵である佐藤久仁於が自らの体験を記述した記事「復員者の手記」は、上陸直前の復員船内の様子から始められている。敗戦直後ということもあり、復員船での帰国は決して安全なものでなかった。復員船の座礁、検疫待ちの長い待機期間を経て、ようやく祖国に帰還することができた彼を出迎えたのは、極めて粗末な復員援護の諸施設と内地の人びとからの冷遇であった。それは彼らの身なりが「地下道の住人」と何ら変わらないほど、列車に居合わせた内地の人たちよりも劣っていたからというだけではなかった。それは、日本を敗戦へと導いた「旧支配者としての軍」に対する日本人の怒りや鬱憤が、政治の中枢にいた軍人だけではなく、復員した一般兵士にも向けられたためである。内地の人びとにとって復員者は、最も身近な「かつての支配者」であった。プランゲ文庫の雑誌に掲載された復員者の手記のなかにはこの点に言及し、「軍閥」と一般の「軍人」とに区別した上で、敗戦の責任者として「軍閥」を批判すべきであるとするものも見られる。[1] このように敗戦直後の時期には、復員者たちが公けに自己弁護をしなければならないほど、彼らに対する世論は厳しいものであった。こうした世論は彼らにとって全くの予想外であり、上陸直後の彼らはそのことに大きな衝撃を受けている。そのため、上陸前に抱いていた帰国の喜びや日本再建といった情熱が、一瞬にして失われていく様子を読み取ることができる。そうした一部の復員者たちは、「兵隊くずれ」や「特攻くずれ」と蔑まれ、戦後社会のなかで顧みられることなく、やがて姿を消していった。

こうした復員体験は、畑野耕作の「復員第一歩」にも見られる。彼は内地の人びとが復員者を、明確に「敗戦の象徴」として捉えていることを感じ取っている。こうした内地の人びとの反応に接したことで、畑野も帰国の喜びや日本再建に対する情熱が大きく損なわれてしまう。しかし、そうした彼の心を救ったのが、故郷の人びととの接触である。畑野の手記からは、「都市部」での辛い体験によって失われた喜びや希望が、女学生、戦災未亡人、同村の友人など、「故郷」の人びととの接触体験を経ていくなかで徐々に甦っていく様子を読み取ることができる。こうした故郷での体験を、都市部と対比させて記述する復員者の手記や記録は、同時期の資料にも見られる。佐藤の手記には、中継地である東京以降の体験については記述されていないものの、所々に「都市部」での体験であることが強調されている。復員者にとって「故郷」への帰還が、彼らの戦後復興にかける意欲を再び呼び起こすきっかけとなったことを伝えている。

傷痍軍人

このように厳しい世論に曝されつつも、やがて多くの復員者たちは一般の人びとのなかに溶け込んでいった。しかし戦争、敗戦そして占領へと急激に社会の価値観が転換していくなかで、そうした機会を奪われた上、戦後社会のなかで忘れられた存在となっていった人びとがいる。「傷痍軍人」である。傷痍軍人とは、戦争で傷病をおった軍人のことを指す。日露戦争以降、国は廃兵院法（一九〇五年）や軍事救護法（一九一七年）の制定によって、傷痍軍人に対して全面的な支援を行なっていた。また社会的にも、戦傷は名誉の負傷とされ、あるいは美談として伝えられ、あるいは人びとから尊敬の念をもって讃えられた。しかし敗戦後、連合軍の占領下に置かれると、非軍事化政策の一環として、旧軍人に対する恩給や軍事援護は廃止された。それらが、戦傷病者戦没者遺族等援護法の制定や軍人恩給の復活といった形で再開されるのは講和後のことである。そのため敗戦直後の占領期においては、腕や足を失い、健常者と同様の日常生活を送ることができない傷痍軍人たちは、国立病院や国立療養所での生活を余儀なくされた。こうした状況と、旧支配層であった軍に対する批判的な世論とによって、人びとは彼ら傷痍軍人の存在を社会から意識的、あるいは無意識的に排除していった。ここで紹介する資料は、そうした社会状況のなかで、傷痍軍人の実態を彼ら自身が語り、あるいは記述したものとして重要な価値をもつ。

子ども向け雑誌『光の子供』には、子どもたちと傷痍軍人との座談会の様子が描かれている。この座談会を企画した理由からわかるように、多くの国民が傷痍軍人を排除していることに自覚的であったことがわかる。そしてこの座談会では、国立相模原病院を取り上げ、患者数といった病院の概要から義手・義足での生活の様子、傷痍者となるまでの経緯、病院での食事や設備、職業問題、病院の有料化、国の対応に対する不満など、彼らの生活の様子や直面している問題を詳細にうかがい知ることができる。とくに職業問題とそこから生じる金銭問題は傷痍軍人たちにとって深刻であった。敗戦直後の時期には、健常者であっても職を得ることは容易なことではなかった。まして手足を失った傷痍軍人たちは、新しい就職先はおろか、元の職業に復帰することすら困難であった。そのため、傷痍軍人たちは国からの援護に頼るほかなかったのであるが、軍人優遇策として批判された軍人恩給は占領軍によって廃止され、彼らの頼みの綱は、一般の人びとも含めた平等原則の下に制定された生活保護法と傷病者に対する厚生年金だけであった（未復員者給与法が制度改正され、療養給付制度が新設されたのは一九四八年一一月である）。しかし、その厚生年金も戦後の混乱期にあっては支給が滞りがちであったことが記されている。このように、彼ら傷痍軍人たちが社会に復帰することは事実上困難であったが、そうしたなかで彼らは、自ら自治会を作り、授産所設置のための資金集めや各政党への陳情、国立病院の有料化反対運動などの組織的な活動を通じて実現を図っていく。そこには、社会から忘却されながらも、傷痍軍人たちが団結することによって、自らの生活を立て直し、やがては社会復帰を目指すという、いわば模範的な傷痍軍人の姿を見て取ることができる。

こうした傷痍軍人の姿が、戦後社会における傷痍軍人の実像であったことは事実であろう。しかし、すべての傷痍軍人がこうした活動だけに自らの生活改善を期待していたわけではない。むしろ当時の人びとの目に映った傷痍軍人とは、「敗戦の象徴」として、あるときは軽蔑され、あるときは哀れみの目でみられ、あるときは見て見ぬ振りをされた存在であった。その代表が「白衣募金者」である。「白衣募金者」とは、生活に窮していることを白衣姿で訴え、街頭や列車内で人びとに募金をつのる傷痍軍人のことを指す(2)。先に取り上げた資料のなかで自力更生を宣言していた国立相模原病院の患者のなかにも、「終戦後、在郷の傷痍軍人中白衣を纏い街頭募金を行なう者が続出するに及び、同院退院不能者もこれを見倣い、病院の制止も聞かず行なう者」が多数存在していたことが他の資料から確認できる(3)。一九七〇年代から八〇年代まで全国各地で見られた「白衣募金者」たちが、どこからやってきてその後どこへ消えていったのか、その全体像を把握することは現在でも容易ではないし(4)、また彼らがどのような経緯で「白衣募金者」となり、そのことについてどう考えていたのかといったことは、彼ら自身が語らない限り見えてこない。

そういった意味で、傷痍軍人である筆者によって書かれた記録文学「𦫿《ちぬ》られた青春――傷痍療記」は、国立病院という一般の人びとには知ることができない生活世界の様子が詳細に描かれているだけでなく、入院生活を送る傷痍軍人の心理描写が詳細に描かれており、そのなかには「白衣募金者」に触れている部分もある。この資料からは、社会から忘れられた人びととの心理状態をうかがい知ることができる。例えば症状がある程度治癒し、医療の域を脱してしまっているにもかかわらず退院を希望しない患者について、病院側は「衣食住を保証された病院生活の安易さになれて更生意欲を失」った傷痍軍人と捉えていた(5)。確かに退院後の生活に不安を抱き、退院を望まない傷痍軍人がいたことはこの資料からも見て取ることができる。しかしそれだけでなく、彼らが「敗戦の象徴」と見做されることに加えて、戦争で障害を負ったものとして周囲の人びとの目に晒されることに恐怖を抱き、社会から逃避するという意味もあったことが読み取れる。この点は前掲資料にも見られる。このようにこの資料からは、傷痍軍人であることをどのように捉えていたのかについて知ることができるが、とりわけ傷痍軍人たちが「白衣募金者」となっていく様子や、その後の傷痍軍人の心境の変化・葛藤についての記述は貴重である。この資料では、募金行為をめぐって傷痍軍人同士のやり取りがあり、積極的に「白衣募金者」となる者、「白衣募金者」となることに対して抵抗感はあるものの、募金行為が稼げると知って追随する者、あくまで「白衣募金者」となることに抵抗する者など、「白衣募金者」に対する考え方は、傷痍軍人によって異なり、その心境も複雑である。しかし、以前は「白衣募金者」を「いたゞき」や「お地蔵さん」などと卑下していた者が「白衣募金者」となり、「白衣募金者」となることを拒否している者も、一度「白衣募金者」になってしまうと、自尊心を失い堕落してしまうのではないかということへの恐怖が抑止力となっているに過ぎない。そこに大きな心理的隔たりは感じられない。つまり占領期は、傷痍軍人の誰しもが「白衣募金者」となり得る社会状況であったといえよう。

戦後、社会から戦争被害者として見られる一方で、戦場となったアジア・太平洋の人びとに甚大な被害を与えてきた加害者という烙印を押された復員者や傷痍軍人の姿は、まさしくあの戦争において日本人が果たした役割と、敗戦という結果を一般の人びとに強烈に感じさせるものであったのではないだろうか。復員者や傷痍軍人たちの語る言葉は、敗戦直後に多くの日本人が抱えていた心の葛藤を映し出しているように思える。

〔中嶋〕

本章の後半部分では、戦争の敵国である連合国側の軍隊であり、戦後日本の占領政策を実行した〝進駐軍〟について、人びとがどのように考え、接していたのかがうかがえる記事を引用したい。

占領軍の日本進駐が始まったのは一九四五年八月二八日、まず先遣隊が厚木に上陸し、二〇日には連合国軍最高司令官マッカーサーが到着した。その後全国各地に連合国軍の兵士が配され、一〇月二日には総司令部が設置された。厚木・横浜への連合国軍上陸が伝えられたのは終戦直後、敗戦の自覚もままならない頃であった。神奈川県職員であった鈴木重信が描写する当時の横浜では、「米国と云へば米鬼であり、鬼畜であり、如何に残虐性に満ちているかを誇大に宣伝」されてきた民衆たちは「異常な不安と恐怖」に満ち、「婦女子は速刻《ママ》市外に逃れねば危険だとて慌て、田舎へ立退くものが続出し、行く当のないものは只犠牲になるのを待つ他ないのかと泣き叫ぶ」という状況であった。「全く物情騒然たる」空気のなか、神奈川県では、不手際があってはどんな処分が待っているかわからないという非常な緊張のなかで受け入れ準備が進められたのである（「朋遠方より来る」）。一方、連合国側も、捨て身の闘いを繰り返してきた日本へ進駐するにあたり、敗戦を認めずに攻撃を仕掛ける者がいるのではないかと恐れていたが、大きな混乱もなく上陸は果たされた。思いがけない従順さに、一時は四〇万人以上にのぼった全国の占領軍は、翌四六年から徐々に削減されることになる[6]。日本側も、想像していたほど手荒でもなく穏やかな（ように多くの人びとには感じられた）占領軍の支配に、敵意を削がれてしまったのかもしれない。敗戦の後に初めて人として対峙した敵兵は「鬼畜」などではなかったのである。雑誌記者であった千歳雄吉は、「英語は戦争と同時に捨てたつもりだつた」が、思いがけず来訪した進駐兵と仲良くなった経験を書き、彼の再訪を「子供よりも親の私の方が待ちこがれてゐるのかもしれない」と結んでいる（「進駐兵」）。

占領政策はアメリカ主導で行なわれ、進駐した占領軍も中国四国地方を除いてはアメリカ軍が主導権を握っており、「占領軍＝アメリカの象徴」であった。アメリカ文化への憧れは占領期に急に生まれたわけではなく、昭和初期には日本に浸透していた。それを敵国文化として抑圧されていた戦時中の反動もあり、アメリカなるものとしての占領軍への好意を持つことは自然なことであった[7]。多くの日本人にとって、アメリカ文化受け入れの素地があったということもあり、軍国主義に代わるアメリカ民主主義を肯定的に捉えることができたのだ。かつての敵国がもたらしたにもかかわらず、新しい社会が輝いて見えたのは、それだけ戦時体制への反発が人びとのなかに蓄積していたからだともいえる(8)。

このように、戦後日本における占領軍は概ね肯定的、好意的に受け入れられていたとされるが、その背景には、終戦のはるか以前から周到に準備された巧みな検閲制度があった。GHQは、メディア検閲制度を全面的に撤廃し、表向きには自由な活動を認めた。しかし四五年九月一八日に「プレスコード」が発表され、GHQによるメディアの事前検閲が始まったのである。しかも、日本政府が戦前・戦時下に行なっていた検閲のように、不適切とされた箇所に「×」や「○」などを当てはめたり、黒塗りにしたりするのではなく、完全に書き直しをさせた(9)。出版後の文面を見ただけでは検閲があったかどうかの見分けがつかないため、一般の人びとに検閲の事実を隠蔽することができたのである。戦争や軍国主義を少しでも連想させるような表現をすることは民主主義の名のもとに認められず、占領軍やその政策への批判も一切許されなかった。占領軍人たちによる犯罪の報道は姿を消し、「特集二篇　アメリカ進駐軍」のように占領軍の暴力に対して言及したものや占領軍人と日本女性との交渉に関するもの、援助を受ける側に徹するべき日本人が占領軍人に食事を接待したという記述(「進駐兵」)すらも削除の対象となった(10)。違反者に対する厳しい罰則を恐れた新聞・出版各社は自己検閲を進め、次第に占領軍に好意的な記事ばかりが量産されるようになった。また、連合国軍を「占領軍」ではなく「進駐軍」という言葉で表現することで、被占領の意識を薄めたということもできるだろう。進駐して間もない頃にはアメリカ兵に対して否定的な印象も多く持っていた子どもたちだが(「学童の見たアメリカ兵」)、親切で朗らかな進駐兵の姿が児童誌でも描かれ、学校でも進駐兵との交流活動が行なわれた。さらには「進駐軍に笑はれる」のように、行動規範として進駐兵のまなざしを意識づけるような記事もあった。加えて、進駐軍に華道や茶道、柔道など日本の伝統的な文化・スポーツを紹介するような交流事業が盛んに行なわれ、掲載されたのである(11)。

マイナス・イメージの〝進駐軍〟が削除・隠蔽され、プラス・イメージの〝進駐軍〟が積極的に描かれることで、人びとのなかに良いイメージがインプットされていく。「だらしない」ことだと思われていた「上官に敬礼をしない」「ガムを噛みながら歩く」といった米兵の態度（「学童の見たアメリカ兵」）ですら、次第に「形式ばらない」「合理的だ」と好意的に描かれるようになる（と描かざるを得ない）。――このような繰り返しによって進駐軍は信頼を勝ち取り、日本占領政策が成功したということもできるだろう。その一方で、ＣＩＥ（民間情報教育局）が制作した『太平洋戦争史』が新聞掲載の後出版され、歴史教科書にも採用された。ラジオ番組『真相はこうだ』でも同様の内容を放送した。これらのプログラムが伝えたのは戦中の日本軍の残虐行為であり、当時の日本政府が「真実」を隠蔽していたことが告発されたのである。かくして、敵国に代わり日本人が憎むようになったのは占領軍ではなく、占領側によって提示された、かつての軍国主義であった。駆逐すべきは「鬼畜米英」から自国の過去へとシフトしたのである(12)。

進駐軍と接する者たちは、互いの背景文化や国民気質の違いについてしばしば言及する。それは、進駐軍のなかに〝アメリカ〟を見いだし、相対する〝日本人〟としての自己を問い直していく行為でもあった。一九四五年に書かれた「進駐兵士の印象」の筆者は、進駐軍兵士の様子や兵士と日本人学生の交流の様子を観察するなかで、アメリカ人の柔軟さや知的好奇心、人種を超えた仲間意識と、日本人の体裁を気にした余裕のなさや引っ込み思案な性分を照らし合わせ、「こういう光景を見るにつけても、僕は敗北感が一層身に沁みてくるのをどうすることもできない」と語っている。日本が敗戦した理由を国民性の違いに見いだして分析するも、その悔しさを「どうすることもできない」のだ。しかし、時が経つにつれ、悔しさよりも習慣の違いを楽しむ余裕が生まれていく。また、文化の違いを利用して収入を得ようというたくましさも終戦直後から見られたのである。

戦後の街には、進駐軍を相手にした土産物店が「雨後の筍」のように生まれていった。多くの日本人が食べていくだけで精一杯だった時代、進駐兵たちがビジネスの相手として選ばれたのだ。一九四六年頃からはデパートの再興（「聯合国軍の兵隊さんは何がお好き」）や、ＰＸと呼ばれる進駐軍専用の小奇麗な売店の進出により苦しい経営を迫られることとなった土産物店であるが、生き残りをかけて工夫を凝らしている人びとの声を拾ったのが「進駐軍向土産店繁栄秘訣」である。また、進駐軍が使用する物品として選ばれることは、安定した供給先が確保できるのみならず、良品の提供者として日本人からも信頼を得ることになる。進駐軍から受注があった業者は、地元誌において「生産県としての誇りも大」（「魚躬氏発明の進駐軍用立毛じゅうたん」）と称される一方、〝進駐軍御用〟の品を偽る業者も横行したようだ。(13)

進駐軍施設内や軍の接収地（オフリミット）では多くの雇用が生み出されたが、苦難の時代に待遇が良かったこともあり、人気を集めたようである。進駐軍慰問団の奇術師へのインタビュー（「進駐軍を慰問する」）では、移動に進駐軍専用列車を利用できることが述べられている。また、進駐軍人の家庭で働くメイド四名の対談は女性誌に掲載され、家庭の様子から見るアメリカの生活様式や価値観などが憧れをもって描かれるほか、採用情報にも言及されている（「学ぶところの多い米人家庭の生活」）。一方、「進駐軍労働者の日記」では、ひと口に〝進駐軍労働者〟といっても待遇には差があることや、彼らが重要労働者とみなされていないことへの苛立ちが綴られていた。東谷護の研究によれば、混乱する日本社会とは隔絶され、相対的には物質的豊かさもあったオフリミットで働く労働者のなかには、後ろめたさを感じ、「誇れるような仕事」ではないという意識の者もいたという。だからこそ、日本社会から重要性を認められたいという思いも強かったのではないだろうか。また、復興が進むにつれ、日本再建に直接的には縁がないままに過ごしていることに焦り、占領終結後の人生について考えることを迫られるようになっていく。(14)敗戦直後、人びとは生きるために進駐軍を頼って職を求めたが、次第に日本社会に進駐軍の存在は必要不可欠ではなくなっていったのだ。プランゲ文庫には、検閲がなされた一九四〇年代の資料があるのみだが、オフリミットで働くことの意味合いはその後変化していったのかもしれない。

得体の知れない敵であった連合国軍の来襲に怯えていた日本人であったが、水面下で進められた検閲の甲斐もあり、敵意や敗戦の悔しさを乗り越えて友好的な関係を築くようになった。人びとは、進駐軍の兵士たちをしたたかに利用もしながら、困窮を極めた生活を次第に立て直していった。敗戦・占領という現実も踏み台にして、苦難の時代を生き抜いていったのである。

〔大橋〕

注

（1）岡野三郎「復員者の手記」（『公論』第八巻第一一号、一九四五年一一月）。
（2）植野真澄「「白衣募金者」とは誰か――厚生省全国実態調査に見る傷痍軍人の戦後」（『待兼山論叢』第三九号、二〇〇五年）。
（3）厚生省医務局編『国立病院十年の歩み』（厚生省医務局、一九五五年）三八五頁。
（4）戦後に行なわれた白衣募金者の実態に関する調査については、前掲植野論文で取り上げられている。
（5）前掲『国立病院十年の歩み』二一四頁。
（6）保阪正康『占領下日本の教訓』朝日新聞出版（朝日選書）、二〇〇九年八月、四〇頁。
（7）山本武利「占領期のメディア統制と戦後日本」（『環』第二三巻、藤原書店、二〇〇五年七月）二六〇頁。
（8）前掲『占領下日本の教訓』六一頁。
（9）江藤淳『閉ざされた言語空間――占領軍の検閲と戦後日本』文藝春秋、一九八九年八月、二二七頁。
（10）『東洋経済日報』一九四五年九月二九日号は、進駐米軍の暴行を非難する論説により、押収処分を受けた。記事の全文は、江藤淳の前掲書、一九〇―一九二頁を参照されたい。
（11）例えば、柔道の総本山である講道館は、進駐軍向けにたびたび「エキジビション」を開催し、柔道は軍国主義の精神につながるような危険なものではなく「グッド・スポーツ」であることを伝えようとした。大瀧忠夫「JUDO EXHIBITION 進駐軍へ柔道の紹介」（『柔道』第一九巻八号、講道館、一九四八年七月、一七頁、プランゲ文庫所蔵）。
（12）福岡県の地方誌では、「乞食の親子」に紙幣を投じた進駐兵たちの美談が掲載され、「この一事をもってしても戦時中報道せられた所の大本営発表のなんと国民をだました事か！」と書かれている（「進駐兵と乞食」『うわさ』復刊第一巻二号、うわさ社、一九四六年二月、一七頁、プランゲ文庫所蔵）。
（13）「進駐軍御用の文字――都庁よりの通牒」（『協組ニュース』第四号、東京都医薬品商業協同組合、一九四九年一月、六頁、プランゲ文庫所蔵）。
（14）東谷護『進駐軍クラブから歌謡曲へ――戦後日本ポピュラー音楽の黎明期』みすず書房、二〇〇五年四月、九四―九六頁。

復員者の手記

佐藤久仁於

上海から日本将兵を乗せたリバテー型の宿員船《ママ》は、九州天草の五島列島附近の濃く夜霧のたちこめた闇の中を一路浦賀へ、浦賀へと進路をとり航行していた。

六月の復員船の船底は、ムツトする熱ぽい鼻を強くつく臭気と、丁度真夏の超満員の映画館の中の様な嘔気さえもよおすにごつた嫌な空気が煙草の煙と一緒に一面に漂つていた。

皆な褌一本のだらしない姿で、各人思い思いのなんら考える力も無く退屈しきつた軀をもてあましていた。

紙の手製将棋や聯珠を機械的にかこんでいる者、呆んやりと煙草のほの紫の煙がにごつた空気の中に消えて行くのをあかずに眺めている者、黴の生えた私製乾パンをまずそうに出したり入れたりしてかぢり散らしている者〔、〕船側に体をもたせて瞑想にふけつているのか、唯、寝むつているのかぢいつと動かない姿勢でいる者、およそこれが働き盛りの男の姿とは思えない無気力なだらしない恰好で詰めこまれていた。

明朝博多に到着の予定でいたこの復員船が、出港後乗船地上海に伝染病が発生した為、急に今夕上陸地が浦賀に変更と無電で命令されたので、ガツカリした気持が皆の顔に漂つて、

「あゝあ」

と、溜息を無気力にはいて退屈しきつた表情を極端に軀全体に表していた。

「明日は上陸出来ると思つて楽しみにしていたのだが、浦賀廻りとは嫌になつちやうな」

「くさるな〳〵、三日延びただけじやないか」

「其の三日間がなんだか不安なんだ」

「どうしてさ」

「どうしてつて、別に理由はないんだが、なんだか変つた事が起るような気がしてならないんだ」

「チエ、縁起でもない、お前の様な肝玉の小さいのと一緒じやこつちまで変な気になつてしまう」

僕等一同は、内地に近ずくにつれて、なんとも言葉に言い表わせない不吉な予感が漠然として自分自身の心に打ち消しても打ち消そうと努力しても浮ん《ママ》来て、不安な想いが心の奥にひつかゝつて取れなかつた。

それは内地近海には未だ機雷が浮遊しているから、昼間甲板上に出ている者は呆んやり眺めていないで見張りの役も務める様にと命令が出されており、今日の昼頃ドラム罐の様なえたいの知れない物が浮遊しているのを発見して、危ふく《ママ》よけて事無きを得たからでもあつたし、また、このまゝなんら事故なく順調に無事上陸出来るとしたらあまりうますぎる、なんかちよつとした事故位起るのではないだろうか、少し位

の事故なら起きた方が気が安まる様な気がしていた、あんまと《ママ》順調すぎると人間かえつて反対に不安な想いが浮でくるものらしい。

「あ、あつまんない一ちょういくか」

「負けるくせに」

「なにを」

退屈しきつた一同は指し飽きた将棋や、碁石をならべては手よりも口先で勝負を争つていた。職業が和尚だと云う予備兵の反歯な友が、一人超然として尺八を口からはなさないで、千鳥の曲とか追分より知らない僕等にはむずかしくて分らない曲を飽きもしないで、乗船してからずう、と吹きまくつていた。

「おい一人で楽んでいないで流行歌でも吹けよ」

と、ねころんで呆んやりしていた友の声に、此の名曲が分らんのか可哀想にとい、だけ〔たげカ〕な表情をして、

「花も嵐も」

と、愛染かつらを吹き初めた。

「花も嵐も踏み超えて、行くが男の生きる道」

かと、ぼつねんと呟き友はじいつと動かず、上を睨む様に見つめていた。

これ迄の生命の危険を踏み超えて来た苦しい戦場での生活か、それとも今後の敗戦焼乃が原の日本に生きて行かねばならぬ嵐の道か、甘いメロデーを耳に聞き、心には反対に苦しい流れが全身を支配して来て深刻な顔色に考え沈んでいた。

突然、ガツガツと、船底に不気味な音が聞えた。瞬間、はつとして全身よりすうと血が引き蒼白な顔で無意識に立ち上る者、生唾をゴクンと呑み習慣的に瞬間に伏せをする者、機雷か？　坐礁か？　一瞬一問《ママ》の頭の中には不気味な不安な想いが渦巻き、すうとした冷たいものが背筋を走り全身をすばやくかけ廻つた、そうして言葉なく顔を互に見合せて、今迄の習い性で隊長からの命令を待つていた。

陸上では糞度胸の良い暴れん坊も、海の上ではからつきりだらしがなかつた。

「皆さん船は座礁しましたがたいした事は有りません、落着いて下さい、皆さんの周囲に変つた処や、怪我をされた方はございませんか」

と、船員が甲板から中段程迄駈け下りて来て上から呶鳴つた。皆な大きく目を開いて周囲を見まわしたが、別段変つた個所も見られなかつた。船員の言葉にいくらか安心して元気つき、

「異状なし」

と、船底中に響き渡る大きい声で呶鳴り返す友もいたが、多数の人々は一度恐《ママ》た気持を、船員の通り一遍な声だけで取り戻すにはあまりにも強い衝劇《ママ》だつた。

無理に落着こう、落着こうと努めて再び将棋盤や碁盤に向つた者もおつたが、前の気持には到底戻らないで唯虚無的に駒を動かし石を列べていた。

二分、三分、再び船底でガツガツと船底と岩が衝突する様

な嫌な音がした。突然!

「ア、」

と、云う悲鳴に似た叫び声と同時に、左側のM隊の者がどおつと階段に

「ガソリンだ」

と、声高に叫んで駈け登つた。一同の頭には甲板に積んである航空用ガソリンのことが直ぐ浮び、なんの考えもなく階段の下にどをつとなだれ集り我れ先にと登り焦つた。

階段は忽ち一杯になり、急造で、急傾斜な階段は、ずしくとこわれそうに音をたてゝゆれ、手摺はたちまちはずれ、端を登る人々は落ちそうに悲鳴を上げながら登つた。船員用の梯子も駈け登る人々でこゝも鈴なりになり、

「早く登れ、馬鹿野郎」

登り後れた者はたまらなくなつて声をからして呶鳴る、この悲痛な叫び声を聞くまでもなく、上の者は急ぎ登りたいが頭がつかえているのと気が焦りに焦つているのでかえつて時間がかゝつた。

船底は一瞬にして修羅の場と化し、凄惨な巷となつて、登り遅れた一部の人々は分けの分らない叫び声を張り上げて、階段の下に行つたり梯子の下に行つたり、ついには泣声と化したる叫びを張り上げていた。

最船底の左側に積んであつた重油罐が、船底側と一緒に破れ、海水が堰を切つた奔流の如く重油を先頭に浮べてどをうと押し寄せて来たのだ、船底は刻一刻と水量を増してくる、誰れも他を反り見る余裕の人はいない、早い者、強い者勝ちな動物的な競争があるだけだつた。勝手にわめく人々の叫びが、夢中で皆の口から恐怖の声となつい〔てカ〕自然に発せられ、息を切らしやつとはい上る様に甲板上に逃げ登つた。

「皆んな上つたか?」

「人員に異状はないか?」

と、呼び合うがしばらくは誰れがどうなつているのか分らなかつた。

すでに海水は重油を黒々と浮べて階段の、二、三段目をなめ刻々と水量を増していた。

「皆んな上つたな、スイッチを切るぞ」

と、船員は火災の危険を恐れ焦て声に呶鳴り船底の電気を消した。真暗になつた船底は不気味な底知れない沼の底を想わしめていた。甲板上は小雨がしとしとと降り、夜霧が濃く船をつゝみ、不気味な様子をかもしだしてたれこめていた。

一瞬の出来事にぼうとして、甲板で雨にたゝかれていてもしばらくははつきりと信ぜられなかつた。恐ろしさと寒さで小きざみな震えが続き歯がカチカチと鳴つた。

「助かるでしよか」

と、同じ事を船員の顔色をうかゞつては聞き返すが船員は海の出来事には馴れきつているのか、世間話しでもする様な調子で

「さあ、たいていは助かると思いますが」

と、曖昧に答えてけろりつとした顔付きでいた。

この船には大型ボートが僅か六隻しか積んではいないのだ、いざ船が沈んでしまう時にこれだけのボートで助かる事が出来るだろうか、不安な想いで吊り上げてあるボートを見上げていた。

「諦めろ、泣くな泣くな」

と、一人の若い者のしょんぼりとした裸の姿に、自分自身も泣きたくなる気持を僅かに押えて、慰めている友の声も、震えを帯びてしんみりと夜霧の中に聞えた。

思えば幾回もの厳重な、恥かしい想いまでした検閲にやつと通過して背負い込んだ僅かの荷物なのだ、未練を残さない者はいないはずなのだが……

「荷物などいらない、生命さえ助かれば」

「生命さえ」

やつと内地の海までたどりついた僕等の頭の中には、「生命さえ」の思いの外何にも考える余裕はなかつた。幾年かの苦難の年月を経て、やつと九州の海までたどりつき、祖国の小島の岩に坐礁して死んだんではあまりに皮肉だ。

「助かりたい、生きたい、懐しい故国の人達の顔が見たい」

と、生え《ママ》の本能に燃え心に呻いた。

「大丈夫だろうか」

彼方此方でひそ〳〵と不安な声でさつきから同じことを繰返し私語しているが、誰れも、気休めにも

「大丈夫だ」

と、断言する者はいない。

甲板上にある船長室からは、この不安な気持も知らずにラヂオが甘い音楽をまだ聞かしていた。人の気も知らないこの音楽が、あるいは最後の音楽となるのではないだろうか、と、思うと僕は落着さ《ママ》のない心の中にも耳を澄まして聞き入つていた。

〔中略〕

やがて待ちに待つた長い〳〵不安な夜がほのぼのと明けて来た。島には灯りのつかない灯台が古代の遺物の様に、馬鹿者の様にのきつと白く立つていた。落らついて見たら景色の良い島だろうが、今の僕等には景色を責めるところ《ママ》かこの断崖絶壁の美しい島がうらめしく、憎らしく腹立つ思いに目に映じた。

太陽も未だ登らない早朝、激浪にもまれ十人程乗つた小舟が四隻巧みな漕ぎ方で元気に近ずいて来た。

「お、ボートが小舟が」

と、近くの魚夫が救いに来てくれたのか、さすが海国日本

の魚夫は勇敢だと、感心感謝して其の姿に見とれていた、ところが米国の軍艦が島影げから現われると、不思議にも周章していつの間にか僕等の視界から消え去つてしまつた。船員に聞くところによると、この勇敢なる小舟の主は、ある国人の海賊で、遭難船と見ると大胆にも掠奪に襲い来る一群とのことであつた。海賊、僕等は雑誌や映画で見たことわ《ママ》あるが、現実に見たのが初めてゞそれを知らないとはいゝながら感心して見とれていた事が口惜しかつた。そうして武器の無い復《ママ》船とはいゝながら男ばかりの乗つている船を、小舟で襲う可愛い、こそドロ的な海賊さんの愚かさを声高に笑いたくなつた。しかしその反面、敗戦国とはいゝながらこの内地の近海に海賊と名のつく彼等の出没を許す祖国の現況を、暗澹たる想いに憂慮せじ《ママ》にはいられなかつた。

　やがて米艦より大型のボートが下され救命具に身をかためた太つた体格の良い水兵が三名乗り込んで来た、そうして機敏な動作で海の深浅を調査して本艦に手旗信号を送つて帰つて行つた。

　二時間後、ＬＳＴ〔戦車揚陸艦〕が二隻現われ、その内一隻が接近して来てさんざん苦心の末、やつと遭難船の横につけられた。

「早く飛び移れ、この船は後一《ママ》時間後には沈でしまうぞ」

と、船員の焦つた響を以つた吶声に、今迄船員の活躍を呆んやり感心して眺めていた僕等は、急に目がさめ気合でもかけられた様に騒ぎ出した。そうして三十度以上も傾斜している満員の甲板上を船の真中え真中えと押し合つて急ぎ進んだ。

　入りこんだ海水は甲板と船底の中ばで重油を真黒に浮ばせ、ものすごい渦巻を画いて、幾年かの苦労の末やつと持ちこんだ僕等の荷物を、これ見よがしに油で染め翻弄していた。船は波にもまれ両船が同じ高さになつた時を良く見定め瞬間に飛び移らないと、直ぐ二間以上も開き海に落ちてしまう、時間は刻々と過ぎてゆき危険などゝ悠長なことを言つてはおれなかつた。近くの者より度胸を定めた飛び移りが開始された。

「アー」

と、言う一声を残して誰れかが海に落ちた、瞬間両船が同じ高さになり姿が見えなくなつた、船員が敏捷に救助に走り浮輪が直ぐ投げおろされた。しかしいくら事故が起きても休みなく飛び移りは依然として続けられていた。後からは

「早く飛び移れ」

「なにをぐつ〳〵しているんだ」

「船が沈んでしまうぞ」

と、不安な焦つた吶声を張り上げ押して来た。先頭の者は巾跳をする恰好で両船が同じ高さになるのを、今か今かと目を光らせ足に力を入れて狙つていた。海流は劇《ママ》しく興奮も加り足もとがふらつく

「エー」

「ヤー」

と、思い〳〵の腹から自然に出る掛声を発して飛び移つた。LSTの甲板上は電気で切断したまゝなのか、粗雑で凸凹がいたるところに出ていて注意しないと危険この上もない粗製な急造船だつた。太陽の光りに熱く焼けている甲板上は無事に飛び移つた安心を感じる隙も与えづ素足を焼き、僕等はあわて急いで爪先で走つて下におりた。

次から次えと飛び降りが間断なく続行され、皆なが乗り移つた時間は、幾時間か、つたのか短かくもまた長くも感じられ夢中で分らなかつた。

遭難船に誰れもいないのを確めると、LSTは直ぐ錨をまき全速力で難破船を離れた。

一同の顔にはほつとした安堵の表情が浮び、昨夜からの疲れがどおつと出て来たが軀を休めるに座る場所とて、小さなLSTには見い出せなかつた。

LSTの中の戦車や其の他の大きい武器を積みこんでいたと思われる中央に、籠球を行なつたと見られる跡が歴然として残されてあつた。僕等は軍艦の中にさえもかゝる運動設備を持つて、余裕ある戦いをしていられた彼等を幸福な軍人だとしみじみ羨しく思つた。

僕等の荒漠殺風景なる大陸での生活となんと差のある生活だろう、此の雲泥の差を分らないで、唯、死を強制した、時の支配者に限り無き怒りを腹の底から強く感じた。

波は荒くLSTの細長い船体は上下左右に大きくゆれ動き、立つているのが苦しかつた。人員の半分が他のLSTに又乗り移ることになつたが、船と船とを繋ぎ止める作業が三回繰返されても、太い強いロープが途中でブツンと切れてしまいうまく行かず、そのまゝ、諦めて佐世保港に向う事になつた。

船員の話しによるとあれから五時間程して、難破船の姿がマストを僅かに残して波の彼方に遠く見られたと言う事だつた。

日本の港佐世保の波静かな湾内に一週間、検疫の日を遠く日本人の土地、日本語の通じる街を淋しく眺めながら、吸う煙草も無く、小さな握り飯に空腹をかゝえて呆んやりと、若しや此の間に伝染病でも発生したらと、不安な気持で送り過した。

汗で軀は臭くなり、襦袢は汚れたが洗濯する水はなく、勿論石鹸などはなかつた。湾内の海水は伝染病を恐れて使用禁止され、真水は少量しか配給されないで、飲料水すら満足にはもらえなかつた。密かに海水を使用して衛生防疫班員に見つかり、思いきり殴られしよんぼりと男泣きに泣いている若い兵もいた。

船の側を型の良い、スマートな船が幾年振りかで見る日本の着物姿の女を乗せて、或る国の旗を船尾にひら〳〵と翻して通り過ぎていつた、彼女等は明るい顔で手を振りハンカチを打ち振つて、甲板上に物珍らしそうに眺めている青いつやのない顔の痩せた僕等に、笑を投げかけていつた〔。〕その笑顔の奥に不健康な生活を想はせる疲れが出ているのを、僕等は見逃がさなかつた。そうしてこれも敗戦の産物かと密かに大陸での日本軍の生活を回想して、彼女等に同情を感じた。

　僕等は内地の山、内地の人の姿を見たらどんなに喜に胸がおどり、感激するだろうと想つていたのだが、表情は硬くこわばつてなんら涙を浮べて感激する人も、胸を張つて欣喜に湧く人も見られなかつた。唯衰弱した軀をかつたるそうに甲板にはこんで、虚無的な目に僅かに光りがさしただけだつた。

　船の前方の山には焼け残つた木が三本だけ寒々として見られ、一面に周囲が焼けて黒々とした内地の山らしくない山と化していた。その直下の海には醜く、赤い錆びた航母〔航空母艦〕の残体が半分程沈んで横たわつていた。この航母の残骸の姿が現在の日本の縮図ではないだろうか、暗憺たる想いが頭の中に拡つて来て、一日一時間でも早く故国の姿を、故里の有様を此の目ではつきりと見たいものだと思つた。心焦ればとて、どうする事も出来ない籠の鳥の様な現在の境遇に、いらだたしさを強く感じた。

　一週間目の午後、やつと検疫船が僕等の船に横ずけされた。中から若い背の低い太つた防疫官らしい男一人とおそろしく活発そうな体格の良い看護婦三名、小がらな優しそうな看護婦が一名、白衣に軀をつゝみ、フエルト草履を履いて甲板上に登つて来た。僕等は甲板集合を命じられて、直ぐ四列従隊《ママ》に並ばせられた。そうして四人の看護婦の前に一人づゝ尻を出して、ガラス棒にて便を取られた。なるべく優しそうな看護婦を択んで尻をまくつたのだが、軀の衰弱していたせいか、それとも看護婦の技術が下手なためか、外地での検便の時より、痛かつた。次、次と行なはれてゆく尻を突き出して、両足を開き両手を前につき

「アーア」

と、大きく口を開けての恰好は家の人達には見せられない滑稽な姿だつた。便を取られる時の真倹《ママ》な顔の友の姿に、思わず吹き出したくなる表情も、やはり自分のときには誰れよりも真倹《ママ》な表情になり

「病菌など有りませんように」

と、心に祈つてガラス棒の痛みに顔を歪めていた。

　検便の結果、保菌者無しと判明して二日後ＬＳＴの船首の扉が大きく開かれ、そこからポンポン蒸気船に嬉々として乗り、波静かな山の影をくつきり美しく映している、蒼い湾内の上をゆつくりと走ること十分、懐しの夢に画き、幻に見た故国の土を踏んだ。出迎えてくれる人とて無く、上陸に際して、赤十字の徽章のついてる帽子を頭にちよつと乗せた看護婦二人が、両方より若い顔を無表情に黙つて手をのべ、ただ機械的に揚がるのに手を貸して呉れただけだつた。上陸すると休む隙も無く、駈足で前の建物の中まで走らされ、ＤＤＴを頭から豊富に振りかけられ、両腕にチフスと赤痢の予防接種をチクリとさゝれて、あわたゞしくなんら上陸第一歩の感激にひたる隙もなく、おそろしく急がせられ、貧弱な恰好の

警官に丁度囚人が護送されている様に引率されて、三粁余の道を宿舎えと急がせられた。途中上陸したばかりで疲れて勝手に隊列をはなれ、井戸のある所に三々五々休み久方振りでの冷水に喉をうるおした、幾年振りかで呑む日本の水に限り無き喜びを味い、むさぼる様にゴクンゴクンと喉を鳴らして呑んだ、やつとこれで日本の土地だなあと思えた。

　郵便局で電報を打とうとすると、北国の田舎までは一週間もかゝり人間より遅れてつくとの話しに、戦に敗れゝば速いもの、代名詞の様に心得ていた電報も、人間より遅いのかと苦笑しながら、

「電報取りつぎいたします」

との、女〔立カ〕看板を横目で眺めて通り過ぎた。復員者に馴れているのか、佐世保の人々は、無愛想に見向きもしないで冷やゝかな横顔を見せて通り過ぎて行つた。

　学校帰りの子供等の元気な姿に、珍らしいものでも見る様にいつまでも眺め

「一合五勺でも案外太つていられるもんだな」

と、安堵の思いを話し合つて喜んだ

(その時分は、まだ闇米を喰べているなど、言う事は知らなかつた)

　元海兵団の在つた所の宿舎に到着して見れば、そこは殺風景な板張りの武徳道場の様な、だた《ママ》つ広い飾気一つない冷たい場所だつた。目につくいたる所に、注意書が未だに固苦るしい、

「何々すべし」

調の文句で四角張つて書きはられてあつた。

　藁草履を履いている人は良い方で殆ど素足の痩せおとろえた乞食の様な姿の、気の毒な引揚者の人々が隣に宿つていて、その人達が多数で、水の多いお粥の入つた大きい桶を元気の無い足どりで、そろり〳〵と炊事場から運んでいた。

　又、汚れて色さえ分らない夏蒲団をさも大事そうにかゝえて、今にも顛倒するのではないかと思われる位、痩せおとろいて蒼ざめた引揚者の一人が、無表情な顔で看護婦の後からついてゆくのが見られた。

　気の毒な引揚者の姿に、僕等は涙もろく感傷的になり何んか分けて慰めてやりたいと想つたが、遭難の僕等には分け与える物とて無く、唯、

「可哀想に」

と、自分等の現在の境遇を忘れて見送つてつ《ママ》た。

　其夜、各地方別、県別に別れて集り、固い冷たい板の上に寝れぬ一夜を明かした。これがあれ程慕い懐しんでいた祖国でのなんら一片の人情味もない、無味無《ママ》乾燥な第一夜だつた。

　翌朝雨の中に解散式を簡単に行ない、人員を数えて、なんか追い出される様な思いで、直ぐ駅に向けて冷たい雨を、肉体的にも、精神的にも重苦しく感じながら歩かせられた。

遭難者だとて、援護局は特別に配給して呉れるはずはなく、僅かの品物を甲〔申カ〕分けにしか与えて呉れなかつたので、くぢ引きでその僅かな品物を分け合つた。帽子の無い者、藁草履を履いている者、汚れた夏シヤツ一枚の者と云つた乞食の様な恰好の哀れな姿の復員者が出来上つた。

汽車を待つ長い間、駅前のマーケツトにて

「高いから買はぬように」

と、援護局の人の注意があつたのだが、何にも与えてもらえなかつた僕等は、旅費として渡された僅か三百円の内から、煙草、食糧品、旅行地図等を買つた。マーケツトの商人に良い鴨と見られてか、必要の無い品まで無理にだき合せて売りつけられた。大陸の高物価に馴れている僕等は、高いと云う感念《ママ》もあまり無く、唯、内地の品と云うだけが珍らしく買いあさつていた。そうして臨時列車の貨車の中に大勢で詰めこまれ、内地に着いたら人並みに扱つてもらえると思つていた夢も破られて、薄暗い、しめつぽい貨車に荷物並に乗せられて、細雨降り続く中を一路故里えと汽車の音に身を委かせていた。

戸を閉めれば真暗く息苦しくなり、開ければ雨と煤煙が遠慮なく吹き込み、畜生の輸送にもおとつた、一生忘れられないであろう、苦しい腹の立つ旅行を経験させられた。唯、其の中に僅かに慰められたのは、九州各都市の純な熱烈なる、学生同盟の人達の腹の底からほとばしる暖かい、激励慰問の言葉だけだつた。学生同盟の人達の真倹《ママ》素朴な気持に、嬉しく感じながら関門トンネルを通過して、一歩本州に入つた。そこには純心な人達の姿は無く、かわつて殺人的な乗車風景と、吾れ先にと人を踏み倒しても、自分だけ乗ればと云う様な、なんらうるおいの無いつきつめた顔の哀れな人々の姿が、各駅に混雑しているだけだつた。

僕等の乗つている貨車に

「もう半日以上も待つていたが、乗れないから乗せて呉れ」

と、強引に乗り込む人、何が入つているのか知らないが一斗樽を置いて、

「A迄これに腰かけて行つて呉れ」

と、自分はどつかえ行つてしまうちやつかりした人、

「子供を頼みます」

と、あづけぱなしにして、他の車にぶらさがつて乗り目的地迄一度も子供の所に姿を現わさない人、

僕等はあまりにも変り涯てたる内地の人々の姿に、呆然としてなすことを知らないで、唯、内地の人々のなすがまゝになつていた。

未だ焼跡は整理されていないで、幾年振りかで眺める内地の風景には、かつての日のおもかげは何処にも求められなく、甚だ親しみ少ない故国に思われた。

あまい本物の羊羹の呼声に、残り少ない金を出して買い求めれば、なんら味もそつけもないカンテンの親類の様なものだつたし、弁当の声に急ぎ買えば、南瓜と沢庵の姿が五切れ程入つているだけだつた。

しと〱と未だ晴れない雨の降る中に、三日目の午過ぎ、やつと品川駅にすべりこんだ。横浜付近で解散を申渡され、指揮者の手を離れた一同は、てんでんばら〱に山手線のホームに集つて上り電車を待つていた。多数なので半数程の人は、細雨にたゝかれてよん《ママ》ぼりとしていた。

「馬の小休止め《ママ》ようだな」

と、誰れかが呟いた様に、休むに腰掛ける場所とて無く、立つたまゝ、何にが忙がしいのか多数の人々の急ぎ足に出入りする風景をぼんやり眺めていた。

やがて満員電車が細雨をはじきながら入つて来た。車掌の

「お早く、早く〱」

の声にせき立てられ、遠慮がちに三分の一程乗つた。乞食の様な姿の僕等を見る電車の中の人々の視線は、卑下した気持のせいか冷たく感じられた。僕等は汚れた衣服を気にしながら、固まつて電車の動揺に足に力を入れ乗つていた。隣りに乗つて居た、中年のこざつぱりとした、一見新興成金の男が

「復員者だからと言つて甘えていてはいけませんよ」

と、説教口調で話しかけて来た。

「ハ、其の事は良く分つております、内地の人達の方が大変だつたのですから……」

と、返事をしたが、心の中にむら〱と劇しい憤りが起きてくるのを強く感じた。

復員者だからと云つて、何時何処で僕等は甘えたと云うんだ。現に電車に乗つても隅の方に気の毒な位少《ママ》さくなつて乗つているではないか、いつたい僕等をこんな惨澹たる姿にしたのは誰だ、誰れなんだ。戦争の責任は復員者にだけあると云うのか、内地の人々の現在の姿はいつたいなんと云うざまだ、それが戦争の責任を痛感して全世界に懺悔し、文化平和国家として復興に立ち向う人達の姿なのか、唇を真赤にどく〱しくぬりあたら黒髪をわざ〱赤茶に染め、爪を赤く磨いた女の姿は（その時分はパンパンと云う人種の発生していることをまだ知らなかつた）〔。〕

此の女達が銃後の女性として、僕等戦野に、仮りに良かれ悪かれ生命をかけて、僕等戦つていた者に、手柄をたて、皆殺しにして、戦争を遂行させる慰問文を送つて寄こした女の姿だつたのか、「復員者よ」と、野蛮人でも見る様な目附で冷やゝかにうすら笑う人々に、心に畜生と叫び目を光らせ、たかぶる気持を堪えて焼跡の東京の空を睨んでいた。

だがもう一つの心に、ひし〱と迫つてくる寂寞な想いが胸にこみ上げて来て、声を張り上げ泣きたい様な、淋しい孤独感に襲はれて来ていた。

鋭どい眼光が恐ろしいとか、目附が悪いとかひそ〱と私語する冷やゝかなさゝやきを後に聞きながら上野駅で電車を下りて、前の電車で先に来ている人々の姿を探し求めた。彼等は薄暗い荷物の出し入れする地下の一隅に、途中の不愉快な想いに気をくさらしてか、ぐつたりと土色の皮膚をしてうずくまつていた。

これが幾年かの苦難の路をただ祖国を夢みあこがれ、新たなる希望に燃えて帰つて来た復員者の哀れな姿だつた。ぼろ服だけを見たら地下道の住人の姿となんら変りないこの姿

「おい雨が上つた、外え出て見よう、十九時にならないと青森行は出ないんだ、僕が案内するから行こう」

と、僕はあまりにも自分自身の惨めな気持に落ちてゆくのは堪えられなくなつて叫んだ。

「家に帰れば、もう一生東京を見られるかどうか分らない」

と、僕の声に

「案内頼む」

と、五、六人立ち上つた。後の人達はうつろな顔に目だけ光らせ、相変らずぐつたりとして、北国人特有の重い口に

「負けて乞食の様なこの姿では昼間は恥かしくて、表からは帰れない、夜になつてからそおうと近所の人々に知れない様に裏口から入ろう」

と、ぼそ〳〵話し合つていた。

この哀れな友の純情に大きい声で泣きたくなる想いが胸にこみ上げ、この純真素朴な友の姿を、一目援護局の人々に見せて反省を求めたいと強く感じた。あたゝかい心のある人間だつたら、表から堂々と

「只今」

と、入れる様な援護施設をして呉れるべきはずなんだが、

「おい皆んな元気を出そう元気を…晴れのお国入りではないか…」

と、僕は高声に笑つたが、うつろなわざとらしい笑声は、泣声の様に地下の壁に淋しく反響しているだけだつた。

僕等のこの姿がなにが恥しいのだ、僕等の姿に恥入るのは政府じやないのか？　政権あさりに日を送り、机上の空論でろくな仕事もしない政治屋の集団、なんたるざまだ、と、僕はむやみに腹が立ち政府を声高に罵倒せずにはいられなかつた。

なんとでも勝手に言うがいゝ、姿は乞食なみだが、心までは腐敗してはいないんだ、と、自分自身に言い聞せながら、たかぶつてくる感情をぐつと押えて、街から街えと賑やかな通りを、友と連れだつて憮然として歩き続けていた。

［『シバウラ』第一四四号、一九四八年一二月、横浜、S1068］

復員第一歩

畑野耕作

しぐれ

浦賀を出発した朝からしぐれてゐた十一月の空も、「両国」を過ぎて「千葉」にさしかかる頃から、雨足も次第に音を立

て、増して来た。あわたゞしい帰還第一歩の身体を漸く房総線まで運んで来た安堵にも似た気持でガラスの無い窓外を眺めてゐた。前の座席のS君も、話すでもなく黄昏の東京湾を見つめてゐる。八年の永い軍隊生活に二十代の青春の総てを捧げ尽してうらぶれながらも故郷安房に帰れた今日……普通なら大いなる感激と興奮に包まれなければならないのだが、何故か腹立たしい様なほろ苦い気持を抱きながら私は目を閉ぢた。

一ヶ月余にわたる餓と退屈な船の生活も「日本へ還れるのだ」と僅かながらの希望に繋がれて、昨日四日の朝夢見る祖国の土を踏み、検査と消毒がまたゝく間に終り、隊列を正して宿舎のある浦賀の町へ向つたあの時、冷々とした晩秋の山々…南方では見る事の出来ない紅葉が深山を紅に染めて、実にすばらしい。真赤に熟れた柿が枝もたわゝに稔つてゐる。「お、柿がある」誰かゞ叫んだ。殺伐な、荒れすさんだ生活を続けて来た我々に取つては、見るもの聞くもの総てが懐しい風景であり想出の種であつた。やがて町に入り色模様の和服を着た人々を見て、私達は珍らしいものを見る様なふしぎな眼を見張らなければならなかつた。上着とズボン姿の中国人、バジユウ（上着）とサロン（腰巻）のインドネシア人ばかり見てゐた私達は、何年振りかで見る着物であつたのだ。そして同胞の懐しさに言葉を掛けて見たい様な衝動にかられてゐた。然し私達は其の人々の冷い侮蔑の眼に触れた一瞬、背すじを何かしら冷いものゝ流れるのを感じ全身が凍つて行くのだつた。

「お前等は何の面目あつて帰つて来たのだ」

「お前等が怠けてゐたから日本は敗けたのだ」

一人々々の眼が厳しく叫んでゐるのではないか。我々の姿を見て顔をそむける老人、「兵隊の馬鹿」と唾をする子供、我々の姿を見ると障子をぴつたり閉めてしまふ若い女等々！

「我々は懐しい祖国日本に還つたのだ」「我々は日本を再建するのだ」と我々の抱いて来た小さな希望も上陸第一歩にしてもろくも足下から崩れ去つて行くのだつた。

八年振りで祖国の土を踏んだ我々の同胞の、殆んど敵視にも等しい白眼視に逢つて帰還船の中での復員者に対する心得の一條々々が、今更の如く胸に浮び上つてくるのだつた。敗戦後のインフレとパン〳〵ガールと人情と道徳の失墜した日本が我々を待つてゐるのだと……私はいつの間にかこゝ二三日のせゝこましい復員直後の冷いうつろな感情を追ひながらうつら〳〵としてゐた。

汽車は正確に小さな駅一つ々々に停車して北條に近ずくに従つて益々混雑して来た。房総西線は始めての旅で駅の名も分らない。東京秋葉原の超満員電車に呆気にとられて何台目かの電車にやつとぶら下りS君と待ち合すべき両国を過ぎ錦糸町まで乗り過し、あわてゝ引き返した時には既に勝浦廻りは発車した後だつた。此の馬鹿さ加減も多年の南方生活にボケたのだと微苦笑しながら、乗つた北條廻りであつた。

いつの間にか車内には淡い電灯の光がたゞよひ木更津駅に

停つた。

「あら一杯ネ、腰掛ける所無いわよ」

「あすこが空いてるわ、あすこへ行きませうよ」

若やいだ嬌声と共にどや〳〵と四五人の女学生が、私とS君の席へ押しかけて来た。我にかへつた私はこの若い娘達の方へ顔を上げた。

「アラ復員の兵隊さんよ」真先の一人が私語ともなくつぶやいたが私の眼にぶつかつて一瞬モヂ〳〵してゐたが、「アノ済みませんが腰掛けさして戴けないでせうか」といとも真面目な顔をして云つた。

「どうぞ」と云つたものの私はこの不意の侵入者の若い娘達の処置をどう扱つたら良いか、少からず面喰らつてS君と顔を見合せるばかりだつた。洋裁か何かの学校帰りと見へて、それ〴〵手頃の風呂敷包を抱へた十八九の娘ばかり五人、程良いパーマを掛けたすつきりした襟足、ぴつたりした上着にこれも御手製らしい上品なモンペを着けた彼女達は、早速話をはずませて私とS君の存在はもはや片隅の方へ押し込められた形になつてしまつた。

若い人達の生々した話は面白い。今迄の男ばかりの生活しか知らない私達にとつては、彼女達の話すこと総てが珍らしい世界である。一点の邪気をも含まない彼女達の話は、それからそれへと尽きる事を知らないのに感心させられながら微笑を以て聞いてゐた。

「アノどちらから御帰りなさつたんですか」

突然隣に腰掛けてゐた丸顔の娘が、顔をのぞき込む様にして言葉を掛けた〔。〕「スマトラです」私の返事は、ぶつきらぼうであつた。今迄の胸のわだかまりを吐き出した様な捨ばちな私の返事を彼女はどう取つたか知らないが…〔。〕「随分御苦労が多かつた事でせうネ」「食糧なんかどうでしたの」彼女の問は矢継早に発せられ彼女達四人も一斉に私とS君に視線を集めて話し掛けて来た。今迄片隅の方へ押しやられてゐた私達二人は、彼女達の巧みな話術におびき出されて、彼女達の質問に答へるのに忙しい人間となつてしまつた。冷笑と白眼視を以て迎へられた二日間のかたくな〔な〕気持も彼女達の温い慰めの言葉と無邪気なユーモアたつぷりな話の中に引きずり込まれて解け込んで行つた。しく〳〵と冷へ込む寒気も隣りの娘のモンペから通はる体温に暖められて、何かしらしみ〴〵と淡い希望と人間らしさを味はされ「ふるさと」に帰り来るの感を深ふさせられるのであつた。

「アラ北條よ」「もう着いたの」一般の乗客はガヤ〳〵と雨のホームに降りたつて行く。彼女達もそゝくさと風呂敷包を抱へて「ではお元気でネ」「さようなら」と思ひ思ひに別れの言葉を残して去つて行く。

「さようなら」……時雨降る北條駅の淡い灯のホームを彼女達は振り返りつつ去つて行く、私の心を懐しい故郷に帰らせてくれた乙女達の前途に幸福あれといつまでもいつまでも彼女達を見送つてゐる。

お藷〔いも〕

汽車は北條駅を過ぎた頃から座席も空つぽになり再び寒風が吹き込んで来た。広い車内には私達と子供をおぶつた若い女の人と三人きりになつてゐた。むづかる子をあやしながら若い母親は気軽に私達の傍へ来て話をしてくれた。

「本当に無理な戦争によつて皆苦しい思ひをさせられましたネ、貴郎方も若い一生を無駄にして本当に御気の毒ですわ、あたしなんかもずーと東京に居たんですけど空襲がひどくなつて夫と横浜の方へ疎開しましたけれど段々戦争がはげしくなるにつれて横浜も危くなり房州の遠縁の人をたよつて私と子供だけ千倉に再び疎開したんです。夫は会社の都合で最後まで残つてゐましたが、忘れもしない七月の大空襲の時会社の重要書類を守りながら亡くなつてしまひました。あきらめ様としてもあきらめ切れない女の弱さとでも申しませうか、終戦になつて此のかた杖とも柱ともたのむ夫を失つて路頭に迷ひながらも、今ではたつた一人の子供とその日暮しをしてゐます。無謀な戦争が生んだ悲劇とは云ひながら、余りにも苛酷な運命に弄ばれてゐる私の生活です……」

と話しながら眼に泪を浮べてゐた。裾の短い袷を着て、それでも背負つた子供には暖かさうなネンネコを羽織つてゐた。教養の深さと昔の生活を偲ばせる上品な面影を残してゐる若い母親の横顔を見つめてゐた私は、戦争犠牲者のこれから先、生きる茨の道を思ひやつてしらず〳〵に涙ぐんで来るのだつた。背の子はお腹でも空いたのかしきりにむづかつてゐる。

「ホラ余り泣くんじあないの」「お家へ帰つたらおつぱいを上げるからネ」とあやしてゐたがなほ泣き止まぬ子を持て余した彼女は、手さげ袋から藷を取り出して「サおいしいもの上げるから泣くの止めなさいネ」と子供に与へた。可愛いゝ小さな手にお藷を貰つた子供は現金なものですぐ泣き止んだ。

「あの失礼ですけどよろしかつたらお上りなさいな」

子供の泣き止んだのにホツとした母親は、私とS君に大きなお藷を分けてくれるのだつた。

「房州は大旱りでお米の配給なんか、この頃少しもありませんの」

と先ほど米の欠配を訴へてゐた彼女に取つては大事な食糧でもあらうものを惜しげもなく分けてくれる厚意を受けて良いのか悪いのかS君と顔を見合せてゐた。

「何を遠慮してゐるの、さあ良かつたらお上りなさいよ」

「はあ有難ふ御座居ます」

私達は彼女の厚意をすなほに受けた。両手一杯にお藷を戴いた私は今朝浦賀を出発する時、僅かの食を取つたきりの空腹な自分を思ひ出した。弁当にとカンパンを二袋携行して来たが寒さにふるへて食ふ事を忘れてゐた。今かうして望外の接待を受けて私は夢中で大きいのを頬ばつた。舌に溶け込む甘い藷の味！咽喉から胃の腑へ━すーつと食道を下つて行く藷のうまさが暖い人の情と一緒に感じられた。境遇を同じにする戦災者が復員者に対するあわれみだけではない彼女の情に触れて、私はしみ〴〵と人間としての幸福を味はつてゐた。食糧難とインフレにあへぐ日本人すべてのとげ〴〵しい生活が、人としての情を失ひ道義の廃頽を余儀なくさせたのだ。私はふと「衣食足つて礼節を知る」と古い言葉を思ひ出した。

汽車は温い人の情を乗せて千倉の駅にすべり込んだ。

「何もかも総てが新しく生れ変る時代です。民主日本の再建はあなた方若い人達の力を必要としてゐます。どうぞ御元気で！」

私と同年輩のそれも明日の糧にも困る戦災者である未亡人は、力強い餞けの言葉と微笑を残して私達の前を辞して行つた。未亡人の移り香を想はせる暖いお藷をかみしめながら、心は一路鴨川へとひた走りに走つて行く。

バスの中

昨日以来降りつゞいた寒雨は嘘の如く晴れて、潮風の肌に沁み入る十一月七日の朝は明けた。

昨夜やうやくに鴨川駅迄たどりついた喜びも束の間で夕方五時以後はバスが無いとの話でS君とガラス一枚無い控室に夏服一枚でふるへつゝ思案に暮れてゐた。十二粁もある真暗な雨路をてく〴〵歩いて帰る勇気も無く、さりとて宿をとるにも一銭の持ち合せの無い淋しさ……

永い南方生活に馴れた身には、故郷の寒さは一入身に沁みてゐた。時計は十一時半を指して終列車の過ぎた駅は、宿直の駅員と二三の闇屋らしい人のみで閑散としてゐる。

「あんた方は帰らないんですか」

カンテラを提げた若い駅員は控室の隅にふるへてゐる私達の所へ来て云つた。

「もうバスは無いし歩いては帰れませんので……」

と答へる私は何か罪を犯して裁かれてゐるやうな卑屈さを感じた。

「あんたは何処へ帰るんですか」

「私はY村S君はO村です」

「それではとても帰れないでせう。宿るんだつたら汽車の中へ宿つたら良いでせう」

と云ひ捨て、すた〴〵と事務室の方へ引き揚げて行つた。

「S君どうしようか」

「さうだな。明日の八時まで露営と定めよう」

とS君はさつさと背嚢をかついで汽車の中へ入つて行く後から私も続いた。既に先客がありそこ此処に丸くなつてゐる。たつた一枚の毛布を引つ張り合つて横になつたが、寒さは益々加はり眼は冴へてまんじりともせず、長い一夜は明けたのだ。すき《ママ》〴〵と頭の重いはれぼつたい眼をして携行のカンパンをかじつてゐたが、ごそ〴〵として味の無い黴臭いカンパンが腹立たしくなつて来るのだつた。

　六時―七時まだ一時間ある。控室を行つたり来りしてゐたが、「N君バスの方へ行つて見よう」とS君に誘はれる儘に、荷物を背負つて控室を出た。房州特有の空ツ風は早くも晩秋の鴨川を吹き巻くつてゐる。私は切符を買ふ規則も知らず同村のM君の勤務してゐる事を想ひ出して車庫の方へ行つた。赤々と燃へ立つ焚火を囲んでゐる一団の中に彼らしい姿を見つけて「M君じあないですか。私はY村のNですしばらくでした」と懐しの旧友に云つた。不意の訪問者が誰であるか、彼は一瞬ためらつてゐたが、想ひ出したと見へて「お丶N君か、随分暫らくだつたネ」と言ひながら油だらけの手袋を抜ぎ抜ぎ近ずいて来た。

「早速ですがY村に行くバスがあつたら心配してくれませんか、荷物が少しあるんですが」「承知しました、あの車ですから荷物を乗せて置きなさいよ」「オイK君、聞いた通りだ頼むよ」と知友の情は嬉しいもので万事とん〳〵調子に運んでくれた。

「御順におつめを願ひます、どなた様も今少し奥の方へおつめを願ひます」

　若い車掌のきび〳〵した動作に長蛇の列を作つた乗客を、皆呑み込んでバスは動き出した、M君の好意で操縦席の後にへばり着いた私達は車中の視線を一身に集めてゐた「何処の誰だろう」と皆の眼が穿鑿してゐる。運転手のKさんは髯の濃い小父さんで「どちらから」と話しかける声はエンヂンの音を吹き消して車内へガン〳〵と響く程だ。とげ〳〵しい東京の車内と違つた温い故郷の人々の雰囲気に包まれた心安さに私とS君は問はれるま丶にポツリ〳〵と語り続けて車内は明朗一色に溶け込んで行くのだつた、終戦後の石の様な冷い人の心ばかり見てゐた帰還途中の苦々しさ。親切と云ふあらはれの小指の先程も見出せなかつた都会の交通機関を思ひ出して、気持の良い車内の人々の好意を私はしみ〴〵と味はつてゐた。

「次は八幡様で御座居ます。お降りの方は御座居ませんか」車掌の歯切れの良い声に私はあわて出した。「お願ひします」我にもなく大きな声を出したので車内はどつと笑ひに包まれてしまつた。「御待遠さまでした、御荷物は」降り立つた私の荷物を乗せてくれる好意を背に感じながら、「どうも色々有難ふ御座居ました」と心から御礼するのだつた。「S君また逢はう、さようなら」秋陽を受けたにぶい銀色のバスは木炭ガスを尻に残してO村の山路に向つて小さく小さく去つて行つた。

(完)

付記　敗戦後の過渡期!!昭和二十一年十一月七日「北部スマトラ」より復員して故山に還る途中、私の眼に映じた房総人の温い人情は復員一週年を迎へた今日尚忘れ得ない想出である。

　生活は益々苦しくなりともすれば温い心を失ひ感情に走り勝ちになる今日私は敢て拙劣な一文を記した。房総春秋の尊い紙面を汚した事を深くお詫び致します。

［『房総春秋』第一〇号、一九四八年二月、千葉・館山、B190］

衂《ちぬ》られた青春 ―― 傷痍療記

國司幹夫

敗戦四年、祖国はもとめ得ぬ新生の胎動にたぎつて、あらゆる混乱の極限に達してゐる！　その時、誤れる戦火に傷ついた無数の犠牲者たちは、恵まれぬ病舎で何を見、何を考へてゐるのであらうか？

この一篇は隻脚の一傷兵がペンを執つて、国立病院の実態と、傷痍者の生活を赤裸々に描いた、問題の記録文学である。

風の夜の郷愁

一体、どうするつもりなんだらう――自分に問ひかけるその言葉が、他人《ひと》ごとのやうにうつろに響いて来た。もう三年である。その永い入院生活の日々が、今更のやうにくり返しくり返し眼の前に現れては消えて行つた。どうしろと云つたところで、どうすることも出来ない。むらむらと自分に対する反抗が、腐つた息のやうに鼻に突上げて来る。やけ糞になつていきなり身体を寝台に叩きつけて、思はず、「あーあ」と溜息をついた。ついてしまつてはつと息をのんだ。自分のものとは思はれない、かすれるやうな声であつた。いつの頃からこうなり始じめたか、自分にも南方から病院船で復員して来た時には、もつと新しい希望があつたやうな気がした。けれどそれを今更むし返して考へて見ると云ふことも、今はものうい。勝手に生きて来た。これから先も勝手に生きてゆくだらう。そう思ふより外に何もない疲れ果てた脳の作用には、それ以外のことは加重であつた。こうして長々と寝そべつて、屋根裏のさらけ出された天井を眺めながら、与へられたものを食べて生きてゆける現在が、この上もなく結構な御身分に思へて来るのだつた。

あたりはしんと不自然に静まり返つてゐる。まだ二三人の者は部屋の隅の方で、老人のやうにお茶をすゝりながら、ごそごそと何か話合つてゐた。彼等の頭の上の笠のない四十ワツトの裸電球に、埃つぽい煙草の煙が巻ついてゐた。だゝつ広い部屋の中には十ばかりの木製のお素末な寝台が申訳に並べてあり、すり切れたカーキ色の毛布がかけてある。硝子窓の破れたあとに貼つた新聞紙が、風にべこんべこんと物うい音を立てた。もう廃屋にしたところで惜しくないやうな倒れかゝつた病棟を四つに仕切つて、その一部屋に十人ばかりの患者がこうして寝起してゐた。どの部屋も似たり寄つたりであつた。そんな半壊の長方形の病棟が、松林を切開いたあとにいくつも立並んで、荒れるだけ荒れ果てゝゐる。それでも戦争中は国民から絞上げた物をふんだんに使つて、第三陸軍病院と軍が誇つてゐた病院である。それらはもう終戦と一緒に跡形もなく消えてしまつて、今は正門の入口に天皇陛下御手植のもみじと云ふのが、からうじてその名残りを止めてゐるにすぎない。

「いやに今晩は冷るなあ」とさつき茶を飲みながら話してゐた二三人の中から、大野が立上つた。肩をすぼめて、掌をしゆつしゆつとこすりながら自分の寝台の方へ歩るいてゆく。

「もう寝ようかあ」思ひ出したやうに中西が電気コンロの上に腰をかゞめたまゝで云つた。「うん」宮地が答へた。けれど彼等はいつこう立上る気配もなかつた。焚く物もないストーブが部屋のまん中で、床穴から吹上げて来る埃をかぶつてゐる。斜めにかたむいた煙突から、くもの糸のやうに煤がぶら下つて、そのまま新劇の舞台にでもなりそうな安つぽい風景であつた。遠くから間延びた電車の警笛が、ふと旅愁に似たもの淋しさを運んで来る。瞬間、非常に敏捷な速さで母の顔がふつと浮んだ。「煙草が吸ひたい」私はまるで違つたことを口走つてゐた。その間に何んの関係があるわけではない。分裂した頭の作用が無意識のうちに自己を二分してゐる。すると「あるよ――」と中西が首を上げて答〔え〕た。そしてふと私は今日は一本の煙草も吸つてゐなかつたことを思ひ出した。私は起上つて彼等のそばに行つた。

「ほ、う、強勢だな――」

私は中西のさし出したひかりの箱を受取りながら云つた。彼は笑つて答へなかつた。ほろにがい味が口一杯に拡つて、金のないみじめさがしんしんと体中にしみ通つてゆくやうであつた。

「こゝに掛んかい」宮地が少し体をずらした。油つ気のないそゝけた髪を前にたらしてゐた。まだ若いのだらうけれどひどく老けこんで、うつむきかげんに手をコンロの上にかざしてゐる。私は黙つて腰を下した。

「もう桜が咲くちゆのに、寒かなあ」彼が九州弁で云つた。

「今年は馬鹿天気だよ」

渦巻になつた、赤いコンロの線がぼんやりと足もとを照してゐる。

「雨が降つてゐるかな?」中西が顔を上げる。

「いや風だよ」

砂まじりの風がスレートの屋根にばらばら降りかかつた。それで三人はまた黙つた。時々窓の隙間から吹き込む風で、煙草の煙がゆらめいた。それから私はまた立上つて、ゆつくりと自分の寝台へ歩るいて来た。――どうにかなるだらう――そんなことではすまされない自分だとわかつてゐながら、それから一歩も出ることが出来ない。それを思ふと、胸の中で押さえつけてゐたものが、がくんとつき上げて来る。どうにもやり切れない。そして私は今度は義足を外して、ずるずると毛布の中にみの虫のやうにもぐり込んだ。

新入院患者

この病院に入院したのは、二十二年の春、復員してまる一年目であつた。それまで私は方々の病院を、たゞ茫漠とした気持で転々ところげまわつてゐた。――家は焼けてゐたし、母は復員する一月ほど前、私は戦死したと思込んで肺炎で亡くなつてゐた。さすがに、生きてゐる私の遺骨はまだ来てゐなかつたが、戦死の通知ははつきりと私が負傷した日付で来てゐた――義足を作るので、どうしてもこの病院へ来なければならなかつた。そして一度こゝの門をくぐると、ずるずるとこゝに居ついてしまつたのだ。こゝだけが私に卑屈な感じを起させずに生きてゆける場所であつた。入院患者の半数以上が、やはり戦争で手足を失した者で、社会から逃出して来てこゝに深い根を下してゐる。

この部屋の者も、よそ目には非常に明るく、快活な人々であつたが、その笑声の中にうつろな暗い冷たいものを感じさせてゐた。大阪の戦災で妻子を失した大野。夜ふけて、手製の蛇皮線をかきならす、沖縄生れの宮地。その歌の文句は解るはずもなかつたが、ぽろん、ぽろんと妙に哀調をおびた絃の音は、息づまるほど、しいんと暗の中に沈んでゆくのだつた。

六人用の蚊帳のすそが開け放なたれた窓から吹込んで来る風に、寝台と寝台の間をはたはたと波うつ頃であつた。その蚊帳もまだ外されない朝。病室づきの小野田と云ふ看護婦が、入つて来て。

「ねえ、こゝ寝台空いてる」

と蚊帳ごしに中を覗きながら、云つた。

「空いてるよ――」寝ぼけ声で中西が答へた。

「何処よ?」

「一番むこうの隅つこだ」

「そこ一つだけなの?」

「俺んとこも空いてるぜ」

さつきから眼を覚してゐた私は、起上つて答へた。

「困るわ、――一番むこうに寝てるの誰よ?」

「谷口だ」と。すると谷口はむつくりと半身を起して、

「何だ、やかましい」と云つた。

「谷口さん、あんたお願ひ、ねえむこうに移つてくれない――」

鼻にかゝつた甘えたやうな声であつた。

「何故よ?」

「一寸と都合が悪いのよ、ねえ」

「ちえつ、おれがむこうにうつんのか」

彼はむくれて云つた。十九であつた。十九にしては無邪気なほど、子供らしさの抜けきらない青年であつた。満蒙開拓義勇隊にゐて、終戦後、ソ連の労働に従事して事故で足を切断してゐた。

「いゝじやないかこゝで――」

彼は体をゆすつてすねるやうに云つた。

「駄目よう。それが都合が悪いのよ」

「めんど臭いなあ——」

彼は渋々立上つた。

蚊帳を外しながら、もう谷口はそのことは忘れたやうに口笛を吹いてゐた。鉄脚に蚊帳のすそが巻きついてよろけながら、無雑作にそれを束ねて寝台の下にずいと突込んだ。そして自分の借物を私の隣の寝台に運び始めた。谷口は、時おり元気に見えるかと思ふと、しよげてるやうにも見える。沈んでゐるかと思ふと快活な表情が見へたりして、そんな若い彼を私はいとしく思ふことがあつた。

朝食をすましてしばらくたつと、看護婦が新しく入院して来た患者を伴つて来た。四十歳ばかりの片手のない男であつた。でつぷりと太つたその男は、大きなリユックを入口のそばの六尺机の上に下すと、ゆつくりと額の汗を拭つた。彼の後から、三十四五の無雑作に髪を後で束ねたやせすぎの女が入つて来た。その女も同じやうにリユックを負つてゐたが、男が下したリユックのそばにそれを下すと、みんなの方へ一寸頭を下げた。和服を染めなおしたらしい黒いスカートに、男物の白の開襟シャツを着てゐた。

「あのう——、吉田さんです」

看護婦がみんなの方へ、その男を紹介した。

「吉田です」彼はゆつくりと頭を下げて、「満洲から引揚て来たのですが、来たばかりで行く所もございませんので、当分妻と一緒にごやつかいになります。どうぞよろしく」

そう云つてまた、いんぎんに頭を上げた。

後にひかへてゐた女も、それと一緒に腰をかゞめた。それから吉田は看護婦の方を向いて『どこですか?」と小さく尋ねた。

「一番むこうの隅です」

看護婦はさつき谷口が空けた寝台を指さして云つた。吉田夫婦はリユックを持つて、私達の前を通る時、小腰をかゞめながらその二つの寝台の方へ行つた。

私達はその間一言も云はなかつた。彼等が挨拶した時も、唯こつくりこつくりとうなずくだけで、二人の男女の上に異様な眼をそらしてゐた。

〔中略〕

皺だらけの紙幣

季節が冬になると、みんなはひつそりと閉じこもつた生活をしはじめた。かたむいた煙突からは糸のやうな煙がもれて、石炭のないストーブには、そこいらの建物を打壊して来た太いまゝの柱がくすぶつてゐた。部屋の中には四六時中、そうして煙つてゐた。

そんなある日、大野と中西と宮地が、三人連立つて何処へ行くとも云はずに外泊を取つた。急に部屋の中がひつそりとなつた。

「大野さん達は何処へ行つたんだい?」

行く処もない大野が外泊することはめずらしいことであつた。

「決まつてるじやないの、いたゞきよ」

谷口は読んでいた小説から眼も離さずに答へた。

「いたゞきつて何んだい?」私は解らなかつた。

「お地蔵さんのことよ」

彼がやつと首を上げた。ストーブの口をつゝいてゐた伊原が。

「住川さんは知らないの」とニヤリつと笑つた。

「へえー」と云つたまゝ、しばらく私はあとの言葉が出なかつた。街頭募金のことであつた。お地蔵さんのやうに道ばたに立つてゐるから、いつとはなしにそう云う言葉が生れてゐたが、それは募金にゆく者から出た自嘲の言葉であつた。

「本当かい」私はも一度聞かへした。いつか新宿で白衣を着て立つてゐた二人の姿が頭に浮かんだ。

「ほんとうよ、二人でこそこそと話してゐるのをおれは聞いてたんだもの」と伊原が云つた。

「それで、何処へ行つたんだらう?」

「大阪の方だらう。今頃はつ《ママ》立つてゐるよ」

私はふと、風に吹かれてゐる二人の姿を思つた。自分の体が売物に出されてゐるやうな不快な気持になつた。裏切られたやうな、やり場のない腹立しさが激しく渦巻いて来る。戦争のために傷ついたと云ふその一ことを、世人に見せびらかして同情を購なおうとする気持があまりにも卑屈に思へて、それが不具者としての生活の第一歩であらうか、と暗胆とした気持になるのだつた。

大野たちは一週間ばかりして帰つて来た。

夜であつた。彼等は、かすかに火の残つてゐるストーブを掻廻して、ぱんぱんとあたりかまはず板切れを割つて、火を燃しつけた。それですつかりみんな眼を覚まされた。

「お帰り――」と谷口が半身を起した。

「いや、お世話になりました」

そして中西は声を一段低くめて、

「住川さん起てる」と谷口に尋ねた。

「起きてるぜ」私は怒つたやうに云つた。

「みかんでも食べんかね――」

「うん」私は起きやうとはしなかつた。

大野はばさばさと紙包みを開きながら、「どうだつかあー」と云つた。

「食べたくないんです」

妙に反抗的な気持であつた。

「おい伊原も谷口も起きて来いよ」

と宮地が云つた。二人は起きてストーブのそばに跳んで行つた。

「どうだつたですかー」谷口がみかんの皮をむきながら云ふ。

「まあどうやらだあ、寒むうて――」

大野の声である。宮地がみかんを二つ私の枕元まで持つて来て、そつと置いて行つた。

「どや、あれ今夜のうちに分けとこか」

大野が宮地に云つた。

「明日でもえ、じやないですか?」

「けどまさか昼間に分けられもせんで」

彼はズックの手下げかばんを寝台の上にぶちまけた。ぞろりつと、皺になつた紙幣の山が毛布の上にあふれ出た。三人はそれを一枚一枚皺を延して数へはじめた。

「すごいなあ――」

谷口が羨望の眼を光らした。彼等は笑つて答へなかつた。それからしばらく紙幣をきる音や、小銭の音が聞へてゐた。

「そつち、幾らだつか?」

「七千円」

七千円と云ふその数字の札束が、私には想像もつかなかつたが、それが戦争犠牲の代価として社会が払つた金高であるならば、あまりにも安価でありすぎた。

私は眠れなかつた。彼等の言葉の一つ一つが耳の底にこびりついてゐた。自分も金がほしいと思つた。その瞬間、あの奇妙と侮辱の眼が、稲妻のやうに頭を通りすぎた。いつかあたりはしいんとなつて、疲れてゐる彼等の寝息がかすかに聞へて来た。私はそつと顔を上げて彼等を見た。一週間の放浪で、彼等はすつかり人生に疲れ切つたやうに、どれも口をだらりつと開けて、げつそりとこけた頬にぎらぎらと脂が浮いてゐた。痴呆のやうな寝顔だつた。それから私もがくんと頭を落した。何んだか私自身がぐつたりと疲を感じて、ほつとかすかに洩した吐息が白く眼の前で消えて行つた。

冬が去つた。黒いぼごぼごの土の上に薄いかげらうが立上つた。着てゐるものが一枚一枚と脱ぎ捨てられてゆくと、心までが脱落してゆくやうに、空白な日々を重ねてゐた。けれどそんな状態の中で、いつもぼんやりと頭に浮べ続けてゐる夢想があつた。それは夢想と云ふほど形のはつきりしたものではなく、うつらうつらと頭のかたすみに浮んで来る泡沫みたいなものにすぎなかつた。けれどそれが唯ひとつからうじて自分の身体を支へてゐるやうに思へた。

あれから大野たちは、三晩と部屋に続けて寝ることはなかつた。彼等は「縁日案内」とか云ふ薄つぺらな本を買つて来て、帰るとすぐに次の祭の場所を目あてに出て行つた。初めの頃は、「いやあ、つろうおまつせ。よう顔を上ておられへん」などと冗談まじりに話してゐたが、それもいつか馴れて来たらしい。平然と春日に焼けた顔で帰つて来た。そしてそれが度重なるたびに、彼等の日常が奢侈になつていつた。五銭や十銭の小さな紙幣が机の上に散乱し、風に吹かれてはらはらと床の上に散つた。彼等はそれを無理に追おうとはしなかつた。そうした彼等に私は反抗しか持つことが出来なかつた。それが無学のうちに伝るのか、彼等からも、こだまのやうに撥返して来る力を感じた。さすがに私に向つては云はな〔か〕つたが、若い谷口や伊原に
「まあやつて見れ。こじき三日したら何んとやらで止めら

れんから」

と、そんな言葉が聞へよがしに響いて来る。彼等が募金のことを話合ふと、私は居たゝまれなくなつて外へ出るのだつた。

孤独な療養者

大野達が再び出て行つた。その日の夕方であつた。外出から帰つて来た吉田さんが「住川さん、突然ですけどね」と、私の前に開きなをつた。

「実は、急に退院することになりまして」

「退院ですつて、何処へですか?」私は驚いて訊ねた。

「平塚の寮に入らうと思ひまして、今日家内と二人で見に行つて来るんですがね」

国の予算で、平塚に傷病者の受産所が建つたのはもう一年も前のことであつたが、そこも金づまりでほとんどが動いてゐないと云ふことを、何かの時に一寸と聞いたことがあつた。

「でもあそこに入ると、受産所に入所しなければいけないんじやあないですか」と私は訊ねた。

「いや、名義だけ一寸と入れば、あとは何んとかなるそうで、受産所の方も金がなくて困つてゐるそうですよ、事業資金の方は全々《ママ》出てゐないそうで、そこの連中も担ぎ屋みたいなことをやつてゐますよ。私も寮だけ借りて、そんなことでもやれば夫婦ぐらいは何んとか食つていけると思ひまして」

吉田さんは義手の指を片手で曲げたり延したりしながら話した。九州の親戚も思しくなかつたらしく、外泊から帰つても毎日仕事を見つけに出かけてゐた。

「それで、いつ退院なさるんですか」

「むこうの寮は明いてゐますので何日でもいいと云ふんですけど、そう決つたら早い方がいゝ、ので、二三日うちにこさうと思つてゐるのです」

「へえ、それはまた急ですね」

「皆さんには色々と御世話になりましたけど」

と奥さんが後から軽く頭を下げた。

「退院するんですか?」と谷口に〔はカ〕云つた。

「えゝ、ようやく家が見つかりましたので」

奥さんは彼の方を向いて云つた。

「おれも行く処があつたら退院するんだがなあ」谷口は淋しく笑つた。

「谷口君なんかまだ若いじやないか、これからだよ青春は」

と吉田さんも笑つた。

「いやあ、もう結構ですよ、こんな腐つた青春なんか」

彼は突然にがいものでも吐出すやうに云つて、じいと一点に眼をそゝいでゐた。何かにぶちあたつていきたいやうな自嘲が、そこに沸立つてゐるやうであつた。

翌日、吉田夫婦は早速荷物をまとめ始めた。ぼつぼつと買集めたらしい鍋や釜までちやんと用意してゐた。彼等は引揚者配給の黒い人絹の布団を、それも配給になつたわた毛布に包んでほつと一息入れた。毛布を剝がれて裸になつた藁布団が、いつか谷口が代つた時のまゝでペタンと平たくなつてゐた。吉田さんは裸の胸に伝つてゆく汗を拭いた。右の十糎ばかり残つてゐる腕がちぎり取られたトカゲの尻尾のやうにぴくぴくと動いてゐた。その腕を上げると、やうやく耳の処までしか届かない。吉田さんが脇の下の汗を拭いて、横に居る妻に手拭を渡して左の腕をさし出した。奥さんは黙つてその腕をたんねんに拭いてやつた。

「どうもね、こつちの腕だけは」

彼は拭はれながら私に云つた。

「そうでしようね」私はうなずいた。手のない不自由さが、同じ不具の身の私にも解つた。奥さんは後に廻つて、背中も拭いてやつた。その光景が、ふといつか文子が身体を拭いてくれたことを思い出させた。文子は私の背を拭きながら、

「やせてるわね、やせてるわ、背骨が数へられそうよ」と呟くやうに云つた。その声の中にひそんでゐる情愛が、いつまでも私の背中に残つてゐた。

吉田さん夫婦の姿が見へなくなつても、私はしばらく窓から離れなかつた。すると、谷口が後から「住川さん」と声をかけた。

「何んだ」私がふりむくと、彼は寝台の上に坐つてじつとこちらを見てゐた。

「何か用かい？」私が訊ゐた。

「住川さん僕も行こうと思つてるんだけど」彼はまじまじと私の顔を見詰めて云つた。

「募金にか？」

「うん」谷口はうなづいた。

伊原が寝台を越へながら、谷口の横に来て腰を下した。二人とも私の言葉を待つて黙つてゐた。沈黙がしばらく続いた。待ち切れなくなつて谷口が、

「それやああんたは反対するだらうけど」

と云つた。

「反対したつて行く者は行くじあないか、それで？」

「こうやつて病院でぼさつとしてゐても何もならんし、幾らでも金を儲けた方が得だと思ふのよ。自分さへしつかりしておけばいゝから」

「自分さへしつかり、か」

私はその言葉を繰返した。話によると、募金に行つてゐる者の生活は、昼間そうやつて、街頭に立つて、夜になると旅館で想像もつかない遊びにふけつてゐる者もあると云ふことであつた。

「そう云ふけど住川さん、こうなつたらそうやつて遊べるだけでも得だよ。僕はそうやつて遊びたいとは思はないけど。着る物が欲しいのよ。退院すると云つたつて、自分の洋服ぐらいは持つてゐないとね——」

尤もなことだと思つた、私も復員したまで《ママ》の服しか持つてゐなかつた。

「一人で行くのか？」

「い、や、伊原と」谷口は一寸と伊原の顔を見て笑つて私にも「一緒に行かない？」と冗談のやうに云つた。

私は黙つて首を振つた。どんなに金が入らうが、そこから自分がくずれて行くことが恐しかつた。それを喰い止めるだけの力は、自分にはとうてい持てなかつた。

「それで住川さん、字を書いてよ」

それまで二人の話を聞いてゐた伊原が云つた。

「字つて、何んの字だい？」

「箱の前に貼つておく字よ」

彼は手真似で四角な箱を描いて見せた。

「おれは下手だよ」

「うん、かまわんよ、書いてよ」

以外《ママ》にも彼等はもう持つてゆく箱まで用意してゐた。箱と云つても、一尺高さのボール紙の箱で、一方に、そこから金を落しこめるやうに小さな穴が明いてゐた。

「それをどうやつて持つてゆくんだ？」

伊原がその箱を解いて、ぺたんと平たくして見せた。それから彼は三尺ばかりの紙を持つて来た。

「何んと書くんだ？」私は谷口が持つて来た筆に墨汁をふくませながら云つた。

「真中にね傷病者厚生資金募集と」

私は云はれるまゝに書いた。

「それからその横に〝忘れられた傷病者の厚生に御協力下さい〟つて書いてよ」

書きながらこんなことが厚生であつてい、だらうか、と思つた。谷口は私の書いた字の横に赤インクで大きく幾重にも丸をつけて、それを持上げて見た。その下手な字を何人の人が読み、何人の人が彼等に同情するだらうか。

「それでいつ発つんだ」私は筆を置きながら訊ねた。

「今晩から」

谷口は気の毒そうに云つた。

「じや今晩からおれ一人かい」

「どうもすみません。おみやげ買つて来るよ」と伊原がぺこりつと頭を下げて見せた。

「い、よ、行つてこいよ」こうして私だけが、すべてのものから置去られてゆくのだ。そこに私は絶体絶命なものを感じた。それがたまらなく淋しかつた。

谷口達が出て行つてしまふと。《ママ》私は完全に一人になつた。もう何もすることはない。自分の机の上の電灯だけを残して、あとは全部消してしまつた。ほの暗い光に包まれてからの寝台が、行儀よく並んでゐた。私の大きな頭の影が、ベニヤ板の壁の上をゆれてゐる。その壁の向うから隣りの部屋のあかりが屋根裏を伺つてゐた。のろい蝿が一匹、顔をかすめて、電球にこつんと頭を打ちつけて机の上にころがり落ちた。蝿はしばらく動なかつたが、やがてむつくりと思い出したやうに起上つて、軽い羽音を立てたまま光りに突進して行つた。

——これから先どうなるんだらうか——

欠けた茶碗のやうないびつな心の底で、そんな言葉がさ、

やいた。するとそこに、バタバタとスリッパを引ずる音が聞へてドアが開いた。私が返事をしようと思ふと
「お変りございませんか？」と日直の看護婦が覗いた。

「あら一人なの」彼女は驚いて一度部屋の中をぐるつと見廻した。

「一人だよ」わたしはむつゝりと答へた。

「淋しいわね」私は返事をしなかつた。

「じやお休みなさい」

彼女はバタンとドアを閉めた。スリッパの音が遠ざかつていつた。私はその足音にじつと耳を澄ました。足音は廊下を曲つて消えていつた。それからまたしばらく、何か考へようと机の上を見た。けれど何も頭の中には浮かんでこなかつた。するとこんなのが本当の虚脱状態と云ふのではなからうかと思つた。それならばそれで、そいつを諦視するギロリッとした眼を最後まで失いたくない――

其から私はゆつくりと立上つて電灯を消した。眼球の底で、光りの余韻が黄色く残つてゐる。私はしつかりと眼を見開いたまま、手さぐりで自分の寝台に横たはつた。

いつか、傷病者同志が募金に立つ場所の優先権を争つて、祭をやつてゐる神社の賽銭箱の傍で、つかみ合の喧嘩をしたと云ふ話を思い出した。ぼんやりと、組んだりほぐれたりしてゐる二人の傷病者の光景が浮んだ。けれどそれが今までのやうにひどく悲惨なものとは映つて来なかつた。生きてゆくためには、もつと醜い闘争が常に繰返されてゐるのではなからうか。それはまた、それでいゝんだ、と私はすつぱりと頭から毛布を被るのだつた。


［『新文庫』第三巻一〇号、一九四九年一月、東京、S1304］

みんなの忘れている世界がある
――『光の子供』の主催で傷痍者と私たちの座談会

（時：昭和二三年九月七日（日）午后　所：神奈川県相模原国立病院）

この記事を読む前に、三十四頁をちょっと開いて見てください。

〔以下三四ページ〕
八頁以下の座談会の記事は傷痍者のかたと子供との座談会を、話したとおり書いたものです。頁の都合で、つめて組んであって、少し読みにくいでしょうが、ぜひくりかえしお読みください。
新宿から小田急にゆられて一時間あまり、サガミハラ駅でおりて十分ほど行くとサガミハラ国立病院があります。ここの患者は、もと軍人で戦争のため負傷したり病気になったりした方（傷痍者）が大部分で、それに引揚者の病人も少し入院しておられます。

傷痍者は、決して、日本を悲しい戦争に引きこんだ人々ではありません。ムリヤリに戦争にひっぱりだされて、そのためにカタワになったり病気にかかったりした人々で、戦争ギセイ者です。しかも今は世の中から忘れられている人たちです。しかし、傷痍者は、他人にたよるキモチをすてて、自分たちの団結の力で立ちあがろうとしています。そのために自治会をつくり、それは全国的なソシキになっています。サガミハラ国立病院の自治会事務所のカベに「自力建設」「たよるな他力」と力強く書かれていたのが眼に残っています。

この病院は五つの寮にわかれて、千百人余りの患者がいますが、建物は荒れほうだいカンゴ婦の数は少なく衛生設備は不完全であり、食糧は足りず、おカネはなく、図書室も、ラジオやチクオンキも、ありません。

私たちは、手足をとられ、これからの希望を失っているこうした人々のことを、忘れられたまゝにしておいていいのでしょうか。〔以上三四ページ〕

出席者

水野利保《としやす》さん（中寮《りょう》寮長、自治会総務部委員。左大腿《だいたい》部切断）

渡部《わたべ》真《まこと》さん（東寮寮長、自治会更生部部長。左足補助《ほじょ》器使用）

橋口節子さん（女子学院一年生）

石島カヲリさん（吉祥《きっしょう》中学一年生）

谷村晨（「光の子供」記者）

手や足のない人

記者　今日は病院の様子をいろいろうかがいたいと思って、子供たちと一しょに出かけてきました。

水野　何でもドシドシきいて下さい。そうですね、この病院には傷痍《しょうい》者が千人以上いるんですが、その中で、足や手のない人、断肢《だんし》者といいますが、それが六百人あまりいます。このおじさんも左足が太ももの所からないんです。このおじさんも（渡部さんをさして）左足がダメです。それでも本義足《ほんぎそく》といって、足の形にして皮をはったのを、はめると、あなたがたにはちょっと見たんではわからないぐらいに、普通の人のように歩けます。

渡部　ホラ、ごらんなさい（と、窓ごしに外で野球をしている人たちのほうをさして）、あのピッチャーの人、そら、今タマを投げたでしょう。あの人は、右足が半分ないんですよ。それでも普通の人と何にもかかわらないでしょう。

カヲリ　ホントだ。

渡部　守備の人たち、あれもみんな足のない人たちですよ。

水野　黒いズボンの人いるでしょう、ファーストの人。あの人もモモから下がありません。仮《かり》義足といって、カネでできたガチャガチャいう義足があるでしょう。あれだと、義足をつけている事がすぐわかりますけど、本義足だとほとんどわかりません。走るんだって早いですよ。あなたたちより早いかも知れませんよ。

渡部　ヒザ下からない人だと百メートル十四秒で走る人だってあります。

記者　ホントですか、十四秒っていうのは。

渡部　ホントです。げんに十四秒で走った人がいましたから。

水野　この写真は、このあいだ病院でプール開きをした時のです。ホラ、ごらんなさい、足のない人も手のない人もいるでしょう。この人たちが、およいだりスイカ取りしたりしたんですよ。

記者　足がなくても、およげますか。

渡部　両足のない人でもおよげますよ、二十五メートルぐらいなら。

節子　義足はいたくないんですか。

水野　いたいですよ。一ヵ月ぐらいはトテモいたいですね。おじさんなど、皮がむけて、マッカになつています。それで、今はマツバヅエをつかっています。義足は、いたいのをガマンしてはいて、はいてはいてはきつくして、涙をだして訓練して、それで、ようやくはけるようになるのです。

記者　渡部さんのつけておられるのは仮義足ですか。

渡部　いいえ、ちがいます。これは補助器というんです。

水野　足を切ってしまわない人は、この補助器というのを使うのです。

節子　外科でも寝たっきりの人いますか。

水野　おじさんの寮にはいません。このおじさんのほうには居ます。

渡部　一番長い人は八年間も寝たっきりです。傷がいつまでもなおらないで、骨がくさってきているのです。それから、むこうの病棟《びょうとう》には、カリエスの人がやはり長いことねています。

カヲリ　両足とも義足でも歩けるかしら?

水野　歩けますとも。両足ともヒザから下がないだけなら、片足義足の人よりもうまく歩けますよ。

カヲリ　両方ない人と、片足ない人とどっちのほうが……。

水野　そりゃ、どうしても両方ない人のほうがつかれますね。あまり長く歩くとつかれます。一里も二里も歩くのはムリですね。

節子　義足って、一たい、どのくらい、もつんでしょう?

水野　一年たつと、はけなくなります。そのあいだにも、小さな修理《しゅうり》を何回もしなければなりません。一年たつと、大修理をしても、もうダメですね。

節子　おじさんたち、どこで負傷なすったんですか。

水野　おじさんは、ホンコンでやられました。そのとき入院してなおったんですけど、バンガ島で再発して切開《せっかい》しました。次にスマトラでまた再発して、その時もよくなったんですが、内地へ来てからまた悪くなって、去年の七月に、このままにしておくと命にかゝわるというので切断《せつだん》しました。この病院へはいってからも、もう手術を三回しました。

渡部　おじさんなんかも、はじめからこういう病院だったら、こんなにならなくてすんだのでしょうが、何しろ野戦病院でしょう。寒いときでした。十一月十六日、南支です。仏印から五、六十里はなれた所、宜山《ぎざん》から六里ほどはいった所です。そこで左足のこのクルブシの所を射《い》ぬかれて、骨がおれてしまいました。それで宜山の野戦病院へおくられましたが、そのとき負傷者が五百人いて、そこに軍医がたった一人衛生兵が十五人しかいませんでした。だから、そこに二週間いるあいだに医者にみてもらったのが二度だけ。それで、ウミが出っぱなしでゴチャゴチャになる、ハエはたかる、ウジはわく。手術もマスイなしでしました。いたくてあばれるというので、六人の人におさえられて、やりました。それから、寒風のふく中を五日間タンカではこばれて、そのため傷のところが凍傷のようになって、とうとうこんなカラダになってしまったのです。

病院の食事

カヲリ　お食事は充分《じゅうぶん》ですか。

水野　普通の家庭と同じだけの配給です。とても足りません。

渡部　今日のおひるはこれでした（そばの机の上にあるカンパンをさす）。

水野　代用食ばかりです。きのうの朝はジャガイモでした。さァ、これぐらいのが（タマゴぐらいの大きさを示して）いくつぐらいあるかしら。

渡部　八ッぐらいでしょう。

水野　そんなにはない、六ッぐらいのものでしょう。

節子　寝たっきりの人も同じですか。

渡部　寝たっきりの人でも外科のほうは同じです。

水野　内科の人はカユなどもたべます。何しろ、おじさんたちは、ヤミで食糧を買ったり出来ません。ホントに配給だけです。でも、国民ぜんぶがこまっている時ですから不足はいえません。しかし、カロリーがどうしても足りません。健康体《たい》の人が一日労働するのに要するカロリーが、おじさんたちだと、四時間ぶんぐらいのものです。

記者　どうしてか、わかる？

カヲリ　手や足がなくて、ムリしてカラダを働かせるからでしょう。

渡部　何しろ、今のカロリーでは必要量の半分ほどですものね。

カヲリ　おかずなんか、どんなですか。

渡部　おサカナなんか、ほとんどありません。たまにあると、ニシンの、何ていうか、ほしたのがあるでしょう、何だかクサッたみたいな。クサッたなんていっては悪いけど、ひどいのがありますね。あんなのです。タクワン二きれぐらいのこともあります。ともかく、おかずがひどくて困ります。

水野　このごろオミオツケをいただいた事がありません。一カ月に一回ぐらいでしょうか。

渡部　ミソ汁はぜんぜんありませんよ。去年の三月以来ありません。
水野　一月に一回ぐらいあるんじゃない？
渡部　あれはミソ汁じゃありませんよ。そうだ、こなミソとかいうのがありましたね。あれじゃミソのうちにはいらない。
節子　私たちのうちにはチャンとおミソの配給があるのに、なぜ病院にはないんでしょう。
カヲリ　おミソもお醤油もお塩も来ないんですか。
水野　お醤油とお塩は来ます。……それから食事は病院がわで一かつしてこしらえて、それを患者がはこぶのです。
渡部　食費《しょくひ》は一日七円ということに政府からきめられています。何しろ七円じゃ、今の物価からみると、とても問題になりません。
節子　それだったらいいわ、七円で一日分をチャンと食べさしてくれるんだったら……。
記者　節ちゃん、そうじゃないんだよ。七円だけのものしか食べられないんですよ。とてもそれじゃ、ロクなものは食べられないでしょう。
水野　病院の食事を今晩みてもらうといいんですがね。今晩はゴハンということになっているけど、これは、お米は一つぶもないんです。
カヲリ　おかしなゴハンね。
水野　米が一つぶもなくて、時によってちがうけど、まァ、麦やらグリンピースやら、ジャガイモ、トーモロコシ、コーリャンなど……。
渡部　この一カ月ほどお米たべません。
節子　内科の人はちがうんですね。
水野　内科にはお米の人もあります。外科の人は九百人ほどいますが、みんな、そんなものです。
節子　それでオナカわるくしないんですか。
水野　盲腸になる人が多いですね。何しろ、麦といっても、以前には馬なんかがたべていた丸いままの玄麦《げんばく》を弱った病人がたべるんですからね。それで、お米がぜんぜん来ないかというと、そうじゃない、少しは来ます。それは、外科の人はえんりょすることにして、内科の人へまわすのです。だから内科へ行くと白いゴハンをたべている人もいます。
節子　配給はチャンとあるんですか。
渡部　前には一ぱんが遅配《ちはい》している時にも病院には配給がありましたが、今後は病院も遅配にする、と言いわたされました。
カヲリ　遅配になって、しかもヤミで買えないんじゃ困るわね。
節子　ニワトリなんか飼ったらどうでしょう。
渡部　それが、やはり、病院なんかじゃ、いけないんですね。ハエが出たりしていけないっていうんで……。
カヲリ　それに、エサがないでしょう。
水野　エサがありませんね。まァ、あさ地におイモやナッパをうえるぐらいの事ですね。

節子　いま、おじさんたち、何が一番たべたいですか。

渡部　何でも食べたいですね。ひどい食事をしているから、何をたべてもおいしいですよ。そとに出て、そこいらを歩いて、クダモノでも何でも見ると、とてもたべたくなります。おカネさえあれば、働くことさえ出来たら、と思いますね。

しごと・生活もんだい

カヲリ　お仕事のことは、どうなんですか。

水野　退院してからのことですか。

カヲリ　ええ。

渡部　社会に出て行っても働くところがないんです。もとやっていた仕事があっても、右手でやっていた人は、その右手がなくなると、もうその仕事は満足にできません。病院の中にも授産所《じゅさんじょ》や補導所《ほどうしょ》があって、そこでいろいろ仕事をしている人があります、八十名ほど。ミシンの出来る人もあり、ハナオを作る人、それから竹細工、木工、染色、靴工、時計、ラジオなど。おカネがないために思うように仕事を教えてもらえません。それで、いま、資金募集をしています。千万円あつめる計画です。それで、シッカリした授産所なんかをこしらえようというので、先月の末頃からカッパツにうごきだしています。しかし、今の様な世の中ですから、なかなか思うように集りません。

カヲリ　両手のない人なんか仕事できないでしょうね。

水野　両手のない人は出来ません。

節子　こんど入院料なんか払うことになったそうですが、そんな人でも入院料を払わなければならないのですか。

渡部　まだ今のところ払っていません。

水野　政府は払えというんです。とても、そんなこと出来ません。この病院には、ミヨリの全然ない人が四十人ほどいます。それにも払えというんです、うちも何もない全然ひとりぼっちの人にも・・・。

渡部　入院費は、一日に、何もしない人でも、そうです、特別の治療《ちりょう》やなんか、そんなことを少しもしない人でも、ただこゝにいるだけで、日に三十三円はらわなければならないのです。一カ月にするとザッと千円ほどです。

節子　うちとかシンセキなどのある人、帰ってほかのお医者さんにみてもらうようなこと出来ないでしょうか。

水野　ゆたかな人が少ないんですよ。うちの人たちが食べるだけで一ぱいなんです。だから病人のために治療費まではらってくれる人はありません。

渡部　フシギとこの病院には、うちのいい人がありません。ここの患者など国家としても責任があると思うんですが、政府は何もやってくれません。

カヲリ　退院なさってから学校の先生などになるかたないでしょうか。

水野　もと先生をしていた人なら・・・。

渡部　教壇《きょうだん》にたつと言ってる人もあります。前にこの自治会の副会長をしていた人など、そういっています。

カヲリ　両足なんかない人でも、英語のできる人など、通訳になんかなれないでしょうか。

水野　通訳はちょっと工合《ぐあい》が悪いでしょう。それに、英語のできる人など、あまりありませんしね。

渡部　才能がかたよっていますからね、人それぞれに・・・・。以前に筋肉労働をして来た人が足をやられて、手で何かこまかい仕事をしたいと思つても、なかなかそれは出来ません。今まで頭を使う仕事をしていなかった人は、手や足がなくなってから頭を働かすほうの仕事といっても、おいそれとうまくはゆきません。

記者　そんなことをうかがうと、あなたがたの生活は、非常に絶望的《ぜつぼうてき》なものになりますね。

渡部　なかば絶望的です。

水野　自力《じりき》でやってゆくよりほかありませんね。片手や片足のないぐらいの人は、労働組合などでも支持《しじ》して使うようにしてくれる所もありますが、退院した人の話をきいて見ますと、それもなかなかうまくゆかないようです。

節子　おじさんたち、どういうことを一番のぞまれますか。

水野　退院してからのことですか。

節子　ええ。

水野　人間なみの生活をのぞみます、みんなと同じ生活を・・・・。足一本ないからってコジキみたいなことになるのでなくて、人間としてのいわゆる最低《さいてい》生活だけはほしいです。

節子　働けない人が一ぱいいるのに、一日に入院料を三十三円もとるなんて、ずいぶんだわ。

水野　その有料問題については、絶対反対《ぜったいはんたい》の決議《けつぎ》をして、何とか解決するつもりでやっています。

カヲリ　今は払っていないんですか。

水野　まァ払わなくてもすんでいます。

渡部　生活保護法というのを受けれるわけです。それを受けたいものは、出身の村や町の役場で証明してもらうことになっています、ホントに生活に困っていろということを・・・・。

水野　いま、おじさんたちは、生活保護法を適用《てきよう》せよ、と働きかけているのです。

記者　生活保護法というのは、くらしに困っている人をメアテにしたものですね。そうすると、傷痍者だからこうせよ、戦争犠牲《ぎせい》者だからこうせよ、というのでなくて、生活困窮《こんきゅう》者としてあつかえ、ということになるんですか。

渡部　それでは余りにミジメだと思います。なさけないと思います。しかし、しかたありません。ここの入院規定《きてい》には、有料ということが原則になっていて、特別の事情あるものにかぎり減免《げんめん》す、と書かれています。その、特別の事情というのがどこまでをいうのか、それがハッキリしないのです。

カヲリ　おじさんたちがここへ来られてから天皇陛下がお見舞にいらした事ありますか。

渡部　ありません、一度も。陛下も私たちのことはもうお忘れになったのかな。

記者　先日の「日本ニュース」に代議士たちと皆さんとの会合が出ていましたね。あれでは代議士たちの話が何も出ていませんでしたが。

渡部　「何とかします」「極《きょく》力《りょく》なんとか努力します」。それだけですよ。こちらでどんなことを言っても、たゞそんな事をいうだけです。そして何もしてくれません。いつでもそれでです。去年の暮から、それぱかりです。いまだ何の結果もあらわれません。ますます悪くなるばかりです。私たちは、足をとられ、手をとられました。これ以上、何をとるんです。もうあとは命をとるばかりです。我々から入院料をとるというのは、命をとるも同然《どうぜん》です。私たち五人ほどで議会にもゆき、いろいろ政党《せいとう》の人にもたのみました。「わが党は極力努力する」などと言いますけれど、何もしてくれません。もう、私たち自身の力で何とかするほかありません。それから恩給《おんきゅう》のことも大きな問題です。

記者　恩給というのはもう無いんじゃないですか。

水野　まァ厚生年金《こうせいねんきん》ですね。私などは三項症《さんこうしょう》で、年に四八〇円です。一カ月四十円です。両足のない者は二項症で、これは五二〇円です。

渡部　いや五六〇円でしょう。

記者　その年金はきてるんですか。

渡部　来ていません。恩給診断があってから六カ月以内におりることになっていますが、一年半たってもまだおりない人があります。

水野　官僚《かんりょう》の事務怠慢《たいまん》のためです。ハキハキ仕事をすすめてくれないからです。私も前に官庁にいた事がありますから、よくわかります。

渡部　こうした色々な苦しみを受けていながら、この病院では、みんな、なかなか朗《ほが》らかです。ただ一番気の毒なのは両眼失明《しつめい》の人です。

節子　両眼のない人もいるんですか。

渡部　いますよ。両眼がなくて手のない人、両眼がなくて足のない人、などいます。

カヲリ　どうして眼が見えなくなったんですか。

節子　やはり負傷したんでしょう？

水野　そうです。爆風《ばくふう》などにやられた人が多いようですね。

渡部　そうした両眼失明の人、眼が見えないだけに、何か精神的につかんでいます。おじさんたちは、自分だけを見ると、手がない、足がない、とさびしく思いますけど、手や足がないうえに両眼までうばわれた人たちが元気にしているのをみると、自分たちはまだいいほうなんだ、元気をださなくてはいけない、と思います。それで、病院の中では、ビッコ、カタワ、テンボなどという言葉をきいても、何とも思いません。みんな、おたがいどうし、そんなカラダをしているんだから、ハラもたちません。

水野　それが、社会にでると、そういきません。普通のカラダの人からそんな言葉をいわれると、かるく聞きながしておれなくなります。病院の中だと、何だお前のそのかっこうは、何だキサマのその歩きかたは、などと笑いあっています。ゆくゆくは、おじさんなんかは、傷痍村といったものでも設立したらどうかなどと思っています。

〔中略〕

設備や治療のこと

節子　冬なんか暖房《だんぼう》設備はどうですか。
渡部　それがないんですよ。
水野　何しろ、この病院の建物《たてもの》が、ごらんのとおりガタガタしてるでしょう。冬はとてもたまりません。ストーブは病室に一つずつ来るんですけど、マキがありません。前の冬なんかもストーブはあったけど、マキは一つも来ませんでした。
カヲリ　それじゃあ……。
水野　それで、みんなでマキをひろいに出かけますが、とても充分たけるだけありません。しかし、どこの家庭もそうなんですから、しかたないですね。じっとして寝てるよりほかありません。
渡部　この建物は、昭和十三年に、三年間は保証《ほしょう》するといって建てられたものです。ですから昭和十六年までしかもたない建物を今でも使っているわけです。ひどいはずですよ。そして、これだけの広い建物に、大工が一人いるだけです。だから、患者の病室は、いまだかつて、大工になおしてもらったことがありません。みんな患者が不自由なカラダで、大工仕事までやっています。
節子　病院でノミやなんかどうですか。
水野　去年はだいぶいて弱りました。
節子　ノミにくわれてかゆい時なんか、両手のない人など、どうするんでしょう。
水野　ほかの人にかいてもらいます。
カヲリ　おフロなんかは?
水野　片手の人なら、みんな自分でします。
節子　両足のない人なんかは?
渡部　両足のない人は、おぶってもらって、はいります。さっき、車にのって、両手で車をまわして来たおじさんがありましたね。あんなふうに両足のない人は、おぶってもらってフロにはいるのです。両手のない人は、足のない人に洗ってもらって、おフロからあがるときは、こんど、手のない人が両足のない人をおぶいます、もちつもたれつで、たすけあってするのです。
節子　おセンタクなんかは?
水野　片手がないだけの人なら、みんな自分でやります。
渡部　右手のない人でも、とてもうまい字を書きますよ、左手で。右手の人よりも達筆《たっぴつ》なくらいです。書いたのをお目にかけるといいんですが、今ちょっとここにありません。
水野　左手がなく右手の指のない人が、ペンをさすようにこしらえた手袋をつけて字を上手に書く人もいます。何でも、やろうという気になれば、ある程度まで出来るものです。
渡部　先月の一日から三日まで患者の芸能《げいのう》大会をしました。

あれを皆さんに見せてあげたかったですね。なかなかうまいものです。

水野　劇なんか、両足のない人なんかがやるんですから、少しおかしい所はありますが、うまいものです。

カヲリ　両手のないかたで、口で字を書くようなかたありますか。

渡部　ここにはありません。ここには、いま両足のない人が四十人ほど、両手のない人が七名、片手のない人が四百人ちかくいます。おじさんたちは、世の中の人が、手がない足がないという所をみないで、人間そのものを見てほしいと思います。手や足がなくても負けないようにやるぞ、そういうおじさんたちのキモチを受けいれてほしいと思います。今日のように、あなたがたが、私たちの実情《じつじょう》をききに来てくださるのは、ほんとうにうれしいです。

節子　この病院で亡《な》くなるかたありますか。

渡部　だいぶいます。きのうも一人死にました。

カヲリ　外科のほうにもありますか。

渡部　外科では、手術のあとがよくなかったりして死ぬ人があります。きのうの人は、けっかくきんが頭にきたのです。なくなるのは、どうしても、内科の人に多いですね。

節子　一日に一回診察《しんさつ》していただけますか。

水野　一週間に三回です。それに、治療の材料も不足です。

渡部　そこにカンパンの袋がありますね。それをあつめてガーゼの代用に使っています。いまガーゼは一カ月にこの病院に八十反しか来ません。八十反というと、ずいぶんあるようですけど、千百人も患者がいるんですから、とても足りません。それに、燃料《ねんりょう》が少ないために滅菌《めっきん》不完全でこまります。

水野　傷あとから、しょっちゅうウミが出ますから、できれば毎日手当《てあて》をしていただきたいですね。いまのところ一週間に三回ですから、一日おきより少ないわけです。

記者　手不足ですか、資材《しざい》不足ですか。

渡部　どちらかというと資材不足ですね。

水野　手不足もあります。ここでは、一病棟にだいたい六十人ほどいますが、それにカンゴ婦が二人きりです。とても身のまわりの世話などしてもらえません。カンゴ婦は、患者の世話をするより事務的な仕事をしているのです。患者の世話は、患者どうしでしています。

渡部　ここのカンゴ婦さんは、カンゴ婦じゃありません、事務屋さんです。それに、夜になると帰ってしまうんですから。

水野　夜は、一つの寮に二名のカンゴ婦がとまるだけです、一寮ぜんぶで四百人ほど患者のいるところに……。どうしてもカンゴ婦をふやしてもらわねばなりません。

記者　今までいろいろなお話をうかがって、一体どうしたらいいと思う？

節子　日本の政府が傷痍者のかたを一番大事にすべきだと思うわ。

記者　それは、もっと具体的《ぐたいてき》にいうとどういうことになるだろう?

カヲリ　ガーゼとか薬とかいう色々な資材や食糧や、そうした必要なものを充分にまわすようにしたらいいんじゃないかしら。

記者　世間の人ぜんたいが、もっと傷痍者のことを考えるようになって、そういうヨロンをつくりだすことも大事でしょうね。

渡部　いろいろお話したいことがあるのに、どうもうまく話せなくて。

記者　いいえ。おつかれの所をいろいろありがとうございました。

水野　どういたしまして。これから義肢《ぎし》工場や病室の方を御あんないしましょう。

［『光の子供』第一巻五号、一九四七年一〇月、東京、H406］

朋遠方より来る ―― 横浜進駐軍挿話

鈴木重信

最初、私が河野君を知つたのは八月の二十日頃、恰度米軍が始めて横浜へ上陸して来ると云ふ直前で、その設営や修理の為、繁劇を極めて居るさ中であつた。

　当時の横浜の空気には全く物情騒然たるものがあつた。八月十五日の終戦と云ふ深刻な体験が、上下を通じて未だはつきりした自覚にならず、只呆然自失して居た時、矢継早に聯合軍上陸の報が来たのである。その間、僅かに三、四日の余裕しかなかつた。何分、此の四年間と云ふものは米英撃滅の一本槍で、米国と云へば米鬼であり、鬼畜であり、如何に残虐性に満ちて居るかを誇大に宣伝し、教へ込み、只管《ひたすら》敵愾心の昂揚に努めて来たのである。当座は当局にも何の見透しも自信もなく、民衆は更に五里霧中で、異常な不安と恐怖が充ち満ちて居た。婦女子は速刻《ママ》市外に逃れねば危険だとて慌て、田舎へ立退くものが続出し、行く当のないものは只犠牲になるのを待つ他ないのかと泣き叫ぶと云ふ、今日になつて見れば滑稽と思はれることを、実は最も真剣に上も下も罵り合つて居た。其処には何の統一も指導もなく、一切が混沌とし、暗澹として居た。

　かうした空気の中で進駐軍受入の準備を急速に進めなければならなかつた。政府は早速終戦連絡委員会を作り、各省の委員が県庁に出張し、知事以下県庁員、市役所、電気、通信、水道等の関係者で組織された進駐軍受入実行本部と一緒になつて連日徹宵で凝議し、奔走し、まるで火事場の騒ぎであつた。

　五月二十九日の爆撃で殆ど灰塵に帰した焦土の中に、数千の米軍を迎へる設営には全く悪条件が揃つて居たと云つてよい。建物がない、水道は破壊され、瓦斯は出ず、電燈はつかない。これらの修理の人手がない。ベッドがない、水洗式便所がない、ガラスがない、其他必要な物資は何処にあるのか皆目見当もつかず、たとへあつても輸送が又容易な事ではなかつた。

しかし若し上陸第一歩の受け入れが悪く、第一印象を傷《ママ》けたならば、一神奈川県の問題では済まされない —— 異常な緊張が重苦しく全員の頭にかぶさつて居た。恰度、本部に当てられた知事副室の壁には皮肉にも初代神奈川県令の陸奥宗光のあの剃刃のやうな肖像と、そのかみの神奈川仮条約の光景を描いた銅版画が掲げられて居て、血走つた眼で徹宵凝議する連中を如何にも冷やかに見下して居るのが、何か偶然ならぬ感銘を与へて居た。

河野君とはこのやうな雰囲気の中で、このやうな緊迫した仕事の協力者として相識つたのであつた。河野君は配電会社の工事係長で電燈修復の全責任を負つて居た。しかも彼は数多い関係者の中で、人物そのもの、誠実さと、技術家としての良心的態度に於て断然光つて見えた。電燈がつくか、つかぬかはほんとに自分独りの全責任だと云ふ風であつた。

当時、電気の工員は殆ど戦災で散在して居り、招集はなかなか困難で、僅かに出て来ても責任を以て働かうとはせず、一日出て来ては二日休む、今少しと云ふ所で故障を申し出て止めてしまふ、河野君は夜昼を問はず、激励したり、機嫌をとつたりしながら、戦災小屋を一軒々々工員呼び出しに歩かねばならなかつた。期日は刻々に迫る。最早工員をのみ頼つては居られない、又事実河野君は工員をのみ頼つては居なかつた。彼は海岸通りから山手、根岸に亙る非常な広範囲な設営地域を自転載〔車カ〕に飛び乗つて真夜中や豪雨の中も馳け廻り、自ら現場の電柱に攀ぢ登つて修理をやつてのけた。これが日本再建の第一歩なのだ、指揮者が自ら手を拱いて部下を頤で使ふのでは部下は動かない、それだから日本は敗れたのではないか、河野君は同僚を叱咤し乍ら活躍して居た。

八月末、全体の設営が未だ完了せぬまゝに遂に進駐軍が歴史的第一歩を横浜に印した。戦災以来、殆ど暗黒だつた地区に点々と火が灯り、静まり返つて居た建築物が修復されて俄かに異常な活気が漲つた。進駐は二、三の行違ひを除けば予想に反して軍規厳正で、堂々として居た。受け入れ前のあの混頓たる恐怖や、狼敗《ママ》が喘ふ可き杞憂に過ぎなかつたことが明かになるにつれて、漸く人心も落着いて、むしろ活々とした景気感が軽い塵の立舞ふやうに動き始めた。

しかし設営修理の仕事は終るどころか益ゝ繁忙を極め出した。今度は準備ではなく、進駐軍からの直接の修理や、取着けの注文が殺到した。しかも兵員は毎日増強され、地域もそれと共に拡大されて行つた。河野君は愈ゝ勤勉に進駐軍専門の仕事に没頭した。彼は進駐軍から命令を受けて初めて起ち上るのではなく、むしろ積極的に進駐軍の技術将校に接近し、協力して修理に当つて行つた。依然として資材は窮屈であり、工員は足らず、又なかなか動かなかつた。相変らず河野君は先頭に起つて走り回つた。

　彼のこの至誠と責任感は軈《やが》て進駐軍の将校達、殊に技術関係の将校達に認められ、事務的以上のものが心と心に通ふやうになつた。米軍では佐官位の指揮官でも決して、拱手しては居らず、自らワヰシヤツをまくり上げてどんな汚い現場の仕事でもやる、さうした彼等の気風が自ら河野君の性格や態度に共感したのであらう、日増しに信頼と親愛とを深めて行つた。

　十月二十一日は朝から非常な吹降りで、午後に入つては殆ど暴風雨になつた。三時頃、河野君は進駐軍から修理を命ぜられた。早速電話で出張所にかけ合つたが、合憎《ママ》工員は誰も居ない。例の如く河野君は雨の中をずぶ濡れになつて現場に駈けつけた。そこは進駐軍の宿舎にあてられたビルデイングで、修理箇所は道路に面して一丈五尺位の高さにある変圧器の故障であつた。彼は直ぐ様、梯子をかけて攀じ登ると修理にかゝつた。暫く点検するうちに、両手に異常なしびれを感じる。変だなと思ううちに帽子を真深かにかぶつた顳《こめかみ》のあたりからパツ〳〵とスパークが散つた。あつと叫ぶ途端、意識を失つて足場を踏みはづして居た。体が一度もんどりうつと、頭部を梯子でしたゝか打つて、コンクリートの道路にたゝきつけられた。若し、そのまゝで十数分を経過したならば、彼は恐らくこと切れて居たかも知れぬ。偶然にも、全く偶然にも其の時疾走して来た一台のジープが突然、停車すると、一人の将校が飛び降りて彼を抱き起し、驚いたやうに河野君の名前を絶叫した。それは港湾設営部隊の隊長エルダー中佐であつた。自ら技術者である彼は仕事を通じて河野君と相識り、且つ信頼して居た将校の一人であつた。直ちに河野君をジープに乗せると国民学校にある米軍の野戦病院に運ばうとしたが、其処に最近伝染病患者が入つたことを知ると思い止つて一番近い日本側の某病院に担ぎ込んだ。医師に会ふや応急の手当をさせ、助かる見込があるかどうか、治療の為には何が一番必要であり、且つ足りないかを尋ねた。医師は葡萄糖の注射液、そして万一にもペニシリンが手に入れば或は助かるかも知れないと答へた。それを聞き終るやエルダー中佐は再び豪雨の中へ飛び出して行つた。懸命になつて彼は米軍の各野戦病院や心当りの部隊を尋ね廻つた。葡萄糖は見つかつたがペニシリンは米軍に於ても貴重薬であるらしく、何処にもなかつた。最後に彼は停泊中の病院船へ出かけて行つた。そしてたうと《ママ》うペニシリンを見つけると事情を話して譲り受け、直ちに病室へとつて返した。既に薄暗くなつた病院へ入つて来たエルダー中佐は全身雨に打たれてグツシヨリ濡れて居たが、上衣の下にはさも大切な宝物のやうにペニシリンと葡萄糖を抱込んで、顔には喜色が溢れて居た。医師にそれを托すると、懇々と河野君のことを依頼し、今後どんなことでも日本側で困難な事、不足して居るものがあれば徹底的に援助することを約束して初めて帰つて行つた。

ペニシリンの効果は全く覿面《てきめん》だつた。前額部をしたゝかコンクリートに打ちつけ、相当内出血をして居たゝめ殆ど絶望視されて居た河野君の上に回復の曙光が見えかけたのである。その後エルダー中佐は屢々やつて来たが特に翌日からは毎日部下のマテキン軍曹を見舞に寄越した。マテキン軍曹も亦以前から河野君とは仕事の上で技術者同志として相識つた仲であつたから決して上官に命ぜられた義務としてではなく、友人として温い慰問を続けた。毎日定刻になると日本では得難い種々な食糧や品物を抱へてマテキン軍曹は現れた。九州の郷里に疎開して居た夫人や子供さんへは連絡がなかなかつかず、交通難の中を心痛しながらやつと馳けつけたのは約一週間後であつた。会社側は一、二の同僚を除いては不思議な程冷淡で上層部の中には指揮者のくせに工員の分野に手出しなどして却つて悪影響があるなどと云ふ奇妙な非難を洩らす向きもあつたらしいが、その間エルダー中佐とマテキン軍曹の温い訪問は何の変化もないのみならず、日増しに回復して行く河野君との間に愈ゝ親愛の度を深めて行つた。

折ふし、尋ねて行つた友人の西田君や、外務省の原田君が、河野君の枕頭で、附添の同僚の人と話して居ると、定刻に果してマテキン君がやつて来た。国境を越えた友情に日本人として心から感謝に堪へない旨を告げて手を握ると、彼はさも嬉しげに堅く〳〵手を握り返した。彼は自分は心から日本が好きになつた、日本は美しい、そして日本人の心は実に美しい。やがて自分も本国へ帰る日が来る〔。〕しかし六箇月経てば必ず又日本に来る、そして日本に永住して働き度い、その時は是非日本人のお嫁さんを世話して欲しい、と如何にも若者らしい将来の夢を河野君に真実をこめて洩して居るさうである。

エルダー中佐は一足先に帰国して行つた。発つ直前、是非もう一度見舞ふつもりであつたが飛行機の出発時間が非常に切迫して居るので残念乍ら行けない、君のことは呉々も後任者に引継いであるから遠慮なく申し出て欲しい、君の速かなる全快を祈ると云ふ伝言が使者を通じて河野君に伝へられた。

その後、河野君の経過は日に日に良好で、たまさか訪ねる我々に向つて、一日も早く仕事につかねばと如何にも彼らしく元気な調子で語るやうになつた。

河野君はこのやうにして蘇つたのである。眼の前で快活に喋つて居る彼の姿を見る時、私は此の事実が象徴する意味を泌々と考へずには居られない。河野君を救つたものは確かにペニシリンの偉効であつたらう。しかしエルダー中佐や、マテキン軍曹の友情は奇蹟以上のものである。エルダー中佐は河野君の細君に向つて「自分のしたことは大したことではない。唯、自分は何もせず、人に命じたり弁解許り繰り返す者の多い日本人の中で、河野君は独り何処迄も自分で先頭に立つて、自分の責任を果して居る、その意気に感じて、やらざるを得なかつたのだ」と語つたさうである。人間の胸奥に潜む「真実」は国境や、勝者、敗者の鉄柵をも越えて、心から心へ自ら通ずるものではないだろうか。（筆者　神奈川県渉外課）

〔『新自治』一月号、一九四六年一月一日、新自治協会、東京、S1370〕

進駐兵

千歳雄吉

これは一年半ばかり前の話である。

疎開先から子供が帰ると、六畳一室の間借部屋は忽ち狭苦しくなつた。しかし、子供は外に遊びに出て食事に帰るきり、殆ど部屋によりつかないので、どうやら過ごせるが、ふしだらな記者生活も一室だけでは自分勝手な原稿書きなどして、みんなが寝静つたのちいつまでも起きてゐるわけにもいかず結局、一緒に寝て一緒に起きることを強いられる結果になり、何十年来の癖であつた深夜の生活も近頃は次第に普通人なみに戻つてきたやうである。いはば団体生活の一員として規則を守らざるを得ない羽目に陥つたのであるが、これはいいことか、悪いことか、いますぐ成果はわからぬが、私は私なりに家族全員に従ふより仕方がないと諦めてゐる。ところが、この間、この狭い部屋に進駐兵が遊びにやつて来た。世間では進駐兵と交際してゐる特殊家庭があるさうだが、私の家では別にこちらから呼んだ覚えもないので、不審に思ひ聞いてみると、この間の節分の日に、妻と子供が鎌倉の鶴ヶ丘八幡宮にお詣りに行つたとき、神式に則つた豆撒きを官主がやつてゐたが、そのかみしも姿が進駐兵には珍しかつたと見え、旺んにカメラを撮つてゐたが、妻と子供がそれを見てゐるうち、ついでに写真を撮られてしまつたといふのである。それがきつかけで、進駐兵は子供にチコレートを与へその返礼にこちらからみかんをやつたりしてゐるうちに仲良くなり、それから鎌倉駅まで帰る途中、いろいろと子供にその進駐兵が話しかけ、こちらも、むろん英語などはてんで話せない妻だが、ぽつりぽつり応答してゐるあいだに、相手にはどうやら通じるらしく、次ぎの日曜には、あなたの家を訪問する、といふところまでいつたと云のである。妻は、子供に約束してゐる進駐兵が、全くゆきずりのお世辞だらうぐらいに考え、深く心にもとめてゐなかつたので、私にもいはなかつたのだが、その進駐兵は、満員の横須賀線に妻と子供が乗らうとするのを見かねて、こちらへと進駐軍の車に案内してくれたので、三人は外人専用車に納まり、すつかり昔からの友達のやうな親しさで横浜まで来た。そこで外人は下車し、さよならと握手をして別れたといふのである。

しかし、私にはすぐ疑問が湧いてきた。次ぎの日曜に遊びに来るといつた進駐兵の言葉が、お前によくわかつたね、と半ばあきれ、半ば不審に思つて聞きただすと、妻は低い鼻をぴくぴくさせて笑ひ出した。――これでも英語ぐらゐ話せるわよォ。結婚以来、何年になるか知らぬが、一向に妻の英語を聞いたことのない私はびつくりし、お前の心臓にも驚いたね、と詰つたが、妻の説明によると、子供がその時ポケットに持つてゐた日曜表を進駐兵が見つけて、けふは日曜、あすはマンデー、あさつてはチユースデーと順おくりに数へ、次ぎの日曜日に来たとき、自分の腕時計を示めして二時と三時の間を差し、自分の胸に手をおいて、私があなたの、と今度は妻の方へ手をむけ、お家を訪問する、と英語で話したのだが、妻の方は英語はちんぷんかんぷんでちつとも解らないながらも、その意味が充分にのみこめたので、所番地を書いた紙片を渡して、どうぞプリーズカムとたつた一語いつただけだといふ。私もこれには噴き出してしまつた。それぢや、お前の英語といふのは、なんのことはない、土人との会話みたいなものだつたんだね。

　そんなこととは露知らない私は、次ぎの日曜日は近くの友人のところに碁打ちにゆき、夕方帰つてみると、六尺ゆたかの大男が食卓の前で窮屈さうにかしこまつてゐた。私がはいると、ハウドウユウドウ、と挨拶をし、日本流にお辞儀をした。私が驚いてどうしたのだい、と聞くと、妻は笑ひながら手短かに右のいきさつを説明したのである。それはそれはようこそ遠路はるばる、こんなむさくるしい陋屋へ、と云はうとしたが、云へないので私はけふあなたと会つて非常にうれしい、長い交際をお願ひする、と英作文そのままの正確な、しかし、抑揚のない英語を喋つたが、相手は至極満足さうで、スキヤキをつつき、配給酒の盃を重ねてゐた。持ちつけない箸を三本の指で漸くはさんだと思ふと口に入れる前に落して笑つた。妻はユウア、ラブ、アメリカと飛んでもないことを聞き、私の方が面喰つてゐると、外人は案外、素直に、アメリカにをります、と日本語で答へた。いろいろあなたも聞きなさいよ、と妻にそそのかされたが、お前みたいに無鉄砲なことは失礼だよ、と答へつつも、私も次第に気が軽くなり、何か英語の単語を頭の中でさがしてゐると、客は、ササヤキマセン、と妙なアクセントをつけていつた。これには私も頭をかいて、やられた、といつたが、しかし、これが会話への糸口を与えてくれて私も仲間入りをすることが出来た。進駐兵の国はテキサスで、愛人が国に待つてゐるが、親同士が嫌つてをり、つまり女の親がわたしを嫌ひで、私の親はまた女を好かぬので憂鬱だと両手をひろげてみせた。いよいよ面白くなつて、単語のやりとりをしてゐるうち、どうしてもわからないところはコンサイス英和辞典を私が差出すと、彼は自分のいはんとするところの頁をあけて示めしてくれるのである。大変心細い話だが、私にはかういふ方法より外になかつた。英語は、戦争と同時に永久に捨てたつもりだつた。進駐兵の方は、私のむつかしい質問と辞典の応答よりも、妻と子供の簡単な手真似の方がわかりよい風だつた。さうして、私の解りにくい英語の発音にあつて、彼が眉に皺をよせて聞きかへしてゐるよりも、妻の手まねの会話に声をたてて笑つた。私が戦争の話や空襲に遭つた話をしかけたのが悪かつたらしい。かういふ会話は、彼らの好まぬことに違ひなく、私も漸くそこに気がつくと、それからはなるべくやさしい日常生活の習慣や童謡などに移していつた。

　妻が結婚式のときに使う三々九度の盃——三つ重ねの赤い盃に金で鶴の絵を描いたのを引つぱり出して、それに酒をついで飲む真似をし、進駐兵に渡すと、彼は座布団の上に日本流に坐り直し、うやうやしくいただいて三べんに仕切つて飲んだ。私は手を叩き、あなたの国では結婚式の時、かういふ歌を歌ふでせう、と結婚行進曲を咏んでみせると、イエス、イエスとうなづき、日本の結婚式の歌はないか、といふ。日本にもある、と私が、高砂やーとうなり出すと、彼はそれをつづけて、とせがんだ。けれども、私は謡曲を知らないので、断つた。日本流にいへば謡曲を知らないことは別に恥にもならぬけれど、彼等からみれば、いやしくも結婚したもの同士がその歌を知らないとはをかしい、といつた態度である。なるほどこんな些細なところにも、日本の生活の形式的な、親しみがたい様式を感ずるのである。

　ショ、ショ、証城寺と子供が歌ひ出して私と妻が合唱すると、彼は手を叩いて喜び、それを教へて、と鉛筆をとり出した。私がローマ字で書いてやると、すぐ覚えてしまつた。音楽に対する感覚などは、とても日本人の及ぶところでないに違ひない。そこへ、歌を聞きつけて同じ罹災者である隣りの魚屋さんの娘が二人はいつてきた。四年と六年の女の子で、赤い友禅の着物を来て、琴を持つてゐた。家の子供から伝へ聞いたらしく、早速、証城寺の童謡に合はせて、踊り出した。六畳のところへ食卓にとられた部屋は、全く踊るのに足の踏みどころもない始末だつたが、女の子は器用に体をこなした。

　進駐兵は植物学を研究してをり、帝大の田宮教授とも親しくしてゐると語り、食卓に出された人参やほうれん草を英語で説明し、蜜蜂の話にまで飛んでいつた。年は二十七といつたが、いかにも内気などちらかといふと外人にしては朗らかさのすくない人に思はれたのに、どうしてこんな狭い部屋にまよひこんできたかと思へるほどおとなしい青年だつた。長い足を食卓の下に伸ばしてゐたので、窮屈だらうと心配し、焼けた当座、村岡花子さんから貰つた椅子を持つて来ると、ノーノーと断つた。自分ひとりが椅子に坐つては裁判官みたいでいけない、といふのである。妻が煙草をいぢつてゐると、彼はすぐライターをもつていつた。なにごともレデーフアーストの国だから女が大事にされるのは、日本の婦人にとつても嫌ひであるはずがない。妻が台所を受持つてゐるので、時々坐を立つと、彼には何か奇異に感じられるらしく、私にはまた亭主に大事にされない日本の女房がかうして外人に慰められるやうになつたのも敗戦のおかげだと、苦笑を禁じ得なかつた。しかしこれも長い間の日本の習慣であつてみれば仕方のないことである。

とにかく、彼は二時半から九時半まで七時間の長い間、ゐたわけだが、ちつとも退屈を感じてゐるやうには見えなかつた。或ひはさう見せなかつた、といふのが本当かも知れない。私は、彼が植物学などを研究してゐるインテリだからといふばかりでなく、こんな間借部屋にも喜んで来てくれたといふことで、親愛など飛び越えた尊敬の念をいだかずにはをれなかつた。彼等の国の文化生活と、殊に空襲にあつて何もない間借人の日本人の生活とを比較したら、問題でないにきまつてゐる。誰がお世辞にも喜んで来てくれるものかと思ふと、かういふ人こそかくれた国民外交の使節といはなければならぬと思つた。日本の国民使節といふものは、戦前も戦争中もいろいろあつたが、極めて形式的なもので、きまつた場所できまつた切口上の挨拶を述べてまはる以外、術を知らないのである。これは阿部静枝さんから聞いたことだが、女史は全国から少国民を十人ほど選んで満洲へ学童使節として赴いたことがあつた。むろん、女史はその監督兼附添員である。きまつた挨拶をすつかり暗記した学童たちは、予定の場所で予定の通り立派にやつてのけたが、たつた一ケ所だけプログラムにはいつてゐない土地で突然の歓迎を受けた。その時の困りやうはなかつた、と女史は述懐した。先生に教へられた通りのことは出来たが、プログラムが一寸でも違ふと、どう挨拶してよいか判らぬのが学童使節の実体だと嘆き、子供なら子供らしく、仲よく遊ぼうよ、とぶつかつていつただけで効果は充分なのに、それすら出来なかつたといふのである。日本のこれからの教育もこんなところから根本的に改造してゆかねば折角、知識を世界に求め、などといつてもほんたうの実は結ばないと思ふのである。

私は、そのうちまた遊びに来ます、と帰つていつた進駐兵の約束をたのしみにしてゐる。案外、子供よりも親の私の方が待ちこがれてゐるのかもしれない。

（筆者　サンデー毎日編集次長）

［『文芸サロン』第二巻三号（爽秋小説特集号）、一九四七年一〇月、新樹書房、東京、B293］

特集二篇　アメリカ進駐軍

宮腰武助

青森県当局から通訳を嘱され、大湊への途上遙かに車窓から、廿数隻のアメリカ艦艇群を望見した時、全身が何とはなしに硬ばつた様な感じを受けた。それは海岸近くに四五隻並んで、塗りもはげて見すぼらしい姿をしてゐた帝国の海防艦と対照する時、余りにも颯爽たる姿であつた〔。〕そこにアメリカと日本の現実の相をはつきりと見せつけられた様に思はれたのである。

跡を絶つた不祥事

アメリカ軍の将校も兵卒も一般に無邪気で親切である。殊に僕の大湊へ行つた当時は一般上陸は無くて、司令官や幕僚の将校及びアメリカ側の報道班員のみ、日に何回かやつて来て、視察したり、買物をした程度であつたので事故は何も無かつた。唯残念なことには、青森へ陸軍が進駐した当初に、先発隊が最初の一日か二日位、市民の立ち退いた所で、倉庫を開けたり金庫を開けたりした。僕の奉職してゐる青森一中でも、職員室や事務室が多少なりとも被害を受けたことは事実である。而して作家石坂洋次郎氏の言に依れば、何処でも先発隊は、直ぐ帰国することになつてゐるから、記念品欲しさによくやることだと。日本の通貨は渡されてゐないし、故国の友人、恋人達には、日本へ行つて来たということを誇示したいだらうし、心情を探れば無理からぬ点も伺はれる。とは云へ残念なことである。しかし翌日頃から、アメリカ側の憲兵（MPの腕章をつけた）が来て以来斯る不祥事は跡を絶つた。

アメリカ兵の屯所には、何時でも日本の小児が数人集つてアメリカ兵と一緒に遊んで居る。アメリカ兵は小児に好かれる。

米将校から会話練習

先日青森一中では英語教員一同アメリカ将校数名を招いて、極く内輪の懇談会を開いて和やかな午後の数時間を送つた。共に語り、共に歌ひ〔〕共に食い、共に飲んだ。又或る将校に教室でリーダーを読んで貰つた。上級生には、何れ会話を手ほどきして貰はうと思つてゐる。

アメリカ人の発音

アメリカ人の発音は英国人よりも荒い感じがする。一般的に僕の印象を云うて、東海岸即ち太西《ママ》洋岸の人は英国人の英語に近い様な気がしてよく分る、南部地方の人のは早口で最初の頃は聞きとるに骨を折つた。最も分り難いのは、太平洋岸、即ちカリフオルニヤ州、テキサス州生れの人達の言葉の様に思はれた。大抵のアメリカ人は将校と云はず、兵卒と云はず、黒人と云はず、一様にYES〔の〕意に、「ヤー」と云ふ。僕は初め《ママ》ドイツ語かと思つた。それからGOD（神）といふのを、「ガッド」といふ様に発音する。HALF MOON（半月）を、ハーフ・ムーンとは云はずに、ヘーフ・ムーンと発音する。大体こんな風に、英国の発音になじんでる僕等にとつては、慣れないうちは一寸困つた。否一寸どころではなく、相当に困つた。そこへ行くと師範学校の齋藤君は従来アメリカ二世と学生時代を過された様であるから、僕の様な苦労はなく、スラ〳〵とやつて羨しい限りである。

余談に亘るが、中等学校の生徒諸君は、今まで教室で教はつてゐる発音は、英語の根本的な発音であるから、決して危ぶむことなく、教師を絶対信頼して、基本を確かりとやつて頂きたい。それを土台にして勇気を以て、最寄りのアメリカ兵に、片言でも、たとへ単語一つでもよいから、体当たりの気持で、話しかけて見給へ、恥しがつてはいけません。PRACTICE MAKES PERFECT です、大いにやつて下さい。僕などはこの一ヶ月といふもの恥のかたまり見たいなものでした。それでも、近頃どうやら心臓だけは少し強くなつて、朧げに意味が通ずる様になりました。尤も怪しい時は帰つてから、辞書を念入りに調べて役目の参考に供します。

　青森進駐の当初弘高から約三十名程学生が通訳の応援に来ましたが、友人の対馬昇君、千葉泰雄君等は童顔を輝し乍ら、勇敢に話しかけて居たので、短期間でしたが、帰校の頃は相当話せる様になつてゐました。

看板さまざま

停車場にR・T・Oと書いた看板のことをよく訊ねられるが、これはRAiLROAd TRANSPORTATiON OFFiCE（鉄道輸送本部）のことである。又前記のM・Pは云ふまでもなく、MiLiTARY POLiCE（陸軍警察即ち憲兵）のことである。それから一般的には余り知られてゐない様であるが、C・I・Cといふのがある。青森では焼け残つた県会議事堂の二階。弘前では鉄砲町の宮川別邸〔。〕八戸では警察楼上に夫々事務室があるが、COUNTER INTELLiGENCE CORPS（防諜部又は諜報部）のことである。之は憲兵の特高課の様な仕事をしてゐる。最も俊敏な将校たちが仕事をしてゐるのである。

駐屯軍のタバコ

アメリカ駐屯軍の用ひてゐるタバコは、LUCKY STRiKE（ラッキー・ストライク）、CHESTER FiELd（チエスタフィールド）OLd GOLd（オールド・ゴールド）RALEiGH（ラレー）CAMEL（キヤメル）PALL MALL（ポール・メール）PHiLiP MORiS（フイリツプ・モリス）の七種類の様である。或る将校にどれが一番良いのかと質問を発したところ、それは趣味の問題だ、皆独特の味があるからねとの答であつた。僕はラッキー・ストライクを最も奸《ママ》む。ラレーのパイプ用の刻煙草も捨て難い。尚彼等の一日の配給は六十本の由である。二十本入三個である。

ゲーツ大尉

この数日来、情報官のゲーツ大尉と或る仕事で、一日十時間位ジープに乗つてゐるが、真に早い代りに横から遠慮なしに風が入るので寒いこと限りがなく、腰部に脂肪分の足りない僕は、頻繁に尿意を催して、停車させること数回である。その度にアメリカでは PiSS CALL といふスラングがあるといふ風に、機会に応じて、色々と俗語を教へて呉れる。ゲーツ大尉は当年卅一歳、測量が専門であるが、文学、美術、音楽等各分野に亘つて見聞が豊かである。且つ仏語が話せるので僕にとつて非常に好都合である。大尉は演劇に殊に趣味を持ち、アメリカへ帰れば、コロンビヤ大学へもう一度入つて、文学を専攻する積りだと云つてゐる。

欲しがるキモノ

彼等の一様に欲しがるもの、それは着物である。英語流に「カイモノ」と云はれたので初め何のことかと判断に迷つた。絹の着物の為には、数百金を惜しまぬ様である。誰の為と聞くと、妻と母の為にと答へる。それから日本酒は好むが、林檎酒はあまり好まない。何時か、野辺地で行はれた俊部隊の武器引渡会議に臨んだ時、昼食を町役場楼上で喫したが最初林檎酒を出したが、やがて、若し日本酒を希望なら出しませうかと申し出た処、早速ＯＫといつて、何れも賛成した。日本酒が出てからは林檎酒は誰も飲む将校が無くなつた〔。〕彼等に云はせると味が中途半ぱた《ママ》さうである。今後の為に業者は一考を要することである。

風景・町・ジープ

彼等は、日本の景色は実に美しい〔、〕だが町は汚いといふ、これは青森市のことではなく一般的に見ての話である。先日十和田へ行く途中酸湯猿倉間の紅葉は、生れて初めて斯くも美しい景色に接したと感嘆してゐた〔。〕それから、道路は狭くて、曲線が多いので、車を十分飛ばせないと云つてゐる。あのジープは一時間八十哩出せるさうである。龍飛へ行つた時の如きは、二時間半で青森へ来た。又仙台から八戸まで六時間と一寸で着いた。

築かう平和の都

今後何年青森県にアメリカ軍が駐屯するか分らぬが、今や我々は各人が、江戸城を明け渡した勝海舟の気持になり、何ら悪びれるところなく進駐軍と肝胆相照らして、この廃墟を一日も早く平和の都に築き上げて行きたいものと思ふ。

（筆者　青森市立中学教諭）

〔『月刊東奥』第七巻九号、一九四五年一一月、東奥日報社、青森、G232〕

学童の見たアメリカ兵

三宅松茂

アメリカの兵隊さんが来て、日本はとてもにぎやかになりました。僕の家の前の新国道も今までは、日本の自動車だけ通つてゐましたが今ではアメリカの自動車もたくさん通つてとてもにぎやかになりました。アメリカの自動車で特にぼくの家の前を通るのは、「ジープ」と「トラック」です。「ジープ」には、小型と大型とがあります。とても音がかるく走力があつて、見ていて今通つたと思ふともう見えなくなつてしまいます。「トラック」は日本のトラックよりもずーつと大きく丈夫さうです。アメリカは科学が発達してゐる為、運転する人はたばこを吸ひながらいかにもやさしさうに見へます。

ぼくたちが国道の端に立つてゐると、自動車の上からアメリカの兵隊さんがにこにこ笑つて手をふります。ぼくは初めにアメリカの兵隊さんが日本へ来ると知つた時いやだと思つたが、来てみたらとてもやさしいおもしろい人達ばかりです。

ぼくのお父さんは、通訳でアメリカの兵隊さん達と生活してゐます。日曜日には帰つて来ます。さうしてアメリカの兵隊さんの時間を守る事、礼儀正しい事、科学の発達してゐる事をいろ〳〵と話します。ぼくも話を聞いて感心する事ばかりです。ぼく達も、時間を守る事と、礼儀正しい事は、アメリカの兵隊さんをお手本として見ならうやうにしたいと思ひます。

アメリカの兵隊さんは、ふだんはとてもおもしろく、お父さんが家へ帰つて来る時、門番は「サ・イ・ナ・ラ」「サ・イ・ナ・ラ」と言つてゐるので、お父さんが「さよなら」と言つたら、飛びはねてよろこんでゐたそうです。雨のつゞく時などは寒がつて、「冬はさむいか」とか「雪がどの位ふるか」とか、聞いてゐるのださうです。南国生れのアメリカの兵隊さん達は冬はさむくて困る事と思ひます。

（埼玉県常盤校　四年）

小林進吉

アメリカの兵隊さんはふざけます。ぼくのあたまをたゝいたり「少年」といつたりしてふざけます。ぼくは、いなかからきて、うちの近くのでんしや道に立つてゐたら、アメリカの戦車がきました。ぼくはそばにあつた用水おけにかくれてゐました。そしてその時むねがどきどきしました。それから一しゆうかんぐらゐたちました。そのあひだいつもアメリカの兵たいさんをみてゐました。そしたらもうこはくなくなりました。アメリカ人はしんせつです。うちへきてみちよのことをベビイといひました。ぼくはアメリカの人はすきです。が英語がはなせませんからいやです。こないだぼくのうちへアメリカの人がきてうちのみちよにベビイといつてパンをくれました。そしてうちにあつたきものをほしがりました。がやりませんでした。そしたら人形をゆびさしています〔。〕だからお母さんが持つてあげました。そしたらサンキユウーといひました。そしてうちを出ました。ぼくは後をついて行きましたら、丸の内の方へ行きました。

（東京都神田区錦華校　二年）

秋山周三

アメリカの兵さい《ママ》さんは、ぼくたちが遊んでゐると、英語で何かしやべりながら通ります。ぼくは、おもしろくてしようがありません。なぜかといふと、兵たいさんは、おもしろいぼうしをかぶつてゐるからです。ぼくはアメリカの自動車のそばへ行つて見ました。さうして、おともだち四人とアメリカ人一人とで、まりなげをして、おもしろく思ひました。それからみんなでしんぶんがみでアメリカの兵たいさんのかぶつているぼうしをつくつて、いばつてあるきました。おもしろくておもしろくて、しよ〔う〕がありません。ぼくのうちにもアメリカの兵たいさんがきました。そして、お兄ちやんにチヨコレートと、たばこをくれました。そしたら兄ちやんがぼくにチヨコレートをくれました。その兵たいさんは、ずゐぶん日本語がよくできる兵たいさんでした。その兵たいさんはぼくのうちのおにかいでおはなしをして行きました。さうしてその兵たいさんが、かへるときさよならといひました。

（東京都神田区錦華校　二年）

鶴岡弘子

私は、アメリカ兵が来てからはくやしくてたまりません。ただあの戦争が《ママ》まけた時は、ほんとうにまけたのかと思ふとなんだか涙が出て来ます。今では、何ともありません。ジープが通ると、そのことが心の中にうかんで来ます。この間の、やすくにじんじやの《ママ》おまいりした時は、今までとつこうたいに、いつた人はほんとうにお気のどくだと思ひます。私はアメリカ兵は、おもしろいし、やさしいと思ひます。アメリカ兵が来た時はちつともこわくはありません。かへつて日本人よりアメリカ兵の方がしんせつだと思ひます。アメリカ兵は、きちんとしてとてもきれいです。私はいつもいつもさう思つてゐます。私はアメリカ兵のことをどうして日本のしなものがほしいのかしらとふしぎでたまりません。アメリカの方がズウツとしなものがいゝのにと思つてゐます。アメリカ兵はどうして「ちゆういんがむ」をかんでゐるのかと思ひます。

（東京都神田区錦華校　三年）

木村　正

戦争がおはつてから、米兵がきて東京の町を、じーぷで乗りまはつてゐます。あめりか兵はみんなとても、公とく心があります。あめりかのじーぷには日本の女も乗つてい〔る〕時もありますが、それはアメリカ兵のじむしよのかんけ〔い〕だと思ひます。黒んぼ兵はあまり黒いのでおどろきました。空にはいろいろなひかうきが朝から夜までとびまはつてゐますが、中でもいちばんおもしろいのはオートヂヤイロです。あめりかのはつめいにおどろきました。ぼくたちはこれからいつしようけんめい勉強してりつぱな日本国をつくります。

（東京都神田区錦華校　三年）

島　俊夫

明治節の日、学校が終つて帰る途中、主ふ〔婦〕の友まで来ると、米国の兵隊が、荷物をトラツクまで、運んでゐました。一人の米兵がたばこを出してすつてゐました。荷物を運ぶのにめんどくさくなると今出した、たばこをすぐ捨てしまひます。日本人なら火を消してしまふのに向ふの人はすぐ捨ててしまひます。あれだけ日本人はけちけちしてゐるのかと思ひます。この日本が早く今のアメリカ見たいになればよいと思ひます。

（東京都神田区錦華校　四年）

木村博充

大東亜戦争が日本の負けで終りましたので、アメリカの兵隊さんがほしう《ママ》占りよう〔領〕に来てゐます。僕の家のそばの太陽堂といふ写真機屋にも毎日ジープが来ます。アメリカの兵隊はあまりきれいな服を着てゐるので、あんな兵隊が戦争したのだとはどうしても思へません。自動車のハンドルを動かすのもかた手でたばこをふかしながらかるさうに動かします。アメリカ人は子供がすきらしく通りに子どもをあつめて遊んでゐます。電車へ乗るのを見ても中へはいらないでうしろへつかまつて乗つてゐます。この間、僕が電車へ乗つてゐたらアメリカ人二人がそばにゐて、何〔か〕英語でしやべりながらポツケツトからちゆういんがむをくれました。おとうさんと銀座へ行つた帰りにアメリカのけん兵が日本の女の人をからかつてゐました。僕はアメリカの国民はむじやきな国民だなと思ひました。

（東京都神田区錦華校　四年）

小林秀子

米兵は、日本の物をほしがる。めずらしがつてほしがる。私たちもはじめは米兵がめづらしかつた。こはごはみてた。もうなれてきた。私の家の前にもときどき米兵がとほります。色の真黒いトラツクに一人しかのつてゐないのもとほりました。私の家は、ゐかきです。米兵が、しやしんやとまちがへて私の家へはいつて来ました。二階にいた、おにいちやんが、べちやべちや、えいごをいひました。私のお人形を米兵にやると、米兵は、喜こんでかへつた。またその米兵がきた。おかしをたくさん持つてきてくれた。米兵は、私のこと、がある、がある、と呼んでいます。米兵はよつぽど子供が、かはいいと、みえました。いまごろではもういろいろな物を米兵にいただいた。

（東京都神田区錦華校　四年）

高城順子

私は八月の終り頃の朝、お母さんが新聞を見ながら「ほう横須賀にも米軍が進駐して来ますよ」とおつしやつたのを聞いて少しおそろしくなりました。けれども半分はアメリカ兵を見たい心でした。それから後アメリカの兵隊を見たのは日曜日の午後でした。その日は東京の伯父さまがいらつしやつて午後の二、三時にお帰りになるので私と美晴ちやんと浦賀の駅までお見送りに行きました。ところが、けいさつの所まで来ると、めづらしい又へんな自動車が大通の右側に止つてゐて、皆遠くから集つて何か見てゐるので、美晴ちやんと「何だらう」と云ひながら近づいて行くと、皆がアメリカ兵を見てゐるのだとわかりました。それから何だかおそろしいやうな気がして立ちどまつてゐると、伯父様が「アメリカ兵がこわいなら駅まで見送つてくれなくてもいいよ」とおつしやつたけれど、せつかくここまで来たのだからと美晴ちやんに言つて又歩きださうとしたら、伯父様が「帰り心配するからここまででい丶よ」とおつしやつたのでけいさつの所までお見送りしました。それから長い事其処でアメリカの兵隊を見てゐると、突然すぐ横の方から二人ひよつこり出て来たのでびつくりしました。それですぐ美晴ちやんと帰りました。それが始めて見た時でした。私はアメリカ兵の帽子のかぶり方がゆがんで頭をちよつとまげたやうな様子が何だかわざとかぶつているやうでおかしくてたまりません。この間の寒い日に学校から帰る途中米軍の自動車が通つてゐました。すると自動車が水たまりの中に入つてはねが自動車に上つて窓にひぢをのせてゐた兵隊の服がよごれたので、アメリカ人はびつくりしてわからぬ言葉で何か言つていたので私は一人で思はず吹出してしまゐました。アメリカ兵の顔はいつも赤いのでなほおかしかつたのです。又日本人形やだるまや色々のものを持つてゐるのをみるとだらしないかつかうに見えて、このしつかりした日本の国へあんなへんなかつかうをしてゐると思へば、くやしくなつて来ます。その上に日本の男の子ともあらうに、アメリカ兵が通ると「ハローハロー」と言つて何かもらふと、言ふことを聞いて日本人が支那人や南洋人のまねをしてゐるやうでくやしくてくやしくてたまりません。早く日本人みんなにやめてもらひたいと思います。でもだらしないやうなアメリカ兵でも戦争に勝つたのだから、どこかいい所があるのだらうと私はふしぎに思つてゐます。

（神奈川県浦賀校　五年）

高橋　勇

僕が疎開から帰つてきてからはじめて進駐軍にあつた時には、なんともいへないおそろしいやうな、こはいやうなかんじがして、思はず顔を、横へむけたけれど今では、すつかりなれてすれちがつても、自分から「ぐつとばい」とかゆうやうになりました。でも進駐軍と、日本人とは、きりつがちがいます。進駐軍は、いつも、口を、もぐもぐさせながら、番兵したり、ジープに乗つたりしています。日本人は、いつも口をむすんでいます。進駐軍は、そうゆうやうなきりつで、よく戦争に勝つたと思うと、僕は、ざんねんでなりません。でも進駐軍の働らきぶりをみますと、電話線を引《ママ》のにも、米国人は、いちいち、はしごをもたづ《ママ》に、線は、自動車に乗せて、ぐんぐんと引つぱつて行きます。雷注《ママ》ぼくに上る時は、日本人は、はしごで登るが、進駐軍は、はしごも、もたづに、くつの所に、やりみたいな物がついていて、そこで電注木につつとして登りました。登つてからは、腰の所に、ばんどがついてて、そこで、きちつと、電柱木につけて、あとは、自由に働らきました。お兄さんにきさましたが、進駐軍は、せんたくをするにも、機械がぐるぐるまわつていて、あわが多くさんでてきて、その中に、よごれた、物を入ると、きれいに、洗えるさうです。アメリカは、それだけ、科学が発達してゐるのだなあと思います。

（神奈川県浦賀校　六男）

副島伸古《ママ》

十一日、今日は朝からひどい雨が降つていた。僕たちは学校のじげう〔授業〕がおはると急ぎ足で学校の門をでた。するとえきの方から自動車のえんじんの音がしてむこうの方から、アメリカのジープがうしろにとろつこのやうなものをひいてやつてきた〔。〕僕たちは、はじによけた〔。〕そしておだんごやのそばで急に、えんじんがとまつてしまひました。するとジープにのつていた米兵人がしきりにえんじんをかけていたがそのうちに、かかつて動きだした。そして人にもそう、やす〱と、とほれやしないほどの道をゆう〱とのぼつて行くので僕はどうしてだらうと思つてよう〱車のところを見るとギヤが二ツついていました。そして僕のはそうだこれだ日本のにはギヤがうしろにしかついていないが進駐軍のには二ツついている〔。〕大型の自動車には三ツもついている〔。〕だからさかでもぐちや〱の道でもぞうさなくあがつたりおりたりすることができるのだと思つた。

それを《ママ》くらべると日本のは大きくても小さくてもギヤが一ツしかついていないからきゆうなさかになると早くのぼれないのだと思ひ日本ではそれだけかがくがはつたつしていないのだと思ひこれからもつと〱べんきようしてアメリカにまけないよいものを発めいをしなければならないと思ひます。

（神奈川県浦賀校　六男《ママ》）

古川徳子

さいしよ、アメリカの兵隊さんが、しんにゆうしてきた時、私は、こわくて、こわくて、たまりませんでした。今ではほんたうになれてきました。そして、家の母が、アメリカの兵隊さんはとても、とてもしんせつだよ、といひました。私は、アメリカの兵隊さんみたいに、大きくてからだはがつしりとして、いたいと、いつでも思ひます。私の家のすぐそばに、つうやくの人がゐて、そこの家に、毎日あそびにきます。私が、二階の窓から見ていると、私の、顔をみながら、にやにやと、笑つて、いたので、私の、お姉さんが、ひつこんで、しまいました。私は、ほんたうに、おもしろいと思ひました。それから、日曜日に、しやしんをうつしてくれました。

（東京都神田区錦華校　四年）

伊藤道彦

米兵はからだが大きく丈夫そうに見える。それはきつと「チヨコレイト」や「チユイングワム《ママ》」をたべるからである。ときどき「ヂープ」が買ものに来ると子どもたちがよつて行くそのひさん〔悲惨〕なかつこう、ぼくはまだもらつたことがないが大人までが米兵の「たばこ」のすいがらをひろつて、あるいてゐるかつこう〔は〕まつたく「はいせん国のだいひよう」だと思ふ。ときどきアメリカ兵がかんづめだとかうりにくるがみんなやみで「たばこ」が一はこ二三十円とかやみでうりとばす。しかし大どうりではうらない〔。〕かならず細いよこち〔よ〕うとかせまい道などでうる。なぜせいせいどうどうとうらない〔か〕と云ふとそれはMPに見つかるからである。日本人と米兵のたべものは、アメリカ人が日本人の三倍たべてゐる。アメリカ人がはなが高いと言つてゐたがあまり高くないことがわかつた。（東京都神田区錦華校　四年）

吉川亮佑

きのふの日曜日にはたくさんの米兵がジープに乗つて町へ出てゐました。ときにはチュウインガムをかじりながらあるいてゐるのも見ました。ときどき店へ入つてなにかかつてゐました。米人の頭のけは茶色で目は青くてせいが日本人よりぜんぜん高いのです。時にはやさしい人にあふとチユウインガムをくれます。将校にあつても、けいれいもしないですましてあるいてゐます。主ふの友の前にはジープがたくさんとまつてゐます。米人は足がながいから、だんだんは二だんぐらいへいきであがつて行きます。服もあたらしいのをきてゐます。くつもあたらしいのをはいてゐます。（東京都神田区錦華校　四年）

風間恭子

今は、昔とおなじな平和じだいになりました。そのかはり米兵が、大勢はいつて来ました。始めは、おそろしいと思つてゐましたが、このごろはとても親切なのでおどろいてしまひました。三越や白木屋へ行つてみると、お人形やおもちやを、買つて行くのをよく見かけます。黒いズボンをはいて白いせいせい服を着ている兵隊さんもいます。とても美しくて、きれいです。この間の日曜日清麻呂公園へ行つた時、米兵が写しんをとつて、くれました。そうして、チヨコレイトをくれました。（東京都神田区錦華校　四年）

武田文男

僕は、信ノ〔濃〕町から御茶ノ水までくる時でんしやの中に、米兵がこしをかけていた〔。〕その前におぢいさんがたつていた。米兵はおぢいさんのかたをたたいた。おぢいさんはちよつとおどろいたらしくふりむいた、米兵はたつた。おじいさんをそこへすはらせた。おぢいさんはよろこんですはつた。米兵はにこにこしながら立つていた。「僕は米兵はえらいな」とを《ママ》もつた〔。〕学校からかへつて、べんきやうをすまして、自てん車で、おともだちのところへ遊びにいつた。僕と友だちとかい《ママ》へんに遊びに行つた、米兵は、いつも、ほがらかだ、米兵に、自てんしやをかしてあげると、よろこんでのつて行〔つた〕。かへつてきて、僕とお友だちと、のろうとすると、ちよこれいとをくれた。僕はうれしかつた。（東京都神田区錦華校　四年）

浦野照一

米兵を見たらその横を気をつけて通る。米兵はしんせつだ。

米兵がチヨコレイトやいろいろの物をほうつてそれを、日本の子供が拾つてゐるのを見ると、がつかりする。日本は、大東亜戦争にやぶれてからはだらしがなくなりましたことは、ざんねんに思ひます。米兵の背の高いのにおどろきました。

（東京都神田区錦華校　四年）

安永のぶ子

このごろ、私の家の前を大勢の米兵がひつきりなしに通つてゐます。私がこの間おふろへ行く途中、焼けあとの前を通りますと、米兵の乗つたトラックが道ばたに止つてゐました。どうしたのかと思つて見ると、地鎮祭と書いた美しい札が立ててありました。よく見ると、一人の米兵がトラックからおりてたいこをたたいてゐるのです。トラックの上でも下でも手をうつてゐました。人がたくさん集つて来たので、そこをしりぞきましたが、あの時の米兵の気持は、大へんほがらかであつたらうと思ひます。

（東京都神田区錦華校　四年）

○

連合軍進駐以来、既に二ヶ月を閲したのであるが、この間、児童は進駐軍を、どうみていゐか、又、進駐軍を通じて、自分を如何に反省してゐるかを知ることは、今後の教育に資するところが多々あると思ひ、こゝに、一二三の学校に依頼し、児童の作文を加筆訂正をせず出来るだけ、なまのまゝで、掲載した。進駐軍を見る目は、年齢により、性別により、都市と農村とにより、その視覚は異なるであらうし、進駐当時と、現在と、今後とでは異なつた結果をもたらすであらうが、児童の進駐兵観の一斑を知ることが出来よう。尚、編輯の都合上、全国的に蒐集出来なかつたことをお詫びする次第で、各校に於いて研究せられるよう望みたい。

次ぎに、神奈川県浦賀国民学校の上遠野氏が同校男女六年生中三十一名について調査した結果は次表の如くである。

一、優れたものと見ている点

自動車が軽快で素晴しい……………………五
何かくれて（喰物）やさしい、親切だ…………七
科学が進んでゐる（電柱作業、ジープに据えつけたラヂオ、自動車等をみて）……………………六
電車の窓からおろしてくれて親切だ……………三
年寄りに親切だ……………………………一
火災の折、荷物を出してくれて親切だ…………一
朗かだ……………………………………一
音楽が好きだ………………………………□
随分、物があるらしい………………………五

二、心にぴつたりしないものと見てゐる点

矢鱈に写真を撮る…………………………一
歩きながら物を食べてみつともない……………七
上官に敬礼しない…………………………一

帽子をあみだにかぶつて、だらしない…………………一
帽子の恰好がおかしい…………………………………一
かり上げをしている……………………………………一
丈が高く、目が青くて気味が悪い……………………四
ピストルを持つてゐて恐い……………………………一
日本の着物を欲しがつてゐる…………………………三
酒が大好きだ……………………………………………一
番兵の態度がだらしない。（銃の持ち方、ものを喰べてゐる）……………………………………………………五
お雛さま、傘、扇子、箸などを持つてよろこんでゐる…一

三、自国を反省してゐる点
何か貰はうとして集る人が多くて情ない……………七
タバコを売買してゐる人が多くて情ない……………三

四、其の他の感想
だらしない米兵に負けて残念だ………………………三
米兵が勝つたところを見ると何処かによい所があるに違ひない、不思議だ…………………………………………一
ジープに乗つてみたい…………………………………二
ジープのやうなよいものを発明したい………………二
原子爆弾に負けないものを発明したい………………一
負けずに科学を勉強しよう……………………………一
また日の丸の飛行機をとばすやうになりたい………一
米人と仲よく遊び、仲よく暮したい…………………一
仲良くして平和世界を建設したい……………………一
アメリカをよく知つて世界の平和に力をつくさう……一

以上四項に分類してゐるが、これによつてみると、優秀なりと見てゐる点は、科学的水準の高さと、進駐軍が日本人に示してゐる親切、即ち道義的点と、物量的優位にあるといへるし、第二の点として奇異に感じてゐることは、生活様式の異なる点と、日本人の目から見ると、大いしたものとも思はれないものを、喜んでゐる点と、余りに自由に振舞つてゐる点が、だらしなく見えることである。そして第三には、自国民に対する反感であるし、第四の点としては、第一に於いて述べたアメリカ兵の優秀さに、自分等も追ひつかうとしてゐる点である。

これら四つの観点に立つて進駐軍をみると、或る点大いに助成し又学び、平和日本の建設に資すべきものであるし又、或る点に於いては、矯正し、正しい方向へ、頭を切りかへさすべき点も多々あるやうである。いとりない児童を、あづかり、これからの日本を築き上ぐべき教師としては、彼らの率直なる心の傾きをよく捉へ、これを善導してゆくべく努めねばならぬと痛感する。

［『国民教育』第五巻三号、一九四五年一一月、国民教育図書株式会社、東京、K1591］

進駐兵に笑はれる

伊福部敬子

ある土曜日の午後――。私は、買ひ出しの群集に揉まれながら、郊外某駅のホームに、電車のつくのを待つてゐました。

やがて電車がつくと、人々はわつとばかりに乗降口に押し寄せて、まだ降りる人が沢山あるのに、かまはず乗りこまうとしました。中には、土足のまま窓からとびこむ者もあります。

ちやうど私のすぐ傍《かたはら》に、女学校の二年生ぐらゐの少女が、父親と一しよに、押され押されしてゐましたが、そのうちに父親が、

「おい、こつちへおいで。窓から乗らう。お父さんが先に乗るからね。」

といひながら、人波を押し分けて窓に手をかけました。

「お父さん、およしなさい。」

少女は、あわてて引き止めました。

「なぜ、みんな乗つてるぢやないか。」

父親はかまはず、身を乗り入れようとしました。

「お父さん、そんなことをすると、アメリカの進駐兵に笑はれるから、よして。」

少女は必死に叫んで、父親にすがりつきました。この少女の一言に、さすがの父親も、黙つて窓から手を放してしまひました。

「進駐兵に笑はれる」

私はこの言葉を、多くの同胞に贈りたいと思ひました。

〔『少女倶楽部』二月号第二四巻二号、一九四六年二月、大日本雄弁会講談社、S2066〕

進駐兵士の印象

原　奎一郎

マックアーサー元帥麾下の進駐軍将兵がどつと東京へ入り込んできたとき、今更のやうに僕が眼をみはつたのは、アメリカ人といふのが実に種々雑多な民族から成立つてゐるといふことだつた。背のすらりとした金髪碧眼のアングロ・サクソン系は流石に大多数を占めてゐるが、髪の毛の濃い色の浅黒い比較的小柄なラテイン系も相当混つているやうだ。凡そ欧州民族の各類型をここに見出すことが出来るといつてもよいくらゐである。それに黒人部隊の兵士に出会ふことも珍しくないし、二世兵もしばしば見かけるといふ有様である。

僕はかうした複雑な人種構成を眼のあたりに見ながら、ふと思ひ出したのは、戦争のはじめ頃、われわれのラジオが連日連夜例の「敵は幾万ありとても」の歌を放送してゐたことだつた。あの場合にあのやうな歌を選んだひとの真意は想像に難くないが、おそらくその動機のなかには、相手が米英といふ二国であり、また合衆国々民が雑多な民族の寄合世帯であるといふところから、謂はば「烏合の勢」であり、恐るるに足らぬぞといふ観念を国民の頭に叩き込まうといふ意図が含まれてゐたにちがひない。そして事実、国民の一部には、太平洋の米軍に対してたとへ勝算の見込は立たなくとも、いづれはその「烏合の勢」が内輪揉めをし、仲間割れをして、戦局が我に有利に展開するだらうといつたやうな甘い考へに安住してゐた連中も少くなかつたにちがひない。作戦の見透しをあと廻しにして、相手方のマイナスになることばかりを心待ちしてゐるやうな戦ひが、どんなに歩《ママ》の悪い戦ひであつたかを、いまわれわれははつきり思ひ知らされてゐる。してみると、あの緒戦当時の「敵は幾万ありとても」の歌は、敵の弱点を衝いたつもりで、実はわれわれ自身の脆弱面をさらけ出し、認識不足を臆面もなく広告してゐたやうなもので、おもへば恥づかしい限りである。

ところで彼等は果して烏合の勢であつたらうかと、いまは改めて問ふのも愚なことである。むろん合衆国のそれぞれの故郷へ戻つていつたならば、東部と西部、南部と北部、アングロ・サクソン系とラテイン系とでは、習慣や生活の様式や物の考へ方に多少とも相違したところがあるにちがひない。しかし、何はともあれ直截簡明な「真珠湾を忘れるな」の懸声に国を挙げて応じた純一無雑な戦意において、彼等のあひだに寸毫の差異もなかつたことだけは疑ふ余地がない。いや、それどころか、今日のアメリカ人が欧洲の祖先民族とは切離して考へねばならぬ別個の一民族を形成してゐることは僕がここでくどくど説くまでもないことだ。われわれの戦つた相手は正にそのやうなアメリカ民族であり、しかもその民族のなかでも若々しい精鋭だつたのである。

先夜、僕は東京駅のプラットフオームでこれから宿舎へ戻つてゆく進駐軍の兵隊同士、それも一見してそれとわかる典型的なアングロサクソン系の兵士と黒人部隊の屈強な兵士とがスクラムを組んだ形で一団となり、しきりに何か戯談を言ひ合つてゐる場面に接し、思はずホロリとさせられた。これこそアメリカ民族の渾然たる融和を語る場面だなどと、必ずしも僕はここにアメリカのための宣伝を買つて出るわけではない。ただ、少しの期間でもアメリカに滞在したことのある人には、僕がなぜホロリとしたかを理解してもらへるはずである。

汽車のなかや公園などで、僕はしばしば進駐軍の兵士と日本人の学生とが即席の交換教授をやつてゐるのを見かける。迂闊にその光景を眺めてゐると、両方ともなかなか熱心にやつてゐるやうに見える。しかし、少し注意して観察してゐると、その熱心さがきはめて一方的であることに気がつくのである。僕はあるとき、僕の眼前でこの種の交換教授が行はれた機会に、おもはぬ発見をしたのである。

　日本人の学生が何か話題を見つけて話し出すと、進駐軍の兵士はそのことについて執拗なまでに聞きただし、自分の納得のゆくまでは質問をやめない。正に「聞かぬは末代の恥」とは彼等のつくつた諺ででもあるかのやうな態度である。ところが、日本人の学生が物を訊く立場に廻ると、この執拗さはまるで見られない。いたつて淡泊なものである。しきりに「アイ・シー」を連発して頷いてみせてはゐるが、事実一向に相手の話が呑み込めてゐないことは、傍らの僕にもはつきり察しがつくのである。日本人の学生は、わからぬことをわからぬと、なぜはつきりした態度を示すことが出来ないのであらうか。わからないくせに、わかつたやうな顔をして体裁をつくろふ義理がどこにあらう。僕はもどかしさを通り越して、ゐたたまれない気持になつてきた。

　またある朝のこと、僕は十人ほどの進駐軍兵士が小銃を肩に担ひ訓練を行つてゐるところへ通りかかり、それがいかにも颯爽としてゐるので、おもはず立ちどまつて見物した。日本の兵隊が歩調をとつて力み返つてゐる恰好にくらべると、見てゐて胸のすくほど軽快な余裕たつぷりな姿である。剣を下げてゐるのとゐないのとの相違も手伝つてゐることだらうが、とにかく日本の兵隊のあの力み返つた精力の浪費がここには見られない。日本の兵隊は短い下肢をおもひきり踏んばつて右左にガタガタ揺れるやうな行進の仕方だが、進駐軍兵士は伸びやかな脚ですいすいと少しの無理もなく自然な姿勢で行進してゐる。それでゐて調和のとれた整然たる隊伍をつくつてゐるのである。

　かういふ光景を見るにつけても、僕は敗北感が一入身に沁みてくるのをどうすることも出来ないのである。


「『日本文学者』第二巻五号、一九四五年一二月、日本青年文学者会、東京、N255」

聯合国軍の兵隊さんは何がお好き

草野三枝

三越本店スーヴニアDEPT
主任　草野氏と本誌記者とのインタヴュー

記者――お忙しい処をどうも、今日は「聯合軍の兵隊さんは何がお好き」といふ題でお話をお伺ひ致し度いと思ひまして……

三越――聯合国軍の方はなんといつても奥さんへのお土産が欲しいのです。自分の恋人か、自分の奥さん、それから或は自分の妹とかお母さん、といふやうに女の人への贈り物が中心となるので、従つて女の人に喜ばれさうなもの、真珠で出来たもの、或は宝石で出来たもの、ブローチ、指輪、腕輪、首飾など。

記者―― 変つたところではどんなものが要求されますか。

三越―― 今ではありませんけれども、絹のパヂヤマとか、ハウスコート―― 朝起きてお茶を飲む時の―― そんなもの。……面白いことに例へば美人の写真などのさういふものはあまり売れないのです。こんなもの持つて帰つたらこれでせう（売場主任は人差指の角を二本頭にニヤリ）。内地へ来て遊んでも奥さんに内緒です。ですからあとで奥さんに見附かるやうなものは欲しくないのです。日本人の写真でも、芸者ガール、舞子《ママ》さんなどの写真なんかありますが、さういふものは売れないのです。趣味的なものならば、象牙に彫刻したものとかを非常に好まれる方がありますが、特別のやうなので、或は塗物。なんといつてもとにかく女の人への贈り物ですよ。それから絹で出来たものは織物など、アメリカ辺りには沢山日本よりもある訳ですが日本は絹の国だから、何か絹で出来たものが欲しいのです。

黒人の兵隊さんがたまに来ますが、これはどうも私よく判らないが、驚くほど高い物を買つて行くのです。例へば普通誰でも買ふものは百円から五百円位ですが、三千円もするコートなど買つて行く。

それからもう一つは、日本流にいへばアメリカの人は計算が非常に細かい。例へば一弗で十五円ですけれども一弗十五円で買つてアメリカへ行つて何弗の値打があるか。向ふへ行つて値打があるものが欲しい。買物をしても、七十五円の値段が附いてゐると五ドルだ、ところが果してアメリカで五弗の値打があるか。知つてゐる向ふの店で十弗だと、ちやんと頭の中で計算して買つて行く。さういふ点は日本流でいへば細かい。

記者―― 所謂日本古来の伝統的な香りを持つたもの、日本的なものはどうですか。

三越―― さうですね、或る日本人が色々世話になるので、掛軸を二本ばかりやつた。最初は、自分は好きではないが、弟が好きだから大変喜ぶだらうといつて帰つて行つたが、その人が急にこの頃好きになつて来たといふ、さういふこともあるのです。

記者―― 見てゐる中にですね。

三越―― しかし掛物は私共は売らないのです。日本には床ノ間がありますが、向ふでは掛ける処がないから。

記者―― 兵隊さんが来る時刻は。

三越―― お昼の時間には来ないのです。朝の十時頃から十一時まで。それから午後は二時か三時半、四時まで。昼飯は自分のところでするからです。もう一〔つ〕は日本へついて仕事してをりますから、買物の時間が少いのです。自動車で来た時に一寸止めて三十分休憩して買物をしようといふので、スツと引揚げて行くのです。ブラ〳〵と見て歩いてをりません。時間を気にしながら見てをります。

記者―― 無理なことをいつたりはしませんか。

三越── ねばりは強いのです。まけろなんていふことも時々あります。昨日も三円半ぱが出たのです。三円まけろといふのです。こつちはどうしても出来ない。暫く押問答して払つて行きましたが。それから小銭はいやがりますね。或将校さんと一緒に他所に買物に行つたのですが、偶々お釣りに十銭札が何枚か出たのです。迷惑さうな顔をしてました。取扱ひがいやなのでせう。それから日本語の研究といふのは仲々盛んらしいのです。日本語を勉強する本があれば随分売れますね。日本語は三週間で覚えられるとか、日本語独習書といふやうなもの。

記者── かういふところで物を買つて、日本の女の子にプレゼントするといふこともあるのでせう。

三越── ありますね。偶に女の子を連れて来て買つて大事に抱えてゐる人があります。また、その辺でキッスなんかして、売場の女の子が顔を赤くしたりしてテレましてネ、向ふの人にすれば、それは普通だといふので率直に感情を現はすのに、日本人はさういふ時どうするかといふのですよ。売場の中で抱きついたり、噛りついたりといふことなんか平気ですね。私達は売子に、さういふところは見て見ないふりをしろといつてゐるのです。顔なんかも赤くしないようにネ。

記者── ハ、アーなる程、どうもいろ〳〵ありがたうございました。

　こゝで心臓の余り強くない記者はほう〳〵の態で引下ることにした。

［『VAN』創刊号、一九四六年五月、イヴニングスター社、東京、V3］

進駐軍向土産店繁栄秘訣

絵と文　榎本映一

　スーヴエニーヤ屋すなはち進駐軍向のお土産店である。雨後の筍の如く、いや猫〔も〕杓子もといつてよい位に終戦後発生したのがこのスーヴエニーヤ店である。間口一間のバラツク建或は大資本を投じたビルに店舗を張るものこゝにもピンからキリまで御座んスといふわけだが、スペルの違つたウエルカム・カムも平気のヘイチヤラ、指を二本出したり三本突出したりしてコワレた英語で、どうやら意味が通じたが、最近では販売には事欠かさぬまでに「習ふより慣れよ」で御愛想の一つもいへるやうになつたのであるが、進駐軍兵士も、進駐当時より土地の生活にスツカリ慣れ切つて、必要以上は物珍らしくスーヴエニーヤ店を覗いて呉れなくなつたやうである。一方PXといふ進駐軍の雑貨配給所の一部門にみやげ品部を特設して、ハンカチ等は至つて格安に入手できるやうになつたりして、我が世の春を謳つたスーヴエニーヤ店も、新円旧円の切り替へも相当に響いて、こゝ凋《ママ》落の兆がみえるとの悲観説が唱へられ出したやうだ。店内へ這入つて来るのは顔馴染みの兵士たちで、達者なニッポン語で「サヨナラ。ネ。」と愛嬌を振りまいて立去つて行くのみである。こゝで考へてみる必要がある〔。〕進駐軍兵士たちも決して毎日ブラブラしてゐる訳ではない。各自が軍律の中に公務を持つて居て執務、そう矢鱈に外出も許されない筈である。其の証拠には日曜日の売上げは多少に拘らずその好成績を物語つてゐるのではないだらうか。下り坂だといふのはチト早計で今までが余りにも、良過ぎたのではないだらうか。

　そこで漫画子はヨコハマのお土産店を打診とばかり破れ靴と聴診器ならぬペンを動かすこととなつた。

★　★

横浜・馬車道　オリンピック木下商会

　ハマのメイン・ストリート伊勢崎通りの関門吉田橋傍の三階からスウヰングの音律が五月の薫風とともに流れて来る。二階が進駐軍用のビアホール、一階がスーヴエニーヤ部である。出入商人は裏口からといふ貼紙に裏口へ廻ると、ダンサーが踊り疲れて一息みどりの風を胸に入れてゐるのをチラリ横眼でみて、事務所へ刺を通じる。庶務課がズラリと綺羅星の如く机を列べて活気□《ママ》溢。常務取締役であり、総務部長である覇気をリンリンと感ずる渡邉才吉氏にお会ひする。

「お客さんに好もしく思はれる応対法に就いて何か。」とボク。

「進駐軍の方も最近は十人が十人といつてもよいくらゐに、洋装はしてゐてもニッポン娘さん的な女性を好んでゐるのではないかと思ひますね。ケバケバしいお化粧は余り感心してゐないようで、此の点も女店員にも注意し又採用の際にしても特に選択してゐます。」

「商品の陳列に就いて特にこうやつたらといふお話をどうぞ。」

「これはその店にもよりますが、例へばキモノの場合、見本を一、二点店頭に陳列し効果の上からいつても一個所に纏めたいものですね。価値付ける点からも必要ですし、他の商品の間にですと後部がみえなくなり、いづれも高価なものであり盗難の憂ひもありますから……」

「抱負をおもらし願へないでしょうか。」

「私の店では利潤追求をせず、優秀品を吟味して廉価に販売する、社長訓にあります様に道義を開店当初から設立の趣旨のもとに一貫して来て居りますし、敗戦国として、あちらと肩を列べて行けるまでに向上したいと念願し努力してゐます。」こゝまで来ると渡邉氏は熱弁になつて来た。

「外貨獲得といふよりも、まづ新日本の建設のため将来の為日本人のガッチリとした基礎を作りあげたいのです。私は幼少の頃から一路美術家、武道家を志としてゐたのでしたが、敗戦後ダンスホール、土産品店の経営に専念するやうになり、これは全く百八十度の転回です。社長も他の常務も元エンジニア、商大出、割烹店主でホンとの素人なのですが懸命に頑張つてゐます。」と謙遜される。お談しする程に質実剛健な氏の人格がうかがはれる。

ダンスホールとビヤホールの共営の関係上兎角荒らつぽさが社風に染み出て来るのではないかなどと漫画子は懸念したのであつたが、意外に上長を尊敬し礼儀正しく、外来者の応対もよく武骨ではあるが一種独特の社風を成してゐる。そこで禁断の店内拝見である。進駐軍兵士たちと売場、店員の醇成する、おほらかな雰囲気もこよなく良くて、気分のい、余裕のある買物の出来る店である。

★　★

馬車道　福洋行

焼跡ビルの二階の部屋を使用して七軒の店（設計図参照〔省略〕）が保証金を協《ママ》出して各自が店主兼店員といふ訳。「桜木町駅から来れば場所としては、とつつきなのですが少し中心をはづれてゐますので眼に付くやうに建物の脊中一杯に文字を入れたり、路上看板を置いたり、入口に提灯を吊したり苦労してゐます。そうですね最近の売行ですか、まア一応落付きをみせてゐますが、今度は商品の補給の点困難してゐます。」と松屋デパートに永年勤務したことのある鈴木氏は語るのである。

それでは、ダイヤモンド、ブローチ、指輪、ロケツト等燦然たる輝きの中に咲いた名花一輪ともいう可き枚田和子嬢に難題を吹掛けることにした。

「私はお客様がみえられると矢張り、朗らかにしてハロウと呼び掛ける気持で応対することが大切だと思ひますワ。陳列は、小さいものを上に大きいものを下に飾つてゐますの。それから小綺麗に飾ること必要ぢやないか知ら。

埃がケースに付いてゐるのは大禁物よ。向ふのお方はトテも綺麗好きで、此の間拭いて頂いて恐縮して了ひましたワ。一番売れるのは耳飾りだワ。私お客様からＪＵＮＥつて名前を貰つたの……」と嬉しさうである。採点九点の名回答振りである。

同じ屋根の下の大家族は和気藹々の裡に営業を続けてゐる。進駐軍兵士との会話上、どうにも手に負へなくなると「芹澤さんチヨツト」と悲鳴をあげるとこの芹澤さんがペラペラつと通訳専門でスムースに商品が売れて行くのである。

スーヴエニーヤ店にはお土産店ならではの特殊な商品があり、写真機、時計、指輪等、ニツポンに於ける掘出し物をと来店される人もあるのではないだらうか。何処何処の何んといふ店へ行けば珍らしい優良な品があり一軒で纏まる土産品があると評判になれば万事オーケーである〔○〕

〔『商店界』第一巻一号、商店界社、一九四六年七月、東京、S2265〕

魚躬氏発明の進駐軍用立毛じゅうたん
富山県が誇る新物産

未だ世間には余り知られぬ富山県の一大物産が、滑川町魚躬常次郎氏経営の日本絨氈製作所で製作されてゐる。即ち進駐軍住宅用としての立毛絨氈で、現在進駐軍から約四千万円の受註があり、之に要する毛糸の四十五万ポンドを始め、ラテックス、ガーゼ、帆布等の資材も入手し、月産十万平方尺の全能率を挙げて完納を急いでゐる。

魚躬氏は明治四十四年十八才のとき、故父と共に藤《ママ》表織を起し、滑川町の物産として努力したが、その後時代の変転は日支事変当時藤《ママ》表から立毛式絨氈（氏の苦心発明による）に転換、輸出金貨獲得を目指して三井物産とも特約なり、いよ〳〵大製《ママ》産に移らんとするや、資産凍結に続き太平洋戦争となり、氏はこの立毛式の平和絨氈から軍需の防寒服地用に再考案、苦心海軍の監督工場とはなつたものの、他の華やかな軍需工場に比し、極端な材料入手難続き、それも敗戦と共に閉鎖三転したのが今度の進駐軍用絨氈である。

その後も苦心改良した氏の製品は、品質に於て能率に於て、今や日本一流メーカーとして進駐軍の信用を博し、之が生産県としての富山県の誇りも大であるが、然しここまでの氏としては、最近十ヶ年間のみにみても三転四転となり、此の間の努力苦闘は想像に余りあるものである。そして漸く軌道に乗つたといふもの、、氏は過去の苦験を忘れず、更に一段の進展を期すべくこのほど大東京築地の将の家と大阪宗石《ママ》衛門町の大和家で、後援者や関係者を招き、之が報告を兼ね今後の協力につき懇談した。

尚ほ今度日本絨氈製作所を株式組織とし後援者や縁故者の参加を求め、本社を東京都中央区日本橋兜町一におく事となつた。

〔『富山県人』六月号、通巻第二九四号、一九四七年六月、富山県人社、富山・高岡、□759〕

進駐軍を慰問する

J・M・A・専属奇術師
ベビー塚田こと　塚田春雄

とき……或る日
ところ…銀座　気のきいたコーヒー店にて彼と僕との放談

A　彼氏
B　僕

（二人してヨモヤマの話の末）
A『今君の勤めて居る会社何ていふの』
B『N・E・C・詳しく言へば日本演芸社サ。主に進駐軍の慰問団を取り扱つて居る』

A『君はそこで何をやつてゐるの』
B『勿論MAGICである』
A『すると君は奇術家といふわけだね。フーン、仕事は月にどの位ある？』
B『公休が月に三日でそのほか全部毎日仕事だよ』
A『ほゝうなる程、なかなか大変な労働だね。エート君以外の奇術家は何人位居る？』
B『会社に関係してゐる奇術家は先づ松旭斉《ママ》天右、小天右、倉本文雄、山崎夫妻（松旭斉《ママ》広子とその夫君）松旭斉《ママ》三光張来貴等々の知名人、それにJ．M．Aの原田寛氏、ヘンリー〔 〕松岡氏なども居られる』
A『奇術の外は……？』
B『音楽、歌、踊、曲芸、アクロバツト等斯界のオレキレキが多数顔を揃えて居る……とマアこんなしかけになつてるネ』
A『一つのショーの構成は？』
B『バンド（スヰング・バンドが最も多く、次がハワイアン・バンド、タンゴ・バンドの順になつてゐる）が一本に奇術、曲芸、踊、歌等を組みトラックで進駐軍の宿舎迄行ける所はシヨウの人員が大体二〇人三〇人程度。列車や電車を要する地――例へば箱根や日光或ひは九州などへ行く場合は最高メンバーで一六～一八名に制限される』
A『しかし、そうした旅行の場合列車が混雑して大変じやないかね』
B『いや、その時は我々の為にR．T．O．が特別に半車《ハーフコーチ》又は一車《ワンコーチ》貸切にしてくれる。目的駅に着けばホテルのバスがちやんと出迎へてゐる』
A『ほゝうー、乗物の苦労がないとは今時うらやましいね。デワ此の辺で話題を変へてアチラの人々の気質と言つた様なお話を』
B『おいおい、何だか君の話しぶりはドコカの雑誌記者に似てゐるぜ。さうだね、先づ特筆すべき事は如何なる演技に対しても、例外なしに拍手をする。これは日本人客のステーヂの場合チョットありえないことだ。プレイヤーにとつて拍手は一番うれしいものだからね。君イ、わかるかね。つまり彼等のスベテがゼントルマンであるトイフことになるネ。それから奇術でトランプを抜かす時、彼等は知つてゐてもフオースにかゝつてくれる。タネのわかつてゐる奇術でも楽しそうに見てくれて拍手をする。プレイの最中は非常に静シユクであるなど、実に有難い』
A『何か失敗談はないかい』
B『人の悪い男だナ、君は。僕のやつてることには大分しくじりがあるのだもの。
　そうだね、伊東の川奈ホテルへ行つた時の話をしようか。川奈ホテルといふのはムロン進駐軍用だが、今年（昭和二二年）の始め頃迄は米軍専用だつた。それが英軍関係に変つてはじめて僕等のシヨーが行つた。その時僕の奇術は非常にスムースにゆき、サテ最後に腰ネタから旗を取り出し、それをスパツと拡げようとした瞬間、ハッ！と思つた。何故つて君その国旗はアメリカなのさ』

A『（ダマツテにやにやしてゐる）』

B『大体がうちはほとんど米第八軍の仕事ばかりで英軍の方はほんのまれにしかない。その故に僕は英軍の国旗は持つてなかつた。モツパラ米国旗でこと足りてゐた。デこのホテルはアメリカぢやない。イギリス専用になつたんだと、自分で自分に言ひ聞かせながら一番かんじんな事を忘れてイツモのアメリカ国旗を腰ネタに付けてユウユウと出演しちやつたのサ。その場は旗を半開きかなんかで何とかごまかしてほうほうのていで引き退つたけれど、マツタクあんなに冷汗をかいた事はなかつたよ。その後再び訪れた時は前以てホテルの人に頼んで英国旗を貸してもらつたところ、これが又なんと木綿のゴツゴツの厚い代物で。たゝむと座布団を四つ折りにした位のカサになつちまふんだ。兎も角これをエライ苦心して出すには出したがネ。二度あることは三度とやらで今度行つたら又国旗で大きになやむことだらうテ。ハハヽヽヽ』

A『そんな取越し苦労をするもんじやないぜ。朗らかな顔をしてゐるくせに』

B『その顔つてやつだけ余計だよ。ホラホラひざの上に煙草の灰が落ちるよ君。

　エートそれからこれは是非とも聞いて貰ひたいことだが、或ホテルに行つた時だ、その時のショーのメンバーは特に充実してゐたので観客に大変受けた。隊長からも直々お賞めの言葉を頂き我々ショーの一同の為に特別晩餐会を開いてくれた程であつたが、その席上、隊長が私に対して次の様な意味の事を云はれた。

〝演技は非常に良かつた。併しあなたの奇術は古い。現在の多くの我々アメリカ人はあなたのやられた様な奇術を欲しないであらふ〟と。

　実に赤面の思ひだつた。まさに穴あらば……の気持だつたネ〔。〕そしてこの言葉は僕だけでなく現役舞台奇術家の大部分が拝聴し考慮すべきものだと思ふ〔』〕

A『成る程、大分日本の奇術師の痛いところを一本やられたというわけだネ。（フト思ひ出したように時計を見て）オヤオヤおしやべりして居る間に随分時間がたつた。ココラで一寸休憩とするか。オーイ、ボーイさん、コーヒー二ツ！』

（二二・八・一五）

〔『奇術』第二五号、一九四八年二月、日本奇術連盟、東京、K1028（原資料は横書きで謄写版）〕

学ぶところの多い米人家庭の生活

進駐軍メイド《じょちゅう》さん座談会

椎名禎子・芳賀玉子・鈴木みき子・永澤敏子

かるいお朝食

記者　では、まずアメリカ人の奥さんの朝のお仕事のことから。

永澤　朝、旦那さんがお出かけになる前に、その日一日になさることをご相談なさいます。そしてメイドたちにさせる仕事をおつしやいます。それから食料品をご自分で買いにいらつしやいます。

椎名　朝の食事のお仕度は住込みのメイドがいる所ではメイドがしますけれど、そうでない所では奥さんがなさいます。

芳賀　朝は大ていコーヒーに、玉子にベーコン、パン、そのくらいですワ。

鈴木　とても簡単ネ。わたしのいた家の奥さんは、朝はコーヒーだけしか召上らないのヨ。

永澤　コーヒーは大ていブラツクです。

椎名　日本はお砂糖がないのに、お砂糖をいれなくちやなんて申しますけど、向うの方はお砂糖があつてもコーヒーには入れません。

鈴木　ですから、お砂糖は一袋（五ポンド入り）あると、うちの奥さんのお話では二ヵ月足りるつていうんです。

記者　ほかに甘いものを食べてるからでしようね。（笑声）

記者　朝のお食事はお子さんも一緒ですか。

椎名　ええ、一緒です。子どもは朝はオートミールみたいな軽いものだけですね。

買物がお好き

記者　食事のあと、奥さんはどういうことを……

芳賀　午前は大ていお買物です。

永澤　日課の一つですね。

椎名　買物は進駐軍住宅街の中に食料品のお店から、P・Xから全部そろつております。

鈴木　劇場も学校もクラブも、全部あるんです。

記者　お買物は皆さんにはさせないんですか。

椎名　向うのお金でないと買えませんから、あたしたちはいくことができないんです。

記者　やつぱり籠を持つて出かけますか。（笑声）

椎名　そういう方もございますけど、大ていは自動車でスーツとネ。（笑声）

記者　どこでも女の方は買物がお好きと見えますね。（笑声）

鈴木　その間に、月曜日は大ていうちでは洗濯するんです。一週間のうち、ほかの日は洗濯をしないで、一週間分を月曜日にしますからそれに半日かかつちやう。

椎名　日本も向うも同じことで、非常に家庭的な奥さんと、外出の好きな方といらつしやいますね。家庭的な奥さんは一日中うちにいらつしやつて、メイドといつしよに働いていらつしゃいます。

永澤　非常に感心することは、旦那さんが急にお客さまをお連れになつて、夕食を差上げるなんていうことがございますね。そうすると五分間か十分間でお支度をなさるんです。ああいうことは、何もかも不自由な日本の家庭じやできないことですけど、パッパッと手早くして、三十分後にはエプロンを取つてお客さまの接待に出られるんです。そういうときに絶対にメイドを当てになさいません。

奥様もお繕いなど

芳賀　お昼はわたしの所はご主人が帰つていらつしやるものですから、夜よりかお昼のほうがご馳走です。十時半から支度を始めて十二時までかかりますけど、ほんとうによくお働きになります。午後はお昼の食事が終つてから一時間ぐらい昼寝をなさつて、それからは主に編みものとか刺繍のおしごとです。夕方、五時になるとお食事の支度をはじめます。

永澤　うちでは午後はお子さんを連れて遊びにお出かけです。

鈴木　わたしの所はメイドが二人いて、午後は一人が洗濯物のプレスをかけて、一人は子どもさんを見ます。その間、奥さんは破けた服を直したり、つぎものをなさつてます。それでプレスは三時までかけて、四時まであと一時間ありますから、ベビーさんの洋服の小さくなつたのを、裾を下したり上げたり、そういうことを手伝つております。

芳賀　午後は編みものとか読書ですね。

椎名　旦那さんの帰られるのは、五時ちよつとすぎになります。またお出かけになるにしても、一度は必らず帰つていらつしやいます。

鈴木　わたしのうちではドアがあくと、パパさんが帰つて来たツて、みんなで玄関へいくんです。

椎名　お勤めの交際で夜お出かけのときもありますが、家庭に影響させるようなことはないんです。

楽しみは家じゆうで

芳賀　夜のお食事は一家で楽しみます。皆さんがその日にあつたことをお話したり、とても愉快なお食事ですね。

椎名　日本ではお食事のときは喋つちやいけないつていいますね。向うは何か話すことがいいことなんです。

永澤　お話のタネはつまらないことですけどね。

鈴木　うちでは子供が中心で、この子はきよういい子だつたから褒めてくださいとか、たまには、とても悪い子だつたからウンと叱つてくださいなんて……。

椎名　食後の楽しみは、十六ミリの映画を写してみせたりします。

芳賀　土曜日とか金曜日はみんなで映画にいく日にしてるおうちもあるようですね。

椎名　家の中の遊びはお子さんのあるご家庭は、お子さん中心ですね。

記者　日曜はどんなふうに暮しますか。

椎名　ごいつしよにドライヴに出かけられたり写真をとられたり、旦那さまとお遊びになることを目的にされます。

記者　ご主人は酔つ払つて帰ることなんてありますか。

永澤　そういうことは絶対にないわね。日本の男の人みたいに、あんなヘンな恰好をしてお帰りにはなりませんね。（笑声）

ご主人もお台所

椎名　奥さまは旦那さまに非常に従順ですね。やつぱり日本のよい家庭と同じです。しかし家庭では、どこまでも奥さまが上なんです。例えば席はいつでも奥さまが上座にすわります。自動車も奥さまがさきに乗つて、何でも奥さま第一ですけれども精神はどこまでも旦那さまを立てていらつしやるんです。それが向うの堅実な家庭だと思いますね。

鈴木　パーテイのときには、奥さまが一番上座で、それからお客さまの奥さま。その次がお客さまの旦那さまで、うちの旦那さまは一番下座です。お食事を出すのも必らず奥さまが最初。

椎名　例えば靴を取つてくださいといつても、旦那さまは決していやな顔をされませんね。チヤンと穿かしてあげるまでなさいます。

芳賀　わたくし、アメリカの婦人は奥さん天下だつて聴いてましたけど、わたくしのいた所は全然そういうことがないんです。

記者　そういうことになると僕たちも大変安心なものです。（笑声）

芳賀　お食事の仕度なんか、ご自分で早くから台所へ立つてエプロンをかけたりして……。

椎名　男の方でもエプロンをかけることを絶対にいやがりませんね。それで奥さんの行くほうへいつて、台所で働いていらつしやるんです。ほんとうに仲のいいご夫婦だつたら、絶対に離れませんよ。（笑声）そうして旦那さんもお料理がとてもお上手。

鈴木　奥さんが遅く帰つたりして、旦那さんが帰つてもお食事の支度ができてないときも何とも言わないでお台所へ来て、バターを出したり、あつちへいつたり、こつちへいつたり……。（笑声）でも、歌を唱いながら、とても楽しそうにやつていらつしやいますわ。

椎名　奥さんがドレスをお召しになるときはうしろへまわつて背中のフアスナーを締めてあげたりしますし、とてもいたわるんです。

記者　僕なども女房が帯を結ぶときは手伝わせられるんだがな。（笑声）

椎名　でもわたしは日本の男の方たちに、やつぱり日本人らしいことを望みたいんです。このごろの若い男の人は、あん

まりやさしすぎて、それがイタについていないからとてもいや。（笑声）

記者　夫婦げんかはしますか。

芳賀　なさいます、すごく。（笑声）でも、すぐ直ってしまいます。原因はやっぱり意見の衝突らしいんです。これを買ってほしいというのを、買えないとか云うことだの、日本と同じみたい。

記者　猛烈にけんかするといっても、手を上げたりはしないでしょう。

椎名　愉快なんですよ、ちいさな子が叩きあうようにお尻をピンピン叩いたり、中には拳闘のような格好をして、とても愉快にけんかをなさるんです。

記者　それじゃ、けんかじゃありませんね。（笑声）

鈴木　それで笑っておしまいなんです。

しつけは赤ん坊から

椎名　日本人はものを知らないって言われますね。考え方が浅いっていうんです。向うの方は何でも根掘り葉掘りお訊きになるんです。わたしたちには答えられないようなことまで。例えば一つの銅像を見ても、あの銅像は何のために建てられたのか、日本のためにどういうことをした人なのか、何年ごろの人か、どういう育ち方をしたか、こっちが答えられないでしょう。そうすると、日本人でありながら知らないなんておかしいっておっしゃるんです。（笑声）

記者　両親は子供の質問に対してどういうふうにお答えになりますか。

椎名　納得のいくまでお話になります。やさしく科学的に判るようにお話なさいますから。そうしてそれが子どもの話すべきことじゃないと思うと、あなたは今に判る時が来るからそれまでお待ちなさい、なんていうこともあります。

芳賀　私の所は子供がいなかったんですけど、二ヵ月ぐらい預ったことがあるんです。そのとき、日本じゃ預った子供はたいへん大切にしますね。向うじゃ叱るときはチヤンと叱るんです。日本みたいにチヤホヤしません。

記者　赤ン坊のときのしつけは、どういうふうになってますか。

椎名　お乳とかお水を上げる時間を決めて、それ以外は泣いてもどうしても見ません。絶対に見ないんです。それから三つぐらいになって、すこし善い悪いが判るようになると、日本なら使用人がご主人の子どもに手を上げたりできないでしよう。ところが、悪いことをしたときは叱ってください、叩いてくださいっておっしやるんです。

鈴木　ぶつのはお尻。向うじゃ顔をぶつのは見たことありません。

永澤　みんなお尻ですね。

記者　親が子どもに干渉しなくなるのは、いつごろからですか。

椎名　女の子ですと、十（満十歳）くらいからですね。お父

さんやお母さんがいなければ、わたしが一番偉いんだつて、チヤンと知つてますよ。（笑声）

あちらでも衣裳が財産

記者 お客さまを、呼んだときはどういうおもてなしをやつてますか。

鈴木 お客さんが来ますと、家じゆうで出迎えるんです。

永澤 親しいお友だちがいらつしやると、ごいつしよに台所へおいでになつて、あなたは何がほしいなんて……。お台所へお客さまが入つても、ふつうのことなんですね。

椎名 しかし不思議なことに、日本人みたいにすぐお茶を出したりなさらないんですよ。

永澤 出すのは時間できまつてるんです。例えば十時とか、ランチ・タイムとか、おやつの時間とか……。

椎名 呼ばないお客さまのときは絶対に出しません。お食事の時間が来ても絶対に差上げませんの。

椎名 来る方も、予定外のことで番狂わせをすることは絶対に避けるんです。他人の生活を脅すことを非常にいやがるんですネ。ですから日曜日は訪問なさいません。

記者 いろいろと便利な器械もあるようですね。

椎名 ええ、とてもほしいと思うんです。（笑声）電気を入れれば埃が全部吸込まれる掃除具、台所のものでも、衛生的にとてもきれいになる器械があります。羨ましくなりますね。

鈴木 プレスをする機械もあるんです。

記者 洗濯機はどのくらいで出来ちやうんですか。

椎名 十五分か二十分ですね。

記者 お風呂はどうですか。あまり何回もお入りにならないそうですけど。

椎名 いいえ。毎日。それも二回くらいお入りになる方があります。

芳賀 ただ日本人みたいに熱いお湯にはいらないんです。水に近いくらい。

記者 服は何着くらい持つていますか。

芳賀 うちなんか、靴は五十足以上もありました。（笑声）

永澤 靴は多いですね。どこのお家でも三十足以上……。

記者 夢のようですね。（笑声）服はどうです。

椎名 戸だなにギチギチに入つてます。（笑声）トランクの中にもいつぱい入つてましてね。

永澤 衣裳が財産だつていうんです。

鈴木 日本の銘仙なんかでイブニング・ドレスを作つたりしていらつしゃるんです。上手に自分に似合うものをお考えになるんです。

椎名 いいものを採入れることは、とても大胆ですね。

永澤 それに上手よ。

記者 何歳位からメイドになれますか。

鈴木 十八歳以上です。採用と決まると短い講習があつて、それから家庭に入ります。

鈴木　いいことは、向うはメイドだからつてバカにしないわね。日本だと女中は台所でお食事しますけど、わたしたちは奥さんと向い合つて食べるんです。気もちがいいです。同じお皿で同じおかずですもの。

記者　では、このへんで。

〔『主婦と生活』第三巻一一号、一九四八年一一月、主婦と生活社、S2306〕

進駐軍労働者の日記

東進P・V・P　久米新助

×月×日　今朝は電車が珍らしく空いて居た。良く考へて見たら今日は一般のお役所や会社は休みだつたのだ。早朝の澄んだ日差しがビルの斜面に美しく輝いて何か楽しい気持だ。まだあまり人通りのない田村町の交叉点を呑気に歩いて居たら不意に声を掛けられて驚いた。カーキ色のジープの中から私達のチーフサージヤントが笑ひかけて居た。

何時もながら彼等の出勤は早い。此点面白いことに米人はエライ人程早く出勤し兵卒の方が後から来る。日本人の場合と一寸逆の様に感じられる。戦前私が勤めて居た会社だけかも知れないが学ぶべき処の様だ。——

×月×日。　今日は工場で嬉しい感じがあつた。それは米人は話せば分ると言ふことだ。良く説明し事情を訴へると一寸意外な位、真剣に考へてくれるのを私を《ママ》以前にも感じたことがあつた。将校とかチーフサージヤン《ママ》とか責任を持つた人になれば決つして無理なことばかりではない。恐らく立場が逆に我々が勝つて居たとしたならもつと無理を言つたゞらうしこんなに平等視はしなかつたらう。その点私は間違つた観念を持つて居たことを知つた。それは作業上のことで最近日本人職工の出勤が悪く、馘首問題が起つて居た。今日仲間のHが早退けした。朝から相当数の欠勤を見てサージヤンは気嫌悪く馘首を宣言した。そこでいろ〳〵事情を説明し助命を願つて見たのだが私達の労働条件とか垷状とかを包まず説〔明〕して見たところ非常に心配もしてくれ、いろ〳〵努力もして呉れた。その結果Hも助かつた。私は成程と思ふ。こう言つた人達なら信頼して私達も頑張らうと言ふ気持が湧いて来た。——

×月×日　去年南方から復員して此処へ来た時には何も判らず考へて見ると随分疑心暗危《ママ》だつたのだ。それにつけても私達が信頼した日本軍と随分差があることを身にしみて感じる。

物量の相違はともかくとしても私達が勝てなかつた原因は人間の質が相当《かな》り差があることの様だ。私は今でも日本人の一人として日本を信じて居る。しかし帰国して此処で当の相手だつた人達の中に混つて働いて初めてはるかに彼等の一人々々の方が精選されて居るのを知つた。それは総平均的に見てのことだ。勿論私の英語は殆ど通じない。しかし私は何か信頼と親しさを持つ私の日本人としての人格が小さいながらも守られて居ることはこれだけの戦勝国軍人でしかも直接には敵だつた人々の中に混つて居ても決して理由なく踏み付けにはされて居ないからなのだ。随分叱られもするし口惜しいと思うことも多い。だけれど決して厭ではない。

ジーアイの一人に私が陸軍々曹であると話したら彼は尊敬さへ示して呉れた。しかも裸になつた彼の肩には銃創が残つて居る。矢張り南方で「ジヤツプボーイ、ポーンツ」と言ふ彼の身振りの説明の様に私達の仲間が弾丸を彼の肩に打込んだのだ。彼には戦争と、平和との区別がはつきり付いて居るのだ。

×月×日　今日は一寸噴慨した。それは私達の仲間に私達が働いて居る進駐軍の労務が持つ重要さを一寸も意識して居ない者が少くないことだ。Oが帰りに出門の際にガードに捕まつた。ブラツク・マーケツトの品物が彼の身体から発見されたのだ。お互ひに生活の苦しいのはよく解る。しかし私達が働いて居るのは外人の職場、私達の印象は日本人全体の印象として彼等の目に写るとしたら如何だらう。Oの失業はやつと勤労所で此処へ送られた時に解消し、一応安心して見たもの、現在の様な労働条件ではとても生活が出来ない。其処で止むなく持出しをしたのは良く判る。事実私自身でさえ何回か考へたこともあるんだ。只Oの場合判断力が少し足りなかつただけの様に思はれる。

「ジヤツプボーイ、ノーグツド」此の言葉は身にしみた。これで良いだろうか。

×月×日　組合に配られた「労働」新聞が私達のところへも来た。全進岡山の人の書かれた「進駐軍労働者の日記」を見て羨望に似たものさへ感じた。東京の私達の様な工場は大分違つて居る。

良く一般の人からも言はれる言葉だが物質的に恵まれた進駐軍労務者の観念を私達は不思議にしか思へないのだが成程そう言ふ□法にも原因があるのだ。少くとも岡山県の何処かの基地でそう言ふ事実があるとしたら…しかし私達には夢でしかあるまい。

米人が個人的には実に紳士的な人々が多いが勿論大勢の中には必ずしもそうでない人も有る。只全体的に見ても外人には一応の信用を受けるまでには相当の距離があることだ。日本人が見ても真面目に権利義務を果して居る時には外人が見ても同様に写り信用の源となるらしい。

ところが言葉では簡単だが実行するとなると決して生やさしいものではあるまい。まして黙々と働いて居られるだけの条件が働いても猶与へられない様な今日の状況下に…。進駐軍労働者が決つして岡山にあつた様なものだけではない。むしろ場合によつては血と涙の日記さへ有る。東京で盛んに言はれて居る〝進駐軍労務者を重要労務者に切換へよ〟の叫びは私達にとつては当然だと思ふし又此の叫びが今更言はれなくてはならない理由もがる《ママ》のが現状と思う。

　何人の面にも楽な面、恵まれた面も存在しよう、と同時に忘れられた言ふに言へない辛い面も存在する。只比率の問題で「叫声」に迄なるかならぬかゞ決るのだ。


×月×日　毎日午後米軍々楽隊の演習がある。指揮者の笛の号令一下整々と機械的な美しさを見せる。人間を高度に訓練した標本の様だ。

　青空の下に白銀色の楽器とヘルメットがひらめいて音調に合せて行進が始まる。

　此処へ働きに来て面白いのは民主々義の一面を生きて体験出来ることだ。

　恐らく日本人の中で私達程直接勉強出来る者は少いだらう。

　私達の印象が日本人の印象として相手にとられるだらう時、逆に「ジーアイ」の一人々々の印象が米国人の印象として私達に感じられる。お互いつこだ。充分こうした機会に美点悪点を知つて置かう。かうした立場の私達を国民全体にもつと〱知つて欲しいし利用出来る点は利用して欲しい。

「日本再建は賠償労務の完遂から」街々に私達の緑色のビラが、真心から叫んで居るのに……。


×月×日　今日も快晴だ。朝、一番早く感じるのは雨戸の孔に差し込む陽の光だ。明るい日差しを見ると何か生きる喜びを感じる。生きる喜び、希望の光があればこそ連日労働も出来るのだ。

　何んとかして正しく真面目に働く者がそれだけ恵まれる世の中を作りたい。夢かも知れない。だけど夢があるから生きられるのだ。

　真険《ママ》勝負と言つたら滑稽かもしれないけれど毎日の職場は《ママ》出掛ける時私は何時もそう思ふ。米軍をして「彼等は良くやる」と言はせることは私は勝つことだと思ふのだ。その意味で「賠償労務の完全遂行」は大事だと思ふ。積極的に相手に協力しむしろ凌駕して相手を「ウーム」と言はせた時、勝つたことだと思ふのだ。何故ならその時はじめて成程と思はせ此方を尊重させることが出来るからだ。

　勝つと言ふこと〔は〕善いこと、敗けると言ふことは悪いことは悪いこと《ママ》ではなかろうか――。勝つには二ツの方法が考へられる。「ウーム成程」と思へば相手は従ふ。

　力で勝つには大変だ。完全に相手を叩き伏せられない限り「ウーム成程」とは思はないし又中途半端なものなら絶えず叩きつゞけなければなるまい。

　相手の思ふ方向を予期以上にやつて見せたら相手は何んと言ふ。「奴はやる」。之が一回で済む「ウーム成程」ぢやあないかと思ふ。少い犠牲で目的が遂げられる方法を僕は選びたい。無意味な反抗、攻撃は無意味じやあなからうか。何故なら、反抗、斗争に専念して他のものが兎角おろそかになり易い。それでは進歩が遅れる。その意味でストライキは避けたいと思ふ。

帰りの電車の中で朝刊を読んだらこんな感じを受けた。

―

×月×日　今の日本人の中で少くとも次の型の様な二通りがあると思ふ。

外人を非常に恐ろしいものとして感じる者とむしろ笑ひかけたい一寸も恐ろしくない者と。

進駐軍に働く私達職場の人間の中にもこれははつきりして居る。そして皮肉な事に恐がる者の方が早くヤラレル様に見える。

今日午後Eが一寸した事故《トラブル》で馘になつてしまつた。言葉も良く判らないから余計恐ろしい。恐ろしいから近ずかない。成るたけ遠く日本人同志の陰にかくれる様にする。そのために相手の調子が判らない。調子が判らないから失敗をやると言つた風な案ばいだ。

恐れることは逆に相手にも親しめない感じを与へるらしい。Eが普段余り良く働かないのは恐くて働けなかつた様にも思はれた。

進駐軍には務まるものと務まらない者とがある。入職の際に厳選すべきだと思ふ。職場で見ても外人の信用を受けて居る者はあまり多い様に見受けられない。之で良いのだろうか。

―

×月×日　組合から「カード」関係の人々は辞めるそうだ。理由は外国直属になるとか聞いた。今迄日本人の手にあつて日本人同志で出入調べも行はれて居るのに……それは日本人には任せて於けないと外人に感じさせた結果ではないだらうか……もしそうだとしたら真に残念なことではないだらうか。

じと〳〵した雨に降り込められて一寸ゆううつな日だ。

［『とうしん』第二号、一九四八年七月二〇日、東京、T738（原資料は謄写版）］

第四章

食と住まいの変遷／住宅難

章解説

加藤敬子
（永井良和　補筆）

終戦直後、国土は焦土と化し人々は虚脱と混迷状態にあったが、現実問題として危機的な食糧不足とインフレの昂進に直面した。

敗戦後の食糧不足は戦中よりもさらに厳しく、庶民の生活は極度に困窮した。本章では占領期の食糧難や住宅難を中心として人々の暮らしに関する資料を収録した。

食糧難

戦後、朝鮮や台湾から輸入していた米が途絶え、また、戦中の耕地の荒廃や冷害も重なって、農業生産が激減した。米の収穫量は一九三六（昭和一一）年九八三・六万トン、一九四四（昭和一九）年八六六・六万トンであったのに対して、一九四五（昭和二〇）年は五八二・三万トンに落ち込んだ（農林水産省「作物統計」収穫量累年統計による）。また、約七〇〇万人以上の海外からの引揚げによって人口が急増した。このため食糧不足は危機的となったのである。戦前から続いていた米類の配給は、一九四六年には都市部で半月遅れ、一九四八年には平均二八日の遅れを生じ、その後も欠配、遅配が続いた。人々は空腹を満たすため、甘藷の葉をはじめ野草まで食糧としなければならなかった。砂糖の代用品としてサッカリン、ズルチンを使用したし（「人工甘味料の花形」）、メチルアルコールを酒類の代用品に使用したため中毒も頻繁に起こる状態であった（「メチルアルコール中毒」）。占領期の雑誌における食糧に関する記事は「食糧難」という社会問題として、あらゆる分野の雑誌に掲載され、特に経済誌、婦人雑誌、生活情報誌に多くとりあげられている。この資料集では都市だけでなく地方の庶民の言動も注視するため、青年団機関誌、婦人会機関誌、学校の文集などからも収集した。これらは占領期における人々の生活の実態を明らかにし、人々がそれにどう対応しようとしたかを解明する上で貴重な資料である。

食糧難を克服するための記事は婦人雑誌に集中してみられる。占領期前期においては、代用食関連の記事が中心であるが、その後、すいとん、うどん、雑炊などの粉食献立、カロリーを上げるための調理法、栄養学に関連した記事へと移行していく。厳しい食糧不足のなかで、栄養学の視点にたった科学的調理法が工夫され、日本人の食生活を改善しようとする傾向が強く見られる。また、ララ物資、ケア物資など占領軍による食糧支援が始まると、パン食の献立や学校給食関連の記事が目立ってくる。一九四六年一二月には「学校給食の普及及奨励」通達によって在学の生徒全員を対象に、連合軍の援助物資、主にパン・ミルク（脱脂粉乳）を導入した給食が開始され、一九五四年六月には「学校給食法」が制定される。こうした連合軍による物資供給によって、食糧の危機は若干解消に向かい、さらに家庭菜園の奨励や食糧増産推進により、一九五〇年からは魚類・味噌・醤油が自由販売となり、食糧危機はじょじょに緩和されていった。

一方、空襲により工業生産も壊滅的打撃を受けた。戦後の実質国民総生産は戦前（一九三四―一九三六年平均）に比べ、六九パーセントに減少し、エネルギー供給量も半減した。そのため、食糧だけでなく、日常生活のあらゆるものが不足し、経済混乱を生じ価格が高騰した。一九三四―一九三六（昭和九―一一）年の平均を一とする東京小売物価指数は総平均指数において、一九四五（昭和二〇）年に三・一であったのが一九四六年には一八・九、一九四七年には五〇・九、一九四八年には一四九・六と驚異的にインフレが進行した。人々は生存のため地方への買出しや闇市に行かざるを得なかった。一九四七年年三月、時事通信社が全国四〇〇〇人に実施した「インフレに関する世論調査」では、「国民生活の将来に希望を持てない」とするものが過半数に達している。人々は毎日の生活の維持に必死であり、将来に希望の持てない人が多かったが、庶民は困窮生活を克服する知恵を得るものとして、また、心の拠り所としてメディアを受け入れていたのではないかと考えられる。

タケノコ生活と代用食

本章で先ずとりあげたのは、タケノコ生活である。インフレの昂進が家計の赤字を慢性化させたことが示されている。この家計の赤字を補塡していくには資産の切り売りしかなかった。筍《たけのこ》の皮をはぐように、着物を一枚一枚売って食糧を買う生活という意味から「タケノコ生活」と称された。また、着物を売る際、涙が出ることから「玉葱生活」ともいわれた。この「食べるだけで精一杯」という状況は、『経済新誌』の「経済眼　配給食生活の実態」でも最低生活費の実態調査の結果というかたちで示されている。一方、世相として捉えているのは、文藝春秋新社の『座談』で、東京の質屋を集めた座談会をひらき、客層の変化などをひきだしている。また、農村側から論じているのが、財団法人日本青年館の『青年』に掲載された、福島県の青年団員の投稿記事で、食糧の増産を訴えている。ただし、当該記事のなかで、上野付近の飢えた浮浪児に関する記述はGHQの検閲により削除とされている。これも時局を反映したものである。さらに、その後一九四七年に新設された労働省で初代の婦人少年局長となった山川菊枝は、『改造』の「食糧難と社会不安」という記事のなかで、関東大震災後との対比で「消費者は農民を罵り、農民は消費者を蔑み」と、戦後の人間関係の荒廃を描いている。配給制度自体は問題を抱えていたが、全体の食糧事情が緩和されるまでは、事実上適切な代替案がなかったと思われる。早川鮎之助は『月刊商工案内』の「配給所の態度を衝く!」で、経済統制の早期撤廃を訴え、競争のない官による統制経済より民による自由経済の復活を声高に主張している。

当時の食糧難のようすは、雑誌のなかの文芸作品にも影を落としている。豊和工業労組の機関紙に投稿された組員の「川柳フラッシュ」や『房総春秋』に掲載された館山中学の文芸作品では、雑炊（原文では雑水）や代用食に対する不満がストレートに出ている。一方、生活雑誌では、『生活』の「座談会　空腹を満たす食べ方あの手この手」や「【調理科学講座】揚げる科学」、佐世保労愛会発行会報での「生かせ代用食を」、『主婦之友』の「代用餅の作り方」や「温かい栄養主食の工夫と作り方」、『家庭生活』の「寒い時に喜ばれる代用食の作り方」、『経済と文化』の「家庭

メモ　粉類を利用して代用食の作り方」、『科学と生活』の「代用食料としての野草」、『家庭科学』の「調理指導の実際」などが、競い合うようにさまざまな食生活上の工夫・知恵を読者に授けている。

また、学校給食はララ物資として提供された小麦粉やミルクにより実現したと言われる。当時の米国でララ物資支援活動の中心となった盛岡出身の日系人浅野七之助は「学校給食の父」と呼ばれることもあるが、当時の進駐軍が公開しなかったため、その貢献は、郷里の盛岡以外ではあまり知られていない。戦後、都市部で急速に普及した学校給食については、『栄養と料理』の「学校給食の意義」が栄養面からの効果を述べている。また、ララ物資と並んで米国からの救済物資となったケア物資については、『北海警友』や名古屋の調和出版の『百万人の流行語』で紹介されている。

深刻な食糧難の問題が供給量の増大により配給制度の緩和とともに収束に近づいたと国民の目からも感じられるようになったのは、一九四九年に入ってからであろう。激しいインフレも一息つき、国内経済政策においても長期的な計画にも力を注げるようになったこの時期に、『日本食糧』に掲載された「これからの食糧問題――経済九原則を繞《めぐ》って」には、マッカーサーから吉田首相に宛てられた書簡により、経済九原則が指令され、これでようやく日本経済の進むべき道が示されたとしている。なお、この経済九原則のなかには、単一為替レート早期設定も目標として含まれており、実際、一九四九年にはその後二〇年余り続く、一ドル＝三六〇円の固定相場制が始まった。

住宅難

「食糧不足」に次いで国民の生存に大きな問題だったのが、「住宅難」である。

戦災による多数の住宅の焼失や疎開による取り壊しに加えて引揚者の増加による需要増が重なり、住宅不足が顕在化した。そこで政府の施策として緊急に簡易住宅を建設することが決定された。戦災復興院の調査によると、住宅の不足数は四五〇万戸とされている（「住宅難の話」および「家　家　家！　住宅難の千二百万人」）。不足分を建設するというハード面での施策だけでなく、ソフト面での施策として、スペース的に余裕のある住宅の効率的利用を図るために、「余裕住宅税」(『税金と生活』および『水巻通信』)を創設もしたが、一朝一夕に解決できる問題ではなかった。量の不足は、『土建旬報』の「都の住宅難深刻」にも記されている。一九四七年度に都が供給する都営住宅には、二〇〇倍に達する応募者が殺到することになった。

大阪市では、市民のクレームに対応する公聴課長が、市営住宅の割当てで建設省の指示による抽籤ではなく優先割当てにできないものかと嘆いている(「住宅難の一つの問題」)ように、空襲で大きな被害を受けた大都市での住宅不足は深刻なものがあった。それでも食糧不足と異なり、絶対数が不足したままでも、路上生活者となり、辛うじて生存は維持できた。しかし、食べることにめどがついてきて、着るものの不足も何とかしのげるといった段階になると、住宅難の深刻さが目立つようになった(「家　家　家!　住宅難の千二百万人」)。

また、住宅難のなかで理想的な小住宅の設計が提示された。狭いながらも収納や採光の工夫が中心的課題になっている(「理想的な和風住宅」)。『生活文化』の読者欄には、住宅難に悩む主婦の訴えや投稿も見られる。東洋紡績が一九四九年に発行した『楠』には住宅難をテーマにした笑話が掲載されている。占領期には「住宅難時代」や「食糧難時代」をタイトルにふくむ漫画や学校文集作品なども散見される。

参考文献

日本統計協会編『日本長期統計総覧』第一―四巻、日本統計協会、一九八七―一九八八年
東洋経済新報社編『完結 昭和国勢総覧』第一―四巻、東洋経済新報社、一九九一年
日本銀行統計局編『本邦主要経済統計　明治以降』日本銀行統計局、一九六六年
総理府国立世論調査所編『世論調査報告書』第一巻、日本広報協会、一九九二年

調査と解説　竹の子生活の実態を衝く
――数字からみた赤字の累増

東京毎夕新聞社　Ｔ・Ｎ生

戦後赤字家計の歴史

敗戦後の労働者の生活は、インフレーシヨンの荒波に抗し得ず、極度に窮乏してゐることはエンゲル法則の「貧困なる家計なればなる程、その家計中に占める飲食物費の割合は増大する」といふ説明をまつまでもなく、誰しもが、体験する処である。

戦前の標準生活に於ける飲食物費の占める割合は三五％内外であつたが、今日のそれは約倍額の六五％内外を示し、逆に被服費、住居費は著しい低率を示し、こゝに戦後生活の異状さが認められる。

実収支の均衡状態を観ると、賃金給料が物価の昂騰に及ばぬ結果、極度の赤字を生ぜしめてゐる。いまこれを計数をもつて示せば、都市家計調査の全都市平均（平均世帯人員約四、五人　消費単位三、五）で昭和二一年七月に於ては実収入一、四五三円、実支出一、八五六円で四〇三円の赤字を示し、赤字額の実収入に対する割合は二七、七％で約三割を占めてゐる。それ以後今日まで実収支の均衡状態は赤字の連続で、その額も一進一退を続けているが、赤字額は増加の傾向にある。（年末手当、賞与等の多い十二月は例外）赤字の収入に対する割合も一進一退を続け、一貫せる傾向を示してゐない。略々食糧事情に左右されてゐるが、最近に到つては減少の傾向にある。次に世帯主の勤労収入と実収入の関係を観ると、廿一年七月は実収入一、四五三円のうち一〇六三円で実収入の七三、二％で約七割である。それ以後その割合は一進一退を示しつゝ逓増し、本年三月までは実収入六、八四九円のうち五、九四四円で八六、八％を占め、やうやく世帯主の勤労収入の八割五分に達したが戦前の九割になるには相当の期日を要するであらうし、九割になつた時は赤字家計が黒字家計になる時であらう。（第一表参照）

さて戦後の赤字家計の生活水準を数字的に云へば、昭和九年乃至十一年を基準として実質家計費は約三割五分に過ぎないと推定され、又実質賃金は三割と推定されてゐる。この実質賃金三割、実質家計三割五分といふ数字は賃金労働者が非常に低い生活水準を、しかも赤字家計で営んでいるといふことを算術的に証明するものである。

何故赤字補填資金を要求するか

敗戦後の赤字家計即ち竹の子生活の補填方法は財産の売却、預金引出、借金、給料前借、物々交換等によつて補ひ、辛じて生活を続けてゐる。此の関係は実収入以外の各種の収入を実収入に加えた総収入と実支出以外の各種の支出を実支出に加えた総支出とを比較対照すれば、実収支の過不足即ち

（第一表）　収 支 推 移 表　（全都市平均）

年　月	実 収 入	世帯主の勤労収入	実 支 出	実収支過不足額	過不足額の実収入に対する割合	世帯主の勤労収入の実収入に対する割合
	円	円	円	円	%	%
21.7	1,453	1,063	1,856	−403	27.7	73.2
8	1,381	999	1,755	−374	26.9	72.3
9	1,470	1,084	1,735	−265	18.0	73.7
10	1,456	1,082	1,836	−380	26.0	74.3
11	1,584	1,220	1,860	−276	17.0	77.0
12	3,001	2,511	2,998	+3	0.1	83.6
22.1	1,909	1,520	2,194	−285	14.4	79.6
2	1,983	1,635	2,227	−244	12.3	82.5
3	2,293	1,833	2,681	−388	16.9	79.9
4	2,662	2,077	2,919	−257	9.7	78.0
5	3,333	2,704	3,521	−187	5.6	81.1
6	4,127	3,151	4,333	−205	5.0	76.4
7	4,422	3,501	5,072	−649	14.7	79.2
8	4,649	3,721	5,089	−440	9.5	80.1
9	4,844	3,947	5,146	−303	6.2	82.0
10	5,198	4,111	5,658	−460	8.8	79.1
11	5,241	4,316	5,716	−475	9.1	82.4
12	9,462	8,270	8,881	+581	6.0	86.9
23.1	5,746	4,835	6,476	−731	17.5	84.2
2	5,977	5,191	6,563	−586	9.8	86.8
3	6,849	5,944	7,713	−864	12.6	86.8

赤字は実収入以外の収入が引きあてられてゐる。まづ総収入及総支出の関係を労働省調の都市家計調査の全都市平均の収支総括表を観てみよう。（第二表〔省略〕）五ケ月を通観すると、実収入以外の収入は増加の傾向にあるが、その中赤字補塡について観ると、財産売却が四〇〇円内外で筆頭、次いで、貯金引出と借金が三〇〇円内外給料前借一〇〇円内外に、遙かに下つて物々交換が一〇円内外の順である。次に実支出以外の支出について観ると、借金返済が一七〇円内外で筆頭にあり次いで、貯金が一五〇円内外、保険料及び給料前借返済が一〇〇円内外で遙かに下つて財産購入が二〇円内外である。さて実収入以外の収入と実支出以外の支出を比較対照して真の赤字の部分を観れば、第三表〔省略〕の通りである。

即ち赤字の約八割は財産の喰いこみで、この財産の喰ひ込み部分が真の竹の子生活の部分である。十二月に於ては実収支の過不足面に於ては五八一円の黒字であるが、四一六円（実収入の四、四％）の竹の子のあることは現下の賃金労働者の家計の困窮状態を物語るものであらう。この現実あるを以て今迄の水準に於て遡つて赤字補塡資金を要求するのも当然であらう。

階級別にみた竹の子生活の実態

赤字の実態を実支出階級別に考察して観よう。実支出階級別の傾向は略々同一傾向にあるから、本年三月の全都市平均について観よう。

実収支の過不足は低支出階級五、〇〇〇円未満級迄は黒字でその金額は三、〇〇〇円未満級は、二二三円（実収入の七・八%）四、〇〇〇円未満級一一円（〇・一%）五、〇〇〇円未満級一二一円（二・六%）であるが、それ以上の階級は総て赤字で、赤字額も階級の上進に伴ひ激増し、一〇、〇〇〇円以上級では実に一、八九五円で実収入の一九、八%である。実収支の過不足面に於ては五、〇〇〇円未満級まで記帳面では黒字になつてゐるが、黒字である階級に於ても竹の子の部分がある。即ち三、〇〇〇円未満級に於てはないが（度数が少ないから除外して考へた方が良い）四、〇〇〇円未満級では一八九円（実収入の四・〇%）五、〇〇〇円未満級では二七四円（五、五%）が竹の子部分である。五、〇〇〇円以上の階級に於ける竹の子の部分は多少の凹凸はあるが逓増し一〇、〇〇〇円以上級では、実に一、一三五円（実収入の一〇・七%）に達してゐる。即ち実支出階級の上進に伴ひ増加の傾向にあると観てよいであらう。この現象は買喰ひすることの出来る家庭は買喰ひすることによつて、やうやく人間らしい生活をしてゐると観てよいであらう。このことは飲食物の家計費中に占める割合が低支出階級では六七・八%内外であるが支出階級の上進するにつれてその割合は逓減し、一〇、〇〇〇円以上級では六〇%以下であることをもつて実証してゐる。

（T・N生）

〔『労働経済旬報』第二巻二一号、一九四八年八月二一日、労働経済社、東京、R322〕

タケノコ生活の変遷

現在の流行言葉「タケノコ生活」又は「タマネギ生活」とは、果して終戦後に出来たものだろうか。否それは、昔々素盞鳴尊が天照大神の織物をひきさいたり、部屋中あたりかまわず糞をたれたり田の畦を切ったりして乱暴狼藉を働いた時にはじまったのだ。

世の中で一番非生産的行為は何を指すかと言うと、この乱暴狼藉ではないか、この行為のある所忽ち田は荒れ食うに米なく着るに衣類なく住むに家なき結果となる。見給へ素盞鳴尊は爪をぬかれ鼻毛さへぬかれて、全くタケノコの皮をはがれ、中身だけとなって追放されたのではないか。時移り世変り戦国武家時代軍国主義時代を経て現在の全寝らる《ゼネラル》凡□気《ストライキ》時代に到るまで実に荒々しくおどろ〳〵しき事が多かった事よ。戦争のために浪費した莫大なる物資資金を国民生活を美しく豊かにする都市、人工肥料、生活改善、教育文化、鉄道施設を有意義に使用していたら？　本当にたのしい平和極楽の世界となったろう。我等の乱暴狼藉がかくも大きいものか思っただけでもぞつとする。〔後略〕

〔『我等の光』創刊号、出版年月不明、平佐西校区青年団、鹿児島・川内、W172（原資料は謄写版、句読点なし）〕

たけのこ生活裏話――質屋座談会

出席者

銀座　野方廣司
城西　谷津恭二
神田　大野文雄
城南　宇留賀寿保

記者　けふはザックバランに何でもお話ねがひたいと思います。お三人が質屋さんでお一人だけ貴金属宝石の専門屋さんといふわけですから、ひとつ貴金属の野方さんに司会をお願ひいたしませう。

野方　こりやア困つたナ。貴金属の鑑定はいくらでもしますがね。司会者なんてえのはガラにないんで……。（笑声）

谷津　バカに気が弱いんですね。商売となると別人でせうナ。（笑声）

野方　こりやア、どうも……。まづ戦前と今では、質屋さんもいろいろと違つたでせうね、そんな所から始めていただきますかナ。

宇留賀　今もう上つたりですね。殊に封鎖後は、もうダメです。〔封鎖：一九四六年の新円切替と同時に実施された銀行預金の引出し制限のこと〕

野方　それはどういふわけです。

宇留賀　資金ですよ。封鎖されちやつて、自由な商売が出来ませんからね。

野方　最近はいいでせう。

宇留賀　よくありませんね。現在では質専門ではやつていけないんです。

野方　いま利息はいくらです。

宇留賀　終戦後は五分だつたんですが、五分ぢやとてもやつてけません。嘆願して七分にしてもらつたんですが、それでもやつてけない。仕方がないので猛烈に運動しましてね、今年の一月から、やつと一割に――それも黙認の程度ですがね。ところが一割でも合ひませんや。なぜつてインフレの速度が早いのと、それに税金の負担も相当ですからね。

近代質屋処世法

野方　昔は流す人も多かつたでせうが、今はどうです。

宇留賀　恐らくありませんね。流したんぢや大変ですよ。

野方　さうすると、質におく値段が非常に安いわけですね。

宇留賀　さうなんですよ。昔とは逆ですね。昔は利子を入れるよりも流したはうが得だ、なんていふこともありましてね、質屋のはうは流されちや困るといふので、何度も手紙で知らして、流さないやうにしてもらつたんですがね。今は流してくれといつたつて流しません。

大野 お客さんが時価をよく知つてるんですよ。

宇留賀 いま質屋を利用する人は少いですか〔。〕

谷津 いやア、多いですよ。

宇留賀 といふのは、売つてしまへば再び自分の手許に戻らない。質屋に預ければ又戻つて来ますからね。売らないで質屋を利用しようといふ人が多いんです。

野方 常時寝かしてる資金はどのくらゐあるんですか。

宇留賀 それは質屋の資力によつて違ひますね。

野方 ザックバランにひとつ……。（笑声）大体どんなものでせう。昔は二万とか三万とかいつてましたね。

宇留賀 ええ、まあ、そんなものでしたね。——これはうつかり喋べれない。（笑声）

野方 一年前の統計ですと、五万くらゐにいつてましたが……。

宇留賀 思ひ切つて言ひますかナ、まあ、大体が二十万くらゐぢやないですか。

野方 この頃質種はどういふものです。

宇留賀 大部分が衣類ですね。九〇％が衣類です。

野方 衣類ぢや、やつぱり流したくないでせうね。一体どのくらゐで預るんですか。最低は？

宇留賀 最低百円といふ所でせうね。

〔中略〕

野方 最高はいくらぐらゐです。

宇留賀 二万円ですね。これは衣類でした。——あ、さうさう、こなひだピアノを入れた人がありますよ。五万円でした。いいピアノでしたがね、結局、売つちやひましたけれども。

谷津 ぢや、大分儲かりましたね。（笑声）

宇留賀 どういたしまして。出す金がないんで、お客さんが自分で買手を見付けて売つたんですから、私共は儲かりませんでしたけれども、十三万円かで売つたやうです。

入りいゝ店わるい店

野方 質屋といふものは横町なんかによくあるものですけれども、表通りぢやお客が入りにくいからでせうね。

大野 ええ、お客の入りいいやうに、昔はあんまり目立たない所に……。

宇留賀 それですがね、私はさういふ観念を棄てたいと思つてゐるんです。堂々と威張つて質屋へ入れるやうにしたいものだと思ふんです。

大野 私共もさう思つて、今までの暗い感じから抜けようと思つてるんですけれども。

宇留賀 入りいい店だ、なんて宣伝をするといけない。却つてお客さんを入りにくくしちやふものですね。

谷津 私の所は封鎖関係で一時休業状態になりましてね、のれんを外しちやつたんですが、お客に言はせると、のれんのないはうが入りいいさうですよ。

野方　確かに入りにくいもんですよ。五、六回店の前をいつたり来たりしてね。（笑声）

〔中略〕

今と昔お客とりどり

野方　昔は庶民階級の利用物だつたけれども、今は違つて来たでせうね。

谷津　ずゐぶん違つて来ましたね。私共の山手あたりはインテリのお客さんが多くて、大体固定してましたけれども、封鎖以来は、今まで質屋ののれんをくぐつたことのない人たち、お邸の人、追放組、さういふタケノコ生活の方たちが多くなりました。貯金帳を見せて、これだけ貯金はあるんだが、封鎖で出せない、お恥かしながら来るようになつた、なんて言つた人もありました。

〔中略〕

明るい金融機関

宇留賀　いま質屋を明るいものにしようと思ひましてね、「明るい金融機関」といふことをモットウにしてるんです。自殺する一歩手前のやうな気もちで入つて来るやうぢやいけないと思ひましてね。

野方　いいことですね。買入れの場合は、主にどんなものですか。

○竹の子生活
A坊「君、竹の子の皮を食べたことあるかい。」
B坊「無いよ君は？」
A坊「あるとも。とないだお母さんが三枚はいだのを家中で食べたよ。」（東京・三四郎）

タケノコ生活（1）（『主婦と生活』第2巻5号）

宇留賀　買入れも殆ど衣類ですね。たまにはダイヤなんかも来ます。

野方　衣類は女物が多いですか。

宇留賀　種々雑多ですね。ひどいのになるとそれこそ蹴出しといふ、腰巻の上に締める、あんなのまで売りに来る方があります。

野方　値段のいいのは、衣類の中でもどんなものです。

大野　派手なものが高いんです。

〔中略〕

お客種々相

記者　質屋さんに少しでも多く貸してもらふコツは、何かないですか。

宇留賀　昔は泣きごとを言つてくれば、つい負けたものですがね。今は言ふことが違ひますよ。すぐ出すから、二、三日で出すから、なんて言ふんです。昔は、流さないからと言つたもんですがね、今は流してくれれば質屋はよろこびますよ。（笑声）

〔中略〕

女のお客は苦手

野方　お客は男と女と、どつちが多いですか。

宇留賀　それはもう女の方が多いですね。

野方　年齢的にいふと、いくつぐらゐの人が多いですか。

宇留賀　三十代の方ですナ。中には若いきれいな娘さんも来ますよ。

野方　男と女と、どつちがいいですか。

宇留賀　それはもう……。（笑声）娘さんは苦手ですよ。可哀さうになつちやひましてね。

〔中略〕

質屋でお里が知れる話

宇留賀　あなた（野方氏）のはうはどうです。ダイヤなんか、いい物が出ますか。

野方　王冠の一部を持つて来た人がありますよ。勿論本物で

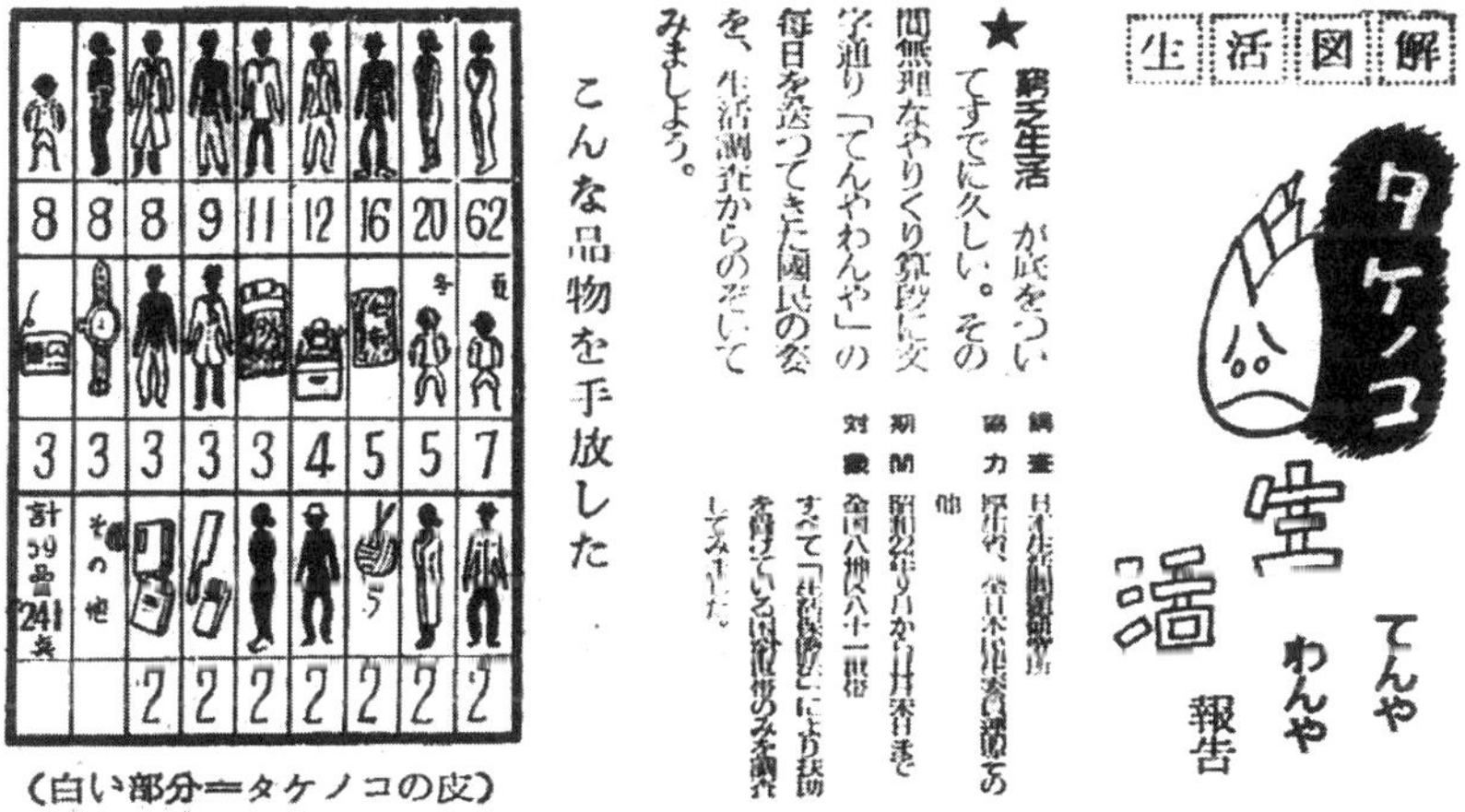

タケノコ生活（2）（『生活科学』第7巻3号）

ね、二百万円くらゐのものなんです。さる宮家から出たもので、御本人でなく、代理の人が来て、鑑定してくれといふので、二百万円と鑑定したんですがね、あんな所が大口でせう。

〔後略〕

〔『座談』第二巻六号、一九四八年七月一日、文藝春秋新社、Z1〕

これからの食糧問題——経済九原則を繞って

鵜川益男

（一）

再建日本の基礎、殊に日本経済安定の基盤は食糧事情の安定にある。

このことは、終戦後茲に三年半、数度の食糧危機を突破して今日まで生き抜いて来た全国民が、その間、斉しくつぶさに体験して来た処である。主食の配給操作が円滑を欠き遅欠配が起ると忽ちにして勤労者の家計は根本から脅され、物価は主食高に刺激され騰貴してインフレを招来し、農民の必需品も又之に併行する高価となつて一担買上た米価の追払いをせねばならぬと云つた様な経済の悪循環が我々を苦しめて来た。

日本経済の安定に関しては昨年十二月十九日マッカーサー元帥から米国政府の指令に基いて吉田総理宛に書簡が発せられ、経済九原則が指令され、今後我国経済の向うべき途が示されたことは既に周知のことである。

右書簡に基いて同十二月二十四日附覚書で、「主食供出計画の能率向上の為、農民に食糧を最大限に増産するよう報奨を与えると共に、事前割当に対し追加割当を行い得るよう法令を改正すること」を指令して来た。

又九原則を示したマ元帥の書簡には「追及すべき目標に関し政治的紛争の余地はない。何となれば之らの目標は明白に述べてあるからである」と述べて居るが、之は特に食糧供出に適用されると思う。食糧問題、食糧の生産及び利用は政治的目的に供せられないことを意味し、例えば供出完了後の米の自由販売と言つたような問題に関する国民を愚弄したる先見の明のない政治的論争に強い止めを刺したものと言えよう。

マ元帥の書簡には更に『達成すべき目的は日本人全体に共通のものである以上、之に対してイデオロギー（思想）的立場から、反対を唱えることも許されず、その達成を遅らせたり頓挫せしめようとする企図も公共の福祉を脅すものとして抑圧されなければならない』と述べてあるが、食糧の生産供出は之らの条件を充足する為、日本人全体が全幅の支持を為すべきものと思う。又破壊的なイデオロギーの圧迫に伴う障害は日本人の責任として之を除去しなければならないと思う。

（二）

そこで当面の課題は何々であろう。

第一に昭和二十二年産米供出の問題がある。二十二年産米は昨年三月十六日に早くも供出を完遂し前年度食糧事情安定となつた。今年は啻《ただ》に供米完遂のみならず、超過供出が要請されて居る。政府も現在までの順調な供米成績に鑑み、一月中には大半の各県が完遂するとの見込を持つているが、更に「超過供出運動を強力に展開しようとしている。この場合農民に対する報奨措置も更に強力に講ぜられよう。

第二に右同様前記十二月二十四日附覚書の趣旨に基いて現在の食糧確保臨時措置法を一部改正し、食糧需給事情に即応して、供出割当数量を変更し得る措置を講じようとして居る。

第三に十二月二十八日政府は全国知事会議に於て昭和二十四年産米、馬鈴薯、甘藷の農業計画を指示し、各県別割当数量をその決定通り指示した。食糧事情の安定は食糧の確保を図ることが第一要件で、それには先づ国内産食糧生産の増強が行われねばならない。政府は「昭和二十四年産主要食糧増産運動」を展開しようとしている。昨年の「食糧一割増産運動」は兎に角農民を始め関係官民の熱心な救国的努力によつて好成績を収めることが出来たと言えよう。緊急増産から恒久的増産へ踏み出した年として、更には前述した指令の趣旨からも、今年は農民を始めとして関係官民の愛国的協力によつて生活の安定を基礎とした食糧増産の上に立つて、祖国再建に邁進したいと思う。

尚統制再強化の立場から、主食のヤミ取締りの励行、輸送制限の厳格化、幽霊人口退治と言つた今までにも行われて来た施策に対して更に強力な筋金を入れることも考えられねばならない。

（三）

処で、食糧確保の第二として国内産食糧の最大限利用の問題がある。之に関連して食生活のあり方の問題がある。そこで次に一括して考察することにする。

国内産食糧の最大限利用の見地から、供出計画の能率向上の為の諸施策、措置や統制再強化の面から諸施策が行われようが、問題はそれだけに止まらないと思う。即ち、更に配給食糧についてその消費される効率がより高くなり効用を増すことが考えられねばならない。

終戦後の一二年は「量」の確保に重点が置かれた。そして実質的には未利用資源まで主食の枠内に入つたし、心理的には二合一勺の配給に苦しんで居る消費者に一部の政党が浮薄にも大衆に味〔呼カ〕びかけた「三合配給」の魅力ある然し現実には実現不可能なスローガンに清き一票を投じたのであつたが、しかし簡単な食糧事情ではなかつた、何れにしてもこうした量的配給は前年度辺りから段々と量より「質」の問題が論ぜられるようになつた。即ち、輸入小麦粉と国内産全粒小麦粉の比較から来る問題。

大豆粉が結局主食配給用の枠から醸造用に用途が変えられたこと。甘藷殊に多収穫品種である茨城一号などの配給辞退が一般に行われたこと等がその現れと言えよう。麦類の加工歩留りの問題は対外的影響と、それだけ量が減ると言う点から一足飛びに白い精麦の昔に帰つたり、アメリカ製の純白な小麦粉になることは難しいが段々に問題になつている点（例えば精麦歩留り小型製粉の歩留りと言つた処）から改善されて行くであろう。米の精白歩留りについても大体同じ様なことが言えるし甘藷についても用途を考えての価格差と之に応ずる検査の励行と言う方向に向い、輸入玉蜀黍についても、加工方法の改善とそれに相応する調理方法の指導普及に努力が払われることになつた。

これらの点に関連して根本的に綜合食糧施策の問題がある。昭和二十二年七月、常時さし迫つた食糧危機を突破する際「食糧緊急対策」に於て取上げられ、その後同年十一月経済安定本部で樹立した生活物資需給計画で本格化された施策のうち、カロリー計算で主食と主要食品の配給基準量を出し、之に蛋白質の瓦《グラム》数を加えて行く考え方である。更にこのカロリーの外に栄養の見地から食糧の組合せが問題となる。又輸入食糧の大部分が粉の形で配給される現在正しい粉食の普及による食生活の改善が問題となる訳である。配給基準量が二合五勺から二合七勺に簡単に増配になつたと言うのではなく、一、三〇〇カロリーから一、四四〇カロリーに一人当り一日の食糧消費基準が引上げられたと言う点に我々の理解する方法を変えて行かねばならぬ訳である。

（四）

食糧確保の第三には輸入食糧の問題がある。敗戦によつて朝鮮、台湾を失い、海外よりの引揚、帰還等によつて人口は急激に増した。食糧の自給自足は現状に於ては非常に困難なものと見られ、当分の間国民の年間総消費量のうち二割程度は否応なしに輸入食糧に依存せねばならない。終戦後我国の輸出貿易は著しく減退した為、この不足した食糧を自力のみで輸入することは出来ず、米国政府占領地救済費（ガリオア資金）で賄われた輸入食糧によつて辛うじて食糧不安を突破して来た。終戦後一九四八年昭和二十三年上半期までの我国の貿易実績は、占領報告書によると、入超累計約八億弗で主として前期ガリオア資金で賄われて居り、輸入の過半数は食糧であつて約六億弗に達する。

マ元帥の前記書簡は「米国民が日本国民を養う」ことから日本人が自らを養う様に「日本の経済的自給体制を速に確立する」様強く要請している。戦後四年目の今年は何としても日本経済を復興する為の援助に重点を置き救済は第二次的にして行くべきであると言うようにその論旨が指向されている。然もその救済費も少額でないことは、十一月二十四日華府で総司令部天然資源局農業課次長ウイリアムスン氏が「本年の対日供給食糧は二億二千万弗である」と語つて居るのを見ても知られる。我々としては先づ国内産食糧の生産、利用に最大限の努力を致さねばならぬ理由はここに明かである。

即ち一つには食糧よりも経済復興に資金を使うべきであると言うこと、又救済費によらず輸出代金を身代りとして、その範囲内で輸入食糧を買うべきこと、こう言つたことが要請されて居りその趨勢にあることを知らねばならぬ。

次に経済九原則は単一為替レートを早く設定することを目標として居る。この為替レートの問題は先づ輸入食糧の放出価格の点で、又早晩国内食糧の価格との関係に於て大きな影響を我国経済に殊に農業に及ぼして来るであろう。世界の食糧事情は次第に好転している。即ち米国農務省が十二月十三日発表した処によれば「一九四八（二十三年）四九年（二十四年）度七大食糧中六種のものの世界生産高は戦前平均と等しいか若くは良くなるが、油脂だけは依前戦前より低い見込である。米の生産は平年作、その他の穀物の生産は有効需要を遙かに上廻ると見られる」とのことである。こうした「物」の事情に加えて、先に述べた価格の事情が影響して来ると思われる。今までのやうに孤立した臨床的経済から大きなうねりのある世界経済の舞台に登場し、更に自立経済を要請されている、こう言つた点を考えるとき、誠に今年は重大な意義を持つた年であると言える。我々は耐乏生活を覚悟し最大限の努力を尽さねばならぬ年であると思う。

南方米のさきがけとしてシヤム米五万屯の輸入が来る三月に実現する運びになつた。ビルマの使節団も来朝して関係方面と協商したとの報道がある。ビルマについてはＩＥＦＣ（国際緊急食糧委員会）の割当が先決問題の様であり、本年六月までの割当は一応ないので、その後に期待せねばなるまい。

（五）

最後に、再び眼を国内に移し、食糧牛産者たる農民の立場から考察して見よう。

第一に米価の問題がある。他の農産物又は工業品の価格との関係論を省略して米価だけについて考えて見ても、現在のバリティ（均衡）方式による米価のたて方、及びインフレの事情に即応した追払い制度が取られているが、之に対して依然として若干の不満が残つているように見える。之に奨励金の問題が加わる。二十三年度産米については特に早場米の奨励金は、早ければ石千円と言う、金づまりで苦んで居た米の作地帯（早場米地帯でもある）に魅力的であつただけ今後の影響は考えられなければならぬと思う。

〔後略〕

［『日本食糧』復刊第一号、一九四九年三月、日本食糧研究所、東京、N415］

食糧危機打開‼ ── 飢ゑさせてはならぬ

片平藤太郎

民主国家再建の基礎たる衆議院議員選挙にあたり、各立候補者は各所で誰もが三合配給の即時実行を叫んだのであるが、我等の耳は微動だもしなかつた。

ないものを配給する、そんな無法なる事ができるものか、我等は「農民の努力によつて都会人を生かしてもらひたい」かうした真の叫びを聞きたかつたのだ。

闇市場の混雑、交通機関の殺人的一大混乱は果してどこに原因するのだらう、栄養失調になりつゝある都会人の生きんが為の闇買出しにあり、これにつけこんでもうけようとするブローカーの仕業なのだ。

敗戦国とは云へ何んたる有様だらう、食糧さへ充分あればこんなことにはならないだらうに、だが食糧危機は刻一刻八千万同胞の身辺に迫りつゝあるのだ。過日上京の際、飢ゑた浮浪児の群が上野付近にさまよひ、中には〔5字不明〕るものもあるのではないか、同じ血が通ひ同様に国家の再建を希ふ同胞がいま〔7字不明〕死んで行く様を見て、我等は如何に胸に響いたか、今さらこゝに申す迄もない全国の男女青年諸君の御想像にまかせたい。

時も時我々は東京帝国大学農学部において開催されたる農業科講習会修了しての帰路なのだ。必ず増産しなければならない、そして八千万一丸となり、きつと〳〵平和日本を再建しなければならない。理屈ではない実行なのだ。我々の多くは食ふことも出来ずに、不運〔カ〕の人で死んで□□にも□□ない、□〔あカ〕、なんたる運命なのであらうか。

唯ぼうぜんと上野の西郷銅像の下に立ちしばし感無量なるものがあつた。

さうだ娯楽も何もあるものではない、食糧の一大危機打開に全力を打ち込んで増産に邁進しようと固く〳〵誓つたのである。益々人口はふえるばかり、肥料はない、そうだ我々は若いのだ。

研究してゆかう、研究さへすればきつと増収出来るのだ。現在反当五俵の平均収量を一俵増収して六俵とつたとすれば二割増収出来、それだけ食糧事情が緩和出来るではないか。

食糧事情の解決は何より増収することだ。

我々農村青年がこれに対しどのやうに活躍しつゝあるか、その一端を述べてみたい。

現下の食糧事情に目覚めた我等同志百余名は昨年末篤農青年研究会なる増産同志会を結成し、各方面の権威者の指導を受け、且会員の共働により食糧の一大増産に馬力をかけておるのだが、肥料さへあれば増産もたやすいことである〔。〕化学肥料の不足に対して自給肥料の一大増産と、代りになるべき肥料の研究に専念して互いに競走《ママ》的に増産に邁進しておる。

肥料の不足ばかりではない我等は作物の病気や虫と戦はね

ばならぬのだ。

　薬さへあれば防除も容易であらうが如何せん薬がないのだ。こゝにおいて工夫研究しなければならぬのだ。

　大自然の中に作物と共に生きる我々農村青年は、朝は早くから夜おそく迄これら肥料不足病虫害防除にその外いろんな方面に如何にしたらばよいか心配は常に頭からはなれない、だが我等の研究心に感じた男女青年は我も我もと入会を希望し、猛烈なる増産運動がおこりつゝあるので今年末の収量は今から大なる期待をかけられておる。

　だが、いくらわれわれ農民が懸命なる増産をつゞけ供出をなしても、中間における人間が自己の利益をおさめんとしてこれらのものを隠退蔵し、或は闇値をもつてうりとばし、不当なる自己の腹をふくらませておるものが相当おるではないか。

　だから益々一方的なる食糧危機に迫りつゝあるのだ。金持はどんなことにもなる。だが貧乏人はどうなるのだ、折角の我々の血の結晶を横領する人間は断乎たる制裁を加へなければならない。

　一方各所に退蔵物資どしどし摘発して貧困なる生活を送る消費者へ配給すべきではないか。

　今交通地獄をおこしてゐる原因は何か。金持連中が地方へ闇袋を背負つて出かけるからなのだ。これがなかつたら汽車にもゆつたりとしてのれる事も出来るだらう。窓ガラスをこはすこともないだらう、網棚をこわすこともないだらう、食糧にかかつては道義も何もないのだ。

　だが、金持はこうしてまでも食はれるからよいが、貧乏な勤労者特に焼け出されの戦災者は餓死の運命をまつばかりではなからうか。また地方として未だ供出の完納しない農家は、高い金でどん〱うれてゆく米を安い金で供出してもつまらないといふ気持でゐるに違ひない。

　この買出しさへなくなれば供出も自然とよくなるだらう。

　したがつて消費者は苦しい思ひをし、高い金を出して買ふよりも安心して安価の米を食べる事が出来ようし自然と増配も出来得るだらう。

　農村は黙々として増産に力闘し、供出の完璧を期し公正なる配給によつて一般消費者へ配給したらいく分かの緩和が出来得よう。

　我等農村青年は、餓死を《ママ》明日に迫りつゝある同胞を救ふためにいますぐにも総蹶起し、猛烈なる増産運動を展開すべきである。都市の青年諸君。単なる掛声ではなく先づ実行することだ。

　君等を食はせるのだ。どうかあらゆる方面に御援助をお願ひ致したい。

　今戦災地の焼跡に青々と何のくつたくもなくすく〱と伸びる麦の如く農村都市一体となりて食糧危機を打開し、平和民主国家再建に奮闘致さうではないか。


（筆者・福島県信夫郡余目村青年団員）

〔『青年』第三一巻七号、一九四六年九月、財団法人日本青年館、東京・小金井、S500〕

食糧難と社会不安

山川菊栄

忘れられぬ十二月八日は近づいた。満四年前のあの晴れた朝、ラジオから送り出た真珠湾奇襲、フィリッピン、マレー侵略の最初のニュース、そして宣戦の詔勅、勝ち誇った海軍マーチは『敵は幾万』。しつこいほどくり返された。

古歌

みたみわれ生けるしるしありあめつちの
さかゆる時にあへらくおもへば

の朗誦は、今もなほ国民の耳にありありと残つてゐる。そして四年後のけふ、それらに答へてゐるものは、大小無数の都市の焼野原、そこに充ち満ちてゐる孤児、餓死者、浮浪人、失業者、闇屋、売笑婦、そして疾駆するジープである。『みたみわれ生けるしるしあり』と、奴隷経済の上に栄えた奈良朝の宮廷文化を謳つたのは奴隷ではなくて、貴族であり、宮廷詩人であつた。千年の後何のために起され、何のために続けられてゐるのか分らぬ支那事変の挙句、更に東亜全体にまたがる広大な地域を屠殺場とするために起されたこの『聖戦』に、『みたみわれ生けるしるしあり』と堕落したのも、そこに追ひやられた奴隷自身ではなかつた。

国民が敵米英との戦ひよりも、飢ゑとの戦ひに夢中になつてゐたのは、『聖戦』の全期間を通じての全国的な現象であつた。緒戦当時南方の作戦の苦々しさよりも、新聞が力瘤をいれて報道する豊富な果物や貯蔵された莫大の罐詰が魅力ある話題となつた。何百万の皇軍の将兵が、南方の豊かな都市や農村に、蝗の大軍のやうに襲ひかゝり、食ひ荒らし、食ひつくしていく様子が、東亜諸民族の解放として、凱歌と共に報ぜられた。銃後の国民は香り高い果物の話に酔ひ、倉庫に、工場に充ち満ちて、踏んだり蹴たりして歩かねばならぬ砂糖の山の話に空襲を慰められるように仕向けられた。しかし宝の山は遠かつた。国民は日毎に飢ゑ、闇はますます勢を得、莫大な食糧資材が故国を出るや否や、太平洋のもくづとなる度合の大きさにつれて、増産のかけ声は高くなつた。ラジオから勢よく迸る海軍マーチも『敵は幾万』も、からつぽの胃袋を満たすことはできなかつた。戦果を報ずる新聞の大きな活字も米粒の代用にはならなかつた。人々は戦争よりも食物に夢中であつた。たまたま出会つた親戚友人の話題は、配給のよし悪し、食品の闇値、家庭菜園の手入れの仕方、野菜屑の無駄のない調理法等等に限られてゐるといつてよかつた。昭和十八年の夏のこと、懇意な人夫とお茶をのみながら或人が話しかけた。

『どうだね××さん。戦争は一体どうなると思ふかね』『戦争』ですつて。旦那冗談じやない。戦争だなんてノンキなこと考へてゐられますか。私達あ戦争どころじやありません。毎日餓死しない工夫で一杯でさあ』

これはこの人ひとりのことでなく、国民一般に通る事実であり、戦後の今日ますく〱広い範囲にわたり、いよく〱激しくなつて来た現実である。

昭和十八年には諸の大増産が命ぜられ、農家は野菜の作付けを最少限度の自家用に制限され、非農家及び都市消費者は専ぱら家庭菜園に頼れといはれた。芋苗は不足した。農家は法外の闇値で不足分を手に入れて畑の隅々で漸く芋苗をうえつけた。軍事施設と兵員の際限のない増加は、耕地の減少と反比例に野菜の供出を加量した。野菜不足は、悪天候と耕地及び作付けの減少と共に、都鄙及び軍と民衆を問はず、一切の消費者を圧迫した。盛夏の頃、神奈川県藤沢市では、軍、官及び農民代表が集まつてこの問題を協議した。席上、軍の代表者は、即時に芋苗をひきぬいて野菜の播きつけをせよと求めて、さすがに温柔な農民代表を憤激させた。野菜を犠牲にして主食としての芋を作れといつたのは彼等であり、野菜作りを国賊視したのも彼等であつた。唯々としてその命に従つて自家用野菜の欠乏まで忍び、漸く手に入れた芋苗が根をはりかけた頃、それをひきぬけといふ。農民の労苦と失費も思はず、今日播いた野菜の種が、明日実を結ぶものでないことすら知らぬといつて、軍に対する農民の軽侮反感はとみに募つた。この事件を近県の若い農政課長に話したところ、自分の県でも同様で、自分も上司の命令を忠実に実行して、自転車で県下の農村を隅から隅まで駆けめぐり、野菜の制限、麦芋の植えつけに極力努力した。その結果は深刻な野菜飢饉となり、各方面の非難は自己一身に集中し、自分の家庭でも、職業柄、今までは我慢した買出しをやらねば生命にかゝはる場合となつた。『馬鹿正直ほど損なものはありませんよ。米麦の供出も野菜の播きつけも私は上役の命令通り、一生懸命にやつた。それを一生懸命にやつた県ほど困つて大問題になつた。役人は何でもいゝかげんにやつておくに限る』といふのがその人の偽らざる述懐であつた。しかし中央の机上計画を文字通り、忠実に、厳格に実行した役人ほど栄転は早く残された農民ほど悲惨なものはなかつた。かくて飯米に窮する農民が続出し、生産意欲は抑制されて、耕地の荒廃するものがふえて来た。神奈川県では手不足で荒廃する耕地に雑草のはびこるのを防ぐため、雑木の植林をしたところ、地目変更の許可を得ずにしたといふ廉で、出征兵士の一家、老いたる父と幼児をもつ若い嫁が、農繁期をよそに、折角根をおろした高価な苗木を引きぬくために数日を費し、もとの荒地に返して役人を満足させた。

大船から藤沢にかけて見渡す限りの美田が潰され、広大な軍工場が出現した。それをとりまく村々には徴用工が分宿した。畑荒しは買出し部隊か、徴用工か、いづれにしても異種族のように擯斥され、軽侮され、恐怖されるほどになつた。

何百年来軒を並べて米麦を融通し合つた隣同士の闇でさへ、一方が非農家、消費者となれば、他の一方から葱一本わけて貰へず、たま〳〵わけて貰へば都会の買出し部隊に対すると同様、法外の闇値にそへて、足袋は、手拭は、と品物を求める。そこで土着の消費者が自分の村を頼らずに、電車に乗り汽車に乗つて遙々と遠い見知らぬ村に買出しに行く。かくて交通機関はます〳〵混雑し、人々の能率は日毎に低下した。

消費者は農民を罵り、農民は消費者を蔑み、かつ何百年の隣同士、互に隣家の闇をそしり合つてゐる。

『闇だ〳〵と、やかましくいふけれど、闇をしねえで肥料が手に入るか、公債が買へるか、税金が払へるか。闇の大将はお上だ。軍人だ。警察だ。高の知れた百姓の闇ばかりグズ〳〵いふにも当るめえ。昔は野菜なんか只で同士《ママ》さへわけ合つたものよ。お前のうちにや南瓜がねえか。おらがんとこのもつていきな。おらがにや大根よこせ、てな工合でな。今そんなことしてたら供出に事欠いて非国民だ、国賊だつて騒がれるによ』

『震災の時は来る日も来る日も、街道も鉄道線も東京や横浜の焼け出されがゾロ〳〵通る、浴衣一枚で子供をしよつた女優や、焼けこげの座ぶとん一つ抱へた年寄や、のべつ幕なしだ。こゝらの家では線路や道ばたに湯茶を出したり、握り飯やふかし芋を出して只で誰にでも食はせる。知らない人も泊めてやつた。今だつてしてやりたい。だがそれをしたらこつちが干ぼしだ、供出はできねえ。さうすりや又非国民だ、国賊だと来るでせう。』

と或老農夫は苦笑した。『一億一心』の標語は、一億の心を離れ〴〵にし、互ひに疑ひ、互ひに憎み合ふために作用した観がある。

今年は餓死が出るだらう、暴動が起るだらうといはれたのも十八年の夏頃からであつた。九月下旬、政府の発した疎開命令は、空襲掛念《ママ》と食糧難の緩和を兼ねたものと解せられ、空襲よりも暴動を一層さし迫つた脅威と感じて家族を東京から疎開させた人々もある。組織的な暴動は起らなかつた。しかし野荒しは悪化した。東京附近ではその災にかゝらぬ畑は稀で、中には徴用工が隊を組んで荒してゐる最中に地主に咎められ、総がゝりで地主を袋叩きにしたり、又横浜では、野荒しを摑へた数名が夢中で殴り殺した事件まで起つた。それほど大都会に近くない私の近辺でも頻々たる被害に警察は手不足で取締りができ兼ねるから、各部落で見張りをおけといはれ、結局畑に柵をめぐらす農家が多くなつた。陣地構築のために入り込んだ徴用工と兵隊の増加は、空襲の激化に伴ふ疎開者の増加と共に、食糧事情をます〳〵悪化させた。徴用工は乞食か泥棒の異名となり、追々に兵隊までもその扱ひに近づきかけた。戸毎に食物を売れと哀願する兵士、光輝ある皇軍の戦士を、始めのうちこそ同情的に扱つた農家も、度重なり、相手の数が増すにつれてうるさがり、忌み嫌ふようになつた。軍への尊敬も畏怖も影を消しかけた。不人気を感じた軍の方でも強制的な態度は控える気味があつた。廿年春から夏にかけて、上陸待ち更けの第一線を固めてゐる筈の皇軍の勇士は、三々五々、野びるをつみ、たんぽゝを集め出した。

『これでも一人に一本当るか当らないかですよ』

と彼等の一人は心細い話をした。私の家の裏には幅一間ばかりの汚い用水の溝川が流れてゐる。勇士たちは上官の命により、隊を組んで、村の子供と並んで、小川にちらつくざこやざり蟹をすくひ始めた。かうして些かの食物に千辛万苦を重ねてゐる兵隊があるかと思へば、つい去年の冬、寒中、凍つた水に太股まで浸して、村の老若男女、年のいかぬ中学生まで動員し、村民の反対を押し切つて暗渠排水の施設を強行した。何町歩の美田に、何百の兵隊が蟻のように群がつて山を崩し、土を運んで埋め立てゝいる。兵舎をたてるためであつた。かうして今年から始めて増産の実があがるといふ改善された耕地をつぶして食糧難に拍車を加へ、前年の労苦をむだな犠牲としてしまつた。これはこの村に限らず、日本中に共通といつてよく、全国到る処、去年暗渠排水を完成した耕地が、今年は米の代りに兵舎や軍需工場の敷地と変つてゐる。

開戦後間もなく、太平洋沿岸は米国潜水艦の脅威によつて漁業を封ぜられたが、瀬戸内海の北岸、魚貝類の最も多く繁殖する水島灘附近の数百町歩も軍用地として埋め立てられ、それに隣接する数千俵の収穫を誇る耕地も同じ運命に会つた。この種の破壊事業、増産の逆を行く施設が、増産のかけ声と共に激しく、急に行はれていつたのは奇観であつた。

終戦の当時、私は広島県東部の農村にゐた。八月十五日の詔勅は驚いていゝほど、無関心、無感動のうちにうけとられた。とう〱来るべきものが来た、といつた感じであつた。罹災者、疎開者は直ちに今後の身の振り方を案じ始めた。村人は都会の工場に通つてゐる子弟の失業、朝鮮満洲に出稼ぎしてゐる身内の引あげ、それらをどこに収容し、どうして養つて行くかに頭をなやめてゐた。降伏そのことを問題にする者、恠《あやし》む者は一人もなく、たゞその遅かつたことが憤りの種となつてゐた。原子爆弾で村民の中に次から次と犠牲者を出し、今日も明日もと葬式に追はれてゐた最中だつた。なぜ原子爆弾を待たずに降伏しなかつたか、すでに二三年も前からその機会を待つてゐたといひながら、吾々の子弟を犠牲にした直後、それを口実にして降伏したといふ点を怒る者が多かつた。

長雨つゞきの挙句、九月十八日午前一時、県下の大河芦田川の大氾濫によつて村の家屋の大部分は浸水し、耕地の流失荒廃百町歩、家屋の流失倒潰、人畜の死亡も莫大な数に達し、こゝ数年恢復の望みを絶たれた。原因は近年の山林濫伐河川改修の遷延、松根油採取のために山々を大穴だらけに放置したこと等にもよるが、直接には、甘藷栽培割宛により、本来米麦の二毛作をくり返す穀物の産地で、畑地の少い土地柄である所から、窮余、堤防を濫用し、芝をはがして牛にすかせ、甘藷をうゑた等、それを掘り散したので堤防の大決潰となり、幾多の人命を奪ひ、県下の穀倉たる豊沃な耕地を流失荒廃せしめたのであつた。こんな例は全国にわたつて算へる遑がないことであらう。軍は、郷土防衛の名に於て、郷土を破壊し尽くしたといつてよい。

　いま農家は、食料増産のために工産物を要求してゐる。都市労働者は、工産物増産のために食料を要求してゐる。堂々隊を組んだ消費者が公定価を支払つて農業倉庫から食料を運び出した北海道の事件、農民が還元配給の遅きを怒つて農業会倉庫を無断で開いて米を持ち出した茨城埼玉の事件、これらがやがてどういふ規模に発展し、直接当面の要求以外にどういふ目標をもつものとなるであらうか。冬は来た。おとなしく餓死する者ばかりはあるまい。しかし昔と違つて地主の白壁の倉の中は今は鼠の巣で、米俵の山は見当らない。小作米は地主の門前をす通りして行く。農業倉庫を襲へば、明日の配給米がなくなるだけのことで、国民的餓死の運命を避けることにはならない。倉庫の襲撃が話題に上つた時、或小農はおらがもついてつて一緒に食ふべいといつて皆を笑はせた。まことにお互ひ様で誰が誰を襲つていゝか、皆ついていつて一緒に食ひたい者許りの日本ではなからうか。無気力、無秩序、無組織、怠惰、これらはすべて八月十五日を以て亡びた旧日本の遺物である。それらを清算して、真に国民自身のための増産に邁進することこそ、新しい日本への第一歩である。自由を得た生産者は奴隷ではなく、人間である。都市労働者と農民の、人間として、生産者としての自覚を求め、新しき日本の建設者としての誇りによつて、強制によらず、威嚇によらず、自主的に労働する訓練と伝統を育てる組織こそ、国民が自分自身を救ひ、日本を救ふ唯一の道であらう。

　輸入品の見返りにまだ〱貴族富豪の邸の奥深く死蔵されてゐる貴金属美術品を吐き出させることは、衣料その他の物資を罹災者のために徴発すること、同じく緊急を要する手段である。広大な別荘妾宅が徴発された話もまだ聞かない。それらの財貨を失つたとして生命にかかはることではないのだから、持てる者は進んで供出すべきであり、それを敢てせぬ者には強制力を用ゐても敢行すべきである。もちろん人民によつて判定された戦争責任者、戦争犯罪人の一切の財産は人民に還さるべきである。より以上還して欲しいもの、失はれた命、流された血は永遠に還さるべくもなく、かれらによつて残されたあらゆる厄介な遺物、犯罪や窮乏や病気や不具やその他の重荷は償はるべくもないとしても。

〔『改造』第二七巻一号、一九四六年一月、改造社、K292〕

川柳フラッシュ

〔豊和工業株式会社労働組合〕工作一課　奥田正雪

世智辛い食糧難

前の晩は雑水。今朝はむやみに腹が空いてゐる。何気なく茶碗をさし出すと、

『貴方、朝から三杯目は困るわ。私は昼を抜いてゐるのよ。』

『何言つてやがんだい。誰れが飯をよこせと言つた？飯の後のお茶も飲ませない了間か……』

苦しく切り返して家を飛び出す。

三杯目出せば笑顔で叱られる

［『めざめ』第一号、一九四八年一一月一日、豊和工業労働組合、愛知・新川、M241］

大人子供一ケ月の配給食糧　（一二・一八）

東京神奈川軍政地区東京分遣隊資源商工部が三十日間にわたつて調査した一ケ月間の日本人大人および子供一人当り配給食糧の種類、量、平均最高最低出費などの結果につき十八日渉外局から次のように発表された。

米配給は約二十五日分で、残り五日分は甘しよで代替された。甘しよ三キロ半の配給は米一キロに換算される。米および甘しよの配給は三回乃至五回に分けて行われる。総計は次のとおり。

	量	価格
米	八、《マヽ》四九七キロ	三〇・八九円
甘しよ	六・〇〇三キロ	八・〇一円

野菜および魚は現在の供給状況に応じて配給される〔。〕

	量	価格
野菜	〇・七九六キロ	七・三三円
魚	〇・四〇八キロ	二・二〇円

次の種目は一回の配給で割当配給された。

	量	価格
味そ	〇・六九二キロ	六・〇〇円
塩	〇・二〇〇キロ	〇・二六円
甘しよ（米代替のほか）	一・九二三キロ	三・二〇円
醤油（男子二十一歳以上）	二・〇合	六・〇〇円
ビール（男子二十一歳以上）	二本	一二・〇〇円
あめ（子供四―一四歳）	三一・九二グラム	一・一五円
氷砂糖（子供四―一四歳）	七六・九二グラム	一〇・〇〇円

二十一歳以上の単独居住の女は酒およびビール二合づつを得ることが出来るが、女世帯の家庭はこれら双方とも二合以上を得ることは出来ない。

労働者には仕事の性質に応じて、加配米が配給されるが、平均加配量は二・七五七キロで価格は一〇・〇二円である。

大人一ケ月間に配給される食糧価格は次のごとくである。

最低　五四・八四円（ビール・酒を除く）

最高　九六・〇六円（ビール・酒・醤油、甘しよ労務者加配米を除く）

次の特別種目は医師の証明書を有している者に配給されるものであるが、前記大人子供に対する平均月間食糧価格のなかには含まない。

生牛乳（生後一乃至一二ヶ月の乳児用）
七二・〇合　一〇八・〇〇円

生牛乳（病人用）
五六・四七合　八四・七〇円

粉ミルク（生後一乃至一二ヶ月の乳児用）
一・〇五二キロ　五二・六二円

生牛乳は乳児に割当てられる場合にのみ病人に配給された。粉ミルクは病人には配給されない。米国食糧は配給にならなかつた〔。〕また外国人向特配はこの調査から除かれている。

〔『マッカーサー司令部重要発表及指令』第二六号、一九四六年一二月二八日、渉外通信社、東京、M63〕

経済眼　配給食生活の実態

最近日本生活問題研究所調査といふ、『最低生活費の実態』なるものが発表された。日本生活問題研究所は、経本、厚生省から生活問題、特に生活費、賃金問題の調査委託を受けている機関の由である。

こゝで、此の種の調査について注意せねばならぬことは、第一にその調査の時期である。毎日物凄い勢で物価の騰貴しつゝある実状では、唯漠然と最低生活費幾らと称したところで意味はないからである。此の調査は此の点昨年十一月以来六ケ月の準備期間を以つて此の四月三十日現在の状態を示すものの由である。

第二は、最低生活といつても、実際に現在の日本人がこれで生存を保ちつゝある、或はこれで栄養不良に陥りつゝあるといつた意味の真の実態調査と、最近の物価では、或る程度の生理的必要なり、活動力を維持するのにどれだけの費用を要するものかといふ謂はゞ理想的数字の調査の別である。此の最低必要の計算にも、カロリーなどからみるものもあらうし、今日の敗戦から来る国家総貧乏の枠からみるみ方もあらう。

此の調査は、実態調査と称すと雖も、自家生産、配給、ヤミ買ひの割合などといつた部分的な資料が実態調査の結果を用いたといふに止り、根本はやはり標準家族五人で、主人

配給（『主婦之友』1947年2月号）

（廿一歳～五〇歳）の所要熱量二四〇〇カロリー蛋白質八〇瓦《グラム》といつた理想基準の調査であつて、果して日本人は現在そのやうな最低生活を維持し得ているか、或はそれが国民経済的に可能か――といつたいみの実態調査ではない。

此の調査によると、五人家族の標準家計二千六百二円、此の内六割七分は飲食物費で千七百四十二円を占め、その他の嗜好品一分余〔〕住居費三分、水道光熱五分五厘、被服六分五厘、公課負担七分以下合計三割三分となる。かく大部分が喰ふだけの生活だから、標準家計たると共に最低標準といふことになるのであらう。

食物費の内容は、主食が六百十三円、蔬菜が二百四十円、漬物が十五円、魚介が七百十九円、調味料が百五十四円で合計千七百四十一円となるのである。

而して配給と非配給との比率は主食で三割一分対六割九分、野菜で一割八分対八割二分、漬物、配給なし、魚で五分対九割五分、調味料で一割一分対八割九分、合計では配給二百九十二円の一割七分に対し非配給千四百四十九円の八割三分を示すのである。

〔『経済新誌』九月号、第二巻第五特輯号、一九四七年八月、経済新誌社、東京、K831〕

配給所の態度を衝く！

早川鮎之助

片輪の経済統制など一日も早く撤廃した方がよい事は本誌前々号で申上げた通りだが、私の思うようにそう簡単に撤廃の出来ない理由もあるらしい。併し魚の自由登録が実施され、追々他の配給品も自由登録となる事は自由販売に接近しつゝある事を物語るものと観てよろしい。

最近各種配給所員の態度が多少変化した事に気がつくであろう。つまり不親切が若干訂正されつゝある。たとえそれが真の底からではないにしても不親切を続けている事よりは余程世の中を明るくするものである。県市会議員などに立候補する前になると急に頭の低くなる連中の多いのと同じだと思えば腹も立つがこれとは似而非なる点がある。というのは選挙は、当落は兎も角、済んで了えばアトは野となれ山となれという態度に代るが配給所はそうは行かない。態度が不親切に戻ればお客が配給所を代えて了うからである。

区域によつて配給所を決められていた間はどんな態度だつて構わない。否、いずれにしても配給制度という事は永久的な事でないことは初めから判つている事であるにも拘らず永久に特権でも得たようなつもりになつて横柄をきめ込んだ配給所こそ急に態度を変更して見たところでその間抜け振りを嘲笑されるに過ぎない。それでも心の底から悔い改めて親切になれば又お客を取戻す事も出来る。議員たちと違うのは此の点で商売を続ける限り、そしてお客を大切と思う限り親切と頭の低い事とを続けなければならない。

但し頭を低うして量目不足の無いようにする事のみが親切ではない。先づ第一時間売りを廃止する要がある。何町は何時から何時まで一時間の内に来いという現状では駄目である。時間の空費をはぶく事とお客の便利を図るべきである。お客は物を只で貰うのではない。闇よりは安いにしても兎に角丸公〔公定価格の俗称〕で買うのである。又配給所はそれで生活を続けている。物を買うのに売る方で時間を決めて貰つて、時間を経過すれば叱られるなど、いう馬鹿げた手はない。

商売屋というものは、朝の七、八時頃から夜の九時か十時までお客があつてもなくても営業しているのが当り前である。少数の配給所員をして数時間で儲けさせる為に大衆が莫大な延時間と延人員的犠牲を払わねばならぬ理由はないのである。国家的にも損失が大きい〔の〕だから此の時間売りを止める事である。

※

次に商売屋は合同販売を廃止する事に自ら骨折るべきである。甲配給所の居住配給員が親切で正直であっても他の集まつて来る配給員が不親切で不正直だつたら「甲配給所は駄目だ」という事になる。だから個人々々の配給所にすべくお互に尽力すべきではないか。お客も亦それを喜ぶ。嘗て或る配給所員は「吾々商売人がお客を大切にしたり、物を安くしたりするのは少しでも多く品物を買つて貰う為である。丸公で儲けが限定されお客の数も限定されているのにそうペコ〳〵頭を下げる必要はないだろう」といつた事がある。全くそれに違いないであろうがこれでは余り現金過ぎるのである。こんなのに限って自由経済になると必要以上に平身低頭をやるに違いなかろう。

昔、自由経済時代にも煙草屋という一般的に愛嬌のない商売屋があつた。きんしがバットの時代、バットを一個買いに這入るとまるで邪魔者扱いであつた。これは値段が定まつているのと薄利の為である。又お客の方では何時でも買えるので一度に沢山は買わない。それで煙草屋は半分怒つた態度で売つていた。自分の好きで煙草の兼営を始めて置きながら、こんなべら棒な存在はないと思わせたものである。ところが統制経済になると各商売屋とも皆それにならつて今日に至つた次第である。

だが世の中は何時までも商売屋に斯様な態度を続ける事を許さない。物の豊富な時代にはいろ〳〵景品をつけたり、相当の割引も可能であるが今ではそのどちらも容易に行えない。従つて精神的サービス以外にはないと思う。昔、景品の一番劣等なのがマッチであり、喫茶店を開業しても広告にマッチを出し、マッチの洪水で可成りウンザリしたものだが、これも今は夢である。まあ、お客との応対には誠意を示す事である。と言つて無暗にペコ〳〵する事のみがサービスではない。うわべだけのサービスでは反つてお客の機嫌を損ずる場合もある。

〔『月刊商工案内』第二巻七号、一九四七年七月、国際社、名古屋、G225〕

ララ物資の給与と栄養の向上

桑田正子

現在私が給食に当つてゐる学校は、一学年四クラス、全校生徒数一〇四五、職員三〇名で、二十二年一月二〇日より給食を開始してゐる現状で、如何にしてこの困難なる食糧事情の下において、最大限に栄養を摂取させ、もつて体位の向上を図るかゞ使命であり、また願ひもである。

○

現在の学校給食設備は直火式釜二ヶ、調理台二台、配給戸棚、配給バケツ等が備へ付けられてゐる。

学校給食における炊事場構成員は調理士一名、小使二名、先生一名と私で都合五名の組合せよつて実際炊事が行はれてゐる。しかし専任にこれにあたる者は二名であるため時折人手の足りない日になると無理な仕事になることもあり、授業時間の関係を考慮して時間的に苦労することはいふまでもない。給食に当つては献立作成から材料倉庫よりの運び出しの管理、調理指導も自身で手を出し、配給物質の受領、栄〔養〕価算定、物品購入、区役所への統計書類作成提出、倉庫、炊事場管理等に至るまで責任をもつてこれに当るため多忙な毎日です。それでも本年一月から五月までは一週二回乃至三回の給食でさほどでもなかつたが、六月のララ物資の給与以来は一週五回の連日給食のため、野菜の入手には少なからざる苦労をしました。それでも野菜類を充分確保出来なかつたので任意に学童の家庭より野菜を持参してもらつたのでかなりの成果を収めた。

○

学童給食に当つて私が最も献立、調理に注意してゐる点は綜合的に栄養を確保する外新鮮なる野菜類を多量に与へ、長時間の加熱、複雑なる処理等を避け、食品本来の価値を十分摂取出来るやうにしてゐることです。

なほ成長途上にある学童の脂肪、蛋白給源に重点をおき、鮭罐の少なかつた四月は牛の骨を求め、髄の中の脂肪をとつたりスープに煮出したり、又無機質として海藻を求め煮干を利用するなどしてゐます。特に最近はトマトジユースなどによつて、ビタミンCの不足を補ひ、暑さに対しての抵抗力をつけるため野菜類の補充に、プレンド《ママ》、パインジユースを飲ませた結果、前年に比較し、校庭で倒れる生徒も少く、又給食を始めてから学校を休む生徒が少くなつたといふくらゐ出席率が良くなつたとみられる。

○

ララ物資のＭＰＭ（完全綜合穀類）干ブドウ、穀物（セリヤル）大豆粉、脱脂粉乳、トマトジユース、パインジユース等が配給されたがこれらの物資のうちには調理法未知なため苦労しましたが、使用し出すと工夫するのが楽しみで七月より蛋白質、カロリーが急に増加して来た。

	一月	三月	五月	七月
蛋白質	一五瓦《グラム》	一四	七、二	一七
熱量	八八カロリー	九三	七〇	一九二

学校給食を通じて「家庭食生活の改善」「栄養知識の普及」を図り給食状況を見ながら教室に行き今日の献立を説明し、学年に応じて話しすると、子供たちは熱心に聞いてゐる。四年生頃より栄養問題について興味を感じる傾向があり、暇さへあれば質問を出してくる。高学年の生徒に栄養給食について詳細に説明すると熱心に聞いてくれる。「先生今日はおいしかつた」「明日もあるのですか」といつて集まつてくる生徒の元気な顔をみると、給食の苦労は何もかも忘れ去つてしまひます。（栄養士の立場と受持ちの先生との間に対立するやうなこともあるが理論的に説明すれば必ず納得して下さる）現在栄養の初歩的教育として偏食を矯正しつゝあります。例へば今回のララ物資のミルクに於て「牛乳は世界中の子供も大人も喜んで飲んでゐるのですよ。それを飲めないでは世界のお友達から仲間に入れてもらへませんよ。牛乳はカルシウム、燐を含んでゐるためからだのために大変よいものですよ」といふやうに指導してやると喜んで飲むやうになります。

○

私の考へでは、広い範囲の食品を食べる事が広く世界を知り、家庭の単調な偏在的調理より救はれ、一生の生活の内容を豊かにし円満な人格を養ふものと思ひ、特にララ物資については、生徒の関心を高めたいと思つてゐます。

将来の希望として、（一）学校給食は総司令部のハウ大佐のいはれるやうに永久的なものであるからには、衛生施設を完備し能率的にして行きたい。（二）給食は教育の一部面として採上げられつゝあるが、家庭科と連絡して食生活の科学化を徹底させて行きたい。（三）栄養必要食品の確保を図るためには別段の措置を払はなければならないと思つてゐます。

〔『食生活』九・十月合併号、四六一号、一九四七年一〇月、国民栄養協会、東京、S2156〕

ララ物資感謝状に就て

大坪 生

既に結核病舎の皆様達のお口へ、ミルク、ウドン、煮豆とララの贈物が運ばれて感謝の二文字の間に忘れられてゐた昔の香りを思ひ出して見られる人もあります事と思ひます。

そのララの贈物に対して感謝の意をこめた、お礼状を各々の病舎の患者さんに認めてもらひ、一括して関係の人々へ送る事に致しました。

各病舎の患者さんより寄せられました多くのお礼状を療友に印刷致しまして早速お送り致し度と思ひます。

×　×

九内五　小林小太郎

私等ララ物資の給与を受けたのは、確か昨年九月十三日よりと記憶して居りますが、其の当時は左迠《〔さまで〕》心にも留めずにすごしてゐました。処が十月頃より体重が日に増し殖え、昨今では入院当時に比較し丁度十五kgばかり増加したのです。此の驚異的現象は該ララ物資栄養食の恩沢に浴した事が預って力のあつたものと深く信じ、唯々感謝感激に堪えません。文章の拙劣な私としては、この感激を表はす字句としては物足らない感じが致しますが、斯く共心では感謝の二字に尽きてゐるものです。誠に〳〵有難う御在《ママ》ました。御蔭で近く退院の運びに到りましたが此の恩恵に《ママ》は終生忘れません。関係各方面の方々に対し厚く御礼申上げます。

昭和二四年三月三十日

［『療友』一・二・三合併号、一九四九年四月、佐賀・嬉野、R566（原資料は謄写版）］

可憐な使　ララ物資　アメリカより

アメリカの学校の生徒さんから日本の友達にララ物資として蔬菜種子の詰合袋一袋を全指連を経由して送つて参つたがこれはいろ〳〵と関係方と協議して一先試験場に送つて日本の気候風土に慣れたものに育て、貰ふ方法をとつてゐる。

〝日本の小さいお友達へ〟

私達の国には感謝祭といふ特別な祭日があります。それは収穫をお祝いする祭です。その日にはそれ〳〵の教会へ行つて神様を礼拝し又収穫の賜物について神様にお礼の祈りをさゝげます。

今年はこの感謝をさゝげてゐる間に今もなほ、戦争のために困つてゐらつしやる他の国の皆さんの事やそれ等の方達の収穫が今年は充分でなかつた事を思ひ浮べました。その心持が皆さんと私達の収穫した種を分け合い度との希ひとなりました。

これらの種は誠に小さい贈物ですが、私達の友情と愛の使となつてくれる事を望んで居ります。各国の子供達がみんなお友達になつて戦争が決して再び起る機会が無い時が来ます様に希つて居ります。

皆さんの事を私達はもつとよく知り度存じます。

此の封筒の中に姓名と住所を記入してありますから何卒皆

さん御自身の事、皆さんの学校及日本の国の事について書いて下さいませ。それによつて私達も亦自分達の事を書いてお便り致します。

　　皆さんの友　　　　　アメリカの学校の生徒より

　宛　名
▶Joyce Phylips（略）
▶Janet Mario（略）

　贈り物品名
にんじん　　Carrot　　茄子　　　　Egg plant
甜菜糖　　　Beet　　　外国カボチャ Pumpkin
チサ　　　　Lettus　　パースリ　　Parsley
いんげん　　Bean　　　玉ねぎ　　　Onion
とまと　　　Tomato　　腕豆　　　　Pea
玉蜀黍　　　Corn

子供の協同組合を作つてはいかゞでせう。

『農産連情報』第四号、一九四九年七月一日、広島県農産農業協同組合連合会、N738（原資料は謄写版）

ケア物資

ララ物資は日本にも馴染みが深いが、このララ物資の他にアメリカから別にケア物資という救済物資が日本にも送られることとなり、第一回分一万個が到着した。今度日本に来たものの内容は小麦、米それに味噌、醤油などの調味料その他約十九品種がきている。

ケア物資がララ物資と違う点は荷受費、保管費、輸送費等を厚生省の代りに貿易庁で立替えて置き、物資が受取人に引渡される毎に一箇につき八十セントをケアが補償されるという仕組みになつている。ケアは予め物資を仕向国に送つて慈善者が一箇に十弗義捐すれば物資の指定した受取人に引渡すことになつている。慈善者が受取人の指定しない場合はケアの駐在代表と受取側の政府が協議して物資の配給先を決める。ケアとは約二年前米国にできた二十の宗教慈善団体で結成したものの頭文字で日本語訳を「ヨーロッパ向け米国救済団体」という。

『北海警友』第三巻九号、一九四八年九月、札幌〔H621〕

ケア物資

Cooperative For American Remitances To Europe の頭文字を綴つてCARE（ケア）としたもので、はじめ米国の人達が戦後欧州で苦しい生活を送つて知人や親戚に慰問品を送るための協同組合のようなもの、このケアが日本にも適用されることになり、米国の人は送先と、送る品物とを書いて十ドルをケアの事務所に払い込めばその通知があり次第、横浜のケアの倉庫から注文の品が日本の送り先に届けられる仕組になっている〔°〕

〔『百万人の流行語』第三集、一九四九年四月、調和出版、東京・名古屋、H840〕

座談会　空腹を満たす食べ方あの手この手

出席者

会社員　奥田芳雄（八人家族・板橋）
タイピスト　鈴木まつ（一人〃・三鷹）
教員　中村たか（三人〃・中山）
郵便局員　小林よし（二人〃・淀橋）
官吏　江田良明（七人〃・千葉）
本協会　榊原平八

記者　今日はお忙しいところを有難うございました。食糧の危機がいよいよ切迫し、特に東京は一週間も十日も配給が遅れてをり、一日中腹を空かして食ひ物のことを考へなければならない事態になりました。五百円生活は既に破綻しつゝあり、食糧の闇買ももう続かなくなつて来てゐる今日、政府当局は一日も早く何とか対応策を講じなければなりません。しかし私達としては今日も何とかして食つてゆかなければならないのが現実です。

国の食糧政策についての御批判はいろいろあらうと思ひますが、今日はそれらの一切を抜きにして、今日一日を如何にして食ひつないでゐるか、どんな工夫をして空腹を満たしつゝあるかといふやうなことについて具体的にお話を願ひたいと存じます。お集り下すつた方々は何れも食生活といふやうなことについては普段から研究され、実際に行はれてゐる方々ばかりですからきつといゝ工夫があるに違ひないと信じてゐます。

先づ話のきつかけとしてこの頃の配給状態からいつて、いくらか備蓄米をもつてゐないと安心できない訳ですがどの位買溜めしてもつてゐるかといふやうなところから入つて行つたらと思ひますが、小林さんあなたはいかゞですか。

米の買溜量

小林　家族二人で米四、五升に乾燥野菜若干、それに甘藷の葉、大根の葉など五百匁位のものです。戦災になる前はもつとあつたのですが。

中村　家族三人で一斗五升の米を持つてゐます。五升は復員の時に貰つて来たもの、あとの一斗は近所から昨年暮わけて貰つたものです。

奥田　私のところは子供四人に大人四人の八人家族ですが、米は二斗位でせう。

江田　配給が今まで通りあるとすれば主食の補助として六月一杯位はあります。それ以後は配給だけで食つてゆく計画です。一食一合平均位食べたいのですが、七人で一日一升五合で間に合はせてゐます。一升二合位は配給になるので三合位足りない訳です。

榊原　私は家族が山口に疎開してゐますので一人生活ですが買溜は全然ありません。ほんの少し食ひのばしがあつたのですが、この間息子が帰還したので空になつてしまつた。

鈴木　私は五升位持つてゐます。そのほかに粟の粉が一貫匁ほどあります。

江田　私のところには、今まで配給になつたもので食べにくいもの、玉蜀黍や甘藷の粉で砂の入つたものを罐詰にしてしまつてあるので、いざとなればこれも食べるつもりです。

一日二食の生活

記者　榊原さんは正真正銘配給だけでやつてをられるんですがその話を一つ聞かしてくれませんか。

榊原　闇は嫌ひなので配給だけでやつてゐる訳ですが、現在私は二食で暮してをります。朝飯を抜いて昼に一合食べ夜に一合食べ月に三合残る訳です。そして十曜日を御馳走日としてこの日だけは一合五勺の夕飯を食べるのです。あと一合残るのは婿がくるとかした場合に御馳走するんです。粉などもスイトンにするとか焼饅頭を作るとかして変化を持たせてゐる。外に出張した場合などはやむを得ませんから三食にしてゐます。

〔中略〕

炊きぶえの秘訣　楠公炊・国策炊

記者　主食、代用食何でも結構ですが食べ方のあの手この手と言ひますか、飯のふえる炊き方とか、腹持ちのいゝ代用食とか、皆さんの工夫されてゐることを御披露願ひたいのですが。

〔中略〕

奥田　私のところでは主食は配給だけで間に合はせることを原則としてゐるのですが、なか〳〵苦労します。今までは半分楠公炊きでしたが、この頃は全部米を炒つて炊いてゐますがとても分量がふえます。

中村　楠公炊きといふのをもう少し説明していたゞけませんか。

奥田　これは私よりも榊原先生に一つ説明していたゞいた方がいゝでせう。私は生活協会で教はつたんですから。

榊原　それじや一つ簡単に説明いたします。楠公炊きと言ひますのは、その名の如く楠公が始めたと伝へられるもので、楠公が例の千早城にゐた時に食糧不安に陥らなかつたのは、この楠公炊と米崩しをして発芽させることをしたので、あのやうに長い年月保つたといはれてゐるのです。その炊き方は、普通の米でしたら米一升に水一升二、三合の割合ですが、楠公炊は米一升に対して水二升です。米をホウロクで狐色になるまで炒つて煮立つてゐる二升の中に入れるのです。

〔中略〕

粒・粉・麺

記者　高粱などはどうして食べてゐますか粒で食べますか粉にしますか。

中村　私のところは両方やつてをります。粒のまゝいただきますには、先程の楠公炊と同じやうな方法でせうか、ホウロクで煎りまして擂鉢に入れ、皮がはじけるくらゐに擂つて一夜水に漬けてから御飯に炊きこみますと皮もとれますし軟くいたゞけます。粉でいただく場合には、野草や野菜などを細くきつて油でホツトケーキなどをつくります。熱湯でねりますとよく固ります〔。〕お芋などありますればアラレ形に切つて入れお饅頭をつくりあたゝかなうちに食べればとてもおいしいものです。その上黄粉などをつければ格別でございます。

〔中略〕

野草談義　べつたら焼・餓死餅

榊原　私はべつたら焼といふのをよくつくるのですが、小麦粉をやゝかためにねつて塩を入れて焼くのです。パンにして食べる場合にはふくらし粉を入れ、野草とか野菜とかいふやうなものを四、五百瓦《グラム》入れます。そのほかに貝とか鰮《いわし》などは刻んで約四、五十瓦入れ吸物なり味噌汁を添えて一食をすます一週間程粉ばかりの生活をしたことがありますが、御飯よりもその方が面倒もなしに腹にもたまります。嗜好は習慣的のことで移行するやうに考へられますね。

〔「餓死餅」は省略〕

おやつ　ふすま、卯の花

記者　それでは次に移つていたゞくことにします。お子様を沢山お持ちの方はおやつに苦んでをられると思ひますが、これはどうなつすつてゐますか。闇市で飴一本買つても一円、二円とするし、どうですか江田さん何か工夫してやつてをられますか。

江田　おやつは原則として廃止してゐます。たまに欲しがる時には残飯給食です。家では夕飯を早目に、大体五時頃食べることにしてゐますので、直ぐ御飯だからね、といふことでだましてをります。

奥田　私のところでは毎日といふ訳にはゆかないが、都合のできるだけは工夫してゐます。フスマを利用したフスマ饅頭、これはフスマに小麦粉を少し入れ、芋か人参でもあれば摺りおろして少し入れ、野草なども加へて塩味をつけ、少しの水でよくこねて煮立つたお湯で蒸すのですが、魚粉など少し入れるとなか〳〵うまいものができます。その他煎豆をやるとか、油のある時にはふすまのあられなどをやつたりしています。

〔後略〕

〔『生活』第一二巻五号、一九四六年五月、財団法人大日本生活協会、東京・三鷹、S431〕

生かせ代用食を

食糧事情が段々と急迫するにつれ、米麦に代り粉類の配給が多くなつた。婦人部は之れを美味栄養価多く増量せしむる合理的な、料理方法を修得しようと、六月二十四日、五日の二日間、昼休みを利用し給食部に於て講習会を開いた。

参加人数約八十名で講師は給食部の竹本氏に御願ひし、代用パンの作り方と料理法の実習を体得しました。受講生は、休憩時間にも拘らず積極的に参加し、流石婦人部員で割烹着も混へ和やかな講習を終つた。

尚、婦人部は女としての教養を向上し組合発展の健全なる推進力にならうと色んな講習会を催すべく着々計画を樹てゝ居ります。

代用食講習会受講所感

配給の一定材料を限られた分量でたつたそれ丈しか食べられない淋しい生活ですから何んとかして一口でも増える様な工夫がほしくなり調理を変えて唯一のなぐさめである食卓をせめてにぎやかにしてみたいと希ふ女の責任からも有がたい講習会でございました

一、キビ粉ぱん

材料A、キビ粉の中に玉葱のソテーをパンにしたものを入れたもの

B、キビ粉にゆでアクを抜いた野草アカザの細切りをこねまぜたもの

材料入手難の折柄コップ一杯のキビ粉を持寄りましたが上等の代用パンでございました

二、大根、キユウリ、バレイショ等の基本切り方と化粧切り

（感嘆の声が一しきり洩れてにぎやかでございました）

三、盛り合せ方

材料なしなので幸ひ客用に調理出来て居たのを一皿みせて頂き説明してもらひました

四、魚鶏の包丁の入れ方

台所での研究に時間を持ち合せぬ勤労婦人をせめて此種の講習会でたとへ最少限ではあつても家庭人を又隣人をこのどん底から救ひたいものであります、僅かに一時間の講習でございましたが大いに得るところがあつたことをよろこび合ひました、ないことを、買えぬことをこぼすよりもいかにして上手く生きぬくかを勉強するためにもつと経済的な合理的な調理法などを習得する機会を持ちたいものと希望致して居ります（婦人部）

（終り）

［『会報』第八号盛夏号、一九四七年八月一日、労愛会、長崎・佐世保、K200］

館山中文芸作品　代用食

一年　佐久間　隆

僕の家は、
毎日一回必ず代用食だ。
まずいパンを、
少しの砂糖をつけて我慢して食べる。
御飯の時は笑顔で食べるが、
代用食の時はにがい顔。
愚痴は言はないけれど、
黙つて食べてゐるけれど、
僕は御飯を食べたい。
家中皆元気でゐるけれど、
だけど僕は御飯が食べたい。

［『房総春秋』通巻第一五号、一九四八年八月、房総春秋社、千葉・館山、B190］

代用餅の作り方

同じ材料でもお餅に搗《つ》くと一段と美味しく腹保ちのい、ものになりますから、臼や杵のいらぬこの簡単な代用餅をお正月にはせい〴〵応用してくださいませ。

しんこ餅（材料は米と芋を同量）

米は粉砕器で粉に挽いておく。（米は一晩水に浸けてから、少しづゝ擂鉢で擂つても粉になる。）芋は皮を剝いてできるだけ細かく刻み、米粉とよく混ぜて、少々ぱさ〳〵してゐてもそのまゝ蒸器にかける。（粉があまれ《ママ》ぱさ〳〵してゐるなら途中で打水す《ママ》する。）芋をつまんでみて軟くつぶれるやうになつたら、器に取つて粘りが出るまで充分に搗き上げ、手粉を振つて、丸餅や切餅など好みの形に作る。

▲注意：芋は甘藷、馬鈴薯など何でもよく、剝いた皮は火ついでに蒸しておき、乾してとつておくか何かに使ふやうにする。

芋餅（材料は藷と粉を同量）

芋は皮を剝いて小口から二分厚みに切り、少しの水で軟く蒸し煮にしたら、熱いうちに粉を振り入れて、よく搗き混ぜ、もう一度蒸して粉によく火を通します。熱いうちは軟くてまとめにくいから、少し冷めてから形作るやうにする。焼餅にする場合は二度蒸す必要はありません。

▲注意：粉は小麦粉、そば粉、澱粉など、粘り気の強いものならよい。

雑穀餅（材料は雑穀七に甘藷三の割合）

粟、黍、稗など、手近にある雑穀を一晩水に浸けておき、細かく切つた甘藷と合せて蒸器に入れ、軟く蒸して器に取り、よく搗き上げます。

美味しい食べ方　以上の代用餅は、ほんもの、お餅同様、雑煮その他お好みのものに作れます。

からみ餅、**ぼた餅**＝搗立ての軟いところを一口大にちぎつて、からみ餅なら大根おろしで和《あ》へる。ぼた餅なら、黄粉や胡麻醤油、芋餡などをまぶす。

大福餅＝軟い餅をちぎり、味噌餡か野菜餡を包んで平く丸め、そのまゝでもよいが、こんがり焼目をつけると一そう美味しい。

つけ焼、**磯巻**＝つけ焼は切餅にしたものを、さつと両面を焼いて醤油をつける。それに海苔を巻くと、香りのいゝ磯巻となる。

安倍川＝焼いた餅をちよつと熱湯に浸け、黄粉をまぶす。

藷じるこ＝甘藷を茹で、つぶしてどろりと水で伸し、煮立て、ほんの少しの塩で味をつけ、焼いた餅を浮かせます。藷粉ならそのまゝ、乾燥藷なら粉砕器で粉にして溶かせばよいのです。

代用かき餅

貯へのきくかき餅をついでに作つておくと汁の実やお茶受けにといろ〳〵重宝です。材料は御飯と小麦粉をコップ一杯、ふくらし粉茶匙一杯半、茶殻大匙一杯。（茶殻の代りに干葉や炒り大豆、胡麻など何でも結構。）

まづ小麦粉とふくらし粉を篩《ふる》ひ混ぜ、茶殻は刻んでおく。擂鉢に御飯を取つてよく擂り、粉と茶殻を加へて、少しの水を足して耳朶より少し軟目に捏ね、俎《まないた》の上で薄く伸し、好みの型で刳り抜き、笊《ざる》の上にでも並べて乾かしておく。から〳〵に乾いたなら、せんべいを焼く要領で遠火で焼き上げ、熱いうちに醤油か味噌の水溶きを両面に刷きつければ出来上ります。

貯へておくときは湿らぬやう罐に入れておくやうにします。

〔『主婦之友』新年号、第三〇巻一号、一九四六年一月、主婦之友社、S2304〕

寒い時に喜ばれる代用食の作り方

赤堀割烹教場　赤堀全子

長いこと食べなれたお米と別れて去年今年と粉食に親しむ様になり、どこの家庭でも色々と工夫されて上手にパンを作つたり、うどんを打つたりして、食生活に変化をつけて楽しいお食事をお作りのように存じます。暑い頃はパンが自然に上手に作れましても、昨今の様に寒くなるとパン食よりもおうどんとか、すいとんの方がどんなに身体を温めて調理も簡単かしれません。以下温い代用食の作り方を御参考迄に。

簡単に出来る切麺の作り方

小麦粉、塩、水とをよく〳〵こね合せて板の上に打粉をふつた上でうすくのばして二、三寸位の幅に切つて細くきざみます。これを茹で、うどんの様に調理します。

切麺と野菜の煮込み　五人分

材料　大根五十匁、人参二十匁、里芋百匁、葱二本、肉類少々、切麺百匁

作り方　大根は皮ごとよく洗つて四つ割りにして、二、三分の厚さに切ります。人参も同じ様に、里芋は皮をむいて三分の輪切りとし、葱は五分切にしておきます。鍋に油少々煮とかした中で肉類少々をいため、これに野菜（葱はのぞきます）をいれて共にいためて水たつぷりを加へて煮込みます。肉からおいしい味が出て、野菜類が軟らかに煮えた時に醤油か又は味噌で好みの味をつけて、この煮立つた中に切麺をぱら〳〵と加へて一緒に煮込んでしまひます。切麺を入れると汁がどろつとしてこげつきやすいものですから、煮立ちましたらば火を弱めて底までしやもじを入れて静かにかきまわして、煮てうどんに火が通つた所で葱を加へ、野菜と共にたつぷり器にもつてふうふう吹きながら頂くのです。猶煮込みに入れる野菜は甘藷、馬鈴薯その他何でもよく、肉も少々何肉でもよろしいが豚の細切りなどは脂肪に富んでゐる上に味もよく出るので一層おいしくなります。

野菜と肉のカレーうどん

若い人達の口にあふ様にうどんにたつぷりカレー汁をかけた栄養満点の頂き方です。

材料　馬鈴薯百匁、人参二十匁、葱二本、肉少々、切麺百匁

作り方　馬鈴薯、人参はうす切にし、葱も斜めうす切にしておきます。肉は細かく切つておきます。鍋に油少々を煮と

かして肉と野菜をよくいためて水を加へて軟らかに煮ます。ぢきに野菜が軟らかになりますから、この煮汁の中に小麦粉とカレー粉をぶつ〳〵のない様にときまぜた物を流しこんで、とろりとしたカレー汁を作ります。切麺はゆで、水洗ひして笊に上げたものを油でいためて、熱い所を丼にもつてこの上からカレー汁をたつぷりかけて温い所をすゝめます。カレー汁には塩と醤油で好みの味をおつけ下さい。切麺の使ひ方も油いためにしないで、前の煮込みの様にカレー汁の中にゆでないまゝでいれて煮込んで頂いても結構です。

炒めうどん

支那料理の炒飯の様に、切麺と野菜をいためて温い所を頂きます。

材料　切麺百匁、葱二本、椎茸五ヶ、人参二十匁、白菜五十匁、肉少々

作り方　人参、白菜は細い細い線切にし葱は斜めうす切、椎茸も軟らかく茹でた物を線切、肉も細く切つておきます。切麺は茹で、水洗ひして笊に上げて水気をきつておきます。鍋に油をいれてこの中で肉と人参、白菜、椎茸、葱といふ順に入れて、よく炒めて塩をぱらりとふつて味をつけた中へ、切麺をいれて一緒にいためて味をと、のへて炒りたての熱い所を頂きます。

すいとん汁　五人分

材料　小麦粉百匁、甘藷百匁〔一〕人参二十匁、葱三十匁、肉少々

作り方　甘藷はよく洗つて皮つきのまゝ四つ割にして三分厚さに切ります。人参もよく洗つて半月形にしてうす切にし、葱は五分切としておきます。肉は細切にして鍋に野菜と共に入れて水五、六合を加へ、野菜の軟らかになるまで煮ます。次に丼に小麦粉を入れ、塩少々加へて水又は温湯でこねて、これを野菜の軟らかになつた中につみ入れて塩と醤油で味をと、のへて極く熱い所を頂きます。

餃子《ギヤーツ》

材料　小麦粉百匁、ひき肉五十匁、葱二本

作り方　先づ最初に皮の方から作ります。丼に小麦粉百匁を入れ、この中に塩茶さじ平二杯とお湯を入れてよく〳〵こね合せます。耳たぶの固さ位に十分こねましたらば、うどんの様にうすくのばして丸い罐の蓋で抜いておきます。次にひき肉の中に葱のみじん切を沢山入れて肉のかさを増し、醤油二勺、塩茶さじ一、小麦粉大さじ一杯を加へてよくまぜ合せ、味をと、のへて皮が三十枚出来たらば、肉も三十ケにわけておきます。皮に肉をのせて二つ折にしてよく合せて、おかしわの様な形にして更にふちを細かくたゝんでひだをよせてもよろしいです。これをお飯むしで十分位ふかして、ふかしたての熱い所をソースをつけて頂きます。或は鍋の中に煮出汁を用意して、これに醤油と塩で味をと、のへて、煮立つて来

た汁の中へ出来上つた生のまゝの餃子を入れて煮ますと、火が通ると浮き上つて来ますから、そのお汁の中に葱のせん切を入れて餃子と共にお椀にもつて極く熱い所を頂きます。寒い折はこの方法の方が温く頂けます。

スチユードダンプリング（洋風すいとん汁）

材料　肉三十匁、馬鈴薯百匁〔一〕人参三十匁、玉葱二ケ、小麦粉百匁

作り方　馬鈴薯は皮をむいて大きい目に（一ケを四つ切）切ります。人参はよく洗つて皮のまま乱切に切ります。玉葱も皮をむいて一ケを六つ切位にしておきます。鍋に油少々とかした中で細かく切つた肉をいため、馬鈴薯、人参を加へて水三、四合を入れてこと〳〵野菜の軟らかくなるまで煮ます。野菜が軟らかになつたらば、別鍋に油大さじ二杯小麦粉大さじ二、三杯いれてよく油で小麦粉をいためて、この中に野菜の茹で汁を加へて白ソースの様にとろりとさせて、野菜と一緒にしますと、白い野菜のスチユーが出来上りました。牛乳があれば牛乳一合位をこのスチユーに足してのばします。牛乳のない時は水にておのばし下さい。次に小麦粉をお湯でこねて（塩味少々つけること）よくまぢつたものを小さくちぎつて丸めておだんごをこしらへ、これや《ママ》前のスチユーの中にいれて共に煮ます。火が通るとおだんごがうき上つて来ますから、塩、胡椒で味をとゝのへて極く〳〵熱い所を器にもつて頂きます。

大根菜の雑炊

材料　大根菜、油、冷御飯

作り方　大根の葉はよく洗つて細かくきざみます。鍋に油少々いれた中でよく炒めてその上に冷御飯をほぐして入れ、熱湯をかぶる位加へて煮ます。ぢきに煮えますから塩とかせうゆで味をとゝのへて、さらりとした煮たてを器にもり、あれば焼のり、白すぼし、胡麻塩、など好みのものをかけてふき〳〵めし上がつて下さい。大根菜はビタミンAを沢山ふくんだものですからせい〴〵御利用して下さい。

浅利と野菜の雑炊

材料　浅利むきみ五十匁、芋百匁、人参二十匁、葱三十匁、冷御飯

作り方　芋類ならば何でもよく洗つてあられ切にし、人参も同じ様に切ります。葱は五分切にし、むきみはよく洗つておきます。鍋に芋、人参をいれて水を加へ、野菜を軟らかに煮てそこへむきみを加へ、火が通つた時に冷御飯とお湯をかぶる位加へて醤油又はみその好みで味をとゝのへて煮上げます。沸騰して来たところで葱を入れて一寸ふたをしてむらしてから熱い所をいたゞきます。

芋餅の作り方

材料　さつま芋百匁、小麦粉五十匁

作り方　さつま芋はおろし金ですりおろし、この中に小麦粉と塩少々を加へてよく〳〵ねります。芋のおろしに水分だけでたりない時は適宜にお湯を加へてこねて下さい。それを小さくわけてむし器で十分位むして、火が通つた物をとり出し、すりこ木でよくついて粘りを出してからぬれ布巾で形をのし餅の様にこしらへて、適宜に切つてそのまゝ出来たてでも又は一寸火であぶつても結構です。雑煮にお汁粉につけやき、又は甘いのをお好きな方は餡ときなこをかけて安倍川餅にして召し上つて下さい。

〔『家庭生活』第五巻二号、一九四八年二月、K567〕

温い栄養主食の工夫と作り方

（指導）北川敬三先生
山本恵造先生
関 操子先生

お腹の底からほか〳〵と温まる温い食事――厳冬には何といつてもこれが一番要求されることですが、温い食事につきもの、燃料もぎり〳〵いつぱいの折から、できるだけ経済的に考へてゆかねばなりません。それには、火なしこんろを利用するとか、煮ながら食べる鍋物など、大いに取り入れてゆきませう。

体を温めるには、調理のうへにも方法があります。その第一は、雑炊やシチウのやうに濃度をもたせることです。濃度のあるものは清汁よりも冷め方が遅く、従つてお腹の底から温まります。葛湯、餡かけ、ポタージュなども、冬には打つてつけのものです。

第二は油を用ひることです。油は血液中に吸収されてから、体温や動作、活力等のいはゆるエネルギーになるのですが、その作用が徐々に行はれるために、永い間体が温まつてゐるわけです。北支や北満の料理が油つ濃いのは、寒さと闘ふ住民の自然の欲求に基く一現象です。たとへ少量でもよいから加へるやうに心掛けてください。

第三はたうがらし、カレー粉、生姜など刺戟性のもので、これらは香辛料とか単なる風味といふ意味からだけでなく、体を温めるためにも大へん効果があります。第四はアルコール分で、日本酒はその代表的なものですが、もし調味料に廻すほどなければ、酒粕など手に入つたときに汁や雑炊に入れるとよろしい。

このほか、冬の食生活上で大きな問題は、青菜類の不足がちなこと、つまりビタミン類が欠乏することです。野菜は葉緑素の濃いものほどビタミンCに富んでゐるのですから、青いものは葱の葉先でも捨てずに利用してください。青菜類は永く煮るとビタミンCは破壊され、無機塩類は溶け出てしまひますから、さつと色がよくなつた程度で食べること。煮込み物の場合は、その汁も一緒に食べてしまふことです。また、つまみ菜程度のものでもよいから、絶えず補給できるやうに、空地や空箱に極力自給栽培されることを切望いたします。

雑炊と汁物

玉蜀黍《とうもろこし》雑炊　玉蜀黍と押麦を半々の割合に前夜から水に浸けておきます。鍋に油を少し落してぶつぶつと煮立つてきたら、大きくざく切にした葱や大根葉をざつと炒め、その中へ浸け汁ごと玉蜀黍と押麦をあけ、沸騰後十五分ほどしたら火なしこんろに入れ、（火なしこんろは昭和二十年十一月号か十二月号参照）頂く少し前に取り出してもう一度火にかけて塩味に調へ、おろし生姜か七味を振りかけて頂きます。

麦のカレー雑炊　麦は前日より水に浸けておき、油を大匙三杯ほど鍋に入れ、煮立つたら小口切の葱を炒め、カレー粉を粒のできないやうに加へます。麦は浸け汁ごと別の鍋にあけて軟く煮、先のカレー粉入りの炒め葱をこの中に入れて炊き上げます。ころころに切つた甘藷や馬鈴薯を入れると増量になり、味も引き立ちます。

うどんの野菜スープ仕立　馬鈴薯《じやがいも》、人参など有合せの野菜を油で炒め、それに水を注して煮込んだら、干うどんをぱら〳〵とほぐし入れます。一煮立ちした頃、火なしこんろに入れると、二三十分で軟くなりますから、また取り出して火にかけ、塩と芥子粉で味をつけます。

うどんがなければほうちやうでもよいでせう。ほうちやうは、小麦粉に少量の水を入れて手早く捏ね、小さい団子にし、それを両手の指二本でつまんで、左右へすつと引き伸したものです。それを煮立つてゐるスープの中に落し込みます。

粕汁粥　酒の粕が手に入つたときは、お粥や雑炊に入れてごらんなさい。お酒の香りがして酒好きの人に喜ばれるばかりでなく、非常に温まります。魚粉や刻み野菜などで栄養たつぷりに仕立てゝおいた雑炊の中へ、酒の粕と味噌を少々溶き入れ、上りにみぢん切の葱や大根葉を散らすとよい。

若布《わかめ》の共すゐとん　若布を水に戻して細かく刻み、すゐとんの中へ混ぜ込みます。別に若布を入れたお清汁《すまし》を仕立てゝおき、前の若布すゐとんを落して、浮き上つてきたら丼に盛ります。酸つぱい蜜柑があつたら少し搾り込むと、風味を増し、不足しがちなビタミンCも補給されます。

饅頭とお餅風のもの

饅頭とお餅風のものは粉食の代表的なものです。粉食は今後どしどし普及されますが、玉蜀黍粉、食用粉、どんぐり粉など、使ひ馴れないものも入つてきますから、調理上の注意を簡単に説明しておきませう。

▲小麦粉、そば粉、米粉などは粘着力があるため、団子やすゐとんにする場合水で捏ねてもまとまります。

▲玉蜀黍粉、食用粉、どんぐり粉、藷粉などはぱさ〳〵して

粘り気がないから、最初から熱湯で捏ねないとまとまりにくい。なほこれらのものは、小麦粉を二三割程度、どんぐり粉の場合は特に五割くらゐまで、つなぎに混ぜ込むとよくまとまり、口当りもよいのです。

▲まとめたものを蒸したり煮たりする場合は、その汁がよく沸騰してゐるところへ入れること。ぬるいと、汁が煮立つ間に折角まとめたものがとろけてしまひます。（粉食の仕方は十二月号を御参照）

芋饅頭　饅頭といつても小さく作らず、一人前の材料を大きく一つにまとめると、冷め方も遅く、冬の代用食として効果的です。五人前では粉百二十匁にふくらし粉三匁（重曹ならふくらし粉の半分でよい。入れすぎると苦くなります。）ほどの割合で、よく混ぜ合せ、それに賽の目切の甘藷と水一合を入れ、しやもじでさつくりと混ぜ合せますが、甘藷は初めにざつと茹で、おく方が失敗がありません。これを人数に分けて皮にし、一つ〳〵に味噌を包んで蒸し上げます。

味噌は甘藷の茹で汁で伸すと、甘みが加はり、嘗《なめ》味噌にもなります。このお饅頭には、魚粉や煮干などで煮出汁噌とつた蛋白質豊富な葛引の餡をかけてください。

白菜巻　白菜や漬菜など幅のあるお薬物が入つたとき、一人前二三枚程度にとり分けておいて、ざつと湯にくゞらせ、しんなりしたら俎の上にひろげ、塩を少し振ります。別に、炒め野菜を粉に混ぜ込んでおにぎりくらゐの大きさに丸め、それを白菜で包み、蒸すか淡醤油で煮込みます。蒸した場合は、上から栄養たつぷりな野菜餡をかけませう。白菜の間から熱い饅頭が出てきて、歯ごたへがあり、なかなかこたへられません。

揚団子の五目餡かけ　前項の中身を一口くらゐのお団子にして揚げますが、油が少いときは平くして両面を油焼きにし、熱い五目餡をかけます。

五目餡は、有合せの野菜に、あれば干椎茸、桜海老などのやうなものをいろ〳〵集めて、ざつと炒め、塩で味を調へたら、煮出汁か水を注《さ》して適量に伸し、水溶きの片栗粉を流し込んでとろりとさせます。芥子をぴりつときかせた芥子餡や、カレー汁をかけても結構です。

里芋のそばがき仕立　里芋（大和芋、八つ頭、馬鈴薯などでもよい。）をよく水洗ひしてけばをとり、擂鉢におろし込んでよく擂ります。この中へ粉を半分ほど入れて塩で味をつけ、とろりと煉り混ぜたものを、茶碗に八分目ほど入れて、茶碗蒸のやうに蒸します。また、蒸器の中へ濡布巾を敷いて、ぢかに流し込んでもよいのですが、この場合は幾分固目に溶く方がよく、全体に火が通つたら、端からお玉で掻き取つて茶碗に盛り、熱い野菜餡をかけます。

藷粉《いもこ》餅の油焼き　藷粉の中へ乾燥野菜を粉にしたものなど入れて、熱湯で捏ね、平く丸めておきます。フライ鍋に油を引いて藷粉餅を並べ、ぴつちり蓋をして焼きますが、とき〴〵油を少しづゝ注《さ》しては鍋をゆすぶつて、心《しん》までよく火が通るやうに両面を焼きます。これは醤油かソースで召上つてください。

渦巻餅　刻み野菜を塩味で煮て、よく汁をきり、熱いうちに粉をぱら〱と振り込んで、粘り気をもたせておきます。次に、コップ一杯の粉に塩を茶匙三分の一ほど混ぜて熱湯で捏ね、俎の上に五分厚みに伸したら、前の野菜を心《しん》にして、端からくる〱と二寸くらゐの太さに巻き、蒸器に布巾を敷いて、湯気の立つてゐるところで一気に蒸し上げます。（渦巻が戻るやうだつたら二三ヶ所結《ゆは》へるとよい。）皮に艶が出て、色が変つたら取り出し、熱いうちに、庖丁を濡らしながら三四分の幅に切り分けます。

　これは醤油で召上つてもよいのですが、黄粉をかければ、不足がちな蛋白質も補はれます。

諸粉の味噌だんご　諸粉や玉蜀黍粉などは汁に入れたり蒸したりするよりも、こんな風に焼くと、失敗がなく美味しく頂かれます。

　諸粉を熱湯で手早く捏ね、一口ぐらゐに丸めて竹串か箸に突き刺し、これを焼きますが、網だとくつゝきますから、こんろでも火鉢でも、炭火の向うと手前へ台をおいて串を渡しかけ、くる〱廻して焼目をつけます。焼き立ての熱いところへ煉味噌をつけて頂きますが、野菜の塩揉みか大根の酢漬けなどを必ずつけ合せます。

　このやうに蛋白質の入らないお団子一式のものには、味噌汁か、雑魚や干貝類で仕立てたお清汁を、なるべく添へたいものです。

蒲鉾風どらやき　鰯が手に入つたときに頭と骨をとつて擂身を作り、（頭や骨は立派なカルシウム源ですから、こんがり焼いて少し天日に干し、粉にしておくこと。味噌汁や吸物の煮出汁にぜひ使つてください。）臭味を消すために芥子粉かみぢん葱を加へます。次に、粉をぽた〱程度に水溶きした中へ擂身を入れてよくほぐし、フライ鍋に流して、弱火で両面を焼き上げます。これを二枚合せた間に、味噌か潰し諸を挟みます。これには温い吉野汁を添へませう。

　吉野汁は、野菜をひた〱程度の煮出汁で煮て、軟くなつたら水を注して適宜に増量し、沸騰したら塩と醤油で濃目の味をつけ、片栗粉か葛粉で薄く葛引にします。

鍋物

　雪の降りさうな寒い日には、こんろを座敷へ持ち出して煮ながら食べる寄鍋は、温まるばかりでなく作る手間や時間もずつと経済です。

野菜だんごの寄鍋　人参、牛蒡などを擂りおろし、粉を適宜に加へて、団子に丸めて蒸しておきます。これを主にし、有合せの材料をいろ〱と寄せ集めて、大皿に盛り、鍋には最初、醤油三、水七の割合でわりしたを煮立たせておいて、動物性のものから硬いものといふ順に煮込んでゆきます。材料の持味が出ますから、調味料はこの程度の薄味でよく、小松菜や蕪の葉などお葉物類は、さつと火が通つた頃に召上つてください。

甘藷のつみ入れ鍋　甘藷はよく洗つて丸ごと蒸し、熱いうちに皮のまゝよく突き潰します。つなぎに粉を入れ、味噌を少し加へてよく混ぜたら俎にあけて平に伸し、沸騰してゐる湯の中へ庖丁で端から少しづゝ落し、浮き上つたのを笊に取つて冷します。このつみ入れのほかに、蕪の葉や大根、里芋など、野菜を好みに切つて入れ、淡味で煮ながら頂きます。

〔『主婦之友』第三〇巻一号、一九四六年一月、主婦之友社、S2304〕

家庭メモ　粉類を利用して代用食の作り方

（其一）野菜入り蒸パン

誰方にも失敗なく手軽にできる栄養パンですから朝の忙しいときでもちよつと蒸したてを味噌汁とでも一緒に頂くとい、御飯代りになります。これは玉蜀黍粉を三割ほど入れて作りましたが、生大豆粉でもそば粉でもお好き好きにお試しください。メリケン粉百匁に玉蜀黍粉三十匁ベーキングパウダー五匁（大匙山一杯）砂糖三十匁の割合、野菜は人参にほうれん草か大根葉などを細かく刻んで十匁位用意致します。ボールか鉢に水一合と分量の砂糖を入れて溶かし、野菜を混ぜておきます。粉類は全部一緒にして一度ばかり篩《フルイ》にかけてからボールの方に一度あけ、しやもじでさら〳〵と手早く混ぜます。また粉が残つてゐてもい、ですから粉を振つた板に取り棒のように細長くして端からぽん〳〵と十匁位宛に切つて丸めます。この丸める時にあまり長い間いぢくりまはしてゐたり平たくしますと、ふつくりと出来上りません。手早く腰高に作りましたら濡布をしいた蒸器に間をおいて並べ、よく湯気の上つてゐる所で、十分程蒸しますと真中がほつくり割れ、野菜の色も一段と綺れいにとても美味しそうな蒸パンが出来上ります。この分量で十六個は出来ます。

（其二）お好み焼

宅では日曜日のお昼食などこんなものを簡単に焼いて頂きますが、子供達は案外喜びます。

挽肉が少しありましたら申分ありませんが、それに葱椎茸春雨（微温湯《ヌルマユ》に戻して）などを刻んで混ぜて、そこへメリケン粉を篩い込み水を加へ、しやもじで滴《タラ》してみてたら〳〵つと落ちる位の固さに手早く混ぜます。これをよく灼けたフライ鍋に油を引いて、平に流し入れ、ホツトケーキの様に焼き上げます。御飯代りですから焼きたては生姜醤油がしつくりします。

（其三）混うどん

うどんは馬鈴薯を混ぜてあつさり味をつけた御飯代りのも

のでこれに温いスープでも添へれば栄養も充分です。中位の馬鈴薯に玉葱小一箇をみじん切にして塩をまぶして暫くおいたものを入れ、なほバター油五勺と酢大匙二三杯を加へましたら味をみて足りないだけ塩味をつけ全部混ぜて馬鈴薯の茹汁で軟か目にぽつてりと伸します〔。〕この中に茹うどんを混ぜ合せひじきや椎茸の千切の淡味をつけたもの等加へますと更においしう御座居ます。

〔『経済と文化』第二号、一九四八年一一月、経済文化ニュース社、名古屋、K837〕

代用食料としての野草

久内清孝

近時食料の絶対的不足に伴ひ、野草を食膳に供さうとする企てが各方面で真剣に考慮されるやうになつて来た。尤もこの傾向は、天の未だ雨降らざるに窓の戸を閉ぢて用心するといつた意味で、既に支那事変勃発当時、有識者間の問題となつてゐたものらしく、筆者の如き未熟でさへ放送協会に頼まれて一二回食べられる野草を電波にのせた（ラヂオ講演講座百六号）こともあつた。その時分には、日本の食料が不足してゐるため野草を食つてゐるのだと逆宣伝をされぬよう注意深く話せ、といふ条件つきであつたと記憶して居る。太平洋戦になつてからは軍需工場の食料資源確保の必要上更に一層の注意が払はれ、終戦直後には軍需省の某要職から相談を受けたこともあつた。しかしその必要の程度が今日ほどさし迫つたものでなかつたことは改めていふ迄もない。ところが終戦後の今日、一般の食料事情は甚だしく急を告げ、代用食料としての野草が切実な関心を以てとり上げられるやうになり、顧みて今昔の感の深きを覚えずには居られない。けれども食料としての野草の利用は今日に始つたことではなく、薬用としての野草の利用と共に相当古くから行はれて居り、これらの様子は例へば万葉集などを披見すれば直ちに覗ひ知ることができるが、筆者はここでその史的考察を述べるつもりは毛頭ないから、その辺の事情は他の機会に譲ることとする。

さて、野草を利用する目的には大体二つがあつたやうである。その一は随時常用の食物に混へて用ひたもので、それが後に趣味として食膳に上せるやうになり、更に茶料理などにもとり入れられたものらしく、享保の頃には関白近衛家熙《いえひろ》の口授として伝へられてゐる槐《かい》記などにもその例が認められる。殊に太平の世の続いた江戸時代には人皆食に飽き珍味の探求が盛んに行はれ、この傾向はいよいよ顕著になり、今日の上流階級や趣味的生活を享楽する人士の間にまで伝はつたものであらう。漱石のいつたやうに、趣味は人間社会を滑かにする油の如きものであつて、趣味が幾分利己的な半面を保持するのもある程度は結構なことであらう。従つて趣味の世界に野草がとり入れられたとて不思議でもなければ、決して悪くもない。悪くないどころか、なかなか結構である。中国ではマコモ根茎の柔い部分を食べるため、上海などでは市場でこれを売つてゐるといふし、その罐詰さへ製造されてゐるとはますます以て結構である。

しかし今はそんな時代でないことだけは確かである。それから救荒食料としての野草の利用がある。つまり凶年に際し急を救ふための野草の利用である。この場合、凶作の原因は今日の場合とは異るにもせよ、目的や手段は殆ど全く同じであつて、通常の食物の不足欠乏が好むと好まざるとに拘はらず野草の利用を余儀なくさせるのである。それ故、食べられるものなら何でも摂るといふことになり、近くは東北地方における明治三十五年及び三十八年の飢饉に際し、東北県民が遭遇した悲惨事を克服するのに用ひたものの記録(白井光太郎 本草論考第二冊)に見るが如く、手当り次第に何でも食ふことになる。然るに今や全国、特に消費都市を中心として、原因は異るにもせよ東北の場合が将に起らんとしてゐるのである。そのため各方面に野草利用の宣伝が相当に行はるるに至つたのは真に止むを得ぬ事情の然らしむるところであらう。それ故に趣味上の珍味探求のやうな場合とは大分趣きの相違することはいふまでもない。

かうした意味で野草を味ふのであるから、苟くも食用にし得るものなら何でも多量に消費することになり、その当然の結果として、勢の赴くところ知らず識らずの内に多少の無理をも伴ふため、弊害もまた附随すると考へなければならない。即ち空腹をどうにか満すことができても、中毒のやうな惨事の起ることもあり得る。最近の新聞が報道するところによれば、都下西多摩郡松原村おいて通称狂ひ草または雪割草(同地で斯く呼称するものは実はハシリドコロなる和名で知られた毒草の由で、この草はこれを薬草として利用すればアトロピンといふ重要な薬品の資源の一つになる)といふ草を食した結果中毒したさうであるが、この事件の如きもこれを如実に示すものに外ならない。二宮尊徳翁が、飢饉に際し草根木皮を常食とするには、平日少量づつ摂るならとにかく、その多量を日を重ねて摂るのはよろしくない、といつたことを述べてゐる(二宮翁夜話 人の巻)のもこの意味からであらう。

今日の世間の様子を見ると、食料が少いから野草を食へ、野草ならいくらでもある、どこにもある、これを利用しないのは愚かだ、非科学的だ、と戦争中盛んに横行した軍閥式指導者張りの御仁が濶歩して、野草の名称を羅列してその多きを誇り、自ら責務を果たしたとでも思つてゐるやうだが、これなどはなかなか稚気があつて面白い。中には体験もせず、実物も知らずに、一寸した雑書ぐらゐを生かじりして、食用野草を看板に利己的、独善的存在たらんとする人もある。これでは尊徳先生を地下で苦笑させるばかりではなく、多くの人を害ふ結果にならないとも限らない。

〔後略〕

〔『科学と生活』第一巻四号、一九四六年九月、機械製作資料社、東京、K89〕

人工甘味料の花形　サッカリンとヅルチン

藪田貞治郎

偶然の発見

砂糖が豊富にあつた頃は医療など特殊な方面にのみ使用されてゐた人工甘味質が、砂糖不足と共に俄かに一般の関心を集めるやうになり、大へんな闇値で取引されてゐると聞いてゐる。

甘味を有する化学的合成品即ち人工甘味質には非常にたくさん種類があるが、我々に、最もなじみの深いのはサッカリン、ヅルチン及びベリラルチンである。

サッカリンの発見については次のやうな挿話《エピソード》がある。

イラ・レムゼンとシー・ファールベルグが一八七九年アメリカのボルチモーアのジョンス・ホプキンス大学でオーソ・スルファミド安息香酸の合成を試みてゐたが、ある日ファールベルグは研究室から帰つて夕食をしたゝめたところ、パンが非常に甘いので驚かされた。そしてこれは彼の手に附いてゐた薬品であることが判つた。それでだん〳〵調べてみると、甘味の本体は彼等が合成中のオーソ・スルファミド安息香酸の無水物即ちサッカリンであることが確められた。

ヅルチンの工業的製法は一八九二年ドイツのベルリネルブラウによつて発見された。

またベリラルチンは大正八年、私の学友古川清治君によつて砂糖の二千倍の甘さを持つてゐることが発見された。ベリラルチンはその以前に既に知られてゐた化合物であるが、甘いことに誰も気づかずにゐいたのを古川君が偶然なめてみた結果、これが世界一甘いものであることを知つたのである。

サッカリンの製法

製鉄所や瓦斯工場で石炭からコークスを製する際に、トルインといふものが副産物として取れる。これがサッカリンの主原料である。このトルインにまずクロール・スルフォン酸を作用すると、オーソトルインスルフォクロライドとパラ化合物が約半量づつ出来る。次にアンモニアを作用させて、オーソトルインスルフォンアマイドとパラ化合物に変へる。かうして出来たオーソトルインスルフォンアマイドを過マンガン酸加里で酸化し、オーソスルフォンアミド安息香酸に変え、これに酸を加へるとサッカリンが沈殿するから、これを漉しわけて精製する。

サッカリンの性質

純サッカリンは無色の結晶で、熱湯にはよく溶けるが水には溶けにくい性質をもつてゐる。即ち一分のサッカリンを溶かすには一五度の水三五〇分を要する。ところが、サッカリンを炭酸曹達《ソーダ》の液に加へると炭酸瓦斯を発生して曹達塩となる。この曹達塩は大へん水に溶けやすい。この性質を利用して、サッカリンを一定量の炭酸曹達又は苛性曹達に溶かし濃縮するとサッカリンの曹達塩が得られる。これを溶性サッカリンと云ひ、市販のものは普通これである。

ヅルチンの製法と性質

ヅルチンの主原料は石炭乾溜の際に出来るベンヂンで、これから数段の化学反応でフェネチヂンといふ化合物に導き、これに硝酸尿素を加へて数時間煮沸したものを冷却すると、ヅルチンが出来る。又解熱剤のフェナセチンに塩酸を作用させて塩酸フェネチヂンに変へ、これに尿素を作用させてもヅルチンが得られる。

ヅルチンも無色の結晶で、冷水には溶けにくいが熱湯には溶けやすい。

砂糖との比較

サッカリンやヅルチンが砂糖に対し何倍の甘味を持つてゐるかとよく聞かれるのであるが、ドイツのパウルの試験によると、次表の通りである。

この表の意味は、砂糖二%を含む砂糖液に相当する甘さの液をサッカリンでつくるには砂糖の六六七分の一の量で足りるが、砂糖一〇%の甘さの液をつくるときは一八七分の一のサッカリンを要するといふのである。即ち甘味質の濃度が減ずるに従ひサッカリンやヅルチンの甘味度が増すのである。言いかへれば薄めるほど割がきくといふことである。

砂糖水溶液の濃度	溶性サッカリンの甘味度	ヅルチンの甘味度
二%	六六七	三八四
三%	五四五	二五〇
四%	四〇〇	一二八
五%	三三三	一〇四
六%	三一六	九〇
七%	二五〇	八二
八%	二三六	七六
九%	二二〇	七二
一〇%	一八七	七〇

上手な用ひ方

そこで割のきく淡さでサッカリンとヅルチンを混ぜて用ふれば、甘さは各〻のもつ甘さの和になり、それと同じ甘さを単独で出すよりは非常に経済になるばかりでなく、風味も一層よくなるのである。例へば水一リットルにサッカリン二八〇瓩《ミリ》を溶かしたものは砂糖七%液の甘さに相当し、水一リットルに一二〇瓩のヅルチンを含む液は糖液三%の甘味に相当するが、もし水一リットルにサッカリン二八〇瓩とヅルチン一二〇瓩合計四〇〇瓩を溶かすと砂糖液一〇%に相当する液が得られる。然るにサッカリンだけでその甘さを出させるには五三五瓩、ヅルチンだけでは一四三〇瓩を必要とするのである。

ところが、一般に、サッカリンを煮物に用ひる場合、煮沸すると分解して甘さを失ふから煮上つてから加へ、ヅルチンは熱するほど甘くなるから最初から加へてぐつ〳〵煮る方がよいとて、両者混用に反対する人もあるが、これは誤りである。サッカリンは液の反応にもよるが世間でいふほど熱に対して不安定でなく、煮沸しても直ちに分解しないから、それほど神経質になる必要はない。又ヅルチンも完全に溶解すればそれ以上いくら熱しても甘味の増す筈はないのである。サッカリンとヅルチンを混ぜて用ひる場合は、煮上がる少し前に加へてよく溶解させ、煮物に味のしみこむやうにしたらよい。

殺人糖について

サッカリン、ヅルチンは、砂糖と違つて栄養は少しもないが無毒であるので、飲食物に使用することを許されてゐるが、砂糖不足につけこんで、パラニトロ・オーソ・トルイヂン（黄色の結晶で、火にくべるとパチ〳〵と燃えるので爆弾糖の名がある。砂糖の八百倍の甘味を持つと誇称しているが、これは嘘八百倍で、実際は二百倍位であらう。）のやうな極めて有害な染料原料が甘味料として横行し、相当被害者も出てゐるし、又サッカリンやヅルチンでも巷に売られてゐるものには中毒をおこす虞れのある不純な製品があるから、信用のある品物を求めるやうに注意せられたい。

（筆者　東京帝大教授　農学博士）

〔『キング』第二二巻九号、一九四六年九月一日、大日本雄弁会講談社、K1094〕

メチールアルコール中毒

金原松次

終戦以来各種貯蔵物資の不合理な処理によつて、メチールアルコールが一般民間個人に入手せられ、現今の酒類不足の為、無知識或は更に無法にも、焼酎やウイスキーを調合贋造して飲用に供し、その結果全国的にメチールアルコールに依る中毒が頻発してゐる現状には誠に寒心すべきものがある。

これ等中毒の実例は種々雑多であるが、併し何れの場合にも、その不良酒類は常識上、「一見して信用することの出来ざる経路」を辿つて中毒者が入手してゐるのである。

例へば、或る農家に野菜を買出しに来た労働者風の男より、物々交換の意味で、焼酎と称するものを受取り、飲用したるに、その翌日苦悶死亡したり、又別に、或る隣組に於て、城東方面の所謂闇屋よりアルコール一升を相当高価にて買ひ入れ、水で適当に稀釈して組内の懇親会で飲用、参会者一一名が皆悉く中毒した如き事件もある。又或る会社取締役と某学士二人で飲酒し、メチール中毒の結果死亡した如き事件もある。

メチールアルコールの中毒量或は致死量は、その飲用者の身体上の状態に由つて異るものの如く、例へば空腹時と満腹時とでは、その中毒者に於て相当の相異あるものと思はれ、又その他の条件で相違を来すが、少なくとも一〇瓦以上のメチールアルコールは中毒を起すものと思はれる。但し此以下の量なれば安全であるとは絶対に断言出来ない。或る成書に依れば八瓦にて中毒を惹起すると言はれてゐる。又一方、精溜した新鮮なるものは、中毒の危険なしとも言はれてゐるが、筆者は到底これを証言する勇気を持たない。

メチール中毒は、他の一般化学薬品に依る中毒とは異つて、飲用してから、中毒の発現までに、相当の時間を要するのであつて、モルヒネ、黄燐、青酸カリ等よりも遙に遅く中毒が顕はれ、一般に飲用の翌日に於て、場合に依つては翌々日に於て中毒してゐる。その為中毒発見後の治療は極めて困難であり、手後れの場合が多い。尤もメチールアルコールに依る酩酊も中毒の一種ではあるが、此の際は別問題としておく。この点及び、前述の新鮮なメチールの問題と合はせ考へると、メチールアルコール其自身は、有害ならざるも、或はその夾雑せる不純物或はメチールアルコールより自然変化した何物かゞ有害ではないかとの想像もされるが、この辺未だ確定した説を聞かぬ。

兎に角相当複雑怪奇と言ふべきであり、中毒者の多い点で全く恐しいものと言ふべきである。併し一般世間では、案外メチールアルコールに就てはあまり関心を払つてゐないのではないかと考へられる。と言ふのは、日刊新聞でメチール中毒に就て充分に注意を喚起させられ、日々の中毒に就ても述べられてゐるにも関らず、依然、帝都に於ても中毒事故絶えず、又甚だしきは進駐軍の一部にまで中毒者を出したと聞くのである。殊に進駐軍にまで累を及ぼすに至つては、国民の衛生思想の低劣さを示し、又我々衛生問題に関係してゐる者として、その無力を恥づる次第である。

併し一面国民の中にも、メチールアルコールに対して、非常に恐れ、仮にもその可能性のある酒類には絶対に手を出さずに居る如き細心家もあるに違ひない。先日も筆者が某知人宅に立寄つた際、「怪しげなる酒」と称するものを、只慢然放置しあるのを知り、一部試験して、全く純良にしてメチールを含まざることを知つたのである。この乏しき時代に、徒に塵に埋れさせて置くことも亦無意味なことである。

所で、このメチールアルコールの試験に就てであるが、苟も薬学の教育を受けた者にして、実施不可能とは絶対に言へないのである。薬局方に於ても、又衛生化学の一般成書に於てもその試験法は記述せられ、恐らくは学校に於ても実習済みのものであらう。

一般国民の中でも、何とかして、不安なメチールを試験した後飲用したいと思ふ人は沢山あるに違ひないが、併し残念ながら、自身で試験することは出来ないことは勿論、さうした施設も地方都市では存しないのであり、又大都市の衛生試験所の如きものも中々安直には利用し難いのであつて、これを開局薬剤師が引受けることにしたら如何なものであらうか。風邪薬や腹薬を買ひに行くような心安さで、酒の一部を持つて行き、試験を依頼すれば、その利用も全く便利であり、又今日の如き日々何人或いは全国に見積つて何一〇人かの人命が失はれることを相当数防止出来るのではないだらうか。

聞く所に依ると西欧の薬局に於いては、薬品を販売する以外に、衛生化学的試験も相当行つてゐる様である。日本に於ても、この方面に進出することは、薬局の進む一方向として、現在開局してゐる薬剤師の充分関心を払ふべきものと信ずるし、又此に依つて所謂「街の化学者」の名に沿ひ得るものであり、薬剤師の地位の向上にもなると信ずる。

勿論メチール中毒の今日の如き多数続発し、世人の関心の払はれてゐる状態は、一時的現象で、間もなく下火になり、或はメチール試験の要は無くなるであらうことは、想像せられるも、薬局の衛生化学試験の業務の出発点としての価値は充分に存在し、更に飲料水、飲食器、その他化粧品や防腐剤等と進展せしめればよいのであつて、又尿中の蛋白や糖の検査の如きものは、必ずしも医師の独占的業務と考へなくてもよいのではないかと思ふのである。此の際薬剤師には、かうした方面に充分な学識のあることを世人に是非知らせたいと願ふのである。〔後略〕

〔『日本薬報』二一年一号、一九四六年四月、日本薬報社、N306（原文は横組み）〕

【調理科学講座】揚げる科学

守屋磐村

前々月号の煮る科学、前月号の茹でる科学つゞいて、本月は揚げる科学である。

揚げるとは

アゲるとは、食品を高温度の食用油（食用脂肪）の中で加熱し、油のコゲ味と色をつけ、食用にてきするようにすることである。

一体食用油は脂肪酸とグリセリンの化合でできたものである。その脂肪酸には、種々の種類があるから、その化合によつてできる脂肪にも、かなり種類が多い。その主なものは、次のようなもので、それぞれ性質を異にしている。

脂肪名	グリセリンと化合する脂肪酸
パルミチン	パルミチン酸
ステアリン	ステアリン酸
オレイン	オレイン酸

各種油の成分

油名	パルミチン ステアリン	オレイン	リノリン	其の他
牛脂	七五	二五		
バター	五三	三九		八
オリブ油	二五	七〇	五	
綿実油	二五	二五	四七	三

なおパルミチン、ステアリンは融点が高いから、これは常温で固体、オレインのように低いものは、同様液体であるから、これらの混合物たる食用油もまた、ステアリン、パルミチンを多くふくむ牛脂は固体、オレインを多くふくむオリーブ油は液体である。

このように、普通の食用油は、各種の油の混合したもので、その沸騰点は一定していないが、普通三〇〇度を越える高温度ゆえ、アゲる際には温度をその程度まで上げるのかといえば、そうではない。

油は熱すると、(油の種類にもよるが) 一五〇度附近で分解をはじめ、その表面から僅かに煙を出す。

各種脂肪の発煙点

綿実油一三三度　豚脂一二一度　バター一一〇八度　豚脂(五時間加熱したもの)二〇七度　豚脂(数回使用したもの)一九〇度　オリーブ油一七五度　落花生油一六五度乃至百九度　椰子油一五八度

(これは主としてアクロレインという、脂肪が加水分解をしてできたグリセリンの酸化したもので、これを沢山吸入すると頭が痛くなり、或は食欲がなくなる。)

その温度をあげるほど発煙が多くなり、二〇〇度ともなればいかに不注意でも、それに気がつくようになる。この煙は引火しやすい。普通アゲものをするとき、そのかたわらに青い葉などをおくのは、引火した場合にそれを投げ入れて温度をさげ、火を消すためのものである。

それ故、アゲ物の場合、熱された油にアゲ物をいれたトタン、さかんに泡立ち、油をかき乱すのは、そのアゲ物の中にある水分が沸騰する蒸気のためである。それが次第に少くなってゆくのは、その水分が失われるからである。

かくアゲ物は、沸騰状にある油の中で加熱するのではないから、その温度は、水中で物を煮るとは、おもむきを異にし不変のものではない。それ故、相当温度の高い油でも、これにアゲ物をいれるときは、

(一) 油の量の少い程、しかも油の比熱は約〇・五であるから、一瓦の油は〇・五カロリーで一度上げられる。また、

(二) 火力の強い程、

(三) アゲ物に水分の量の多い程、その温度の降りが著しい。

家庭用のフライパンに、比較的わずかの油を入れてアげると、たとえ始めには煙の出るような高温度の油でも、その温度は見る〳〵降り、一四〇度、一三〇度、遂にはそれ以下に

降ることも珍らしくない。

しかしこのような低温度では、たとえアげたとしても、カラット《ママ》したアがり方にはならないで、表面が油でじめ〱し、いわゆる「油の切れ」が悪く、さらに油の吸収も多く、そのために、かえつてその味を悪くさせるものである。

それ故普通のアゲ物は、まづその温度を一七〇度乃至一八〇度くらいのところに入れ、油の量、アゲ物の量、火力などをニラミあはせ、なるべくその温度附近に保つようにしてアゲるのである。

アゲ物屋の揚物が、比較的良くできてるのは、経験からばかりでなく、油の量が多くその上、火力がこれに調節されているからである。わたしの調査によれば、始めから終りまで、殆んど一度位より変らないテンプラ屋（日本橋の紅葉）もあつたのである。

要するにアゲ物をする時の温度は、一方に水分蒸発の多少、他方に火力の強弱といふ二つの原因により、その温度は、二〇〇度位から一二〇度位の間を昇降している。かく調理中の温度が不定であるといふことから見れば、油の中でアゲるという仕事は、煮るという仕事より、焼くという仕事に、その性質が似ている。すなわち油でアゲるとは、油の中で焼くこと、了解せねばならない。

なお、私の実験と、各所のテンプラ屋を調査した結果は、普通一七〇度乃至一八〇度の間が最も多かつたが、そのなかでカヤの油を使い、しかもアがつた色は黄金色をしてゐたのに、エビは一五五度、イカは一六五度位でアげている有名なテンプラ屋があつた。（前述紅葉）わたしはまた東京都テンプラ屋組合で、テンプラの公定値段を決定するため、その実験を依頼されたとき、専門家たちの温度を調べたが、それも大体一七〇度乃至一八〇度であつた。

油の温度と吸収した油の量との関係（三匹の鰯をアゲた場合）

	油の温度が一八〇度になつた時一匹づつアげる①	油の温度が一四〇度になつた時にアげ始め一七〇度ででき上り②	油の温度が一八〇度になつた時三区〔匹カ〕全部入れる	①に同じたゞし衣を濃くする	カラアゲ
鰯の量（瓦）	一〇四	一〇〇	一〇六	八六	一〇八
衣の量	三二	二七	三一	四八	粉六
油の吸減量	八	一七	一八	一一	一二
材料よりの気化した水の量	三六	四四	三七	四四	三一

但　油の量は三〇〇グラム。衣は五〇グラムの粉に水九〇立方センチ加えたもの　②の場合にはこれを取りあげた紙の上に、二・三グラムの油がシみこんだ。

なお、その温度とアゲるための油の吸収量を試験した結果は、上記のとうりである。

油が熱されている間の気化量について調査すると、白しめ油五〇〇グラムについては、始めの三〇分間（一八〇度に熱している）に約一グラム、つぎの三〇分間に約〇・五グラム、つぎの三〇分間に約〇・五グラム程度で、気化する量は誠に少い。故に前の実験でも、油の減量を、アゲ物に吸収された量として計算したのである。

これによれば、

（1）高温度の油の中にアゲ物を入れて温度の降下少なければ、吸収される油の量は少く、まず中位の鰯一匹に約三瓦前後である。

（2）低温度の油の中に、アゲ物を入れるか、また高温度でも、一時に大量に入れて、温度の降下いちゞるしい時は、吸収量多く前の二倍以上である。

（3）衣が濃いと、また油の吸収量は若干多い。

なおわたしは、水銀の温度を一七〇度乃至一八〇度に上げたものの中に、材料を押しこみ、テンプラをアげる手結《ママ》をしたが、その色はテンプラのようなものではなかつた。テンプラの色は、油によるものが大きいと考えられる。

［『生活』第一三巻一〇号、一九四七年一〇月、東京・三鷹、S431］

調理指導の実際

東京女高師教授　松元文子

調理の合理化とか科学化とかいうことが盛んに叫ばれて居ります。一方調理技術には昔から「こつ」とか「勘」とかいうものが可成り重く見られて居ります。

「こつ」とは何であろうか。「こつ」の本体を見極めるという事は、調理を科学化する一つの道であろうと考えられます。私共のように生徒に調理を指導する立場にあります者は、何とかして生徒に最短距離をふませて上達の彼岸へ渡らせたいということを常に感じて居ります。即ち「こつ」とか云われている調理の要点を適当に伝えるか、或は「こつ」を見極める方法を会得させるかなどであります。「こつ」の本体を探す道は色々ありますが、中でもそこに関係する数字を明らかにすることは比較的易しい道で、案外多くの場合に役立つのではないかと思います。

一二の例をあげてみますと、

しん粉をこねるには熱湯を用いるということになつているようであります。しん粉は熱湯でこねたところでそのまゝでは食べられませんから蒸さなければなりませんが、この場合、湯がわくまで粉がこねられないというのでは都合の悪い事もあります。そこで水でこねてあとで蒸すと、予定よりよほど固いおだんごになるので、更に手水を付けて丁度よい軟らかさにするのに可成り困難をします。

こうして出来た丁度よいおだんごというものは、始めのしん粉の目方の一・八乃至二倍になつていることが判ります。しん粉を熱湯でこねる時は、始めに殆んどこれに近い熱湯が入つてしまいますから、蒸しあがつてこねる時は軟かく、困難することもなく手水も余り使わないで目的のおだんごを作ることが出来ます。これは熱湯を用いる場合は、澱粉が或る程度糊化する為水分が多く必要であり、蒸す前に出来上りのおだんごに近い状態となるからであります。

従つておだんごでは原料しん粉の一・八乃至二倍になる程の水分を必要とするという数字が判つていれば、こねるのに水を用いる場合にも、それだけの水量を加えますから楽に目的の軟らかさのおだんごが得られる事になります。この場合水でこねたしん粉は、熱湯でこねたものよりは甚だしく軟かいものではありますが、蒸しあがれば同じ硬さになることは当然であります。こうなるとしん粉は水でこねても熱湯でこねてもよいということになり、それを何故熱湯でこねるかという理由もはつきりしてまいります。

又、つきたてのお餅は糯米の何倍になつているかという数字を承知していれば、砕けたかきもちを利用して、時ならぬ時手軽につきたてのお餅と同じようなものを作ることも出来ます。即ち焼くには細かくて面倒であるし、煎るには不揃いで扱いにくいようなかきもちを器に入れて、もちの目方の〇・八倍の水を加えて暫くおき、この水を吸収した頃に蒸し器に入れてむすと全くつきたての餅と同じようなものが得られます。

次に淡雪羹《あわゆきかん》を作る時、未熟な人がすると寒天と泡立てた卵白とがわかれて二層になることがありますが、これは寒天の温度が三十六、七度になるまでさまして、淡雪の方へ寒天汁を静かに加え乍らかきまぜれば決して失敗なく出来るので、若し温度の高い寒天汁を加える時は極めて小量づつ入れゝば失敗はありません。これは寒天汁の温度をさげ乍ら加えることになるからであります。同様のことは水羊羹の場合にもあてはまります。

このような事は少し調理を心得ている人は既につかんでいる数字でありますが、これを生徒に伝える方法はいろ〳〵あると思います。硝子のコップや試験管のように、内部の見える器に泡立てた卵白に入れておき、これに高温の寒天汁を手早く入れて故意に失敗してみせれば、恐らく一度で生徒は淡雪羹の作り方の要点をのみこんでしまうと思います。

これらはほんの一例にすぎませんが、食物はまことに複雑なもので、こゝに挙げましたおだんごやお餅にしても、こゝでは軟らかさと水分との関係だけをとりあげたのでありますが、おだんごのおいしさという事は、軟らかさの外に舌ざわりということが非常に深い関係を持つて居ります。それにはよくこねるとか、同じこねるにしても熱いうちにこねるかさましてこねるかなども問題にされて居ります。

又おだんごもお餅も加熱によつてβ澱粉からα澱粉への転移という大切な問題が含まれているわけであります。

食品は非常に複雑な化合物であります。この複雑な化合物に、これを食べられるようにする色々の手段が組合わせられたものが調理であります。調理の手段を出来るだけ細かく分解して部分的に究明したり、これを綜合したりすることは調理の「こつ」を見出す道であろうと思います。これは物理実験だけでもなく、化学実験だけでもない処に調理科学の難しさがあるわけでありましよう。

一生習つても習い切れないほど調理の種類は沢山ありますが、一日も早く習う調理からつくり出す調理になるように、要点をつかませる調理の指導をしたいということが私の念願であります。然し浅学の為自ら研究が捗らない事を歎いている者であります。

〔『家庭科学』第一一六号、一九四八年四月、家庭科学研究所、東京、K560〕

学校給食の意義

本誌顧問
東大教授　児玉桂三

近く都下の国民学校先生及び生徒に温かい昼食が進駐軍司令部の好意により給せられる事になつたのは洵に喜ぶ可きことで暗い祖国に一沫《ママ》の光明が輝いて来た心地がする。殊に新聞で伝ふる処によれば一週二回ではあるが牛乳牛肉を児童になるべく多量に与へるとの事で其の児童の発育、学業成績に及ぼす好影響は大に期待してよいと思ふ。

嘗つて鳩山文相の時代に同様給食が実施せられた際私は福岡県久留米市金丸小学校に於ける成果を見て給食が如何に有益であるかを知つたので一日も早く再施を念願してゐたのであつた〔。〕現在の国情では良いと思つた事が実現せられ難いと頭からあきらめてゐる矢先進駐軍の指令で直ちに実現するに至つたことは日本人として努力が足りない事を恥づかしく思ふ。この頃は街を歩けば肉屋の店頭には牛肉や豚肉がぶら下つてゐる。一斤九十円とか百円では迚も一般家庭の食膳に上らない。インフレの波に乗つた特種な階級の人々の味覚を満足せしめるに過ぎない〔。〕其れを少しでも本統《ママ》に生理的に要求してゐる児童達に廻はし得る政治力が日本人に欠けてゐた事は政治家の罪か栄養学者の罪かいづれにしてもなさけない事である。日本の政治家はもつと科学の啓示に謙虚な良心を持つ事が必要であり、又科学者は真理の遂行に勇気を持たなければならないと思ふ。

何故に今回の給食に特に牛乳牛肉を可及的〔に〕与へる事になつたのか。其れは単に美味で滋養になるからのみではない。児童が成人に違《ママ》ふ点は発育の点である。其の発育にはリジン、トリプトファンの如きアミノ酸が必要であり肉類や牛乳蛋白は特に多量に其等のアミノ酸を含むのである。成人殊に老人は余り必要としないから其の摂取は遠慮して子供達に廻はしてやる可きである。日本の歴史に一大汚点をつけた現代人は子孫に対し大なる期待を持てば持つ程大切に育てあげる責任がある。私は国民の栄養の面に於て斯かる考へを実現する第一着手が此度の学校給食であると考へる。然し単に我々は学校給食で満足してゐてはならない〔。〕更に一段とこの行き方を押しひろめ実行に移さなければいけない。牛乳

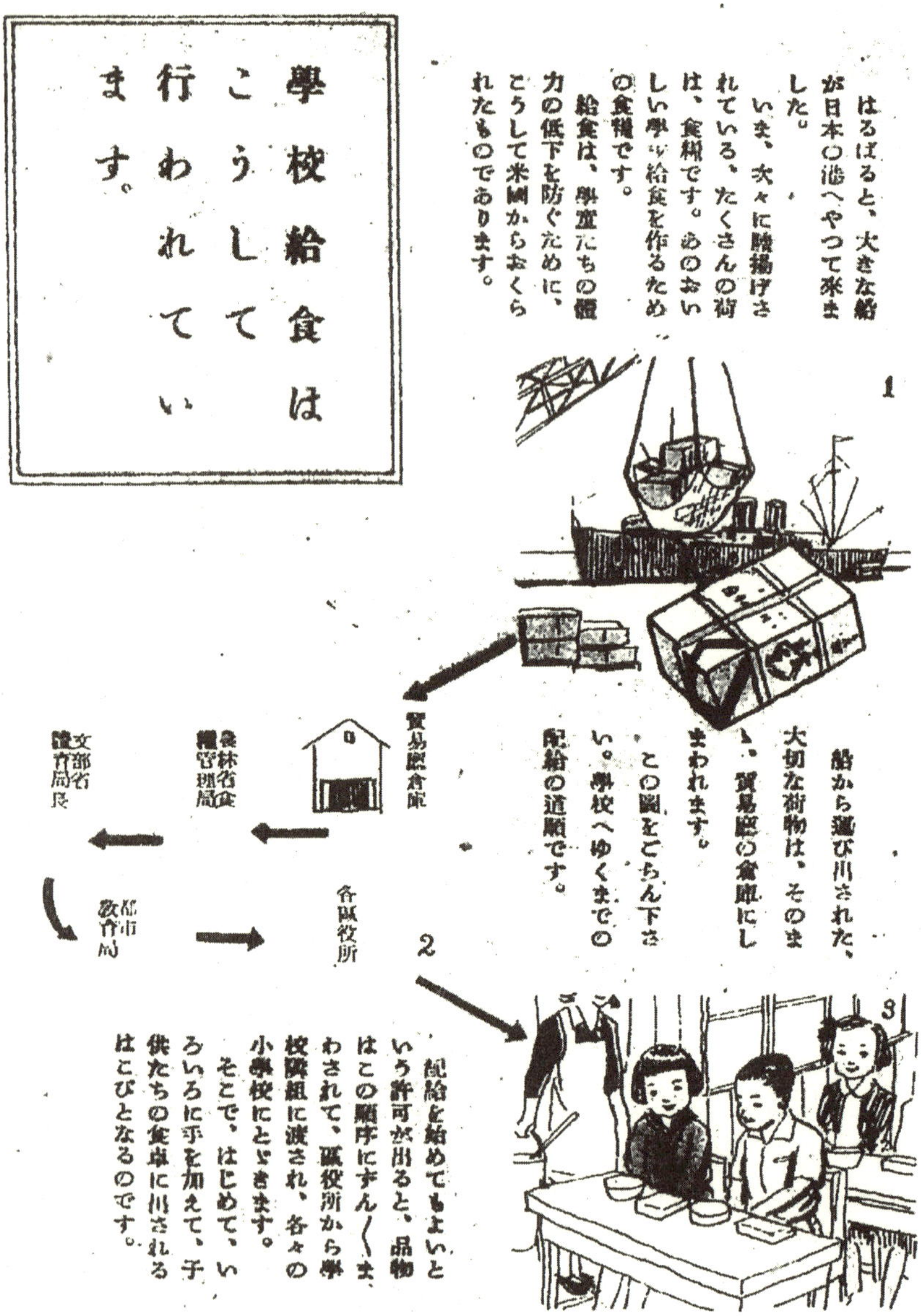

學校給食はこうして行われています。

はるばると、大きな船が日本の港へやつて來ました。

いま、次々に陸揚げされている、たくさんの荷は、食糧です。あのおいしい學校給食を作るための食糧です。

給食は、學童たちの體力の低下を防ぐために、こうして米國からおくられたものであります。

1

船から運び出された、大切な荷物は、そのまま、貿易廳の倉庫にしまわれます。

この圖をごらん下さい。學校へゆくまでの配給の道順です。

貿易廳倉庫

農林省食糧管理局

文部省體育局長

都市教育局

各區役所

2

配給を始めてもよいという許可が出ると、品物はこの順序にずん／＼まわされて、區役所から學校隣組に渡され、各々の小學校にとゞきます。

そこで、はじめて、いろいろに手を加えて、子供たちの食卓に出されるはこびとなるのです。

3

学校給食（『日本P.T.A』第７号 1948年11月）

に就ては既に配給〔制〕度がしかれてゐるが獣肉に就ても切符制となし児童に優先的に与へる。即ち政府は生産者より高値に買上げ安く児童に頒つ社会政策を是非実行して貰ひ度い。魚肉は栄養価に於て獣肉に劣るものではないが其の品種価格等余りに複雑で又漁獲高も一定しないから宜しく自由販売に委す可きである。昨今の東京都に於ける施策は逆である。尤も獣肉の生産は乏しく全児童に充分渡らない事もあらうが斯かる際は鰯や鮭で代用して差支へない〔。〕要は動物性蛋白を児童に優先的に与へる事が肝心である〔。〕

東大栗山前教授は「義務栄養」を先年来強く主張しておられる。義務教育のみがあつて児童の肉体的完成に対し従来何等の手段がとられてゐない事は片手落である。健全なる身体を持つ事は人として第一義である。日本に於て乳幼児及び二十歳前後青年男女の死亡率が高いのは栄養的欠陥が大なる原因を為してゐる。殊に結核菌は栄養不良の好伴侶である。聞く処によれば我が国の結核予防策として重点を置いて来たB、C、G接種は進駐軍より栄養を先にす可きものであるとの忠言を受けたとの事である。合理的な栄養の前には強力なる病原菌も浸襲する余地がない。米英に於て年々結核の減少しつゝある原因は公衆衛生の向上に俟つと同時に栄養改善が大なる寄与を為しつゝあるは疑はざる処である。私共は学校給食実施に当つて其の真意義を理解し進駐軍の指令を待つ迄もなく生活改善に向つて一層の努力を払はなければならないと痛感する次第である。

〔『栄養と料理』第一三巻二号、一九四七年三月、栄養と料理社、埼玉・浦和、397〕

住宅難の話

鈴木幸雄

わたくしども国民の多くが、今日住宅難でどんなに不便な、不愉快な、そして惨めな思ひをしつゝ、その日その日を送つてゐるかは、いまさら説明の必要もありますまい。それにも拘はらず、この住宅難はまだなかなか解決の見込みすらつかないのみか、かへつていよいよ深刻化の気配さへ示してゐます。最近では食糧問題とならんで住宅難の危機が叫ばれるに至つてゐます。

一体どれだけの家が必要なのか、どれだけ不足してゐるのか。

戦災復興院の調査によると、不足住宅は概算四五〇万戸といはれてゐます。その内訳は、戦争中軍需生産充足の犠牲となつて建築できなかつたものが一一八万戸、疎開のためとりこはされたものが五五万戸、戦災によつて焼失したもの二一〇万戸、外地引揚者のために用意しなければならないもの六七万戸で、つまりこれだけが絶対的不足といふわけです。いま仮りに、この尨大な不足住宅といふ借金を十年がゝりで返済しようとすれば、年四五万戸の絶対的不足の外に、自然老朽や、火災や、風水害で失はれるものと、年々の世帯増の原因で不足する三〇万戸を加へた七五万戸の住宅を年々建設しなければならないことになります。

今年政府がたてた実際の住宅供給計画をみると

簡易住宅など一切合切を含めてもなほ二〇万戸そこそこで、いはゞ借金の利子ともいふべき三〇万戸にも足りません。その上、肝腎の建築用材の生産は、戦争中の正常な経済循環を無視した民需圧迫がたゝっていづれも極端な低下停滞に陥ってゐます。二三の例を挙げると、セメントは十四年、釘は十二年を境に今日までそれ〲急角度の低下をたどり、鉄鋼は戦争中一時は六〇〇〇万トン近くにも達した生産が、最近ではわづか二万数千トンにすぎず、木材の計画生産も意の如く進んでゐない状態であります。

戦災住宅については、終戦前後から今年の始め頃にかけて政府は越冬対策と銘打ち、全然よる辺のない戦災者を収容するといふことで急場を凌いだのですが、大半は個人の責任に基く解決のまゝに放任され、しかもなほ多数の浮浪者の群を出すやうな無責任きはまるものでありました。しかも最近、引揚者がどしどし帰国し、ことに満洲引揚者のごとき、大半は彼地の永住者ですから、住むに家なくすぐさま路頭に迷ってしまふでせう。

この大きなマイナスをどうしたらプラスに出来るか

かうして見てくると、この住宅難は根本的には一にも二にも生産、そして経済の復興が図られなければ、絶対に解決しないやうにみえます。むろん、経済の復興は絶対の前提条件です。しかし、こゝで深く考へさせられるのは、いま恰も食糧問題については全国民が急場を凌ぐために、文字通りの裸にならうとしてゐるごとく、この住宅難に対しても同様の運動が起せぬかといふことです。

第一は大邸宅の解放や、未利用建築物（軍管施設、不急会社、高級施〔旅カ〕館、別荘〔、〕高級料亭、戦災ビル、学校等）の摘発解放を徹底的にやること。何故なら大邸宅のうちには、現に室数、畳数、世帯員数等の虚偽の申告を行ったり、または会社の分室とか寮とかの看板を掲げて巧みに偽装してゐるのがザラにあり、未利用建築物についても同様虚偽の申告が横行してゐます。

第二はいま建築資材の生産がないとはいへ、これまた隠匿された資材が大量〔に〕闇市場に流れてゐます。これを補修資材として摘発すれば、大邸宅や未利用建築物に多数の世帯を収容するための道具だてに使ったり、或ひは自然老朽の住宅を喰ひとめることも出来ます。

第三は最近の住宅難につけこむ悪徳家主、地主が急増して、家賃値上げ、地上権の要求、立退き強要などの事件が頻発し、このためにまた、勤労者や貧困者の住宅難を一層深刻にしてゐます。これに対しては最近の闇家賃を厳重に統制して収入及び家族員数を基準にした適正家賃に切り替へ、また、借家人の居住権絶対確保の措置などが採られるなら勤労者はどんなに明るい気持で、安心して生産にいそしむことが〔出〕来るかわかりません。

たゞ私は最後に、**かうした運動を本当に徹底的にやれるのは、いつたい「誰か」といふことを、読者のみなさんに真面目に考へてい**〔ただ〕**きたいと思ひます。**

［『家庭文化』第二巻五号、一九四六年九月、家庭文化社、東京、K556］

家　家　家！　住宅難の千二百万人

国民経済研究協会統計部

食糧難はどうにか切りぬけた。衣料難もまあなんとかしのいでゆけるようになつた。だが住宅難は、二、三年ひきのばしてきた雑居生活の矛盾が表面化してきて最近いつそう深刻化してきたようだ。

目ぼしい街筋にはバラックが立ちならび、「売豪華美邸百万円也」の広告は新聞広告欄にズラリと現れる。しかも住宅難はいつこう解消してはいないのである。ではこの住宅難はどこからきているのか。

空襲で焼失した家屋は、全焼壊二百四十万戸、うち住宅二百十万戸、そこから焼け出された罹災者はざつと見積つて八百八十万人に達するといわれる。戦災復興院はその他に疎開による喪失五五万戸、外地引揚者のための需要数六七万戸、戦時中の供給不足百十八万戸等あれやこれやの不足を加えて、終戦後の不足住宅を四百四十万戸と見積つた。

しかし、こんな尨《ママ》大な不足住宅が充されないまでも、せめて焼けたゞけでも建つてくれゝば住宅難もよほど軽減されるであろう。いつたい戦災家屋に対して、戦後から今までどれだけの家が建つたのか。これを坪数であらわすと第一図〔省略〕のようになる。

戸数にすれば、一般住宅、住宅併用店舗をふくむ住宅の竣功数は昭和二十三年七月でちようど百万戸、さきにのべた戦災住宅二百十万戸の約半ばに達したことになるが、坪数で見積つた実質的な復旧は御覧のように遅々としている。そこで、平均坪数を出して見ると、戦災家屋の平均坪数は十七坪であるが、戦後竣功家屋の平均坪数はちようど建築制限で認められている十二坪かつきりになつている。

一戸当り四人家族として、百万戸の家ができれば四百万人の人々が住宅難からぬけ出しえたということになるが、さきの戦災復興院の計算からすれば、今なお一二〇〇万人の人々が住宅難にあえいでいるわけである。

住宅竣功のテンポは、このように遅々としているとはいえ、今までは年間竣功数は逐年増加し、その力強さを示している。この竣功建物のほとんど大部分が、国民自ら資材を獲得しての自由建築、悪くいえば闇建築であることは知られているが、それにもかかわらず、この着々たる復旧ぶりは木と釘さえあればできあがる簡単きわまる日本的住居様式の賜物で《ママ》といってよいであろう。

第二図〔省略〕は、一般住宅の竣功速度を示したものであるが、竣功戸数は二十一年二十二年と逐年上昇し、殊に二十三年は七月末において、すでに二十二年度中の竣功数に迫つている。二十三年における竣功建築のこのような増加は建築制限の緩和や、木材、瓦等の闇価格の低落傾向に刺戟されたという面も考えられはするが、より大きくは、家なき人々にとつて、雑居生活の矛盾と苦悩とが漸次表面的にあらわれてきたことをも意味しているのではなかろうか。

建築相場は、他の物価にくらべればその経費率は低いといわれているが、それでも坪一万五千円、あるいは二万円という相場で、十坪十二坪の家を建てるなんてことは、賃銀闘争でなんとか生命をつないでいる勤労者、サラリーマンにとつてもともとできない相談であつた。つまり、今までの建築の復興は戦後のインフレ景気におうところきわめて大きかつたわけであるが、そのインフレ景気もやや終熄の傾向を見せつゝ、ある今後において、住宅復旧も従来の好調を期待することはできないのではなかろうか。住宅くじなるものが百万に一個の可能性であるとは知りながら、それを大切に買つて□つておくことも笑えぬ現実であるが、その現実を利用しつゝ、百万分の一の可能性を見せびらかすが如きは住宅政策の貧困さをこえて、国民を愚弄するものであろう。

〔『国民経済』第四巻二号、一九四九年二月、財団法人国民経済研究協会、東京、K1585〕

都の住宅難深刻
——都住申込に表はれるこの数字

総数二〇〇倍か　都営住宅申込締切る

本年度都営住宅は九月末竣工する関係上十二日より受付を開始し八月十四日締切つたが、建設は十四ケ所に於いて行はれてをり、これが申込は各区役所を通じ希望場所に行ひ建設地が同区内に有する場合は建設戸数の五割を以て同区の申込者間に於て抽籤し、他の五割を他区よりの申込者間に於て行ふ。これが申込件数は各方面より注目の的となつてゐるが八月十九日までに建設局住宅課に達したところによると一般割当二百数戸に対し実に三万一千件の多数に上り未提出七、八区をのこしてゐる。建設地区毎に見ると青山第二住宅が一万四千件で第一位、第二位飛鳥山住宅の六千五百件、佐久間住宅の順になつてゐる。申込区別は、杉並の四千件、目黒の二千六百件、渋谷の二千百件が上げられる。猶家賃は新築二五〇円、改築一五〇円である〔。〕以下申込状況は次の通りである。

申込所 区別	住宅青山第二	同飛鳥山	同保木間	同駒沢第二	同堀の内	同平井	同長後町	目同大森三丁	目同尾久十丁	同佐久間	内同世田谷郷	同神代	目同用賀二丁	同川端	合計
千代田（神田）	325	80	3	8	12	40	5	16	12	(583)	9	5	1	0	514
中央（日本橋）	337	68	0	4	13	55	2	29	15	133	5	0	0	2	663
〃（京橋）	846	74	3	10	27	80	5	43	15	183	7	4	3	2	1302
港（芝）	1563	49	7	16	15	31	3	157	12	82	14	2	6	2	1959
〃（麻布）	620	6	1	5	3	3	2	17	2	2	3	2	1	0	667
新宿（四谷）	302	3	1	2	15	3	0	4	2	12	6	1	1	0	352
〃（牛込）	418	39	3	4	34	26	7	15	2	51	6	3	0	2	610
台東（浅草）	195	105	13	4	9	81	4	23	96	194	4	2	0	3	733
〃（下谷）	432	298	27	4	30	102	7	46	200	362	8	2	0	5	1523
大田（調布）	202	13	0	19	10	5	2	356	5	19	18	4	2	1	656
〃（大森）	852	50	4	50	24	37	5	(1703)	25	43	18	5	15	0	858
〃（蒲田）	178	17	2	13	6	20	1	588	7	19	8	0	5	0	864
文京（本郷）	404	525	10	65	13	62	20	31	56	141	6	2	4	1	1280
杉並	1397	155	9	45	(2202)	104	11	113	27	119	49	28	16	1	4275
墨田（本所）	82	33	3	8	4	249	3	15	17	72	4	1	0	8	497
〃（向島）	130	46	28	0	6	401	3	23	56	60	2	1	0	83	839
品川（品川）	637	65	1	25	23	29	3	812	16	63	43	8	23	0	1748
〃（荏原）	484	22	1	28	11	21	3	296	5	32	36	3	12	1	955
目黒	1668	46	4	233	58	48	13	194	12	67	250	10	56	0	2659
世田谷（玉川）	387	39	1	414	23	17	3	119	5	34	57	5	(172)	0	690
〃（砧）	142	13	0	73	27	6	2	11	1	10	29	16	27	1	358
北（滝之川）	72	887	2	2	5	9	13	11	31	27	5	2	0	0	1066
〃（王子）	125	(2318)	4	0	10	12	21	23	53	24	6	2	0	1	281
板橋	394	733	8	8	55	39	764	37	34	135	21	6	5	1	1476
渋谷	1673	35	2	80	118	24	10	47	13	47	49	23	14	0	2135
荒川	158	299	23	2	9	46	6	26	(1522)	74	8	3	1	1	656
足立	238	349	(852)	0	24	112	8	38	429	157	5	2	2	13	1377
練馬（石神井）	74	47	1	2	33	5	17	12	1	18	1	4	0	1	216
立川	166	31	2	5	112	27	2	30	10	33	6	34	1	0	459
八王子	18	4	0	1	8	1	0	1	0	1	0	12	1	0	47
西多摩	80	12	1	14	42	9	1	9	9	9	4	12	2	0	204
南多摩	93	12	1	8	42	9	4	20	5	6	15	35	8	0	258
（備考）　カツコ内は地元申込数															

〔表の一部で合計計算が正しくないものがあるが、合計欄の数字はそのまま掲載〕

〔『土建旬報』第二巻二三号、一九四七年八月二五日、土建旬報社、東京、D247〕

住宅難の一つの問題

野口美雄

私は大阪市の事務事業に対する市民の意見や、苦情を承つて、この声を市政に取入れていくことを主な仕事としているものであるが、建築の技術方面に関する市民の声は殆ど無いといつてよい。たかだか新築の市営住宅には入つたが、早や雨漏りがしているといつた程度のものである。しかし住宅難を訴え、区画整理の促進乃至異議を述べる声は非常に多い。これらの問題は世間でも強い関心が持たれ、またその対策は国家的にも重点が向けられ、都市もその解決に躍起となつているが、世間で殆ど問題とされて居らず、しかも深刻な住居問題と目すべきものに、腐朽その他の原因の為に危険に瀕している家屋の問題がある。これは戦時から引続き、資材その他貸家採算等の関係から家屋に満足な補修が加えられていないこと、焼失は免れたが爆風を受けて損傷した家屋が相当多いことによるものである。こうして通常ならば狐狸の類い以外は住まないといえるような、傾いたあばら家を、住宅攻勢に喘えぐ人々が生活の営み場所としているのである。いはゆる健康で文化的な生活とはおよそ縁遠い、しかも生命を脅かす危険が頭上にのしか丶つている恐怖の生活が、来る日も来る夜も営まれているわけである。

こういつた家屋の倒壊の危険は、既に現実となつて現われているのであつて、昨秋以来大正区では二件にわたつて家屋が倒壊したことが報道せられて居り、公聴課にも、旭区の人が、隣接の長屋が三十度も傾斜して自分の家にもたれか丶り、危険で仕方がないと相談に来たので、府建築部に連絡して、各戸仕切の小屋組棟木下に、斜め方□を補強するやう申渡すと共に、市街地建築物法第十七条による修繕命令を発する手続をとつてもらつたなどの事件があつた。

この危険家屋の問題を大きく抱えこんでいるのが此花区方面である。昨年十月、此花警察署長から申達があつたが、それによると、管内住宅の大多数が腐朽荒廃の危険があり、そのうち百五十戸は使用不可能で、附近住民の燃料採取場となつて荒れるに任されている外、三十世帯ばかりが、倒壊寸前の危険極まる家で、毎日不安の生活を送つているが、住宅難で転宅もできず、又退去命令も出せないから、市営住宅を貸してやつてもらえないかというのである。

われわれとしては、問題解決の困難性を直感したが、取り敢えず大阪府建築部、市民生局、区役所、警察署、地許市民代表者の参集を求め、現地視察を行つた上対策協議会を開催した。現場に臨んでみると、何れも四戸五戸と続いた長屋建であるが、爆風で波打ち散乱した屋根瓦は、ほとんどそのま丶かと思われるものもあり、傾いた長屋と長屋を支える支柱が四、五本路地を跨いで懸けられ、その下を通るのもビクビクしなければならない有様である。屋内をのぞくと、用を為さない障子、襖は取払はれ、傾いた鴨居の下で四十位いのおかみさんが黙々と針仕事をしている。隣の六十才ぐらいのお爺さんに聞いてみると、二十年もこ丶に住んでいるが、別にこの場所が離れられない事情のあるわけでない。家さえ見つかれば、どこえでも移りたいと思うが、それも近頃はあきらめているという気の毒な話。家賃は差配が取りにくるという家、全然取りに来ないという家もある。こんなに危険なボロ家でも家賃をきちんと払うという、律気さというか、住宅難の現実の姿、家賃もとらずまるで放擲してしまつている家主の投げやりの気持が感じられる。中には、階下の壁がすつかり落ち、床板や腰板が完全に剥ぎ取られ、柱だけが残つて、丸太の支柱が縦横に相当頑丈に施されているが、階下には誰も居住できず、二階に十数世帯が住んで居り、まるで南方の樹上家屋、北方の水上家屋を想わすような家もある。

慄然たる現場を視察してその帰途、区役所で対策を協議したが、地許側から真剣な希望や意見が出されたに対し、当局側には率直にいつて一沫《ママ》困惑の空気が流れ、この問題を打開しようとする積極的気魄の現はれなかつたことを認めざるを得なかつた。地許側の意見としては、これらの地域に住んでいる人々は貧困者が多いから、家賃の低廉な厚生寮に引取る方策をたてること、その為に、区内戦災小学校で、未だそのまゝになつている校舎を改装すること、特に危険のさし迫つた家屋に住んでいる者を、早急に仮設収容所を設置して之に引取ること。相当の収入があり市営住宅入居の希望ある者は―現に申込をしているものが五世帯ある―抽籤によらず、優先的に貸与すること。修繕可能のものには資材を提供すること。危険家屋から現居住者が一旦退いても、直ぐにまたそのあとへは入りこむ者が出るから、市街地建築物法による立退命令、取毀命令を発して、完全にその取締処置を講ずること、などが主なる意見であつた。これに対して当局側からは、厚生寮の設置は、市独自の力では財政上困難で、大幅の国庫補助を得る必要がありその実現は容易ではない。現在の市設三厚生寮はいずれも空室なく、入居後相当程度収入を得て来ている人々には、退去してもらうように努めているが、居坐り組が多く、なかなか埒があかない。しかしできるだけ更生者の退去を求めて、これらの人々を収容するように努力してみよう。尚仮設収容所は、すぐに不良住宅化して、困難な別個の問題を惹起するので、この方法は取りたくない。話題になつている校舎は、低地に在り、屢々浸水して住宅には不向であると、何れも八方塞がりの悲観的論議であつた。次に市営住宅の優先貸付に付ては、建設省の抽籤一本槍の指示の次第もあり困難であるとの否定論が出たが、それは余りにもイージイゴーイングの逃避論であると議論沸騰し、結局府建築部の提案で、市街地建築物法による立退命令の出たものには、今後本省との交渉次第で、優先貸付の可能性があるから、この交渉に努力するということに落付いた。修繕資材の提供は、これは実施できるとの確約がなされ、最後に立退乃至取毀命令は、住宅難の現状からいつて簡単にいかず、このヂレンマは、或る程度住宅の裏付けを待たねば解決しないだろうと、誰でも認めざるを得ないことになつたが、公営住宅の建築の進行と睨み合せて実施して行けば、除々《ママ》ながらも解決して行くものと考えられる〔。〕

かようにこの協議では、直ぐに効果的な手を打つというよ

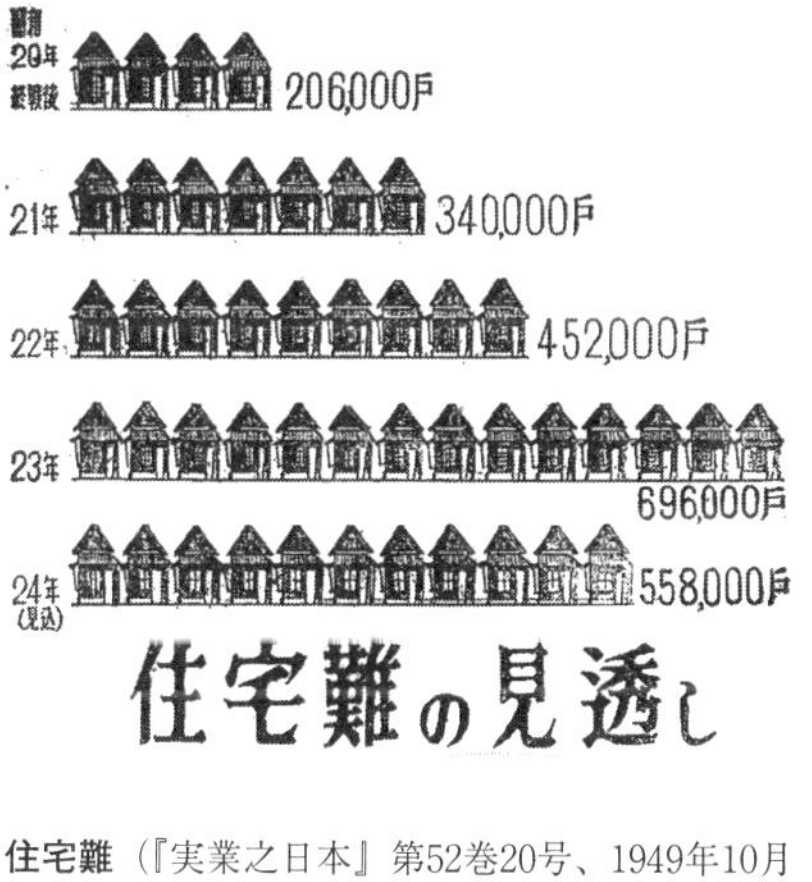

住宅難（『実業之日本』第52巻20号、1949年10月15日）

うな成果は得られなかつたが、事務的な面でこの事態を緩和できるものは、一つでも取上げてゆき、更に今後この府市連絡会議を継続して危険家屋の問題を協議し、解決に努力することになつた。このことは今迄忘れられていた、というよりも問題解決の困難性の故に、一隅に押込められていた危険家屋処理の問題に立向う気運をもたらすことになつたといえよう。

何万戸、何十万戸建設という壮大な計画、こういう面には人も雲集し、資金も資材もおのずから出てくる。一方危険家屋処理というような地味な問題を真剣に取上げ、解決の具体的方向を綿密に確実に決定ず《ママ》けるにはなかなか人も得られない。これは勿論役人のやるべきことではあろうが、それも民間の関心が薄ければやりたいと思つてもやれない場合が多い。私が建築界の各位に望みたいことは、どうかこういう方面の住居の問題にも強い関心を持たれ、当局を激励鞭撻して、一日も早く解決策の具体的展開に御協力を与えられたいことである。この問題が国家的にも真剣に取上げられるとすれば、果して現在の国家住宅政策が、新築一点張り、名のみの余裕住宅解放の線に止つていられるものかどうか、現在家屋の保存に新な政策が加えられるべきものとなるのでないかと、ひそかに思うものである。

（筆者・大阪市公聴課長）

「『建築と社会』第三〇輯二号、一九四九年二月、社団法人日本建築協会、大阪、K861」

余裕住宅税（市町村独立税）

住宅問題は戦後起つた社会問題として、食糧問題につぐ重大問題のひとつである。戦災家屋の復旧も資材難、資金難に依て思ふに任せず、遅々たる進捗状態に置かれている〔。〕こゝにおいて余裕住宅という言葉が生れ、之が開放を要求されて来たのである。かくて住宅緩和と税源補捉の一石二鳥のめい案として浮び上つて来たのが余裕住宅税である。然らば本税はどうなつているであろうか。

課税の対象

左の各項に該当する住宅又は空室に対しては税金をかける。

A、一戸の住宅の畳数の合計が三十畳を超える場合。その合計を世帯人員で除した数が五を超えるとき

B、空住宅及びアパートその他これに類する建物の空室但し一つの世帯が住宅の一部を使用している場合はその使用はそのしいる部分〔その使用している部分カ〕を以て一戸の住宅とし、その他の部分を一戸の空住宅とみなす。

また二つ以上の世帯が同一の住宅に居住する場合は〔、〕その住宅を世帯ごとに区分して使用する場合には、その区分された部分をそれぞれ一戸の住宅とみなし〔、〕世帯ごとに

区分しないで共同に使用する場合は各世帯人員で割つて得た畳数を以て(イ)《ママ》の畳数の合計とする。

課税標準

一戸の住宅に一世帯が居住する場合五畳にその世帯人員を乗じた畳数の合計から三十畳を控除した残りの畳数に対し、それが十畳以下の場合は一畳につき月額十五円乃至二十円、十畳を超える場合の部分については累進課税

空住宅及び空室の畳数

居室として使用出来るものは畳を敷いてなくとも一坪一畳の割で課税（例えば洋室、応接室、板の間等の場合）

期税としての計算

本税に対しては期税（年四期徴集）を《ママ》しての計算其他を示せば左の通りである。

一、普通税

独立税（余裕畳数一畳につき）

十畳以下	期税	四十五円
十畳を超える	期税	六十円
十五畳を超える	期税	七十五円
二十畳を超える	期税	九十円
二十五畳を超える	期税	百五円
三十畳を超える	期税	百二十円
三十五畳を超える	期税	百三十五円
四十畳を超える	期税	百五十円

二、目的税

都市計画税　本税一円につき三十銭課税標準となるべき余裕畳数は、その居室の畳数の合計から五畳にその世帯人員を乗じた畳数（その乗じた畳数が三十畳を超えないものは、三十畳）を控除した残りの畳数（残りの畳数が五畳未満である場合を除く）とし、空住宅にあつてはその居室の畳数の合計とする。

非課税

イ、業務上の用に供せられるもの（例えば店舗、医師の治療室、薬局、洋裁店の裁断室等）

ロ、画家のアトリエ、業務用倉庫、待合、料理屋の客席

ハ、玄関、廊下、便所、手洗所、浴室、物置、台所等

ニ、農家の土間、農業用倉庫、物置納戸蠶室等

免税住宅

本税の賦課期日において左の一に該当するものに対する余裕住宅税は、これを免税する。

イ、災害その他特別の事由により知事において必要と認めた余裕住宅又は空住宅

ロ、公益のために直接供用する余裕住宅であつて知事において必要ありと認めたもの

ハ、前記との権衡上又は知事において必要ありと認めた余裕住宅又は空住宅

以上賦課期日は毎年第一期四月一日、第二期七月一日、第三期十月一日、第四期一月一日（翌年）となつている。

〔『税金と生活』八月号、一九四九年八月、全国税務研究協力会、福岡、Z35〕

余裕住宅税

水巻青年同盟

人員	七六七
県税額	三七、二九〇・〇〇
町税額	二九、〇七〇・〇〇
計	六六、三六〇・〇〇
税金徴収発行枚数	三七二九枚

（注）県税と町税とに非常に差が有るが之れは町税に於ては炭鉱工員社宅は免税となったためである。

〔『水巻通信』第一一輯、一九四八年二月一日、福岡・水巻、M504（原資料は謄写版）〕

理想的な和風洋風　十五坪小住宅の設計

石本喜久治

この設計にあたつて、和風洋風とも次の諸点を考慮しました。

▲外観の変化には乏しいが、建築学上から見て最も安定度があり、十五坪が最も有効に使へ、また安い経費で済むやうに、凹凸のない矩形を基本としたこと。

▲間取りのよいこと。例へば、居間も、寝室も、茶の間も独立してゐるので、他の部屋を通らないで、自由に台所や便所や玄関に行かれるし、また、間のカーテンや襖を取れば、一部屋として広く使へるなど。

▲採光、通風、掃除設備の点など健康的であること。

▲各室に押入、棚をとつて、家財整理に都合よくしたこと。

▲将来十五坪以上の建築が許された場合、簡単に建増しのできること。

洋風住宅の設計

▲居間と食堂＝洋風住宅の長所を生かした便利な部屋です。居間や食堂には勿論、応接室、ホール、仕事場、勉強室など、自由自在に使へるやうに、広々と十二畳とりました。居間と食堂の間にカーテンを下げておけば、来客の場合、居間に客がゐても、そのまゝで食事ができます。家庭音楽会などをするときは、カーテンを引いて椅子、テーブルを片寄せれば広く使へます。また、引き出すとベッドになるソファーをおけば寝室にもなるし、食卓は主婦の仕事台や子供の勉強机になりませう。資材が入れば、テラスにガラスを張つてサンルー

ムにしませう。

▲**日本間**＝青畳の感触は、日本人として忘れがたいものですし、家族の中には、日本間でないと落着かぬといふ方もあらうと思ひ、この部屋には畳を入れました。洋風にして子供部屋、書斎などに使つてもよい。

▲**浴室、便所**＝すべて洋風にしましたが、和風でも結構です。

▲建増す場合は、図の点線のやうに居間の西側に二部屋とります。玄関寄りの一室は応接室や書斎に、南向きの部屋は、子供部屋または寝室などに利用すればよいでせう。また、三畳の一部を廊下として、更に北に日本間を延長します。その場合、三畳は、和風建築のときと同じに、納戸または次の間とするか、或は寝室と日本間の押入として、半分づゝ使つてもよいし、化粧室とするのも便利でせう。各室の広さは、家庭の必要に応じて決めてください。

押入の工夫 家具の不自由な折から、押入を最も合理的に使いませう。図〔省略〕に示すやうな例を参考にして、御家庭の状況に応じて自由に創作してください。

経費 和風洋風とも、資材、労務一切を込めて一坪千六百円程度、個人で建築する場合は、時節柄ずつと高くつくでせう。

補助金 戦災者で建築なさる方々のため、大蔵省預金部が、勧業銀行、興業銀行、北海道拓殖銀行、農林中央金庫、商工組合中央金庫、庶民金庫を通じて、一戸につき一万円まで補助金を貸附けてをります。また、六坪一合五勺の簡易住宅に限り、庶民金庫及びその代理所で、一世帯二千円以内の建設資金を貸してをります。

資材の調達は、簡易住宅の場合は市区町村役場の建築課、（第一期申込は十一月に締切り、第二期は未定）または住宅会社に申込めばよろしいが、（建具つき二千五百円から三千五百円程度）簡易住宅以外の場合の資材、労務は、各自に調達するよりほかありません。

注意 この建設は新案特許になつてをりますから、この設計図〔省略〕の通り建設せられる方は、一応設計者石本氏にお断りください。

〔『主婦之友』第三〇巻一号、一九四六年一月、主婦之友社、S2304〕

読者欄——家庭からの声

世の指導者に告ぐ

新しい憲法が実施されたら、と何かしらまちわびる心で立ち上つてはみたものの、やはり女は台所の女にすぎない。二千年来のいろいろな習慣から一歩でも出ようとするなら、それこそ大事業でもする程の努力がいる。先づ婦人団体に例をとつてみると、上には旧態然たる男性が居て御役人気分で婦人団体結成の先き棒をかつぐ〔。〕婦人会結成位は婦人が婦人の手でせねばならぬ。一方連合国側から民主化された婦人団体結成と云ふ方法が示されても此の人達とんと考へぬらしい。

さてどうにか結成すれば、家を外に毎日その事にかからねば間に合はぬ程の用事が課せられる。衣食住の問題、遺家族の事、貧困者の事、家庭教育の事、社会の事等々、あまりに期待されすぎる。感情のまちまちな婦人達が、自由、平等と云ふ名の下に各自団体を作つては相争つてゐる。

いづれの道を行くべきか。指導者達よお互いに反省して下さい。よき母なくてよき国はない、よき団体なくてよき国家が立たぬと、声をからしてさ〔け〕んで居る一方そのすべてをぶちこわして居るのが、貴方達指導者である事に気がつきませんか、山里の我等の声を心できいて、身で行つて下さい。

（岩手　小田マキ）

同性の主婦たちに

極度のインフレと、食糧難は、我々主婦を途方もない混乱に陥しこんでゐる、よほどしつかりと理性にとりすがつてゐないと、すぐヒステリックになつて了ふ。

私達の旧隣組の主婦達は、相当に教養の高い人達なのだが、その人達はすつかり知性を喪つてしまつてゐて、顔さへみると、私の家では配給の粉は全然喰べない。主人も私も白米しか喉を通らない。肉は毎日かかしたことがない。主人はブルヂョア好みで困る。炭も二十俵ぐらゐ買つた……といつたふうに闇買ひを時に鼻にかけたいひ方をする。そのやうな傾向は日々に高まつてきて、私の家のやうに配給を少しばかり、さつま芋、じやがいもを買つてきて主食に替へてゐる家庭などは、ひどく肩身の狭い思ひをしなければならない。而も彼女達は私のやうな生活者を憐れむやうに嘲笑するのだ。勿論私としても食糧の重要性を十《ママ》分の栄養の必要を知つてはゐる。が、それが生活のすべてであつてはならない。

私はこんなふうに考へてゐる。このやうなきびしい時代こそ私達主婦は、日常生活を超えた、高い知的生活への憧憬と文化樹立への意欲の火を燃やしつづけねばならないと。

世の家庭の主婦達よ！　闇買ひによる美食に飽満した卑しい目を、高い知によつて洗ひ浄めようではないか。

（神戸　吉村とき子）

住宅難に悩む主婦の訴へ

私どもは唯今、不当な家主のために独断的に住居を他人の手に渡され一部を間借りゐますが、その買主からもまた立退きを迫られてゐます。資材は騰貴する一方でバラックを建てる望みもなく、貸家はおろか貸間さへない今日、どうしてよいものか途方にくれてゐます。居住権のある限りは間借りする権利もある筈ですが、同居生活上の冷遇には身のちぢむ思ひがし、精神的に生きる気力さへ見失ひがちです。住宅難の折からかうした例は私どもだけには止まりますまい。私はこの事からつくづく日本人の偏狭さと社会的訓練の欠除とを考へさせられました。このやうな短所が改められないかぎり、最大多数の最大幸福といふ民主主義はいつになつても実現されないと思ひます。国が疲弊して何もかも貧しくなつたこのやうなときこそ、お互ひ同志《ママ》のいたはりが必要なのではないでせうか、隣組制度の有無など問題ではありません。明かるい住みよい社会は一朝一夕に出来るものではないとしても、私たちはお互ひの努力によつて従来の古い殻をうち破り、新しき社会をきづくための苦しみに耐へてゆかねばならないと思ひます。

（横浜　古川加代）

［『生活文化』第八巻一〇号、一九四七年一二月、旺文社、S434］

笑話　住宅難

◇住宅難

「あの行列はなんですか」

「あそこの娘への求婚者の列です」

「へえ、大して美人とも思わなかつたが」

「何しろ、家つきの娘なもんだから」

［『楠』第二号二、一九四九年三月二八日、東洋紡績楠毛糸工場文化部雑誌班、三重・楠、K2060］

住宅難深刻！（『旬刊ニュース』第11号、1946年7月10日）

『今日は、戸籍調べです……オヤ。宴会でもあるンですか』
『いゝえ。皆、うちにゐるンですッ』

第五章

新生活／生活改善

章解説

加藤敬子
（永井良和　補筆）

本章には占領期の新生活運動・生活改善活動や女性解放を中心とした人々の暮らしについての資料を収めた。

敗戦による旧秩序の破壊は、それまで軍国主義体制のなかで抑えられていた国民の意識を解放し、米国の生活に対する憧れは生活改善活動への大きな動機づけとなった。ＧＨＱはその占領政策のなかで日本を再軍備化させないことを目指して、旧来の男尊女卑の社会から男女平等が実現される民主的な社会へと変革させるために、婦人参政権を導入させ、男女共学を開始させるなどさまざまな分野で女性解放への道が拓かれていった。

こうした流れのなかで、戦前戦時中は政治的活動を大きく制限されていた自由主義や社会主義を信奉する言論人たちが、一斉にそうした新生活、新日本建設のリード役を務めた。ＧＨＱは当初こうした言論人の力を利用して、米国流の民主化を展開・定着させる政策をとったが、米ソの冷戦構造が確立していくにつれて、日本でも社会主義が浸透していくことにブレーキをかけるようになった。

国民の米国に対する感情は、戦争中の「鬼畜米英」から戦後の「カムカム・エブリバディ」へと短期間に一八〇度の転換を遂げた。これは日本人がいにしえから、外国の事物を受容する際に見せてきた柔軟性なのであろうか。この転換の背景や実態を明らかにするため、本章では、新生活をリードする生活雑誌や各地で新生活運動を展開する青年団などが発行する雑誌を中心に特徴を紹介していく。

生活の改善

まず「生活」を改善しなくてはならないという運動の原動力であるが、イデオロギー的な要素が絡んでいるとの見方もある。しかし、生活者の視点で見ると、それまで国民生活のなかで過度に精神的なものが重視されたことへの反動として合理主義や科学的な裏づけのある生活を望む国民意識が底流にあったと考えられる。日本の建築学界で耐震構造の祖といわれ、関東大震災後に復興院局長と東京市建築局長を兼務した佐野利器は、食糧危機突破のためだけでなくあらゆる分野で創意工夫が重要で、真剣に科学的に研究されなければならないと説いた（『生活科学』復刊第一号）。同様に『生活』の「新生活運動えの期待」においても、耐乏生活のなかで単にやりくりするという消極的な意味ではなく、生活の科学化への期待が述べられている。この記事のなかでは明記されていないが、敗戦国の国民には夢物語であった米国の一般家庭生活への憧れも浮かび上ってくる。これに対して、イデオロギー的な背景をもって新生活運動に対する期待を述べたのが、社会党内閣で文部大臣を務めた森戸辰男である。彼は一九一〇（大正九）年に「森戸事件」で危険思想との指弾を受け東京帝大を辞したが、戦後社会党から出馬して衆議院議員となった。現職文部大臣として発表した「新生活運動に対する所信」のなかで、政治経済の社会主義化を前提とした国民運動を提唱している。

女性解放の流れのなか、『家庭科学』の「生産と生活とを結びつける工場地の新生活運動」では、勤労女性の力を活用した新生活運動の推進が力説されている。川崎に勤務する若い婦人勤労者数十名の座談会は、従来の婦人会が有閑マダムの集まりで一般国民には無意味な存在だったのに対し、若い婦人勤労者の力でまったく異なる展開ができるのではないかという期待感を読みとることができる。

第四章で、労働省の初代婦人少年局長となった山川菊枝を紹介したが、農林省で初の女性課長に登用された大森松代は『日本食糧』の「これからの生活改善」において、米国留学で家政学を三年間学んだ経験を牛かし、客間第一主義から台所を中心とした生活改善へ転換することを提唱している。こうした生活改善運動の推進力は中央から発信されるものばかりではなく、各地の農村青年団からも続々と発信されるようになった。和歌山県の川添青年団が発行する『いづみ』の「生活改善運動について」は、一九四八（昭和二三）年に実施した生活改善についての輿論調査の結果を踏まえて、「村青年団主体でやるべし」とアピールしている。同様に、栃木県総務部総務課の発行する『ひびき』や福島県連合青年会の『青年ふくしま』にも、地域主体の生活改善運動が紹介されている。当時の日本の産業構造は第一次産業が中心で、一九四〇年に四四・三％であった第一次産業就業者比率は一九五〇年に四八・三％に上昇していた。国民生活の改善には、農村での活動が重要視された。したがって、中央からの働きかけも、農林省広報課の『広報だより』などが活用された。

買出しと産児制限

この時期に、多くの都市住民にとって、日々の生活の一部になっていたのが、買出しである。それには子どもまで巻き込まれる状況だったことが、長崎海星学園『海星』の「買出し」に見られる。また買出しは違法行為であったので、見つかれば苦労して手に入れた貴重なコメなども没収されたのだが、それをなんとか免れようとする苦労・工夫は『旬刊ニュース』の「買出しあの手この手」に詳しい。違法行為を堂々と指南するような記事の存在自体が、ほとんどの都市住民がヤミに手を出さざるを得なかった厳しい食糧事情を伝えている。

本章でとりあげる次に重要なテーマは、産児制限である。産児制限は一九三六（昭和一一）年に来日したマーガレット・サンガーにより日本にも紹介されていたが、戦前の「産めよ殖やせ」の時代には敵対視される新思想であった。ところが、敗戦後、食糧不足が深刻になった状況で、生活水準の低下は日本国民の不満を高め、社会を不安定なものにするという危機感がＧＨＱのなかに生まれ、人口問題解決の道として避妊法の普及が求められた（参照　愛知県衛生振興会発行『ＫＥＮＫＯ』の「産児制限と輿論」）。また、サンガー夫人を日本に招待した婦人運動活動家の加藤シヅエは、「産児制限と問題の考え方」を『自由公論』に発表している。このなかに参考データとして表示されている人口一人当たりの生産力の数字を見ると、米国の一六分の一以下で、ヨーロッパで戦災を受けたポーランドと比べても半分に近い低い生産力になっており、「世界一過剰人口を有する資源貧困な敗戦国」であることがわかる。日本における産児制限運動は一九二〇（大正九）年頃から始まる長い歴史をもつが、戦後の厳しい食糧事情のなかでその存在価値が高まり、一九四八（昭和二三）年の優生保護法成立には、戦後初めて誕生した女性衆議院議員が深く関わることになった。

戦後社会と女性

『家庭科学』の「婦人と職業・職業補導」は、婦人問題のもう一つの焦点となる社会進出がテーマである。欧米でバックボーンとなっている理論家を紹介するとともに、日本での先駆者として津田梅子など明治人の活躍や、婦人政治運動の源流として平塚らいてうや市川房枝などによる新婦人協会設立（一九二〇年）について述べている。なお、この記事で、新設された職業補導所での婦人向けの指導種目として、謄写印刷・タイプライター・語学・ミシン・洋和裁・織布染色・刺繍・アップリケ・手芸・パーマネントの十種が示されている。現代からみれば、女性の職業選択の幅は狭かった。それでも職業選択の自由がなく国家の労務動員によって統制されていた戦時中の状況と比べれば、新時代の到来といえる。

女性の社会進出は、民主化のための男女平等の実現という理念や政治的な意図だけではなく、多数の戦死や戦災死によって、女性が主たる働き手とならなければならない状況が生まれたことと、家計の慢性的赤字を少しでも助けるために家庭内での簡単な労働による収入獲得機会が広く求められたことなどによる。こうした場合、大多数は訓練を受けないまま、職を求めるかたちとなったが、そうした一般女性の働き口は内職であった。『主婦之友』にはこのような実情に合わせて、「婦人内職増収の体験」として東京・千葉・熊本の実例が報告されている。

激しいインフレによる生活難や住宅難は、結婚難をももたらした。東京で発行された『すがた』は「結婚難時代」の到来と表現している。適齢期の男女の割合もアンバランスで、厚生省優生結婚相談所でも成婚率は申込みの一割という。『信州及信州人』の「結婚難の実相」では、長野市のデータが示され、二二歳の男女比が男八〇二に対して女九四八、二三歳で六二八対九〇四、二四歳が五一一対七九八、二五歳では実に三九四対八二八と大きくバランスを崩していることがわかる。その傾向は三二歳までほぼ同様で、この年代層の男性が戦争で最も犠牲になった点を指摘している。『婦人ライフ』にも「特集　結婚難と結婚相談所の実相をさぐる」という記事があり、全国三五〇万の戦争未亡人が存在したと報じている。

女性にとって必ずしも有利ではない世相のなかで、『新岩手婦人』に掲載された「新しき女性のために」が注目される。戦時中、灯火管制の下で『赤毛のアン』を翻訳し続け、翻訳家・児童文学者として有名になった村岡花子が書いたもので、自由と平等について平易な言葉で語りかけている。地方の女性たちへの影響が大きかったと推測される。

一方、女性解放の潮流のなかで、「女性は解放されたか」と問いかけているのが『家庭科学』である。そこでは、家庭電化による婦人の家事労働軽減が必要との基本認識が示されている。

理想としての米国

最後に、戦後の医療事情を大きく変化させたものとして、結核蔓延とそれに対する予防策の普及がある。広島県発行の『新県政』はBCG接種の効果を伝えている。当時、罹病者数・死亡者数で抜きんでていた結核は国民衛生最大の問題であった。一万人当たりの結核死亡率は、一九一八年の米国でも一五と高水準であったが、その後は四まで下がり、ほぼ結核を克服した。その決め手は、生活の合理化、国民の衛生思想の向上とともに、国家の強力な結核対策であったとしている。ドイツでも、第一次大戦後の窮乏する状況下で国の強力な政治力によって健康相談所と結核療養所が全土に整備され、大きな成果を上げたとしている。

この時代の日本人の大多数は、困窮する生活に追われてはいたが、米国の一般家庭の生活を理想としていたことがわかる。それがやがては文化のあらゆる面で米国の影響を自然に受け入れる素地となったともいえる。この時期に活躍する言論のリーダーは、親米派の自由主義者が多いことが雑誌の記事からもうかがえる。同時に、「草の根」からの生活改善提言が活発になったことも、時代の特徴であろう。

新生活運動に対する所信

森戸辰男

新らしい日本の建設は、新憲法によつて象徴され、民主的政治組織をつくる仕事が、著しくすゝめられており、殊に敗戦後の経済組織は、次第に社会主義の方向に向いつゝあります。現実において、すでに社会主義になつているとは、勿論考えられませんが、少くとも今までの経済生活が、通用しなくなつた事実は、たれしも認めるところだと信じます。そして計画経済への巨歩が、著々《ママ》と進められ、従来の自由主義経済理念は、変更せざるを得ない趨勢であります。しかしこれらの政治・経済的転換は、文化的転換がともなわなければ、その功をなすものではありません。

近代国家においては、いずれもその民主革命が、政治経済革命にさきだち、文化革命、ルネッサンスを前提として行われたのにくらべ、わが国は明治維新以来、政治経済革命は行われましたが、ついに精神文化革命らしいものが行われず、封建的要素を残存して、今日に至つております。

この意味において、今回行われようとする新生活運動は、文化革命であり、人間解放の精神革命でもあるわけであります。

さらに現下の経済事情におきまして、この危機突破のためにも、また新しい精神と情熱と確信がもたれることが必要であり、私どもといたしましても、経済緊急対策と併行して、文化運動を起すことになつた次第であります。

この国民運動の展開に際し、次の三点がとくに注意されなければならぬと考えられます。

第一には単なる観念的精神運動であつてはならないということであります。この運動は、かつての軍閥や官僚に利用された、精神総動員や、翼賛運動の如きでは、もちろんあつてはなりません。また現在の危機におきまして、経済的生活面に裏づけられない単なる精神運動に止まることは、考えられぬものであります。

第二には政府の運動であつてはならないことであります。即ちこの国民運動が、政府のやる官製的な運動であつてはなりません。併しながら、政府がやるから、専制的運動であると断ずることはできません。蒋介石のやつた中国新生活運動や、ソビエットの例をみましても、政府の手により、かような国民運動が成功しているのであります。

しかしながら、日本におきましては、せつかく民主主義が芽生えかけた現在、昔の制度を思わしめるような運動は排すべきでありまして、政府といたしましては、自ら積極的に国民を指導する運動の方法を、とらないのであります。真に国民のなかからその生活を一新し、経済、政治、社会の各方面にわたる、一大変革をめざす運動が、自主的に起ることを、政府としては期待し、この意味で新生活運動連盟の誕生を、大いに喜ぶものであります。

第三には画一主義の運動であつてはならないことであります。政府が国民運動の目標として、七項目をかゝげましたが、これは単に比較的重要な目標と思われるものを、例示したにすぎません。これらが一様に、すべての団体や個人の目標になるとは、少しも考えてはおりません。これからまた、これ以外にさらに具体的目標がたてられ、それぞれの地域、職域に応じて、立体的多面的に、それぞれの運動として起すことを、望むものであります。

政府の国民運動の提唱以来、幾多の非難が今までに行われていますが、その一つは、この食糧危機に、精神運動でもあるまいという声であります。しかしながら、私は、この食糧危機なればこそ、この国民運動を必要とすると考えます。

私として、社会科学の上では、文化には経済的基礎条件が必要であるという公式は、知つております。あえてこの公式を否定するものではありません。しかし、祖国再建の情熱を内に蔽し、進んで経済的な諸困難を克服し、精神的、物質的に生活を豊かにするという考え方が、日本人のなかに全く失われたとは、考えられません。かような、精神主義までも否定せんとする、いはゆる知識人の考え方は、一種の迷信ともいえます。これらの唯物論的深い迷信は、この際大いに反省されてしかるべきかと思います。

ハツキリ言えば遅配欠配があればこそ、この精神的な国民運動によつて、解決される道をもとめねばならぬのであります。農相が発表しました如く、このまゝの状況がつゞくならば、二十八日の欠配ができるという客観的条件下において、その民主的な解決を齎したことは、国民の祖国愛から出た協力にあることは、誰もが考えるところであります。しかるにこれを逆用し、闇が増加するというなげかわしい状況であります。

国民がこれをつゞけるならば、どんな政府でも、またどんな施策でも、どんな強権を発動しても、この食糧危機は突破できるものではありません。

かく考えます時、インフレについても同様のことがいえると思います。国民運動なくして、民主的建設も危機突破も不可能であります。

また政府が提唱するのは、不要ではないかという、非難がありますが、私としてあえて国民に訴えたいのは、敗戦後国民の間にみられる誤つた傾向を、自然のまゝに放任するならば、いよいよ危機を促進せしめるおそれがあると考え、正しい社会認識と民族の伝統を確保して、祖国再建のため、新しい国民運動の展開を、期待したからであります。

以上新生活運動に対する所信を披瀝して、自主的に起たれた諸団体の手になる、新国民運動の活動に期待する次第であります。（筆者は文部大臣）

〔『生活』第一三巻一〇月号、一九四七年一〇月、財団法人日本生活協会、東京・三鷹、S431〕

新生活運動え《ママ》の期待

渡邊竹四郎

耐乏生活から克乏生活え《ママ》

新生活とい丶、耐乏生活とい丶、いまにはじまつたことではない。すべて勝つための標語の下に、耐えよとか、生活の科学化とか、新生活の実践などと叫ばれたのは、つい昨日までのことで、今日、こ丶に改まつた顔ぶれが改まつた声色で、耐乏生活だ、生活の科学化だ、と太鼓を叩いても、「またはじまつた、今さら空念仏でもあるまい、お説教の時代は過ぎ去つた」と何人も耳をおう《ママ》ことであろう。

新生活、生活の科学化、それ自体はまことに結構なことで、いつ、いかなる時代でも、世の中がどんなに変化しようとも、その変化にともなつて、永久的に必要な、そして発展しなければならない運動であることは、いうまでもないことである。

しかし、従来叫ばれてきた耐乏生活や、生活の科学化などの運動はたゞ単に「乏しきものをやりくりする、乏しいところをがまんする。」といつた、きわめて消極的な暗い気持ちのものであつたように思われる。

元来新生活とか、生活の科学化というものは、はたしてそんなものであろうか。私には、いかにも物足りないものに思われてならない。私はそう考えたくないのである。

われ〳〵が戦争以前、今から十数年まえから主張してきた、いわゆる新興生活運動というものは、もつともつと積極的なもの、克乏的なもの、増産的なものであつた。

元来科学というものについて、私は次のように理解している。

科学はむしろ積極的に、人間生活を十二分に豊かにし、楽しくし、発展的にし、美しくし、合理的にし、社会化し、幸福にし、結局、耐乏生活から躍進して、乏しさに勝ち抜くところの克乏生活に至るための基礎づけとなるものであると。

機械化から科学化え

従来、いわれて来た科学化という言葉は、科学化というより、むしろ機械化とでもいうべきものでわ《ママ》なかろうか。

台所から湯殿にいたるまで、電化したいろいろと新しいものを室内に取りつけるという。勿論結構なことである。電熱器もよい、温度計で風呂の温度をはかるもよい、しかし、そんなことだけでは、生活の科学化とはいわれない。私にいわせると、これらはいわゆる、持てるもの、利己的な、はき違いの科学化というべきもので、むしろ私は、これを生活の機械化といゝたい。

事実このようなことは、敗戦国の一般人には、望んでも得られない現在の我が国の状態ではないか。一例をあげると、われ〳〵貧乏人の家庭の汚物にとまつた蝿は、遠慮もなく垣根を越えて持てる人々の豊かな食卓を訪れる。我家の家庭菜園の害虫は、一夜の中に隣家の美しい畑を喰い荒らすこともあらう。

個々人の家庭生活を、合理化し、科学化することはまことに望ましいことであり、至極結構なことでわ《ママ》あるが、それだけでは、いわゆる科学化されたということにはならないのである。

つまり、近所隣りが、そして社会一般が、より低い程度でもよいから、今少し合理化され、科学化され、社会化されない限り、自分ひとり、いかに機械化に努力してみても、結局、伝染病にもかゝるし、行列買いもせねばならない。また生地獄同様の乗物に乗らねばならないし、一寸の旅行にも三日がゝりで切符買いもせねばならぬのである。

この点を一段と、ぢつくり考えてみたいものである。本当に民主的な社会化した「生活の科学化」を基調とした、新生活の実現を望んでやまないものである。

自転生活から公転生活え《ママ》

地球は太陽の周囲を自転しながら、公転している。このように、自己の生活と社会生活とは、不離不即のものである。

また、自然科学のみでは、人類は救われない。自然科学の発達と同時に、社会科学の提携統一が何よりも必要である。「砥石を平にする心」で磨かないと、刃物が完全にとげないと同じことであろう。

暫らく利己を忘れて、社会一般の幸福発展を考えない〔と、〕生活の科学化も、新生活運動も、結局徒労におわるであろう。お互個々人も、各家庭も、さらに垣根を越えた隣り近所も、また村から町へと、社会一般が、科学的に、具体的に、実践的に改造されぬかぎり、いくら抽象的に、貼紙をしてみても、放送してみても、たいした効果のないことは過去においていく度か試験ずみのことである。まさに堂々と発足する挙国一致の「新生活運動」こそは、はつきりした目標を定めて、どこからどこにむかつて出発するかを十二分に検討して、たゞの一歩でも無駄にしないように念願するものである。

新生活か真生活か

新生活運動の一歩手前において、国民各自の徹底的な反省を必要としないか。この数十年お互が指導者と称する人々にだまされて来たと口々にいう国民は、いまこそ真の自己にめざめて、だまされぬ生活に突入すべきである。これこそ真の生活であり新生活であろうと思う。断じて「生活改善」と称する、かつてのなまぬるきものであつてはならぬ。

この新生活運動こそは、新日本建設のための新たらしき誕生であり新しき自己建設の出発であり、新しき社会組織の定礎事業でなくてわ《ママ》ならぬ。

この信念なくして、百万人の大会を催しても、やはり烏合の衆であり、いかに偉大なる指導者の号令であつても、いわゆるナルカネ〔鳴銅〕や響くニヨウハチ〔鐃鈸〕にひとしいものであらう。

「寝てゐて《ママ》人を起すな」と云うが、今こそ指導者層の人々は、非常な決意をもつて、勇往邁進、真生活の大道を堂々と、しかも克乏生活を楽みつゝ、万人と共に進んでゆくべきである。

何故に社会人心が悪化してゆくのだろう。何故にインフレが昂進するのだろう、何故に新日本の建設が、緒につかないのだろう。敗戦という現実、それから来るいろ〱複雑な理由もあろうが、私は思う。

各自が自分の生活に責任をもたぬ。

どこまでも依存主義である。

自己以外に新日本の建設なしの自覚に乏しい。

これらの中心思想が確立していないことに、すべての原因が伏在しているように思われる。

こゝに考えを新たにし、反省一番、祖国の再建をねらう「新生活運動」に同人各位とともに参加しようと思ふのである。

（筆者は本協会常務理事）

［『生活』第一三巻九号、一九四七年九月、財団法人日本生活協会、東京・三鷹、S431］

生産と生活とを結びつける工場地の新生活運動

今 和次郎

前号に記した、全国経済復興会議の川崎地区における新生活運動は、二月六日に、各工場勤労の婦人部長の懇談会を、川崎市商工会議所に開いてその促進を試みるはこびになつた。けだし、押しつける運動としてゞなしに、下からもり上がる気運をはかるための懇談会としてである。新生活運動の実現について試掘せんとの意図を含んでの懇談会である。そこで湯が出るか、油が出るか、水が出るか、果して何が、という期待で、わたくしたちが傍観者として列席したのであつた。

有力な各工場――いな各事業場――の婦人勤労者代表のかたちで集つた数十名の若い婦人たちは元気そのもののようにみえる。復興会議の委員長である萩原氏はその席上で、新生活運動を何等かの方法であなた方の手ではじめてみませんか、という主旨をくだいて丁寧に解説をしながら徹底させるように述べたのであるが、さすが多年労務者の渦の中でこう〔劫カ」を経た委員長の言葉には傾聴させられるものがある。そしていよいよ新生活運動についての条目（前号に紹介した）にふれる事から、たとえばこれこれのことを実行にうつすについての諸姉の意見をきゝたいと結んだのである。

ところが、委員会の当事者の方でも、もちろんわたくしたちとしても、意外なことが発見出来たのであつた。いろいろ話題が錯そうしたのであるがこの席で出た話の要項をつまんで記すと次のようになる。

もともと川崎市には婦人会いな婦人連盟というのがある。であるけれど、どつちかというとそれは有閑的だ。しかも今度の運動をそれに呼びかけたとしても、工場に働く婦人だち《ママ》のものとしては全く無意義だ。工場で働いている婦人としては、川崎市の居住者は極めて稀れなのだからでもある、というのである。

もつともな事だ。で、極めてそれはまた錯雑してくる。川崎地区の運動は、川崎市の居住者のものとしては別なのだ、という認識も浮んで来る。

もう一つまごつかせられた問題は、手をあげてもらつてはじめて知る事が出来たのであるが、数十名集つた中で、既婚の婦人はたゞ一人で、その他は皆未婚者である。《ママ》という事だ。各工場に勤めている人達から選ばれているそれぞれのグループの婦人部長であるのに、皆未婚の若い人たちであるという事が、当然、未婚婦人だち《ママ》としての生活が対象となるのでなければ、馬耳東風にきゝ流されるのも至当な事だ。はじめの間乗り気のなかつた皆の表情もこれで読めたのである。

もともと各事業場へは、勤労者たちがいろいろな提言をして、この節のなやみである風呂の問題を事業場ですませるように施設させるとか、また希望をつのつて、趣味娯楽への手として、生花、お茶、まれには洋裁などを現に習わせる組織をもうけている会社があるとかいうのであるが、今迄はとにかくそれだけの範囲にとゞまつているというのである。

新生活という枠の中での家庭生活の改新という事まで行くのには、客観的にもまた主体的にも、はるかに遠い事のように思えて来ざるを得ない。

用意していた条目（前号所載）のうちでわずかに最初の三項目、せいぜい第四までの項目、それに最後の生活協同化の問題位がとりあえずの問題か、とも思えてしまつたのである。

更にきいてみると、川崎に勤めている婦人の人だち《ママ》の働いている期間は大体三年間位で、せいぜい五年は長い方だ、とも知つたのであるが、そうなると、そういう人だち《ママ》にとつての新生活運動というものの性格は、余程見透しが困難になると感ぜざるを得ない。手つとり早くうける手ならば、電車の行き来のあの姿にみるそれをねらつて、何かお洒落事の手ほどきなど〻も考えられてくるわけである。しかし何んとかして、若い女性だち《ママ》の本当の文化的向上をはかる、読書の奨励、よき休養のとり方などの事をこそ地につけたいものだとも願われてくる。

しかし前の条目でいえば、当然家族制度にからまるなやみ、人の子として、また今日の時代の子として、誰でも体験しているわけだから、多少その点から火がつくかとも予想される。女性開放《ママ》、などの事は当然関心を持つてもらえる題目だといわなければなるまいが、それにぶつつかるのには、何んとしても頭の問題、思想の問題で、それを急にどうという事は無理な事だ。

委員長はしきりに、気ながにやる方針、といつたが尤も至当な事としなければなるまい。

それで結論として今度の会合の人だち《ママ》のうちから委員会を組織して、これからの方針を考え合う、という運びにするという事がきまつたのである。そして復興委員会で、更に次に呼びかける手としては、会社の独身男子だち《ママ》に、またこういう会合を作るように促がしてみる。それを女子の部と平行させて進めてやつてもらつてみる。そして最後に、家庭持ちの人々への新生活運動を、という段取りで、それらを腹案として、気長にすゝめる方針とするとの希望で行く、という復興委員会の腹案の決定であつたが、わたくしとしてもその慎重な態度に敬意を表せずにおれない。

全国で先頭を切つて、経済復興会議の枠の中で、生産生活と家庭生活とをきん密に結びつけて、新生活運動を促進しようとの、この川崎地区委員会の真剣な新鮮な意図が、ゆつくりでいゝが、ねばり強く進行して、国民生活のがつちりしたあり方に対して示唆を与えてくれることに期待せずにおれない。

どうもこれまでのいわゆる生活改善というものは、個人的な収入相当という枠の中だけでの、どつちかというと有閑者の遊び事としてゞはなかつたのか、と反省されるのだから、どこまでも生産生活と切りはなしていない、また切りはなすべからざるものとしての家庭生活、日常生活の構え方のはつきりした建設を示してくれる事を願いつゝ、川崎地区の今後の動きに着目したいのである。

〔『家庭科学』第一一六号、一九四八年四月、家庭科学研究所、東京、K560〕

これからの生活改善

大森松代

昭和二十三年の第二国会を通過した農業改良助成法に基いて農林省に農業改良局が生れ生活改善課が置かれることになり、初代課長でありまた農林省では初めての試みとして女課長さんが任命されたのでした。その初代女課長さんに選ばれたのが大森松代女史、女史は有名な、経済学者故大森義太郎氏の令妹で女子大卒業後かつてアメリカで三カ年家政学を専攻され帰朝後は、最近まで文部省の嘱託もされていたという日本の女性としては新しいかたで四十歳とか、新課長のお好みかどうかは聞きもらしたのですが同課の構成は副課長格の主席事務官横山政子さん以下女性ばかりのようです。最近食管職組の機関紙「全食糧」に生活改善の方向として大森課長が執筆されたのでそれにヒントを得て、これからの生活改善について御意見を伺つたのが本文です。（本誌記者）

（一）根底から出発したい

生活改善というと誰しもがすぐ思いつかれるであろうことは、台所の改善や共同炊事などでありますが、問題はこうした個々の改善を思いつくまゝに取上げていたのでは実質的な生活改善というものは出来にくいということであります。というのは改善するについてもそれは単に便利であるというだけでなく、もつと大きく広く、私どもはどういう生活のためであるか、というところから出発しなければ、その改善は伸びていかないのであります。その一つの実例をとつて見ましても共同炊事がいゝというのでやつてみたが、大して便利でもなければ効果もなく、共同炊事のものではどうも気に入らないので家に帰つて別の好みのものを作つたり作らせたりするから、とゞのつまりは個々の家庭と同じことになつて終うということをよく聞かされるのであります。これなどは、何のために共同炊事をするのか、また共同炊事はどういうところがいいのかはつきりしないでたゞその形だけを実行に移したから〔で〕あります。

共同炊事を実行に移す前に食事の仕度に要する時間は第一何のために短縮したいのか、またどうすれば栄養が効率的に摂取出来るかといつたようなことをまずさきに考えたうえで共同炊事をやり、共同炊事をやることは根底の目的を達成する一つの手段としてやるものであるということから出発しなければ永続もしないかわり意味もないことになつて終うのです。

（二）客間第一主義の矛盾

台所改善にしても、さあ台所改善をやろうといつて、台所改善にはまず流しを立流しにして土間に机と、いすとをおいて食事をするにも便利だと型通りに改善の形式をとゝのえても生活の改善になつていかない場合が多いのであります。これも実例ですが折角こうした台所改善をしたが、数年たてばまた元のもくあみで、土間の机といすは一向にかえりみられず、やはり食事は茶の間でしているというのであります。どうしてそうなつたかといえば客が来た時、台所で食べさせられないからその時は座敷で食事をしたりある時は両方になつたりで、却つて面倒だというのであります。これなども、何のための台所改善かがはつきりしていないからで、こんなことになつたと思うのであります。つまり従来の客間主義、お客第一主義が変らない限りこうした結果になるのであります。

生活改善はこうしたお客第一主義か、それとも自分達の毎日の生活第一主義かという生活の態度そのものに始まらなければ、決して実質的永続性のある本当の意味での、よりよき生活のためにはならないのであります。

（三） 見栄生活をやめましょう

私たちは今まで余りにも自分達の毎日の生活を大切にしないで、見栄を張り、形式的な生活を大切にしすぎてきたと思うのであります。自分たちの毎日一番多くの時を過ごす居間とか、台所などをうす暗い寒いところにおいて、一カ月のうちに何日使うのかも分らない客間を一番日当りのよい暖いところにとつて、平常はあけておくことなども、実に形式主義の現れであります。こうした表裏のはげしい見栄を重んじる生活の態度を家庭本位に変え、見栄を飾らない自分たちを中心に毎日の生活を重んじて、そこから割り出された台所での食事の仕方であれば〔 〕それが自分たちの信じるよい生活の仕方であるということに誇りがもてるならば、そこで客とも食事して少しの遠慮もなく差支えないはずであります。こんな風に生活改善はまずその根本の生活態度の改善に始まりたいと思います。

（四） 地方農村はどうするか

都市の生活の改善にくらべてより困難が伴うものは地方農村の生活改善でしよう、農村の生活というものは米麦の炊飯が中心となつていて栄食〔養力カ〕を合理的に摂取する機会が乏しいばかりでなく、また栄養を摂りたいと思いながらも現金収入の薄い農村ではそう簡単に脂肪質をもとめたり鮮魚を買つたりすることはなかなか至難なことでもありますが、或る地方の酪農地帯では一人が一日に二合もの牛乳を飲んでいるところもあるのです。御存じのように牛乳のもつたんぱく、脂肪分などは非常に高率なもので却つて都市の生活者以上の栄養がとれているのです。しかし広い意味での農村というものは今日の日本の貧弱な酪農状況からみても、健康な人が牛乳などを飲むことは稀で、家庭では鶏卵さえ食前に供しないで収入の一部に換金するというのが事実のようです。最近では農村にも、豚、鶏〔 〕兎、養魚などが進んで来たようで、現金を支出することなく直ちに手軽に料理の出来る兎、養魚、鶏などが時折食前に供せられる機会にめぐまれて来ることでしよう。そうならなければならぬのです。私どもは都市と農村を問わず生活の改善はまずお台所の電気化とか瓦斯の設備、水道などを想像しているのではなく、食生活はもとよりすべての生活……例えば衣料のこと、住居のこと、さらに農村の家庭内に特に起り易い色々な問題にまで改善を加えて行き度いと念願しているのです。

（五） 既に活動は始めました

私共が農林省の一角から画一的に生活の改善を叫んだところで、パンフレツトを乱発してみても永い歴史をもつ日本の習慣にしみ込んだ日常生活の改善が、そう容易に出来るものであリません。そこで各地方の生活の習慣なり食生活なりを把握してその土地、その地方の特殊な事情を織込んだうえでの改善をせねば実効はあがりません。そこで各府県庁の下に県下を数地区に分ち、一地区に最低十人から多い地区には三四十人ぐらいの生活改善普及員というものを置いて当該府県内の地方事務所等の改善係官などと緊密な連絡のもとに活動を始めるつもりで既にその普及員の試験も完了しています。現に群馬県などはそれぞれ生活改善普及員を配置して活動を始めているのです。予算の関係もありますので、全国的に一斉に皆様のご期待にそうことは困難かも知れませんが、しばらくの時間をもつてすれば……そして皆様の御協力を得ますならば、相当の実をあげることが出来るものと確心《ママ》しているのです。近いうちに私どもの意図する生活改善の「手引」も印刷されますので、それを基本に全国的に呼びかけ度いと存じております。（完）

〔『日本食糧』復巻第二号、一九四九年四月、日本食糧研究所、東京、N415〕

生活改善運動について

村青年団主体でやるべし

殿山伝次

此の度村青年団の啓蒙により本村民に呼びかけ、生活改善を実施すべく猛運動を起しつゝあることは、まことに慶賀に堪えない次第です。此の運動に対して、我々は双手を挙げて賛同致すものであります。生活改善、この言葉は我々の耐乏生活にもつともふさわしい言葉であり、我々が特に熱望致しておりましたことは、今更こゝに表明する迄もありません。戦前の自由経済時代の因習一切を打破して、敗戦の今日物資不足によるインフレを克服する事により、我国の経済の復興がなり、又以て、新日本建設の重大なる条文の一条と私は考えるのであります。

さてこの実施にあたつては、村民各位の階層全部が此の運動に協力致さねばなりません。過日すでに村青年団主体で世論調査を行つた事は、皆様御存知の通りであります。その結果はいまだ発表されませんが、おそらくこの趣旨に、不賛成の方は無かろうと察するのであります。たゞ此の運動が功を奏するか否かは、一に村民の協力であります。

いま新らしくこの川添村が率先して行うのではなく、他府県の町村でも立派に実行している所もある事は、私が此処で申上げる迄もなく、新聞紙上で皆さんの知る処であります。香川県の一の谷村では、村長が公民館長になり、結婚を簡素化し、花嫁はモンペに草履をはき、風呂敷包一個で、これが村内では、幅をきかしているそうです。このようにまことに簡単でしかも質素に行われている処もあつて、川添村が《ママ》この運動の行《ママ》われないという事はないと思います。

たゞ此の運動が如何なる方法を以て行われるか、どの程度まで実行出来るかゞ、問題になると思います。世論調査の項目にもあつた如く、青年団主体でやるか、村主体でやるかとあるが、私は、青年団主体でやるべしと主張するのであります。実践に当つては青年と村民が一丸となつてやれば、必ずや徹底するであろうと確信致します。

なぜならば、青年は純情であり、世の中の一切の義理、情実に捉われる事がなく、極めて実行力に富み、又障害も少く、打破する力も大きいと思います。

これが年寄の方などがやるとどうでしよう。

三つ児の根性百迄とかで、やはり昔からの封建的な考えから、義理人情、あるいはしきたりだからとか言つて、まことに厄介な問題にからまり易く又、からまねばならない人が多くあると思います。

やはりこんなことは青年がやれば、一搬《ママ》の方々も青年のやることならばとよく理解し協力して下さるでありましよう。

なんといつても、来るべき時代を背負う我々青年であります。これが徹底する迄は石に噛りついても、という意気込みで、たゆまぬ努力を致そうではありませんか。

生活改善運動に寄せる

小川　M・T生

先日生活改善運動に関する世論調査があつた。いずれも本運動を了とするものが多かつたようである。私も双手を挙げて賛成した一人であり、たくましき出発の一日も早からんことを祈つた一人でもあつた。が而しこの運動がなんの滞りもなく、簡単に運べるものとは思わない。むしろ反対に非常に困難な事であろうと思われるのである。皆さんも日常の新聞紙上や、ラヂオ等にて時に見たり聞いたりして、その必要性

生活改善についての

輿論調査

昭和23年7月実施　回収票総数　208

結果統計　川添青年団

一　生活改善運動を行う必要があるか

	票数	百分率
1 行う必要がある	一九八	九五・二%
2 必要ない	七	三・四%
3 どうでもよい	三	一・四%

二　規約の制定について

	票数	百分率
1 青年団主体でやるべし	六三	三二・七%
2 村が主体となりやるべし	一三〇	六七・三%

三　規約の制定について

	票数	百分率
1 部落毎に委員を選出しすべてを委す	一二二	六二・二%
2 委さない	八	四・一%
3 村民大会を開いて決めよ	六六	三三・七%

四　規約に違反した場合の罰則について

	票数	百分率
1 罰則規定を設ける必要がある	一一七	七六・五%
2 必要ない	一二	七・九%
3 どうでもよい	二四	一五・六%

を感じると共に本運動行程の困難さも首肯されるであろう。過去一年間に於て各所に此の改善運動なるものが相当にたん生したが、いまだにその成績や結果については、なんらの朗報も発表されない。おそらく好成績裏に運動を続けているとは考えられない。之等は最初規約だの規則だのと、たくさん書連ねたものを一目見て、日本再建は生活改善運動からと、あたかも生活改善運動さえして居れば、日本再建が出来る、又は現在の苦しい生活がたてなおせるものと、すこぶる無責任な日本人にして有勝な感情を遺憾なく発揮した結果、少し月日がたつと、何時の間にやら有形無形のいわゆる自然消滅というものになつたのではなかろうか？

　これがもし軍国主義はなやかなりし頃の、強制的な、天下り式でやれば、少からざる成績を修める事も出来ようが、なにがさて敗戦后、猫もしやく子も、世は自由主義の春であると、自由〳〵と自由主義の何たるかもろくに知らずに、自由をはき違えた未知識な人達にとつては、如何に声を大にして生活改善運動を叫んだ処で、馬の耳に念仏位にしか聞えないのであろう。

　要するに本運動は誰のためでもなくすべて自分達〔の〕社会〔の〕ためであるという自覚と、力強い意志と、大いなる理解と、合わせて村民を打つて一丸とした協力なくして、立派な成績をおさめることは望めないであろう。と、以上は私の個人の考えている一端をのべて本運動目的達成を心から祈るものである。

〔『いづみ』第三巻七号、一九四八年七月三〇日、川添青年団、和歌山・川添、1270（原資料は謄写版）〕

生活改善　各地で着々実践

県では二十四年度社会教育課の事業として新生活改善の問題を採りあげ、県下全般に亘る運動を展開した。その要領はすでに今年はじめ、パンフレットとして一般に配布されたが、この企てはまことに時宜を得たものであり、各市町村では全面的にこれを支持しいまやこの新生活改善の運動は実践の段階に一歩を進めたといえる。

　この運動の目標とするところは勤労意欲を高めること、自主友愛協力の精神を養うこと、社会正義の実現、合理的、民主的な生活慣習の確立、芸術およびスポーツの重視、平和運動の推進等であり、日本のすみずみにまだ〳〵根強く残つている封建的な悪習をとり除き、生活を科学化してむだを省き、つねに合理的で、物ごとを能率的に処理する生活慣習を養成しようとするものである。

　しかしながら、これらの運動目標が一朝一夕にして改善し得られるものでなく、こゝに第一着手として結婚改善の問題がとりあげられた。じじつ市町村、ことに農山村において根強い悪習の最大なものは結婚の問題である。結婚改善には古い家柄やそれに伴う面目、虚栄等が附随しているので、この悪習改善は最も重要なことながら、最も困難なことであるといえよう。しかしそれと同時に経済生活の危機に直面した国民にとつてはこれが深刻な問題だけに早急改善の可能性も充分あり得るのである。

その証拠として、県下の各地に起こりつゝある結婚改善をあげることが出来る。

河内郡においては郡の婦人団体が中心となつて生活改善協議会が設立され全面的な運動をはじめようとして居り、上都賀郡日光町の教育委員会では結婚改善の具体策を発表し急速に実銭運動を展開することとなつた。その他の市町村でもこの運動への動きはようやく活発化そう〔しょうカ〕としている。県民の皆様におかれては日本の立場や、経済事情や民主的な新時代への進展等をよく御考えの上、いまこそ裸になつてこの運動に積極的な御協力を下さるよう望んでやまない。

終りに日光教育委員会の結婚改善具体策をかゝげて御参考に供する。

一、結納金を全廃するかまたは三千円以内の記念品にすること

二、挙式費は千円以内にすること

三、披露宴は中止するかまたは自宅で一人二百円以内の茶菓代とすること

四、日光地方特有のお茶事を全廃すること

五、持参物は夜具一、タンス一、座ブトン二を最高限度とすること

六、お祝いの返礼を廃止すること

なお同委員会で町章入れのフリソデをつくりこれを貸し与え衣裳を撤廃する。

以上を五月一日から実施、模範結婚者を表彰、記念品を贈呈する。

〔『ひびき』第一号、一九四九年五月一五日、栃木県総務部総務課、栃木・宇都宮、H351〕

農家の生活の改善

夏から秋にかけて色々な病気が出、農繁期の忙しさについ保健衛生問題を忘れがちな農村に対し各種弘報活動を行う場合、生活改善の問題も極力他の弘報事項に取入れて行うようにして戴きたい。

(一) 衣生活

夏季衣服衛生の徹底対策

1 衣服着用状態調査

2 洗濯方法の合理化研究

3 労働着、下着の清潔推進

(二) 食生活
農繁期の栄養低下防止策
1　農繁期栄養知識の昂揚
2　農繁期のための常備食品利用
3　干魚、卵、海藻等の栄養食品確保
4　共同加工場及共同炊事の施設利用による栄養補給
(三) 住生活
採光、通風、排煙の調査
1　採光、通風については、開口部の大いさ《ママ》と方位、建具の種類、ガラス、紙障子の面積を、排煙に関しては□煖及炊事の形式、排煙設備の有無及設備の内容を調査する。

〔『弘報だより』第八号、一九四九年五月三一日、農林省総務局弘報課、東京、K1465（原資料は謄写版）〕

読者の声
生活改善運動の提唱

佐藤　信

昨年春以来の農村における金詰りは本年に入つて更に深刻となり、農村の不況はもはや一片のき憂ではなくなつた。しかも現在大部分の農民は終戦後の一時的好況の惰性でだんだん生活が詰つてきたことを自覚しながらも積極的にこれに対処する方策を樹立する決意に乏しい。例えば御祝儀の例を取つて見ても一年の総所得を一人の娘の婚礼につぎ込んで後始末に一家中で四苦八苦しているなどはよくある例である。今こそ農村はその生活のあらゆる面にわたつて改むべき点を果敢に改善する勇気を持たねばならない。農村生活の改善といつても冠婚葬祭の簡素化、食生活の改善、住居の改善などいろいろ挙げられるが、最初からあまり広範囲にわたる事は慎むべきで、これらを一つ一つ確実に改善して行くことが望ましい。わが笹谷村においては取敢えず、今日農民の最も大きな頭痛の種である冠婚の簡素化を採上げこれが強力な運動を展開する事となつた。村農業協同組合の発起により最初各部落の組合長、青年団幹部の懇談会を開き、概略の原案を得、次に女子青年の会合を求めて女性の意見を徴し、最後に各部落五名（婦人青年を含む）の生活改善準備委員により生活改善準備委員会を結成し最後的結論を得て全村一致強力にこれを実施することになつたわけである。

その内容は
一、今後村民の冠婚はすべてこの要綱に則り質素を旨とし経費のかからぬよう行うこと
二、髪飾り＝髪は従来の通りで構わないが、飾り物は役場備付のものを利用すること
三、服装＝花嫁（役場備付の衣しようを利用し新調はしない）
花婿（洋服または和服とするが現在の持ち合せのものを利

用し新調はしない）
四、宴席料理＝（イ）ひ露宴における料理はその場で食べるものとし従来使用した「すずりびた」刺身及び「ひき物」は廃止し自家保有のものに限定する（ロ）見参における料理も質素を旨とするが記念品（ひき物）は価格に見積り百五十円以下とす（ハ）酒は一人二合以内、宴会の時間は嫁（または婿）をもらう場合二時間以内、やる場合一時間半以内とする（ニ）後ふき、朝ぶるまい、お茶ぶるまいは廃止する（ホ）招待範囲も最小限に止めるいわゆる縁側酒（見物客に出す酒）も絶対廃止する
五、嫁（または婿）の持もの（イ）持物はつとめて見回品（例えば鏡、針箱、こうり等）に止める（ロ）嫁（または婿）をやる時は原則としてタンス、ゲタ箱、たらい、盤板等を持たさぬこと（ハ）布団は持つて行かぬこと
六、式典＝冠婚の式典は部落青年会長が司会する、その実行監督並びに趣旨の徹底については部落の生活改善委員も共同の責任を負う
七、祝金＝結納金（御祝金）最高三千円以下とする、招待された場合の御祝儀五十円以下、媒しやく人に対する謝礼千円以下
八、実行方法＝この要綱に基き一人の違反者もないよう十分お互に気を付けること、もし違反してこの取決めを破つた者には村民税あるいは寄附等において考慮する、この違反の有無は生活改善委員の協議によつて決する

以上は冠婚簡素化に関する要綱であるが、あるいは識者よりすればまだ旧態依然たるを感ずるであろうが、農村の生活改善は決して一朝一夕にはできない。漸進的啓発により徐除《ママ》に改めて行くしかないのである。しかしこの冠婚の簡素化も一ヵ村の取決めだけではどうしても実効を期することはできない。他村との縁組において相手方の村が従来通りならば何にもならぬからである。従つてこの運動は少くとも一郡あるいは十ヵ村位の範囲の農村が歩調をそろえることが望ましい。もとより各村において事情はそれぞれ異つていようが、少くとも簡素化の大綱だけは実行できるはずである。いよいよ不況がやつて来てからでは遅いのである。一村の指導的立場にある人々が率先してかくの如き生活改善運動を提唱することは今日における責務でもあると信ずる。切に各農村特に信夫郡下の町村の協力と実践を御願いする。

（信夫郡笹谷村・農業協同組合長）

「『青年ふくしま』第三巻四号、一九四九年四月、福島県連合青年会、福島、S528」

生活科学化の必要

佐野利器

差迫る食糧危機突破のためには、供出促進の手段から雑草

粉食の方法に至るまで、細大となく、真剣に創意工夫をこらさねばならぬことは勿論であるが、政治、経済、文化その他あらゆる方面に於て、今日程、創意工夫を必要とするときはなからう。

若干の例を挙げてみよう。皇室の尊厳を維持するためには、諸法規が従来のまゝ存して居るなら、その運用につき宮内省の人々は世相に即応した創意工夫が必要であらう。また、すべての行政官は、法規慣例と時代の動きとに板ばさみとなつて、事々に迷路に入ることなく、そこには創意工夫の必要のみが残る。膨張せる通貨と欠乏せる物資との間に立つて、インフレを防ぎ、金融の健全を計る途は全然新たなる創意工夫がなければならない、労働争議に於ても労資双方ともに、理論と実際について特別の創意工夫によらねば適切な解決が困難である。教育界また然りであつて、各大学、専門学校の学生は勤労出動などのために正規の半分も学習ができてゐないし、中等学校や、国民学校に於ては、勅語、歴史、地理、修身などの教課の停止以来、訓育上の大きな悩みと迷ひとがあり、その上各学校とも図書難、教材難、果ては下宿難、食事難さへ加はつてゐる現状に於ては、教へる側も、教へられる側も、共に非常の創意工夫がなければ、訓育の支障は因より、学力の低下は絶対免れ得ないと思はれる。今日の住宅不足は、全国で約四百万戸と云はれてゐるが、その解決のために、五ケ年計画とすれば、年々八十万戸を建造せねばならぬ。ところが資材の生産量からみても、大工、左官などの技能者の数から見ても、二十万戸以上を造ることは到底不可能であらう。従つて、住宅難の緩和についても特別の創意工夫がなければならない。一方、運輸面には、車も、石炭も、油も悉く足りぬ。通信面また、電話も、施設も修理が間に合はぬ。そこに運輸通信の地獄を現出し、剰へ、絶えず従業員争議の激化が伝へられる。これでは万事が閉塞の破目に陥らざるを得ない。食糧難解決の最も重要な鍵と云はれる肥料の生産を初めとし、すべての工業界に於ても、戦後のいはゆる虚脱状態、正副資材、労務問題資《ママ》、資金関係などが互いに相交錯して、その活動を阻害しつゝある現状であるが、要するにこれ等重要諸問題の解決も先づ各自の創意工夫に俟つべきは云ふ迄もないことである。

憶へば今日こそ政治、経済、産業、教育、文化凡ゆる部門の別なくそれぐ\に向つて心身を傾倒する最も真面目な人々によつて、真剣に科学的に研究せられ、施策せられねばならぬ時代となつた。かくてこの実現を見た日こそ今日の危局も乗り切り、邦家再建の歩みを力強く踏み出す所以なりと信ずる次第である。

（筆者は東大名誉教授工博　本協会会長）

［『生活科学』通巻五号、一九四六年七月、社団法人生活科学化協会、東京、S439］

買出し

二C　黒木武人

夏休みの或日、お母さんは、小さい弟が居て買出しに行かれないので僕が親類のおばさんと二人太陽が未だ昇らない中に、家を出かけ式見の手前の柿泊まで馬鈴薯を買出しに歩いて行つた。油木谷坂の中復《ママ》まで行くと太陽が今、昇る所である。東の空は黄に橙に変つて行く。紅を流した様である〔。〕二三羽の鳥が元気よく飛び立ち、白ろ《ママ》の山へ飛んで行く。おばさんを見るともう一と曲り上へのぼつていられる。僕も後を追つた。一年生の時に坂本先生から聞いたこの道。式見方面の人達が言つていた言葉を思い出した、「あつたかめしやきしき、油木谷坂に来したれば」これまで覚えていたのでおばさんに教えると「そうね」と云つて笑はれた。行く曲りくねつてやつと坂を昇つてしまつた。のぼりつめた所から小さな低地が見えた、百姓さん達はもうあちらこちらで仕事をしている。一山こえると、向うの方に家が点々とあつたのでそこかと思いながら行くと、こゝはまだこえばると、言う所であつた〔。〕僕はがつかりした〔。〕日はきら〳〵輝き汗が出る、手拭でふきながら歩いて行つたが、そのうちのどがかわいてたまらないので水を求めると水がちよろ〳〵流れていた〔。〕一休みしておばさんと二人「がぶ〳〵」腹一杯い《ママ》のんだ〔。〕苺を取つて食べたりして行くうちにやつと海が見えた。目的地が近づいたと思つてうれしくなつた。又、曲がりくねつた急な坂を下りて行つた。牛が坂をのぼつてくるのによだれたら〳〵流して苦るしそうないきをはづませながらのぼつて来る、おばさんが「武ちやも帰りはきつかばい」。と云はれたので小さな声で、「はつ〳〵はー」と笑うとおばさんもあいづちうつて笑はれた。畦道をのぼつたりくだつたりして海の見える所え来た。涼しい風がこゝちよく当る、こゝでしばらく休んで行つた、今までのつかれがすつかりよくなつた。水平線の近くに五島列島が見える〔。〕その手前に発動機が走つて行く帆掛船があちこち浮かんでいる。百姓さんの家について昼食をすました〔。〕お腹がへつていたのでおいしくて〳〵生きかえる様だつた。馬鈴薯は直ぐ買えた〔。〕三十斤買うはずだつたが、又食糧に困りお母さんが行かなくてはならないと思い、又こゝまで来たからと思つて三十五斤背負つて帰途についた。帰りも行きと同じ道、背に重いリツクをかついで休みに休んで、ゆつくりのぼつた。坂をのぼる二三人の百姓さん達は皆いやな顔でのぼつている。息をはずませやつとのぼつた包のふちにそつて一本松という所の木蔭で休み一生懸命歩いて帰る。油木谷坂までは道は平道で良い〔。〕歩き易い道ではあるけれど遠くてその上背の重いリツクがきつくて足が棒になる様だつた。おまけに太陽はかん〳〵照りつけ蝉は道の両山《ママ》の木からやかましく、「じーじー」鳴く。初めの中は話していたが後は話しもせずに帰つて来る。通る人は少なかつた、僕もおばさんもゆつくり〳〵帰つた、こんなに苦労して生活せねばならないかと思い〳〵油木谷坂を下つた。足が動けない位だつた、やつとの事で電車に乗つて電車が走り出すと気持良くて何とも云えない位だつた、派出所の前を通ると巡査がとがめはしないかと心配しながら来たがとがめられなかつたので何より良かつた、家に帰ると三十五斤買つたはずの馬鈴薯が四十余斤あつたのでお母さんは心配して「そんなに無理しなくてもよいのに」と言はれた。両親も妹も弟もきつかつたね〳〵と言つてくれたので胸がこみ上る程、嬉しかつた。

〔『海星』復刊号、一九四九年二月二五日、海星学園、長崎、K244〕

買出しあの手この手

芝崎猛夫

旱天に慈雨のやうな、進駐軍からの放出食糧を貰つて、有難涙をこぼさないやうな人間は人間ではない。全く誰しも深い感謝をこれには捧げた。けれども同時に日本政府の日和見的な態度に不安の眼を向けないやうな人間は稀である。吾らは生きねばならぬ。生きんとする意志を殺してはいかぬ。かくて田舎に知人を持つ者は竹の子のやうに身を剝ぎ乍ら買出しにゆくのである。寧ろそれは一つの明るい意欲ではないか、このための輸送の混雑も人民の日々の苦しい努力からみれば、悲しい美しさを蔵してゐる。これをしも取締ることの可否は暫く置き、人々は家に持つ愛児達や老ひたる母の為に、なけなしの力を振ひ起し、淋しい懐中をはたいて、親切な知人を頼つて田舎へ田舎へと行くのである。

米入れチョツキ

先づ最も安全、迅速な方法とされてゐたチツキである。疎開荷物なぞと称して、すこしカモフラージユすれば、易々と一斗は送れたものであるが、小荷物の受付係りが厳重に審査することになつた。荷物のかさと目方で、職掌柄ピンとくる第六感に狂ひはないさうだ。たつて否を云へば、荷造りをといてみせろといふので、大抵の者はカブトを脱いで仕舞ふ。これも狭き門ではあるが、門であるからは、万更通れないこともない。餅屋《ママ》は餅屋といふが、駅員と懇意な運送屋の店員が持つてゆけば、パスすることは請合？　要は駅前の運送屋にコネクシヨンをつけることだそうだ。

とにかくチツキが困難になつたので、出来る丈け多く手に持たねばならぬ。といつて、以前のやうに、ヅツシリしたリユツクを、ヨタ〳〵背負つていつたら、ホームに入らぬ間に、忽ち摑つて仕舞ふ。といつて、二升や三升の米を持つて帰つたのでは、暇をつぶして、運輸省に御奉公するだけのことである。そこで考案されたのが、米入れチヨツキである。諸君は綿入れの誤植ではないかと疑ふかも知れないが、正真正銘の嘘いつはりない所の、米入れチヨツキである。この方法でゆくと、裕《ママ》に五升は運べるさうだ。そのうち米入りヅボン下も出ることだらう。だがこいつは歩くのに不自由のやうだ。どつちにしても、あの満員列車で、米入りチヨツキを着用に及んでは、熱《ママ》いは熱《ママ》いし、身体の自由もきかぬので、たまつたものではあるまい。事実、筆者の近くに住む男は、この手を用ひて帰つてきたことはきたが、二、三日寝込んでしまつたといふことだ。但し、あの往年特攻隊の勇士が颯爽とはいて大道狭しと横行闊歩してゐたあの半長靴、あの中に五合位いの米を入れて歩くのは苦しくないさうだ。

米入れチヨツキに、米入れ長靴をはいたら、三升位いは風呂敷に包む。この程度はお目こぼしにあづかれるから、先づ安心、そして五升位ひは他の荷物と一緒に梱包して提げる。これは一寸危険であるが、それ位いのところは、買出しのスリルとして、味ふ可きだらう。いざ検査といふ時は、積極的に一見米と判る風呂敷の方を出して、三拝九拝してしまふ。運がよければ、五升の口は目にふれずにパスする。

徒歩突破戦術

汽車に乗るのにも要領が要る。ホームをうろ〳〵してゐるのは危険千万。発車まぎはにホームに入つて、サツと乗り込んでしまはねばならない。汽車に乗つてしまつたら、そのまゝ、振り出しの東京へ戻ると思つたら大まちがひ。秋田の県境の駅では列車を止めて検査をしてゐるからだ。そこでは乗客に各自の荷物を持たせて、一たんホームに下車せしめ、一人々々荷物を調べて廻るのである。そんなことをしたら、大混雑を呈するだらうと思ふが、四列に並んだ乗客は、案外神妙に検査を受けてゐる。危篤の電報を受取つた息子〔から〕は親の死に目に会へなくなると抗議も出ようが、今時、一時間や、二時間遅延するのはあたりまへと云へば、意にとめることもないのかも知れない。

この網に掛つたら、先づ持てる者は観念しなければなるまい。一升四、五十円もした米を丸公でとられるのは阿呆らしいと、ホームへ投げ捨てる者もゐるが、例へ摘発された米が、再び闇に流れたとしても、何れ人間様の口に入るに違ひないから、ここは観念のしどころと、備へつけのヒト楢の中へ、いさぎよく入れるべきだらう。

だが、こんな網に引つかゝるのは、初心者だけである。臭いと思ふ駅の手前で下車して、一つ先の駅まで五、六里の道を歩くのである。まことに買出しもまたつらい哉だ。目的の駅につかぬ間に、筆者なぞは伸びてしまふだらう。然し飢餓に追はれた買出し部隊は三々伍々と歩くのである。背嚢のかはりに米を背負つて兵隊のやうにひたすら歩くのである。

この徒歩突破戦術も油断がならない。或る青年が汽車がホームに入る寸前に、はやくも危機を察知したので、窓から荷物を投げだして、汽車が停まるや、すばやく線路伝ひに引きかへして、荷物を拾つて逃げ出したのである。ところが、皆目不案内の土地なので、鳥海山麓に迷ひ込んだりして、歩行すること五、六時間やつと目的駅へ辿りついて、やれ〳〵と駅のベンチに腰を下した途端に、御用になつてしまつた。何んでも附近の百姓が、夜る夜中、着〔荷カ〕物を背負つた怪しい東京もんが歩いてゐるといふので、密告したのださうだ。買出しも非合法ともなれば、探偵小説もどきの捕物にもなる。

買出し捕物帖

捕物も二人三人のうちはのん気なことも云つてゐられるが、これが一単位あがつて、二、三十人もの部隊になると大変である。二人や三人のお巡りさんが出た位いでは、袋叩きにされてしまふのが落ちである。

それで近頃では買出し部隊の摘発となると、田舎の警察署のこととて、非番の巡査までかり出して、昔の共産党狩りでもやるやうな物々しさである。某駅を前述の如く徒歩突破してきた三十名位の買出部隊が次のホームで、列車を待期中との情報を得た警察では、それとばかりに十五、六名の拳銃携行の巡査を出勤さして包囲した。

ところがこの日の買出し部隊は飢えた狼のやうに殺気だつてをり、すつたもんだの末、警官をなぐりつけてしまつた。警官の方ではこれに対抗上、威嚇射撃をすると、それを原因に、映画もどきの大乱闘になり、俄然血の雨をふらす事件になつてしまつた。これは血痕も生々しい乗客から聞いたのであるが、その話を聞いて、「こりや、いかん」と頭を捻つてしまつた。

最後の関門

ともあれ殺人列車の中で、人と荷物にはさまれて、、突つたつた儘、ウツラ〳〵してゐる間に、夜もあけてともかく東京に近づいてくる、《ママ》

しかし買出し部隊にとつては、まだ心配の種はつきない。如何にして、この列車から脱出するかに腐心しなければならないからだ。ウッカリ荷物を持つて大宮の駅なぞで、電車に乗り換えようものなら、大変である。列車がホームに入つたら、ゆつくりホームの様子をみて、大丈夫と確認してから下車すべし。危いと思つたら線路側から脱出するといふ抜け道もある。

この場合も駅員などと連絡つけてをれば大丈夫だが、これは誰でもといふわけにゆかない。とにかく、高い金を出した米をとられるだけならまだよい。満員列車に振り落されて、即死するものすらあるのだから、買ひ出しも亦、命がけの仕事である。

大口買出しの手

買出しにゆけるだけの金と、暇と、縁故のあるものはよい。大多数のものは、欠配がこれ以上続けば、飢えるより仕方のない状態にある。それを思ひ、乏しきをわかち合ふたてまへからいつても、買出しに厳罰主義で臨むことも必要であらう。

しかし、それにしては何の危険も、苦労もなく、居ながらにして白米を飽食してゐる階級の存在を、放任してをいてよいものだらうかと、買出し部隊からは一寸文句が出さうである。

つまり、「こちとらは、一升七、八十円もする米は買へねえから、命がけで買ひ出しにゆくんだ、家にぶつ坐つてゐて闇買ひをしてゐる奴は、放つてをいて、俺達ばかり苛めるのはちよいと酷え仕打といふもんだ」と。

さて、さうした闇米を供給する大口買ひ出しのあの手この手であるが、馬の輸送と称して、実は飼料に偽装した米を、馬と一緒に運ぶ手がある。尤も飼料に困つた農家では、事実米を馬に喰はせてゐるところがあるのだから、万更の出鱈目なカモフラージュでもあるまい。こんな手の込んだ方法でなくとも、個人名を用ひず差出人も受取人も会社名にして、機械とかなんとかに偽装して送る手もあるさうだ。

こんな次第で鉄道輸送は特にうるさいが、海上輸送はまだ当局の目は充分届いてゐない様子だ。そこで機帆船による大量輸送が行はれてゐるらしい。北海道から鰊粕を積んだ機帆船が、東北の港に入ると、鰊粕一俵と米二俵の割で物交された米が、堂々と積み込まれてゆくさうだ。

酒田では港に停泊してゐる機帆船を検査し、二千俵の米を摘発したといふ話である。

〔『旬刊ニュース』第一巻一二号、一九四六年七月二五日、東西出版社、東京、J382〕

産児制限と輿論

城　道夫

「日本の前に二つの道がある。一つは（産児制限によつて）生活水準が次第に向上し、資源も安定化し、国内不安を避ける道である。もう一つの道は日本の人口がます〳〵食糧と原料に圧迫を加え、生活水準を低下させることになり、そうなれば日本は不満を持つた人間で一ぱいになり、…………」

以上はアメリカの地理学者エドワード〔・〕アッカーマン博士の報告「日本の再建と米の政策」中の一節である。

さきに総司令部顧問米国スクリップ人口問題研究所長トンプソン博士の産児制限勧告談あり、また近くは同研究所副理事長のマイアミ大学教授ウエルプトン氏も新聞記者会見でこの問題にふれ、日本の人口問題解決の方法として避妊法の普及に賛意を表明した。

徳川時代と少しも変らない四つの島に八千万人の人間がひしめきあつて生活しているのが戦後日本の姿である。しかも食糧も原料も乏しい、生産とて思うように上らないという客観情勢にありながら一年に百五十万から百七十万の人口（これは大きな県のもつ人口に相当する）が今や動物的余りにも動物的に増加しつつある。この厳然たる事実をどうするかということは、日本人自らが真剣に考えなければならない極めて重要な問題である〔。〕一体この国の人々はこの過剰人口の問題さらにその過剰人口がなおも高い人口増加率を示しながら増加していることについて、どのように考えているのであろうか。

ここで暫く我が国の人口動態について考えてみたい。

先にも述べたように徳川時代の我が国の領域は現在と同じく四つの島であり、そのなかには徳川三百年を通じて三千万弱の人口をずつと続けて来た。戦争のない、この平和な徳川三百年にどうして人口が増えなかつたのか。これは周智のように中條流や、間引きが殆んど公然と行われたことに原因する。農民の生活水準は極めて低く、一方、武士階級も低い俸給に釘付けにされて、到底子女を養育することが出来ず、この妊娠中絶、ないし嬰児殺しはいわば彼等の生存のために全く止むを得ざる手段であつた。

明治に入つてからの日本の人口増加は瞠目に値いする。日

バス・コントロール（佐藤かずひこ）
「あんた毎日バスばかり乗りまわして何んなのさ」
「ほら、はやりのバス・コントロールやってんのさ……」

産制時代（沢村シロ）

本内地人口を統計によつて調べてみると、明治三十三年には四千四百万、大正十四年には六千万、昭和五年には六千五百万、昭和十年には七千万、昭和十五年から昭和二十一年までは七千三百万、戦争中、いくらか増加の足を緩めていたかにみえる日本内地人口は、終戦とともに外地引揚者と、それから戦後どこの国にも見られる一種の結婚流行病とによつて再び急速に増加し始め、昭和二十三年八月の人口調査では実に八千二十一万人を記録した。

そして我々がここで問題にしなければならないのは戦後、特に戦後の人口自然増加の問題である。そこで戦後の人口動態をやや詳しく調べてみると、終戦の年昭和二十年十一月の内地人口は七千二百五十万、二十一年五月には七千四百万、二十二年十月には七千八百六十万、二十三年八月の常住人口調査では先に述べた如く八千二十万であつた。終戦直後から二十二年十月までの内地人口の急激な膨張は主として引揚によるものであり、それまでに九十三%までが引揚げて来ておるので、二十二年十月以降の引揚者は日本の人口増加にあまり大きい意味を持つていない。そこであとは人口の自然増加だけが問題になるわけだが、それでは戦後の自然増加はどういう工合に動いていているであろうか。

〔以下略〕

［『KENKO』第二巻七号、一九四九年七月、愛知県衛生振興会、名古屋、K866］

産児制限と問題の考へ方

加藤静枝

産児制限はどんな立場から唱へられるべきであらうか。又産児制限はどんな方法をもつて宣布されたらよいのであらうか。

× × ×

この二つの課題は今日すぐに各方面から検討を加へられなければならない重要な性質をもつ問題である。けれど世相は険悪である。有閑的な議論を俟つ間もなく産児制限は実践の課程《ママ》に入らんとしてゐる。しかし我々は過去に於ける我々が犯した誤謬、何事も根本的立脚点を正しいものにする手数を省いて実行に走るの風あつた事は日本人をして近代文化に対する認識を浅薄ならしめ、ひとたび軍国主義者達が権力を握れば易々としてこれが主張に風靡し、思想的節操観をもつ者実に尠く、之を批判する力さへも持つてゐなかつたのであつた。この様な状態は例へば建築するにあたつて本建築をする事なくいつもバラツク建で生活してゐる様なもので落付きがなく嵐にあへばたちまち崩潰の憂目をみるのである。産児制限の場合に於てもこれが再出発にあたつて早やわかりや軽率な行動をつつしんで慎重な基礎工作の上に運動はすすめられるべきであると思ふ。

最初に産児制限の正しい立場について考へて見よう。これは二つに分けて見る事が必要である。一つは産児制限を民族の人口問題との関聯に於てみること。他の一つは之れを婦人の問題に限定して主張する場合である。今日日本が敗戦の結果領土の半分を失ひしかも八千万に近い人口をこの狭隘な国土に収容しなければならなくなつた事実は日本の国土面積と国富と人口との関係において問題は正に瀕死の状態に直面してゐるのである。今日の日本人の大部分が苦しんでゐる主食配給の不足は近い将来に我々の間から大量の餓死者の群を出すかも知れないと謂はれ、人民は一様に恐怖絶望観《ママ》におのゝいてゐる。しかし他方問題を科学的に取上げる能力に貧しい我々はこの飢餓の問題を割合と簡単にみて、これを戦後の混乱に帰因する一時的な現象のごとく理解し、問題の解決は今後農地制度改革、肥料増産、復員による農業努力の恢復等によつて最大限の農業増産を奨励し、一部の不足額は工業的製産による見返り物資によつて海外から補填する事によつて一応解決するかの如く見てゐる向きか《ママ》尠くないのである。しかも自国の産業的構成の内部に奥深くひそむ病源をつきとめ得ぬ藪医者的存在たる政治家達の代表的意見として、芦田厚生大臣は旧臘議会に於ける一議員の「産児制度を公認する意企なきや」の質問に対して、「一度出生率が減少の傾向になれば如何なる民族でもこれを人口増加の傾向に回復する事は困難である」との理由で不賛成を述べた。又其後筆者を交へた放送座談会の際に堀切内務大臣はこの厚相の所説をもつて閣内で「近頃の名答弁」として賞賛したと謂ひ、内相自身としても、「産児制度の実行は今後、いつどこで生れるかも知れない優良児が生れて来る機会を奪ふことになるから不賛成である」と実に「宝くじ」を買ふ人の心理にも似た心細い論拠をもつた反対論を述べた。この現内閣の大臣達の反対論は目前に崩潰してゆく旧勢力を代表する意見として反駁する気にもなれない程の弱々しい反対論でしかないが、一般の識者の中にもまだ慢然たる根拠の無い日本民族発展論としての産児制度否定論があり、これが軍国主義日本敗戦の真因をつきとめ得ぬ人々の間に燻ぶつてゐる事実は見逃す事は出来ない。

日本は敗戦国である。ポツダム宣言の忠実なる履行が、我々に課せられた題目である。戦争にはこりた。又したくも許されない。人口増加による日本民族の発展を思ひその量的増加が、直ちに民族発展そのものに繋がるかの如き錯覚に陥つてゐる者すらある。その国の国土と資源と文化の発達程度との関聯に於いて、人口問題をみない事が、徒らなる人口の多い事が国力であるかの如き錯覚を人々に起させるのと同様に、出生率を低下させる事によつてその国の失業問題や食糧難の問題が自ら解決してゆく様な見方をしてゐるのも誤りである。人口問題はその昔マルサスが人口と食物との関係からこれを説き初《ママ》めた時代から既に百数十年を経過して来てゐる。今日の人口問題はその国の有する科学力を計算の中に含めなければ正確な論議を発展させる事は出来ないのである。一国の科学力を計算の中に加へた人口問題とはどんな事であらうか。次にその一端を簡単に説明してみたい。

一国の科学力を計算に加へた人口問題とは之を一口に説明するならば、同量の員数を揃へた二個の軍隊の戦闘力を計る場合、その一つが機械化部隊であつて、他の一つが竹槍をもつ原始的部隊であつたとしたらその戦闘力は人員の同数であるにも拘はらず力の比は一対百であるか一対万であるか兎に角人間の数をもつて部隊の力を計算する事の無意味は明瞭である。これが軍隊の場合にだけ謂へてその国の人口と国力との関係に於て見落されるとはおかしな話である。この誰れにでもすぐ分るおかしな考へ方が平気で戦争前から戦争中に横行したのである。かの人的資源なる人間の生命と人格を無視した語は科学兵器の劣悪さを「必死」の精神を鼓吹する事によつて糊塗しようとした恐ろしい軍閥の罪悪を物語る代表的なものである。銃後に於ける生産力にあつても同じことが見られる。設備貧弱、資材不足の工場に徒らな労務者の動員が為されても少しも戦力拡充の目的を果し得なかつた事は今日国民が等しく知つてゐるところではないか。

今こゝに、平時の日本国力をその生産力と人口との関係に於て取扱つた数字を上げてみる。勿論数字は戦争前の状態を示すものであり。調査はリード氏（T.T. Reed）といふ米国の技師の為したものである。

人口と生産力を示す図表

国名	人口 千人	生産高（一年間一人当り） 千人	人口一人生産力
米国	一〇五、七一一	三、八〇五・五九六	三六・〇
英国	四四、一六九	一、〇六〇・〇五六	二四・〇
ドイツ	五九、八三三	八九七・七九五	一五・〇
英領印度	二四七、〇〇三	三四五・八〇四	一・三
仏国	三九、二一〇	三四一・一二七	九・〇
ベルギー	七、四六六	一四一・八五四	二〇・〇
日本	五五、九六三	一二三・一一八	二・二
イタリー	三八、九〇一	一二〇・五九三	三・一
ポーランド	二七、五五八	一一五・七四三	四・〇
支那	四二七、一七九	五一三・二一四	一・二

右の図表は石炭、石油、水力電気等の生産力に設備をもつ国の工業による生産高が人間一人の労働力を如何に大きく転回させる事が出来るかを示す数字である。これによると日本の場合小児婦人をも加へた労働力が豊富で、しかも西洋諸国に比べて労働時間が長く、労働者が勤勉であるにもかかはらず、動力資源其他の貧困さはその国の全体の生産力を人間の数との比例にみると日本の二・二に対して米国の三六・〇、英国の二四・〇といふ競争の出来ない差が見られる。又欧州に於てはやや後進国と思はれるポーランドでさへ人口との関

係においてみる時は日本の約二倍の生産力を持つてゐたのである。勿論ここに表はれた生産力は工業の方面から見たものであつて、もし日本の場合、その工業力が貧弱であつても農耕地に恵まれてゐて農産による人口の収容力に余剰があるならば問題は又解決されるであらうが、日本の農業は今日殆最大限にまで活用されてゐて、政府の計画してゐる開拓、開墾事業も根本的に我国の貧乏の悩みを解決する事は出来ない。

　世界一過剰人口を有する資源貧困な敗戦国としての日本の人口問題がどんな所に置かれてゐるか、充分で無いまでにも右の図表による一国の科学力と人口との関係が知られたなら我々は漫然と人間の数を増すことが決して日本民族の将来の発展をもたらすものでない事を思ふべきである。日本民族の発展はもつと内省的にその方向を転換するのが聡明ではあるまいか。即ち今後の人口問題は「量より質」でやつてゆきたいものである。日本人の健康の向上――欧米に比べて驚くべき短い日本人の寿命――高い乳児の死亡率を低下させること。亡国病たる結核の撲滅、文化的内容等々多くの角度から充実してゆく事によつて、日本民族の発展は決して悲観すべきでなく、消極的でもないと考へられてくるのである。

×　×　×

　産児制限を婦人の立場において主張する時問題は明白である。今日日本婦人は自分達の課せられた義務と与へられた権利について目覚めなくてはならない。ポツダム宣言の受諾は日本婦人がいつまでも封建的隷属の地位に眠りつづけてゐる事を許さないのである。参政権も与へられた今日、日本婦人は自分の国の民主主義化に一役買はなければならない。婦人の解放なきところに民主主義は成り立ち得ない。人口の半ばを占める婦人大衆よ、今こそ強要されざる愛国心に目覚め、まづ自らを解放する運動に乗り出さなくてはならない。

　民主主義の社会とは男女が平等の立場にあつて文化の建設に向かつて協力する事を建前とする。世紀に亘つて差別的待遇をうけて来た婦人はその結果いろいろの方面でその能力は男子に劣り、その地位は不平等である。今後性別による分業はあつても能力と社会的地位の平等化は急速に為されなければならない。男女が不平等で婦人が隷属的地位に置かれてゐるところに民主的な文化は育ち得ないからである。

　今日この敗戦の苦境に生活する日本婦人大多数の生活はそのみぢめさからみて実に生活以前にあるのだと謂はれてゐる。都会に於ける戦災者の生活をみるとき、それは辛じて生存してゐる人間の姿であつて、そこには生活とよばれるべきものは見られないのが現状である。住むに家なく、着るに衣なく、喰べるに食物がない。しかし生殖は空腹、裸褄《ママ》衣におかまひなく為されてゆく。ある程度の生活水準を保ち得ない乞食の様な生活に文化は望めない。もしあるとすればそれは奴隷文化であらう。今我々日本人の多数は正に乞食の様な生活につき落とされてゐる。このどん底から一日も早く上によぢ登らなくてはならない。貧しい生活不自由な生活の中で女を苦しめるものは妊娠と育児である。人生無上の悦びであるべき筈の愛児の誕生が親達の生活苦の際にあつては新らたなる一つの苦悩の追加にしかならない。辛じて保たれてゐた一家の生活が新たなる妊娠出産の結果崩壊に瀕してしまふ場合は多い。先頃新聞で報道されたところの生後二十九日目の嬰児をおんぶして満員電車の中で圧死させてしまつた若い母親の話は広く世間の関心をよびおこしてゐる。家に病夫あり、まだ頑ぜない幼児あつてどうしても外出しなくてはならなかつた産後まだ日の浅いこの母親にとつてあの日の行動は真に同情すべきものがあると思ふ。もしこの婦人の生活がこの様に手いつぱいでなかつたら嬰児は死ななくて済んだのであらうに。

母子保護のために産児制限は活用されなければならない。遺伝性の悪疾ある場合、婦人が結核心臓腎臓の病気をもつてゐる場合、既に生れた児達の中に不健康な特に手のかかる者がある場合、出産から次の姙娠までに母体の休養期間を必要とする場合等もし婦人が産児制限の知識をもつてゐたらその生活は破壊を免れるばかりでなく、生活に計画性を持たせてゆく事が出来、幸福への道が辿られるのである。夫婦の生活がその動物的性欲の奴隷になるのでなく、性を統御してゆく力を持つところに産児制限の文化的意義がある。産児制限の事を「自主的母性運動」とも謂ふのはこの為である。要するに産児制限とは子供を生むなと教へる運動ではなくて、母体を保護し、よりよい児を求め、愛児に人生のよりよき機会を与へよと叫ぶのである。

さきに人口問題の章で、日本民族の質的発展を唱へたが、その目的に向つて効果あらしめるには個々の母親が出産に当つて常に自主的母性たるの自覚がほしいのである〔。〕殊に幼児期の消化不良はその児の一生の幸福にかかはるとも云へる事で、つまり学齢に達した児童の理解力記憶力の故障の大部分の原因が幼児期の病気に帰因するとのある学者の研究発表はこの場合大いに参考にすべきであると思ふ。優れた民族としての日本人をあらしめるために日本の母親の意気込みが加はらねばならない。

産児制限は母子保護の上に絶対に利用されなくてはならない事は勿論であるが、この事は他方に於て同目的の為に諸種の社会的施設の発達を速《ママ》進する運動と並行して為されなくてはならない。母子保護法の制定〔、〕産院託児所保健婦の活動、育児法の研究と乳製品小児の食品の質的量的確保等々はこの際婦人参政権の行使と相俟つて強調されなくてはならない。これらの運動を見逃しての産児制限は片手落となつてしまふ。

又産児制限の鍵を婦人が握る事の理論的妥当性は理解されたとしても、次に問題となるのはその普及の方法である。普及の方法が不完全ならば、この鍵は一部の婦人に利用されるに止つて、真に要求される階級に届かないのである。既に述べた如く産児制限が日本民族の明日の質的発展を目がけて提唱されるからには、その普及方法は必ず公認として国家的見地から取り上げられて欲しいものである。この事は従来の様に所謂インチキ産制屋なるものの、跋扈を許さず、方法をして真に権威あるものたらしめなければならぬ。即ち今後日本で取り上げられるべき実行法は国際的産児制限の会議に於て医師達の認めた方法のみに限られるべく、素人や個々の医師の自画自讃の方法等の普及は禁止しなくてはならない。米国や英国に於ける産児制限相談所は国家的公認の《ママ》やや近きものであつて、正確な成績の調査が常になされて居り、百パーセントに近い効果率が示されてゐる。

産児制限を公認して国家的見地から取上げる事の必要は又堕胎法の改正にまで延長されなければならない。堕胎は持励〔奨励カ〕すべきではなく、極力之を未然に防ぐため産児制限が知られなくてはならない。しかし万一不幸にして堕胎が行はれなければならない場合、個人的同業医の手に之を任せる事は大きな弊害を伴ふ場合が多い。之は不完全なる条件の下に行はれれば母体の命取りにもなり、又この道の名医？であつたらそれは殆例外なく、金もうけ本位の医者である。堕胎に伴ふ数々の弊害から母親を救ふためには堕胎法を改正する事と、この取扱ひを公認医療機関をして当らしめる事がよいと思ふ。

日本に於ける産児制限の運動は大正九年頃から出発して長い歴史をもつてゐる。しかしその正しい実践課程に入つたのはやつと昭和十年頃からの事である。筆者の参加してゐた日本産児調節婦人同盟は昭和十二年、この運動の世界的先駆者たるサンガー夫人を迎へて初めて東京に模範的相談所開設の運びとなつた。当時約一万人の婦人達の相談に応じて幸満足な成績を納めてゐたが十二年の春、軍国的な政治家達の手によつて、文化的平和的一切の運動の弾圧の犠牲となつて閉止の余議《ママ》なきに至つた。

敗戦の焦土と化した国土の上に自由の芽は発芽しはじめた。近き将来に日本に於ける産児制限運動は大いなる文化的使命を放なつて再び発足するの日が来るであらう。

（評論家　加藤勘十氏夫人）

〔『自由公論』第一巻三号、一九四六年三月、自由公論社、東京、J243〕

婦人と職業・職業補導

職業補導協会　水田健之輔

一

十八世紀以来の自由、平等の思想の澎湃たる流れは、永く水底にのみ、こびりついて蠢動していた女性なるものを社会の表面に浮き出さしめた。女性は自己が人たる事を思い初め、人としての生存は、社会に繋がらねばならぬ事を考えた。旧来の女性生活には社会らしいものがなかつた。ところが文明社会に於ける人間生活は益々婦人をして社会と密接な関係を要求して止まないし、社会との関係を断ち得るものは一つもなかつた。

民主主義国家、婦人問題の本家であるアメリカに於いても、廿五年前までは婦人問題は賑々しく論ぜられたのである。

チヤールス・ダーヴィンによると、男子の体格、体力が卓越しているのは、その奮闘、運動並びに戸外生活の賜物であるといわれる。この事実を婦人に当て嵌めるときは、如何なる結果をきたすであろうか。それはいうまでもなく、生理学上の原則にもとづいて総ての身体機関はこれを使用することによつて発達し、これを使用しない時は退化すると言うことになる。従つて婦人の穏健な労働による新陳代謝は歓迎すべきものであろう。婦人の激動に従事する事の禁忌は、エリオット総長の言を引くまでもなかろう。

ジヨン・スチユアート・ミルは、現今多くの文明諸国の法律制度に於て人を判断するに、只その生れつきを以つてし、その人が一生ある仕事に携さわる事を禁ずるのは女性の場合だけであるといい、更に又、女性に自由競争を許すべきを説き、女性の天性に反する様なことは、その天性を自由に発揮させても女性は決してそれをする様な事にはならないと論じている。この点に関してアメリカに於いては二様の見解がある。その一は増加しつつある活動力を家庭内に集中せんとするものと、その二はそれを家庭以外の世間的活動に向けんとするものとがそれである。前者はアイダア・ヱム・ターベルの主張であつて、後者にはチャーロット・パーキンス、《ママ》ギルマン等の諸家がある。

ターベルによると「あらゆる職業と産業において、私達は多くの成功し終えぬ人を持つている。併し乍ら、その方面には偉大なる婦人はない。しかも此の世は偉大なる婦人[注1]に充ちている。此等偉大なる婦人は犠牲的精神を了解し、すべて美しき事物の鑑賞的精神を了解し、更に彼女等は予言的であり、先覚的である。事務及び職業的生活の諸条件は婦人にとつて不自然である。事務及び職業的生活において成功するためには、婦人は彼女自身を不自然な甲冑で包まなければならない。正則な、健全な婦人にとつては、事務及び職業的生活において成功するという事は、彼女の大性について最も強いもの、即ち彼女をして男子から区別させる等、情緒の力を抑圧するという事を意味する。彼女は彼女の職業的生活を送る為には、彼女の天性を克服し、束縛し、それを片輪なものとしなければならない。婦人が職業的天地において、第一流になり得ない根本の理由はこゝにある。」[注2]といい、女性感情の喪失にベースをおいている。次ぎにギルマン夫人は「奴隷的な女や男の憐憫に生きている女は、大きな健全な理想を持つている男子、即ち成功に対して適当な種族を生む事が出来ない。だから女は職業に適するものとならなければならない。将来の人類の如何は、この意味で女の職業に適するものとなるか否かにか、つている。」注3と。ギルマンは婦人の従属的関係にある事が、単に彼女等自身のみならず、延いてその子孫に重大な悪影響を与うるということを主張している。

註1 茲に偉大なる婦人とは子を生み、子を育て、家庭の人としてその天分を発揮する婦人の意である。
註2 本間久雄著「現代〔の〕婦人問題」一〇四頁。
註3 前掲書一〇六—一一〇頁。

さらにエレン・ケイによると「もし新しい社会が、ベートーフェンや、ワグナーになり得る人を機関手に造り上げたとしたら、それは実に悲しむべき事である。それと同じく新しい社会が女をして霊魂の教育者たる母たらしめる代りに、男と同じく戸外に於ける労働に従事させたならば、これ亦大なる精力の誤用である」註4と、母性保護を力説している。サリバイ博士もエレン・ケイと同感である。即ち「ギルマンは、母性ということだけを認め、父性を認めず、また婦人の経済的独立を主張する場合の婦人の思想の背景には、男子というものが獣的な性欲的な破壊性を帯びたものであるという偏見がある。要するに男女相互の経済的独立という事は無意識である。何故なら男女両性は夫々独立しては、彼等は彼等自身を生産し得ないからである。婦人はただその婦人本来の十分なる本性の代償を払うことによつてのみ、男子と対等し得るのである。」註5と云つている。

註4 前掲書 一一二頁。
註5 同 上 一一三頁。

これを要するに婦人の職業問題は、程度問題であり、男女能力の特徴に基いて善処すべきものである。換言すれば、能力経済上の限界を認識して活動することが尤も賢明な方途ではなかろうか。即ち婦人も人である以上、社会の活動に参与し、社会に貢献すべきは当然である。併し婦人には婦人としての長所があり、自然の命じた本来の任務がある。この長所や本務は、婦人として第一に考慮におくべき最大要件であつて、その後に婦人の自由が始まる。婦人の戸外職業の領野は、このベースの上に立つて活動範囲が定められねばならない。従来の家庭というものに於ける女性が不合理に圧迫された跡をみて、直ちに家庭の解決を叫んだり、家庭そのもの、存在を呪うことは過誤である。家庭は改善さるべきものであるとしても、廃止すべきものではない。家庭は男性の安息所であると同時に、女性に於ても安息所であらねばならない。たとえ女性が家庭に於ける用務の多くを持つているからとて、それは安息でないとは云われない。

二

わが国の女性に就いてみるに、彼女等は明治維新以来文明開化の中に住みながら、残存する封建的な因襲の板挟みとなつて苦しみ抜いたのである。即ち、長い間徳川封建制の下に眠らされ「女子と小人につける薬はない」という様なことをいわれても仕方のない狭い視野と無智の中に喘いできた女性のために、明治初年、中島湘煙、福田英子氏註1等が卒《ママ》先して板垣伯の自由民権運動に参加し、女性の自由と解放との為に烽火をあげた。

注1　十七才の福田女史の純真な愛国の熱情は、同女史の自伝「妾の半生涯」（改造文庫）を読むもの、心を捉えずにはおかないであろう。

つづいて津田梅子氏等の三少女が、単身アメリカに洋行して勉学をする決心をされた。その頃から女子教育が政府の問題となり、女子高等師範が創立された。明治卅三年には吉岡弥生氏の女子医専の創立、同年の秋には女子英学塾、女子美術学校の創立、翌年には成瀬仁藏氏が日本女子大学を創立された。東京電話局が男子交換手を止めて婦人に代えたのもその年である。当時の回想を吉岡弥生女史は、その自伝の中に書かれている。「こうした活気にみちた現象は、ひとり女子教育界に限らず、社会の各方面における婦人の進出に見ることができました。明治卅二年の一月には野口幽香さんが町の子供を集めて二葉保育園を開き、その五月には北川はつ子さんが東京孤児院を始めました。社会の大事件としては、この年の九月、救世軍の活動によつて、籠の鳥の娼妓の自由廃業が全国的に流行し、貸座敷業者が恐慌状態に陥つてをります。この形勢に押されて、十月になると内務省でも娼妓取締規則を公布して、新たに娼妓たらんとする者の年齢に制限を加える一方、一定の手続きによる自由廃業を認めるようになりました。あの名高い明治五年の芸娼妓解放令に較べますと、処置としては微温的でしたが、解放令が頭の進んだ役人の思いつきに終わつたのに反して、自由廃業の方は、苦界に悩む婦人たちの実際的な要求として現れてきた点に時代の進歩が見られると思います。もつとも、この年の二月には治安警察法が公布されまして、婦人の政治運動に大きな制限が加えられました。」と、かくて教育界及び一般社会に於ける婦人の進出に驚いた官僚が、手廻しよくバリケート《ママ》を築いたものと思われる。

自由民権運動が弾圧されてから、婦人の政治運動も衰えたが、明治卅六年平民新聞の発刊から再び婦人問題が採り上げられる様になり、同卅八年には堺ため氏等の活動で議会に治安警察法第五条改正についての請願書が提出された。その後大正九年になつて平塚雷鳥、市川房枝氏等によつて新婦人協会が設立され、再び治警法第五条が採り上げられ、婦選獲得運動の第一歩が始められる事になつた。その後、新婦人協会が分裂して、婦人獲得同盟ができ上つたが、その頃から婦人参与権問題が政治から切り離されて、婦人運動の為の婦人運動となり、国民生活から遊離してしまつた憾があつた。

その頃から働く婦人達の運動が活潑となり、婦人の勤労生活の改善を要望している。昭和五年無産婦人同盟の政策として主唱したものは次の様なものである。

○二十歳以上の婦人選挙権と被選挙権との獲得
○婦人の政治結社加入の自由
○婦人の坑内作業と危険有害作業の禁止
○労働婦人の産前産後の八週間の日給つき休養の励行

○寄宿舎制度の徹底的改善
○農村都会に於ける無料託児所と無料産院の増設改善
○同一労働に従う男女の性別撤廃
○教育の機会均等
○公娼制度と私娼の撤廃
○無産母子扶助法の獲得
○無産婦人に対する政治上法律上社会上の封建的差別の撤廃

第一次欧洲大戦の頃から婦人の職業は稍々活潑になり、その種類も増加したようである。これは女性の知識の進歩から起こつたようである。即ち社会の下層階級から発芽し、漸次必要的経済的動機から中流階級以上に波及したようである。

こゝで婦人が職業を求める動機に就いて触れてみよう。大体、次の五つに分つことが出来よう。

1 自覚によるもの
2 不運の身の上或は結婚問題の悩みから
3 世相に雷同し又は物質に憧れて
4 生活上のために
5 環境をきらい、又は何等かの刺戟を求める心から

以上の内、(1)は男子に対する隷属生活から解放される事を求める者と、ただ社会的活動に参加する事を念願する者との二つがある。(2)は人生の岐路に迷う人々であって、悲しき痛手を蒙つている。(3)はいつの世にも多い婦人で所謂チンピラ連中で嘆ずべき者である。(4)は現在の社会に最も多いのであつて、知己の紹介や勤労署を通じて就職するもの、大部分である。(5)は知識階級の婦人によく見うけられる。

○

その後、婦人の勤労生活に対する改善の要求は屢々叫ばれたが、それらの努力にも拘わらず、満洲事変、支那事変と次第に戦争への無理が、女性の抬頭する国民生活を圧迫し始め、言論の自由は取り去られ、議会の機能は停止し、民主主義的な動きは全く弾圧されたのである。併し、真実を求める婦人達の叫びは消えなかつたのである。即ち苦闘する多くの勤労婦人や、尨大な軍事費を各個家庭に背負わされてその惨憺たる生活に喘ぎながらも、健げに頑張り通した主婦達や、家庭から工場へ動員されて昼夜の分ちなく働き抜いた学徒達の胸に描かれた解放の念願は、遂に天に通じてか平和の将来と共に、それは齎らされるに至つたのである。

三

働かざるものは食うべからずと、聖書は教えている如く、今日の国民はすべてが働かねばならぬ。個が全体に通ずる通路が職業であり、全体の分肢たるものが職業であるならば、職業問題は個人の責任であると共に、また国家もその責任を負うべきものであろう。われわれは歴史上における重要な職業配属制度として、職業世襲制と職業自由制との二つを挙げることが出来よう。即ち前者は封建社会の基本制度で、この下では親の職業は家業として子孫が受継《ママ》がれ、原則として勝手

な変更を許されなかつたが、封建社会の没落と共に、この制度も一応終焉をみたようである。後者は資本主義社会の制度である。これはその開放的、弾力的、能率的性格の為に近代社会の要求にそうものであつたから益々支配的となつて行つた。

戦時中は、職業は個人の自由意志による選択に任さるべきではなく、国家の必要とする労務動員に基いて統制され、配置されねばならなかつたが、併し、今日は個人の生活上の必要に基いて自由に選択されるように復還された。とは云うもの、、この職業配分の問題は、極めて古い宿題なのであつて、彼のトマス・モーアの「ユートピア」の中に、既に見られるのである。職業配分の問題を公共認識の門口に運んだのは何かといえば「職業危機」であろう。謂ゆる職業危機は多種多様な形で現われるのであるが、取りわけ特に職業観・職業道徳・職業事実の上に看取されるであろう。而して職業危機の克服策の一つとして、社会的職業政策の重要部分を構成するものに、職業紹介・職業相談・職業補導・職業教育等の制度があるが、私はここでは「職業補導」の制度に就いて述べることにしよう。

職業補導の思想の中には、日本経済の機構上の再編成の線にそつた活動として評価せんとする立場と、これと別な救済観念とが縒り合つていると考える事が出来る。失業救済方策は職業補導と並んで社会事業による授産と内職の斡旋とを含んでいる。

想うに職業補導に於ける当面の問題は、産業機構の破壊及び軍の解体による大量的離職者を、民需産業へ吸収を容易ならしめるための失業対策の一環として、産業経済の復興の為の労力乃至人材の養成、配置を目的とするもので、一面特定の社会層に対する生活保証の制度である。

さて当面の離職者に対する職業補導施設としては「わが国衣食住の生活の安定に眼目を置き、戦災の復旧、戦後産業の振興に必要な約四十種類のものが考慮されている。次ぎにその主なものを挙げて見ると

1 建築工補導所 2 木工補導所 3 木船工（以下「補導所」を省略する）4 洋和裁 5 電気工 6 農機具 7 手工芸 8 事務（タイプライター及び通訳）9 熔接工 10 機械工 11 陶芸 12 製図 13 塗装工 14 手織工 15 農業技術 16 その他

これ等職業補導施設は「戦争の終結に伴う産業離職者・復員軍人・海外引揚者・戦災者等失業者中直ちに就職し得ざるものに対し、所要の技能を補い、健全なる職業に円滑且つ速かに就業し得る様に指導する」ものであるが、また彼等を「その技術並に心身の錬磨に努める」と、これと並んで「補導生の身上相談等に与かる様に心掛ける」とは「職業補導施設実施要綱」の宣言するところである。ここに、われわれは社会事業に特有な訓育的要求が職業補導問題の中に織込まれていることをみる。

その昔と云つても昭和七・八年頃の不景気時代の失業対策として、六大都市に於ける日傭労務者を対象として実施され

た失業者更生訓練の職業補導は、謂ゆる精神訓練に重点を置いたものであつた。また昭和十四年の軍需産業転換時代は、転失業対策として幾分本格的な職業補導へと進んだが、その補導期間は僅か一ヶ月乃至三ヶ月程度のもので、専ら技術的訓練に主眼を置いた。だが現在の職業補導はその期間も六ヶ月以上として、技術的訓練に重点を置き、なお希望者には卒業後も研究生として更に六ヶ月以上その技能を磨くことが出来る様にしたことは注目に値しよう。

　大河内一男教授は職業補導の施設に於ける弱点を指摘せられ、「現在の職業補導施設は、離職者に対する応急的な一時しのぎの小規模にして慈恵救済的な施設に陥る危険をはらんでいる。この事実は更に進んで、職業補導に於ける重要な二つの問題の解決を妨げるに至つている。即ち一は被補導者の側に於けるその期間の生活保証の問題であり、他は職業補導乃至は一般職業教育と労務者の一般的教養との関係がそれである」註と急所を衝いておられるが、その一の生活保証の問題は二十一年十月から実施された「生活保護法」（法律第十七号）によつて、ある程度その解決が可能となるであろう。また補導の文化問題であるが、これも現在勤労者として重要な「労働問題」等に対する新知識は、その普通学科に於ける公民科の中にその教程を織込んで指導する等、可及的新時代に適応するよう職業教育に腐心しているようである。従つてわが国の国民経済は、将来に向つて豊かな発展を約束されていると云えよう。

註　大河内一男著「社会政策の基本問題」五八二頁。

四

　こんど設置された職業補導所のうち、婦人向の指導種目は次の十である。

　謄写印刷、タイプライター、語学、ミシン、洋和裁、織布染色、刺繍、アツプリケ、手芸、パーマネント等である。

　これ等の所在箇所を挙げてみると、先づ謄写印刷は東京、千葉、大分の三箇所。タイプは東京、千葉、神奈川（二）、大阪、奈良の六箇所。ミシンは富山、徳島の二箇所。語学は東京、神奈川（二）の二〔三カ〕箇所。洋和裁は東京（五）、新潟、長野、福井、大阪、島根（四）、香川、徳島、福岡、熊本、大分の十九〔十八カ〕箇所。染色は徳島の一箇所。刺繍は東京、小松、金沢の三箇所。アツプリケは岐阜の一箇所。手芸は大阪、島根の二箇所。パーマネントは東京の一箇所であつて、合計四十《ママ》一箇所である。入所定員は一箇所三〇乃至五〇人であるから、今仮りに四〇人の卒業者を出すこと、すると、一年に約二千二百人ほどの婦人補導終了者を社会に送ることになる。なお二十二年度には全国に職業補導所が今の二倍ほど増設せられるから、その時は相当の補導終了者の数がみられよう。

　なお、婦人向の職業補導として、近い将来に設けたいものに、ハウスキーパー乃至新派出婦と云つたものが望ましいようである。従来の女中は多分に封建的色彩が濃い上に、家庭科学乃至家庭経済等の知識に乏しい。彼女等は僅かに家族的な美点が認められているが、家族的という形は美に似たれども、世を益する何物でもない。寧ろ彼女等に決して幸福を齎すものではなかろう。故に、これに代る新時代の文化的教養に富んだ家庭従事者を職業指導することこそ緊要なものと思われる。更に婦人料理人（和・洋・中華）の職業補導も要望の一つであろう。

〔『家庭科学』第一一六号、一九四八年四月、家庭科学研究所（共立女子学園）、東京、K560〕

婦人内職増収の体験（東京　千葉）
（附）熊本県の内職案内

洋裁の共同授産

明美洋裁共同作業所　中村光子（東京）

こゝは遺族、戦災者がお互いに助け合いながら仕事をしてゆこうと、昨年の春七人で共同して建てた授産施設です。

現在やっている仕事は、婦人子供服の仕立で婦人物が多く、これらの注文はお互いに知人から受けてまいります。

作業時間は九時から四時半まで、工賃は仕立代が市価より安いので他の作業場より低うございますが、二人分の生活費なら何とか産み出せましょう。

女ばかりの仕事なので、いろ〳〵の点で困難がありますが、同じ境遇の者同志のことゝて、精神的な慰安は大きく、その点ほかのところより恵まれていると感謝して働いております。

戦争犠牲者で一応ミシンの踏める人、忍耐強い志操堅実な人を望んでおります。（東京都港区芝高輪台町、高松宮邸内）

地方へも出す袋張り

織田利子（東京）

袋張りは紙・糊・鋏さえ揃えばすぐにできる簡単なものです。

こゝでは材料から仕上げまで全部めい〳〵でやり、工芸社ではそれを検査して買上げてくれます。まず紙を集めますが、菊判（A5）雑誌・教科書・新聞紙、または日本紙・分厚なものを除いた反故紙など何でもよく、紙によって袋の作り方、工賃など違ってまいります。

菊判雑誌は二つ折にし、底と横を二分の糊代で折り返します。新聞紙は、八つ取、（二つに裁って四つに切る）六つ取、（二つに裁って三つに切る）叺《かます》張り（六つ取と同時に裁ち、叺のように上部を少しずらし、両横に糊をつける）とあり、三種とも折返し側口中央から一寸―一寸二分の切込みをつけます。その他の紙は菊判雑誌に準じて作ります。

これを百枚ずつ、こよりか紐で束ねれば出来上るのですが、四隅を揃え、結び目が折返し側にくるよう縦に固くしばることが大切です。

袋はどれを作ってもよく、また百枚ずつの混合でもよく、届ける都度に工賃が支払われます。

工賃は紙代を含み、一枚につき菊判雑誌十銭・八つ取十四銭・六つ取十八銭・叺張り二十銭で、先方では叺張りを望んでいます。収入は袋の種類・出来高によってまち〳〵ですが、私の家では子供二人が手伝ってくれて、日に一千枚ほど作りますので、紙代を差引いて七十円程度になります。

私どもは主人が昭和十三年に応召してから未だに帰ってまいりませんので、何か仕事をして生活をさゝえてゆかなければならないと、この仕事を始めてみたのですが、内職としては割に率のよいものなので、つゞけてやっております。

仕事を御希望の方は、こゝの会員になることです。地方の人はグループを作り、中の一人が代表して会員になればよいとのことです。なお、一ヵ月十万枚以上作ると奨励金が出ることになっております。（東京都杉並区高円寺一丁目四四八、民福工芸社調べ）

手軽な布切《きれ》のし

川井貞子（千葉）

物価がどん〳〵上る一方の現今では主人の給料ばかりを頼ってはおられませんので、何か家庭でできる仕事をと探しておりましたところ、近所の手袋工場で布切《きれ》のしの仕事を出すとのことで、早速始めました。

まだ日が浅いのですが、思ったより面白く、しかも楽にできるので、今後つゞけてゆきたいと思っております。

仕事の内容は、屑布《くずぎれ》を横一尺・縦八寸くらいの大きさに切り、しわを伸しながら一枚々々重ねてゆくもので、その大きさに満たない布は足りないところだけ別布を当てます。しわを伸すには平な板か机の上で一枚ずつ手で伸しながら重ね、文鎮のようなもので押えると簡単です。

工賃は一束（百枚）二十五円で、一日平均二束見当です。

こうして重ねた屑布は、工場で適当に裁断して、作業用手袋にするのだそうです。（千葉県船橋市宮本町六丁目、山田手袋工場調べ）

その他千葉県では、銚子、市川、船橋、木更津各市、ほか八カ所の授産場で竹細工、衣服更生の仕事を出しています。

熊本県の内職案内

▲肥後厚生会健軍共同作業所　パナマ帽子・七島藺帽子・七島藺手提・七島藺鼻緒・タッチング・エリ蚕飼育など、工賃は一日十五円程度。条件は別にありませんが、引揚者寮に収容されている者を特に望んでおります。

▲手取共同作業所　ミシン縫製、工賃十五円。（以上、熊本市）

▲山鹿共同作業所　将来性のある竹皮笠の仕事、工賃二十五円。

▲鹿本職業共同作業所　畳縦糸・下駄鼻緒心、工賃三十円。（以上　鹿本郡山鹿町）

▲来民町共同作業所　団扇作り、工賃十円程度、自宅でできます。（鹿本郡来民町）

▲緑木竹工業共同作業所　竹椅子・買物籠作り、現在五十名ほどの人が家庭で仕事をしています。工賃四十円。（上益城郡甲佐町）

▲ホテイ工業作業所　鼻緒・手提・スリッパなど、貿易品として将来性があります。工賃二十円。（八代郡高田村豊原）

―昭和二十三年一月八日調べ―

〔『主婦之友』第三二巻四号海外版、一九四八年四月、主婦之友社、S2304〕

結婚難時代

（本誌記者）

世相は今や結婚受難時代が深刻に襲来し婚斯〔期カ〕にある青年男女は勿論その父兄達をも憂悶焦慮の淵に突落してゐる。結婚難の主な原因は物価騰貴による生活難が第一、次は失業、住宅不足等である。

インフレ景気の為三千や四千の安月給では己れ一人の口《ママ》も糊するもヤツトのこと、妻を迎へるには甚だ心細い。たとひ収入は相当あつても、久邇朝子嬢と島津齋親君の如く借家を見付けて始めて結婚するといふ住宅難、普通の人では貸間もアパートもなか〳〵借りられない時勢だ。未亡人、オールドミスの氾濫が敗戦ドイツの様になつては人道的にも社会的にも大問題だ。

日本橋三越の四階にある厚生省優生結婚相談所の山際所長は「昭和十四年以来此所で優生的結婚の相談を引受けて相当の成績を挙げてゐますが、近頃の申込は男二対女三の割合です。相手はいづれも山手方面のインテリ層が多く、今年の九月末迄の申込千に対して成婚は其の一割でせう。年齢は女子は二十二三から二十七八歳、男子は二十七八歳から三十二三歳の方が多く、女の希望は生活可能の男子を、男の希望は美人といふよりも常識の発達した女、健康の婦人に重点を置くやうです」と語った。

〔『すがた』復刊第二巻一〇・一一合併号、一九四七年一一月一五日、東京すがた社、S2583〕

結婚難の実相

羽田吉太郎

（一）

第二次世界大戦が漸く終つて、世界の人々から一応生命への恐威は去つたように思われ、ほつとしたのも束の間、世界共通の幾多の困難な問題が新に派生し或は従来伏在していた問題が一層深刻な様相を露呈してくるに至つて、戦争のない状態にもやはり生命への恐威のあることを人々は次第に自覚するようになつてきた。

直接なる生命への恐威ではないが次代へつながる生命への恐威としての結婚難の問題もやはり世界共通の社会問題として重大な課題となつてきた。併し結婚難の問題は、それ自体の性質上、直接の生命への恐威である経済諸現象の重圧におされて人々から見過ごされ勝ちな問題となつており、更に経済現象と異つて国家的な解決策の打ち難き、或は打ち得ない問題であるだけに此の重大課題の解決は全く各個人の自由に委ねられているためより深刻な様相を内蔵しているのである。そして此の根本的解決は自然原則であり、国際的歴史的な倫理観としての一夫一婦制の原則に根本的に触れざるを得ない問題であるだけに一層深刻な社会問題なのである。

此の結婚難の問題は不急なそして解決不能な課題として、そのまま社会に内蔵しておいたならば、将来測り知れざる社会悪となつて、表面に発現する虞れはないであろうか。その時は既に手の打ちようもないものとなつては了わないだろうか。

最近一英国人は英国の結婚難の解決は一夫二婦制を是認することによつて始めて解決可能の課題であることを指摘して国民に一大ショックを与えると共に、世界的にセンセイションを捲き起こしたが、これが世界的なトピックにまで発展したことは、各国とも一様に此の解決至難な課題に深刻に悩まされている反映でもあろうか。

深刻な敗戦の苦悩に沈淪している我国に於ける結婚難の実相のアウト・ラインを察知するために長野市に具体的一例をとつて、是を解明し検討を試み度いと思う。

（尚本文の準拠せる統計は昨年四月の国勢調査の折の数字であることを念のために断つておく）

（二）

歴史的な人類の発展過程に於いては、恐らく初期の頃には男性対女性の人口比は一対一の同率ではなかつたかも知れない（即ち人類の本能的な種族保存の建前から女性の人口が男性より上廻つている方がより合目的的であるからである）が今日に於いては平常の状態では男女の比は一対一の同率であることは各種の統計が明らかに示している所である。

戦争の結果、多数の男性が犠牲となつたため同率と云う自然現象は無残にも破壊せられて、人為的に男女比は著しくアンバランスの状態になつて了つたが、一方に於いて依然として自然原則である一夫一婦制が温存されているために此のギヤツプに該当する多数の女性は一生不自然な独身生活を送らざるを得ない無情な運命に陥つて了つたのである。

長野市の例（便宜上結婚可能年齢である十五歳以上の数字を例にとる）数え年十五歳（資料は前記の如く約一年前のものであるから満十五歳に当る、以下は単に年齢のみ略記する）

より二十一歳までの男女の絶対数は、十五歳（男一、〇四八人・女一、〇五二人）十六歳（男一、〇七七・女一、〇六二）十七歳（男一、〇二三・女九八二）十八歳（男一、〇六一・女一、〇五二）十九歳（二）男一、〇六九・女一、〇五二）二十歳（男九九七・女九八七）二十一歳（男九二一・女九二九）となつており之等兵役に関係なかつた男女比は略同率の数字を示しているが、兵役に関係のあつた二十二歳以上の男女比は、二十二歳（男八〇二・女九四八）二十三歳（男六二八・女九〇四）二十四歳（男五一一・女七九八）二十五歳（男三九四・女八二八）二十六歳（男三九四・女八二八）となり以上三十二歳までの男女比は略同様の著しいアンバランスの線を辿り三十三歳に至つて若干アンバランスの度は緩和されて（男五五一・女七六〇）となつており、三十四歳以上四十歳までアンバランスの率は漸次緩和されて四十歳には（男五三七・女六八四）の率を示している。是れを要するに二十四歳から三十二歳までの間の男女比が最も著しいアンバランスになつており、就中二十五歳から二十八歳までの男女比は男性が半分以下の数字を示しているに過ぎない。此の間の男性が最大の戦争犠牲年齢であることを物語つていると同時に結婚最適齢期であると云う皮肉な事実も見過ごすことは出来ない。

通常の場合結婚に於ける男女の年齢差は五歳であるから実際に即して之等男女の絶対数を総合的に観察するならば、男二十歳から四十歳までの数は一一、五四九人となり、女十五歳より三十五歳までの数は一七、九六九人となつて、その絶対数の差は六、四二〇人女性の方が多くなる。少くも此の間の年齢に於ける六千余人の女性は結婚不能となる訳である。そして此の男女比は二対三であるから三人に一人はオールドミスの名を甘受しなければならぬ運命だ。

次ぎに所謂結婚最適齢期の男女数と比率を同様の年齢差に於いて観察しよう。男二十五歳から三十歳までの絶対数は五、三九五人となり、その差は二、九七二人女性の方が多い。此の男女比は五対十一となるから十一人の女性のうち過半数の六人（強）は結婚不能とならざる得ないわけだ。

（三）

結婚最適齢期の女性の過半数、結婚可能年齢の女性の三分の一は結婚不能となるのである。

不可思議な神？の意思により規定された一夫一婦制の自然原則により多数の女性は神？の意思により与えられた自然本能「生命の永遠性」を犠牲にされるのである。

戦争こそは女性にとつて最大の敵であることを悟らねばならない。

〔後略〕

〔『信州及信州人』第九巻七号、一九四七年八月、信州及信州人社、長野、S1711〕

特集 結婚難と結婚紹介所の実相をさぐる

売れ残る娘・戦争未亡人・ふえゆく離婚・若くなる結婚年齢　求婚する婦人達と結婚難の正体

木下　正

自信のなくなった娘心

終戦後の当り商売の一つに結婚紹介所がある。娘一人にムコ八人を逆でゆく世の中であつてみれば、可愛い娘を売れ残りにしたくないとあせりたつ親心も無理からぬし、住居がない、金がない、衣裳がないと自分の身のまわりを振かえつてみても万事自信のもてない条件の中で、いつか自然にどこから降つて湧くかもしれぬ良縁などを夢みてのんきにべん〳〵と待つてはゐられぬ娘心の秘かな煩悶もよくわかる。さあ結婚の用意はできてゐます、新婚の楽しいわが家《スイートホーム》もあります、四千八百円ベースならぬ二人で食えるヤミ収入にも自信があります、どうぞ結婚を、などと片膝ついて手を差のべてくれそうな青年などは、小説や映画の世界以外には、実際にはどこを見まわしても見あたらない。結納金が一万円、式場費用が三万円……とまず差当つての胸算用をしただけで若い男達はあきらめてしまう。いつそ結婚紹介所に申込んで、全く縁も関係もないアカの他人同士の方が、親や親戚を中に入れて仲人への義理や家の体面体裁に望みのない無理算段するよりは……と、思いつめた思案のあげくが勇気をふるつて集団見合大会の徽章を胸にぶらさげるか、そこまでの決心がつかねば外套《オーバー》の襟にあごを埋め、ショールの端で顔をつつんで紹介所の入口にあらわれる。もつと気の小さいのは結婚雑誌に求

婚広告を、とゆうことになる。

それは若い娘の場合であるが、紹介所の利用者にはもつと年のいつた、三十歳前後から四十三四までの、それも再婚希望の婦人達の申込が目立つてふえてゐることが、最近の著しい特徴である。これは何を物語るかとゆうと、一つは云うまでもなく戦争未亡人の再婚である。

再婚をのぞむ未亡人達

全国三百五十万と云われる戦争未亡人達は、戦時中は「靖国の妻」と名ずけ《ママ》られ、うら若い青春の肉体を生きながらにして国家の祭壇の人身御供に供えられてゐた。戦死者の妻の再婚は最も厳重に禁止されてゐた。彼女達が一人の女としての美しいまじめな愛情から新しい幸福な生甲斐ある生活を発

見する途は、厳しく監視されてゐたのである。軍からは幾度もくりかえし秘密の訓令が全国に送られた。戦死者の遺族を監視せよ、彼女達が恋愛をせぬように、再婚をさせぬように、と。

深夜灯のかげにふとめざめて、人知れずありし夜の愛の追憶にすすり泣く彼女達に、新しい生命の火をともす温い愛情の代りに、作りものの「名誉」が押しつけられた。彼女達はもはや女であることを諦めねばならなかつた。

だが、終戦が来た。世の中は一変した。むざんな生きながらの人身御供は屍衣の中からよみかえつた。不自然な「靖国の妻」は、再び人間であり、まず女であることの生活を生きようとしてゐる。周囲から押しつけられた中身のない「名誉」の仮面をすてて女として当然のさまざまの姿を、結婚相談所や紹介所の窓口にあらわすのである。

〔中略〕

ふえてゆく中年の離婚

紹介所の申込を賑わす中年婦人のいま一つの型は、未亡人にあらざる離婚者の再婚である。終戦後の現象として離婚のふえたことは、東京に限らず地方の小都市でもいちじるしい全国的傾向である。これには生活難や風紀関係や、いろ〱の原因はあるが、法律の改正によつて離婚が比較的容易に行われるようになつたこと、離婚の協議に際して女にも男と対等の云分を認めてくれるようになつたこと、に大きな原因があると思われる。生活難が原因ならば、それはむしろ生活力の弱い独身婦人や未亡人達を逆に結婚の方へ追いつめる有力な原因ともなつている。さればと云つて、戦争がすんでから急に日本中の夫婦が仲がわるくなつたとも考えられない。夫婦喧嘩の原因はいつの世の中にも絶え間はないが、多くは女の側の泣寝入りで大抵うわべは片付いていた。社会の通念も女は耐え忍ぶべきもの、従うべきものとしか教えなかつたし〔 〕本人自身もそれを女の道と考える頭が結局はぬけきれなかつた。裁判所へ行つても雑誌の身上相談に投書してみても、型にはまつたとりつくしまもない解答を与えられたものだ。

それが世の中が変つた。人々の考え方が変つた。女自身の考え方も変つてきた。以前は泣寝入りしたことも、今日では泣寝入りできなくなつたし、またむりに泣寝入りすることが必ずしも女の美徳とは思えなくなつた。そこへ法律が変つた。むりな泣寝入りをする必要がなくなつた。「これだけ云つても分らないならもういいわ。明日の朝、家事

審判所の前で会いましよう」
と云うことになる。妻の物は何から何まですつかり夫のもの、出るなら裸で出てゆけなどとゆう男の勝手な法律は昔のもので、自分の財産は持つて出るほかに、財産の分与を請求する、子供も男の云ひなりの人質にむざ〳〵取られはしない、とゆうことになれば、生涯泣きの涙で暮すよりまし、と心を決める人がふえるのももつともである。離婚の数がふえたのも不思議ではない。従つてその分だけ結婚紹介所の窓口に
「嫁度《とつぎたし》　二子有　当方再婚‥‥」
といつた申込みが目につくのも道理であろう〔。〕

中には、そろ〳〵家庭の雲行が険悪になつてくると、「嫁度」を先に早手まわしに出しておく用意のいい奥さんがある、などとゆう笑話さえある時代である。

ロマンチツクな御時世

結婚紹介所大繁昌の原因は、このような終戦後の女の環境や社会的風潮の変化にあるとは云うものの、女ばかりで結婚が成立する訳はない〔。〕ところが若い男の数が少くてひつぱりだこのはずの男の申込も、近年グンとふえてゐるのは一体どうしたことか。以前からこの種の紹介機関を利用する者は、男の方が多かつた。男の方が女よりつらの皮が厚かつたからかどうかは知らない。ところがその頃は女の申込みが少くて、釣合がとれなかつた。みをむすぶ見込の少い所へ料金を払つて申込む者はない。だから男も女も利用者は乏しかつた。終戦後の情勢で、急に女の利用者がふえたとなると相手方の男の利用者もしぜん相対的につり込まれて熱をあげてくるのは当然で、そこで、

「当方美青年　財有　教養有‥‥」

の候補者あまたと聞けば、また女の方もここぞと一層馬力をかけてくる――紹介所大繁昌のゆえんである。


以上はまじめな人達の場合の話であるが、ふまじめな動機やかるいいたずら半分や、悪質の犯罪の手口などに利用されている向もあるし、「二号」さんのしゆうせんが多い。特に近年のあかるく自由な男女交際や恋愛的な気分が街ぢうに汎濫してゐるロマンチツク時代のせいで、異性とのあまい交際を夢みてゐる、若い男女の利用が半数以上にのぼつていると見られる。彼等の目的は結婚ではなく交際である。「男女七歳ニシテ席ヲ同ウセズ」とまるで若い男女をペスト患者のように隔離し、ひやかしの声と無言の警告の目つきにとりまかれてでなければ散歩ひとつできなかつた。正しい男女交際の機関のないわが国では、解放された若い人達が美しい異性の友をこうした方法ででも求めたいという気持は、決して一がいにふまじめとか不健全と片付けることはできない。問題は男女の正しい社交機関やそうした機会を与える社会習慣を早くわが国にも作り出して、人的な営利業者の手によつてしか大切な若い世代《ヤンガージエネレーション》の美しい交際の機会がみつけ出せないとゆうような、なさけない現状を一日も早く改めることである。

放出されたイントク娘

今日のこの「結婚難」には、もうひとつ戦争のいたずらがある。それは多くの若い青年達の戦死、そのために適齢期の男女の数のふつり合ひというようなこと以外に、戦時と今日との人々の思想の変化、人生の目的や生活の理想についての考え方や興味の変化によつて、結婚適齢に急激な断層を生じたことだ。戦争中では二十七歳で勤労報国隊に行つてゐる娘は、売れ残りとは思はれなかつたし、本人もそうは感じなかつた。今日洋裁店に通つてゐる十七歳の娘はもうスマートな異性の友達をほしがつてゐるし、二十一歳のタイピストはいつ結婚してもよい相手を探してゐる。二十四歳のデパートガールはもう売れ残りと云はれることを気にやんでゐる。こんな短時日の間にこんな激しい結婚年齢の変化は、世界各国どこでも戦後に特有の現象である。まだまだと安心してゐたのに、いきなりもう遅いと一括して残品あつかいにまわされた娘たちはあわてなかつたらふしぎである。こうして、ちようど戦争中にあちらの山かげこちらの地下倉庫に、国民の飢寒をよそに山と積まれてあつた膨大な軍需物資が、終戦と同時にドツと街中に汎濫してインフレ景気をあをり立てたように、また、戦争中貯蓄々々で強制的に封印されてゐた潜在購買力が、終戦と同時に堰を切つた奔流のごとく発現して金《かね》と品物との驚くべき全速力《フルスピード》ゲームを演じたように、こうして戦後の街に一時にドツと放出？　された「隠退蔵娘」や「潜在適齢娘」たちは、忽ち娘インフレを作り出し、結婚難時代を作り出した。

結婚難はどうしたら解決するか。それはインフレはどうしたら解決するかに答えるよりもなおむづかしい。

〔『婦人ライフ』第一巻二号、一九四九年二月、レディス社、東京、F80〕

新しき女性のために

村岡花子

良心の自由

戦争が終りましてから、民主主義とか、自由とか平等などといふ新しい言葉がいろ〳〵と出て参りました。民主主義つていつたい何だらう、今までやつて来たことはみんなわるかつたのだらうか、自由々々といつて誰もが勝手なことをしたら、いつたいどういふことになるのだらうと、困つていらつしやる方も大勢おありのことゝ思ひます。私も又困つてゐる一人でございます。それで、私はこれから、私の考へて居りますことを、困つて居るお仲間の一人としていろ〳〵とお話して見たいと思ふのでございます。

民主主義と申しますと、まるで変つた新しいことのやうにお思ひになる方もございますが、ほんたうのこと、美しいこと、よいことといふのはいつの世、どこの世界にあつてもさう変るものではありません。私どもは今までのやり方をすつかりやめてしまふのではなくて、今までのことの中に本当の意味を認め、それを新しい時代にふさわしい力あるものとして行かねばならないのでございます。

この間、大変に寒い朝のことでございました。十五になる私の娘が、朝起きると、

「あ、寒い、なんて寒いんでせう、寒くて学校になんか行きたくないわ。行かなくたつてい、んでせう。自由主義ですもの今は、」

とぷり〱怒つて居ります。で私は申しました。

「さうよ。緑さん、こんな寒い日には行きたくなければ学校に行かなくたつてい、のよ。もう一度ねたらどう、あなたの自由ですもの。だけどね。緑さん、もう一つの自由もあるんですよ。それはね、寒いけれども元気を出して学校に行つてよく勉強することよ。今あなたは学生なのでせう。私には私の自由があるけれども、学生としての責任もある、辛いけれども、勇気を出して、その責任を果しぬかうといふのもあなたの自由、そのどちらを選ぶのもあなたの自由なのよ。いくつもある自由から、一番い、自由を自分で選ぶのが本当の民主主義なの、そしてお母さんにはあなたがいつも自分でよりよい自由を選びとるやうに育てる責任があるのですよ。」

「あ、さう……では自由にはいくつもあるの？」

「さうよ、一つしかないなら自由でなくて統制でせう。」

「あ、、戦争の時の……」

「さう、何でもちやんときまつてゐて、皆がさうしなくてはならなかつたでせう。自由の方はいくつもあるのよ。上等の自由もあれば、中等の自由もあり、下等の自由もあるの、寒いからお休みをするのは下等な自由、あなたがそのどれを選ぶかはあなたの自由よ。」

さうすると娘は、

「さう、ぢや、私上等の自由にするわ、自分で選んで行くんだと思ふと寒くつてもたのしいわね。」と申します。

「さうでせう。いつも、あなたは朝起きた時知らず知らずの中に上等の自由を選んでゐるのよ。今日は特別に寒かつたから、下等の自由の方に誘惑が強かつたのね。誘惑が強ければ強いだけそれに勝つやうな良心の自由が強くなくてはならないわけですよ。良心の自由の勝つた時にはいつも、今の緑さんのやうにたのしい心になれるし、そのたびにあなたの人格もあがつて行くのですよ。」

これは本当に小さいことでございますが、この頃問題になつて居ります、東京の若い娘たちの無責任な行動に致しましても、この自由主義のはきちがへといふやうなことが多いやうでございます。そんな時、母親が「それはいけない」といひますと、子供たちは「私たちは何をしたつて自由です、もう民主主義の時代になつたのだから。」とかう申します。「そんな筈はない、いくら民主主義だ、自由だといつたつて、そんなことをしてよいといふことはない筈だ。」と思ひながら

も、若い人たちにそれを説明することが母親には出来ません。かういふ意味で戦争後、急に与へられた言論の自由に、一方では大変にのび〳〵した気持になつた人もありますが、一方ではいろ〳〵と困つてゐる人もある、そのうち一番困つてゐるのは「今の母親だ」と私は考へるのでございます。男の人は社会を知つておりますし、正しい理論を持ち、それを正しく表現することになれて居りますが、世の中の母親は、そんな力を持つてゐないのです。

現在私たち女に何が一番必要かと申しましたら、とに角、第一にものを考へるといふこと、正しく判断するといふことをして行かなくてはならないのだと、私は思ふのでございます。まちがつた道を行かうとする娘たちに、「あなたの選んで居る自由は三等品の自由ですよ。不正な衝動や、誘惑に自分をまかせる自由は認めるのに、あなたはそれを抑へる自分の良心の自由を認めないのですか。」といつてきかせるだけの見識と発表力とが望まれるのでございます〔。〕

民主主義にいふ自由とはいくつもある考へ方の中から、良心の自由にしたがつてもつとも正しいと思ふ考へ方をえらび出して正しく発表、発現するといふことにより、個人が己の責任を果すことなのでございます。つまり民主主義とは個人の責任を大きく出すものだといへるわけでございます。

〔中略〕

希望ある平等

つぎに平等といふことについてお話いたしませう。民主主義の根本ともいふべき、自由と平等の中の平等についても、誤られた平等の考へ方がそこゝに見かけられます。が、民主主義のめざして居る平等とは、誰も彼もが同じになるといふことではなくて、誰にも彼にも同じやうに機会が与へられなくてはならないといふことなのでございます〔。〕機会の均等でございますね。人間のつくる社会といふものにはいろ〳〵と不都合なところがあつて、機会の均等に対していろ〳〵の妨げがある、その妨げの度合を出来るだけ少くしたい、これが民主主義の建前でございます。日本は今まだ始めたばかりですが、それではイギリスやアメリカにはそんな妨げは全然ないかといふと、それはあります。たゞその程度がずつと少いのです。日本では教育の面で見ても、男と女とでは機会が均等ではありませんでした。

男の人は大学に行けるが、女には行けない、又同じ男でもお金のある家に生れた人は、少し位頭がわるくても大学でも何でも行けるが、貧乏な家に生れた人は、早くから学校をやめて働かなくてはならない。給料の面で見ても、同じだけの仕事をする力があつても、女は男よりも賃銀が安いといふのは理屈に合ひませんね。かういふことはなくさなくてはならない。男同志でも、お金があつて大学を出た人は課長さんになれるのに、家の都合で早くから学校をやめて、工員から出発した人が大変に勉強して、技術も知識も進んでゐるといふのに、課長さんにはなれないといふやうなきまりがあるなどといふことも機会均等とはいへませんね。誰でもがみんな努力さへすれば、どこまででも行けるのだといふ希望が与へられる、それが民主主義です。

今の子供が大きくなるころには、誰でもが努力さへすれば何にでもなれる、さういふ世の中になるでせうと考へると、何だか明るい気持がして来ますね。けれども、それでは均等の機会を与へられたら、誰も彼もが全部課長さんになつてしまつて、工員などになつてゐる者は一人もないのではないでせうか。そんなことはありませんね。それは何故でせうか、一人一人の努力に違ひがあるからです。大勢の子供を見てゐるとすぐわかることですが、一生けん命に努力をする子供もあれば、出来れば遊んでゐたいといふやうな子供もありますね。私共は子供に努力することを教へなくてはならないのです。今まででしたらよいお家に生れれば、大した努力もしないで遊んでゐても、どうにかやつて行けました。けれども民主主義の世の中では、努力なしの人は負けてしまふのです。よく、「自分のことは自分でするんですよ。自分のことは自分でおしなさいよ。」とまるでお経の様にいひながら、してやつてゐるお母さんがあります。それは、してやる方がずつと楽です。させようと思つたら面倒ですから、ついしてやつてしまふのですが、それでは子供に努力する性質を教へることが出来ません。お母さま方は、何十年後の社会にどういふ人が必要かを知つた上で、人に頼らずに自分のことを自分でするといふ躾を続けていたゞきたいと思ひます。これは昔から日本でもつゞけられてゐた躾でございますが又、独立の精神といふもので民主主義の根本でございます。

民主主義になつたからといつて、今までのことをすつかりやめてしまふのだらうかといふ人がありますが、それはよく考へなくてはならないことで、今までのことの中に本当の意味を認めてそれを力あるものにして行くといふのが本当のやり方でございませう。こゝで又問題となりますのは機会が均等だから努力さへすれば誰でも勝つかといふことになると、さうでない例がどこにでもございますね。これは生れつきの頭脳のちがひ、体力のちがひですね。見て居ても可哀さうな位勉強をするのに、片方にはまるで勉強もしないでゐて、どん〳〵と進んで行く子があつて、いくらやつてもかなはない、そんなことがあります。それから勉強をしようと思つても身体が弱くつてどうしても続かないといふ子供もあります。おの〳〵その遺伝により、又環境によつて体質又は性質に悪いものを持つてゐる子供がありますね。そのためにその子供は、今の世の中で進んで行くことが出来ません。

人は生れながらにして、平等ではないのですね。このことを深く認識して、各々が自らを知り、自ら居るべきところに安んじてゐるといふことを知らなかつたら、この世の中は終ることない闘争の世界となつてしまひます。そして又すぐれた人はその生れつきの故に成功を収めて、高い位置についた時には、下の地位にゐる人々も自分も、人間としての価値には違ひがないし、その仕事のどれが貴く、どれが卑しいといふ区別はないのだけれども、持つて生れた才能や力の故に、自分はこのやうにその人々を治める地位にあるのだといふことを悟りましたならば、心からの同情を持つて、その同情といふのは、強者の弱者へのれんびんといふのとは違つて、もつと深い、人間の正義感から来たものであるべき筈ですが、自分より劣つた才能の人をひきあげる機会を与へ、その人々の生活をよくする責任を自覚し、果して行くのでありませう。

その他にも過去の政治によつて、重い荷を負はされてゐる人が大勢ありますね。この戦争で、大事な夫を、子を、兄弟を失ひ、又傷つき災害にあつたといふやうな方が、どの位大勢いらつしやることでせう。これは大変にお気の毒なことですけれども、どうすることも出来ません。過去にさかのぼることは私たちには出来ないのです。私たちに出来るのは、これからのことです。参政権を与へられ、男女同権の認められた今日、女の政治力はかういふ方面にすゝんで行かなくてはなりません。

〔後略〕

〔『新岩手婦人』第一巻四号、一九四六年五月、新岩手婦人社、岩手・盛岡、S1367〕

女性は解放されたか

衣奈多喜男

日本の女たちは軒下に出したカマドのトをバタバタあおいで炊事をしている。こんなくにがいつたいどうしてわがアメリカなどと戦争するつもりになつたのか、わからない――アメリカの兵たいが郷里へ出す手紙のなかに、よくこのような感想を書くそうである。なるほどね、と日本人自身がその観察のあたつていることにおどろくほかない。

もつともわれわれのいまの生活が原始的だからといつて、別に悲観する必要はなく、負けていなければたしかに台所のガスも電熱器もあつたはずである。

しかしこゝで反省しなければならないのは、軒下の七輪だけが、アメリカ人の眼に、非文明なくにだとの印象を与えたわけではなく、封建の昔から日本の婦人の生活に、とくに目立つた進歩のあとがなかつたということである。

日本には電気があるか――とソ連ではきくそうだが、ヨーロッパの中央部であるパリやローマなどでも、地下鉄があるか、という程度のことはよくきかれる。そんなときにたいていの日本人は、東京や大阪の交通網や人間の多いことやヨーロッパなどには類のない大百貨店があることなどを、得意になつて説明する。そのつぎには、日本女性の生活はいまでもドレイのようなものか、とたずねられる。十字軍の起つた時代の、ヨーロッパ女性の先祖たちは、完全に男性のドレイであつて、貞操帯などいうものまでハメられていたくせに……と反感さえ覚える。そこでその当時こちらのご婦人は男どもを眼下にみおろす文化人たちが妍を競い、紫式部や清少納言が世界的な大文章を書いていたぞ――と弁明はするのだけれど、さて現代の生活はとなると、いつもいうべき材料にとぼしく、困つた。

× × ×

地下鉄や省線やエスカレーターのデパートはあつても、家庭の主婦が朝から晩まで台所をねずみのようにかけ廻り、田舎では井戸汲みと釜の下をみるだけで結構何十丁も歩く勘定になつては、文化もくそもあつたものではない。別にゼイタクな生活をしなければいけないというのではなく、それでは本の一冊はおろか、新聞をよむヒマさえないからである。

〔中略〕

いろんな問題があろうが、おおまかにいつてそれには第一に生活方式の簡易化ということがおこなわれないと話にならない。ということは、台所の戸棚のなかにあまりにもガラクタ用品が多すぎることである。お茶をのむにしても番茶器から、コー茶、抹茶、挽茶々碗、それに応じて茶卓、お盆から土ビン、鉄ビン、薬カンの類にいたるまで、家によつては古道具の店頭に負けないだけのものが揃つている。そこで転宅ということになれば、日本特有の雑然たる引越風景がみられることになる。トラックをうずめて山とつまれる「引越荷物」ほど、日本人の複雑な生活内容を白日にさらすものはない。もつともフルつているのはモノホシ竿やたくあんの押し石というわけだが、如何に生活のムダと婦人の自由を抑えている重い負担が多いかをもの語つてもいる。

もちろん戦災者や海外からの引揚者には、そんなことはなく、モノ持ちでもながいあいだの竹の子生活で、大いに家財は減つてきている。しかしそうした様式や考え方から、すつかり抜けきつているとはまだまだいえないようである。

アメリカやヨーロッパの引越し風景は、ほとんど目につかない。なぜかというと、誰もが日本のような道具を占有しているのではなく、主な手廻品は帽子、靴のほかは洋服と下着類くらいなもので、タクシー一台にトランク十個もほうりこめばかんたんに引越しができる。家庭の食器類や炊事用品一切はどんな借家の台所にもちゃんと備付けてある。文化の進んだ国ほど、これが充実している。

日本流に皿や銀器に定紋をつけたような旧家は、外国にもあるにはある。けれどもそうした名家は、堂々たる自分の邸宅に定住しているから、一般市民のようにひんぴんと転宅などはしない。日本でも定紋のある階級も戦争のために焼け出されたものが多く、戦災と復員と引揚者の数からいつても、一般に日本人はモノもち、道具もちでなくなつている。実用一本の生活方式の簡易化へ、いまが踏み切るいい時機である。

×　×　×

これと同時に家庭生活の科学化ということは、ゼヒ心がけねばなるまい。民主化の非常に進んでいるスウェーデンでは、台所に電気冷蔵庫のおいてない借家などはほとんどない。バスもんの一部屋の独身アパートでも、電気冷蔵庫はある。ほ台所の流し場も、すべて水道栓とともに熱湯の出る仕組みとなつている。だから炊事をしながらでも、小さいものの洗濯くらいはやつてしまう。

電気といえば労銀の高いスウェーデンでは、あらゆるものの電化がよくおこなわれている。床を掃除する器械はもちろん、コーヒー沸しやトーストの器具などにも電熱を利用したのが多い。理髪屋にゆくと散髪はじめモミアゲまで電気バリカンを使い、いくつかの替刃をとりかえるだけで、なかなか手際よくやつてくれる。さらに一般家庭の洗濯器械まで電化されつゝある。この方はさすがに家庭ごとに一台というわけにはいかないが、アパートであれば何家族かが共同して屋上に電気洗濯場を設けてある。共同育児所もやはり屋上にあるところが多く、この点主婦は大いに助かつている。

こういつた様式をとり入れるには、むろん建築そのものが日本式ではどうにもならないことである。スウェーデンは第一次大戦のあと大へんな住宅難におそわれた。そのときから政府や市やあるいは協同組合の手で、いわゆる集合住宅というものがどしどし建築され、一つのビルに二、三十家族ずつが住むようになつた。首都ストックホルムへ飛行機ではじめて着陸したとき、深い森のなかに屏風のように切り立つた集合住宅の群がキチンと整列して、無数の窓にあかあかと電燈が輝いていたとき、これは美しいりと思った。北極に近い索漠としたくらい原始林のなかに、とつぜん美しい街のたゝずまいをみたときは、そこに底知れない人間の努力と幸福と文化の光を強く感ぜずにはいられなかつたのである。

街にすみついてから、この集合住宅を訪問してみると、どのビルも清潔で、大きい共同玄関には居住者の名前を書いた表札が階数と番号順に並んであつて、訪問したい居住者のボタンを押せば、「ドナタ?」という声がこれも電話式にすぐかえつてくる。こちらの名前を通話窓に向つていえば、ＯＫとばかり玄関のドアは先方がボタンを押して開いてくれる仕組になつている。

×　×　×

以上、家庭生活からの女性の解放という、ごくせまい範囲で思いついたまゝを書きなぐつたにすぎないが、これもいまの日本の現状ではあまりに遠い夢であるといわれるかも知れぬ。

しかし日本が軍備を抛棄した以上、もつぱら国民生活の向上に本気にのり出すなら、十年とたゝず西欧諸国に追いつくことも不可能でないと思う。

さいわいに、形や機構の上では日本の民主化は急速におこなわれてきた。ことに婦人の立場からいうと、日本には婦人の声を政府に反映する勢力が急にふえている。政治に婦人の政務次官ができ、婦人の局長さんができた。代議士は二十数名も出ている。アメリカの下院議員はわずか七名で、上院には一人も女性代表が出ていないのにくらべると、女の進出という点では日本の方が世界に稀な好成績である。たゞそれがどれだけの実力を発揮するかであるが、重大な女性の解放を可能ならしめるような家庭生活の改革のために、女でない筆者も心から激励と声援をおくりたい。（朝日新聞社欧米部員）

〔『家庭科学』第一一六号、一九四八年四月一五日、家庭科学研究所（共立女子学園）東京、K560〕

戦後ふえた結核患者
効果の大きいＢＣＧ接種

予防課

一、結核蔓延の状況

結核の問題は国民衛生最大の問題である。罹病者の数において、死亡者の数において断然他の疾病を引離している。すなわち死亡者の数を過去数年間の平均で見ると、死亡診断書にあらわれている数だけでも一年平均十五万人に及び、この外結核死でありながら他の病名として死亡診断書が作製されているものを計算に入れると、実際の年間結核死亡数は二十四万人に上ることになる。日華事変当初から終戦まで八年間の結核死亡数は二百万に近いことになるが、これはこの間の戦病死、戦死者、戦災死者の合計よりも多いわけである。

一方結核患者の数は年間結核死亡数の十倍と計算されているから、約二百四五十万人という計算になる。この中の一部分は健康人と何等変らない生活をしているが、他の大部分は病臥していたり、病臥しないまでも職業を離れて療養生活を送っていたり、また職業に従事し得ても一人前の仕事の出来ないでいる者である。

右に述べた結核死者及び患者の数はいかにこの結核という病気が個人の幸福を犠牲にし、経済生活を脅かし、さらに国家社会の経済に計り知れぬ損害を与えているかを示すものである。

しかるに衛生当事者以外、つまり一般国民はもちろん政治家、教育者その他いわゆる文化人でこの結核の問題に関心を持つている者が非常に少いのは遺憾である。

欧米の文明国においても数十年前には日本の現在と大差ない結核蔓延状態であつたが、生活の合理化とともに国民の衛生思想の向上と国家の強力な結核対策とによつて、今日のようにほゞ結核を克服した状態に到達したのである。アメリカの結核死亡率（人口一万人に対する結核死亡数）は現在大体四であるが、大正七年には一五であつた。大正十年には一〇を割り、昭和五年には六を割り、昭和十五年には五を割り、爾来順調な下り方を示している。これは一般国民の衛生知識と生活程度の高いことによつて成功したといわれてゐる。

ドイツでは第一次大戦前一三であつたものが、大戦の影響を受けて二三まで上昇したが、三年後の大正十年には一三を割り、同十二年には再び一五に上昇し、その後順調に下向、第二次大戦前少し上つたといわれ、その後の事は不明であるが、それにしても第一次大戦後のあの窮乏のどん底にあつてあれだけの成果を挙げ得たのは、国の強力な政治力によつて健康相談所網を張り、結核療養所を完備したためといわれている。

ひるがえつて、我が国の状況を見ると、明治初年には結核死亡者は余り多くなかつたが、その後大規模な生産形態の出現によつて急激に増加し、第一次大戦の末期である大正七年にはいづれの国よりも死亡率高く、ドイツの二三・〇アメリカの一五・〇に対して二五・三となつている。もつともこの年には流行性感冒の世界的大流行にも影響されたとも考えられるが、とにかく空前の記録であつた。それからは順調に下向して昭和七年には一八にまで下つたが、その後事変の影響を受けて漸次増加の一路を辿つた。殊に注意すべきはこれまで女の方が高かつたが男の方が高くなつたことである。すなはち死亡曲線の交叉が起つたわけである。その原因は満洲事変によつて重工業が勃興し、女工より男工が多くなつたためで、これによつても工業と結核の密接な関係が裏書されているのである。日華事変から大東亜戦争に突入し、戦線の進展と共に国内軍需生産は益々強化され、国民徴用令による徴用、女子挺身隊の出動、学徒動員等によつて台集工員の補充を行つた結果諸種悪条件が累積し、明治の「女工哀史」を被動員者に再現するに至り、また他の国内諸情勢も刻々悪化し、結核死亡率は急激に上昇した。昭和十八年には二三を、同十九年には二五を、終戦の昭和二十年には二八・二に達したのである。この二八・二という数字は民族の結核死亡率としては歴史的のものである。

中でも注意すべき事は復員、引揚者の結核死亡率が一五・四となつている事である。これは結核罹患者を優先的に引揚または復員させたためとも考えられるが、一方彼等が如何に苦しい生活を経て来たかということが想像出来るのである。

終戦の翌年昭和二十一年の正確な結核死亡率は残念ながら得られていないが、厚生省の推定死亡率は二〇・〇一となつている。終戦後の混乱状態の中で得た推定の数字であるから多少の疑問はあるが、福岡、佐賀、長崎の各県の死亡率はそれぞれ二七・九〇、三二・〇九、三三・八九となつている。これは引揚港に入港して該地で死亡するものが多かつたことに原因するものと思われる。昭和二十年の死亡率二八・二に対して同二十一年の推定は二〇・〇一となつているが、この数字が真実であれば結核予防対策に関する限り前途は実に明るいのである。しかし種々の角度から検討すれば残念ながら二〇・〇一は真実を伝える数字とは思われない。結核の将来の見透しをつけるにはなお今後数年の正確な数字を観察しなければならないと思う。

なお、本県〔広島県〕における本年三月以降九月末現在の届出結核患者発生数は一二三四二名、死亡数は一一五一名となつている。

二、結核予防対策

明治から昭和の初年にかけての国の結核対策は一言にしていえば感染防止の一語に尽きる。それは西暦一八八二年ドイツの碩学ローベルト・コツホが結核菌を発見して以来結核病は結核菌に感染する為におこり、「逆もまた真なり」との考え方のもとに、結核菌に感染すれば結核病に罹患すると結論した当時の幼稚な結核病理学に由来する。すなわち明治三十四年公布の畜牛結核予防法、大正三年の結核療養所設立に関する法律、大正八年の結核予防法のいづれを見ても乳牛の取締、患者の療養隔離、物件の消毒、特殊業態者の取締等感染防止が主眼となつている。勿論結核が伝染病である以上、叙上の方策が成功すれば相当の成果を挙げ得るが、結核患者はその数が莫大であるので急性伝染病のやうに発見次第隔離することが不可能であるし、患者の大部分が何等自覚症状を有せず、患者の発見が非常に困難であるために、結核の感染防止策は成功する筈がなかつた。そして他方国民の衛生思想の低劣と生活条件の不良のため結核の罹患と死亡は容易に減少しなかつた。

しかし医学の進歩により、結核に感染しても数多くの人が発病せずに一生を終る事を知つた。すなわち感染しても発病する者はその一部に過ぎない事実を発見したのである。また発病しても早期に治療を加えれば従来不治と信じられていた結核も治癒し得ることが判つたのである。

〔後略〕

〔『新県政』第三・第四合併号、一九四七年一二月一五日、広島県弘報課、S1444〕

人名索引〔本書に収録した記事の執筆者名を中心に〕

あ 行

か 行

さ 行

た　行

な　行

は　行

ま　行

や　行

ら・わ　行

事項索引

さ　行

た　行

な　行

は　行

ま　行

や　行

ら　行

雑誌索引〔本書に収録した記事の収録雑誌名を中心に〕

は　行

ま　行

ら・わ　行

執筆者紹介

渡辺拓也（わたなべ たくや）

1979年、山口県生まれ。大阪市立大学大学院文学研究科人間行動学専攻社会学専修後期博士課程単位取得満期退学、博士（文学）。現在、大阪市立大学都市文化研究センター研究員。専門は、労働社会学。

論文：「飯場労働者における『勤勉』と『怠け』——労働者の選別と排除のメカニズム」（青木秀男編『ホームレス・スタディーズ——排除と包摂のリアリティ』ミネルヴァ書房、2010年）。

中嶋晋平（なかじま しんぺい）

1981年、大阪府生まれ。大阪市立大学大学院文学研究科人間行動学専攻社会学専修後期博士課程単位取得退学、博士（文学）。現在、関西大学非常勤講師、阪南大学非常勤講師。専門は、マス・コミュニケーション論、歴史社会学。

論文：「日露戦後の海軍と民衆——海軍記念日講話関係資料の分析を中心に」（『市大社会学』13号）。

大橋庸子（おおはし やすこ）

1978年、福井県生まれ。大阪市立大学大学院文学研究科人間行動学専攻社会学専修後期博士課程単位取得退学。現在、福井県中学校教諭。専門は、観光社会学。

加藤敬子（かとう けいこ）

慶応義塾大学大学院社会学研究科博士課程単位取得退学。専門は、女性とメディア。

論文：「占領期の婦人雑誌」（『占領期文化をひらく』早稲田大学出版部、2006年8月）。

● 収録にあたり

著作権の許諾を得るべく努めましたが、連絡先にたどりつけない方がほとんどでした。著作権情報をお寄せください。

監修者紹介

山本武利（やまもと たけとし）

1940年、愛媛県生まれ。一橋大学大学院社会学研究科博士課程修了、社会学博士。現在、NPO法人インテリジェンス研究所理事長、早稲田大学・一橋大学名誉教授。専門はインテリジェンス史。
著書：『GHQの検閲・諜報・宣伝工作』（岩波現代全書、2013年）など。編著に『占領期雑誌資料大系　大衆文化編』（岩波書店、2008-2009年）、『占領期雑誌資料大系　文学編』（岩波書店、2009-2010年）など。

編者紹介

永井良和（ながい よしかず）

1960年、兵庫県生まれ。京都大学大学院文学研究科博士後期課程（社会学専攻）学修退学。
現在、関西大学社会学部教授。専門は都市社会学・大衆文化論。
著書：『スパイ・爆撃・監視カメラ』（河出書房新社、2011年）、『南沙織がいたころ』（朝日新聞社、2011年）など。

占領期生活世相誌資料 I
敗戦と暮らし

初版第1刷発行　2014年8月15日

監修者　山本武利
編　者　永井良和
発行者　塩浦　暲
発行所　株式会社新曜社
〒101-0051 東京都千代田区神田神保町3-9
電話(03)3264-4973(代)・FAX(03)3239-2958
e-mail　info@shin-yo-sha.co.jp
URL　http://www.shin-yo-sha.co.jp/

印刷所　銀　河
製本所　イマヰ製本所

© NAGAI Yoshikazu, 2014　Printed in Japan
ISBN978-4-7885-1402-7　C1030

好評関連書

小熊英二 著
〈民主〉と〈愛国〉 戦後日本のナショナリズムと公共性
日本社会学会賞、毎日出版文化賞、大佛次郎論壇賞受賞
戦争体験とは何か、そして「戦後」とは何だったのか。この視点から改めて戦後思想を問い直し。われわれの現在を再検討する。息もつかせぬ戦後思想史の一大叙事詩。
A5判968頁
本体6300円

福間良明 著
焦土の記憶 沖縄・広島・長崎に映る戦後
沖縄戦体験や被爆体験はいかに語られてきたか。沖縄・広島・長崎の「語り」から、「断絶」と「継承」の錯綜する力学を解きほぐし、戦後の「記憶」を批判的に検証する。
四六判536頁
本体4800円

鶴見俊輔・上野千鶴子・小熊英二 著
戦争が遺したもの 鶴見俊輔に戦後世代が聞く
戦中から戦後を生き抜いた知識人が、戦後六十年を前にすべてを語る瞠目の対話集。
四六判406頁
本体2800円

神子島 健 著
戦場へ征く、戦場から還る 火野葦平、石川達三、榊山潤の描いた兵士たち
兵隊になり、敵と戦い、還ってくるとはどういうことかを、トータルに解明した力作。
A5判564頁
本体5200円

紅野謙介・高榮蘭ほか編
検閲の帝国 文化の統制と再生産
検閲は転移する。日韓の研究者が検閲を鍵概念に文化の生産／再生産の力学をあぶり出す。
A5判482頁
本体5100円

鈴木登美・十重田裕一・堀ひかり・宗像和重 編
検閲・メディア・文学 江戸から戦後まで
文学テクストの生成・受容空間における検閲の作用を日・英語のバイリンガル出版で探る。
A5判384頁
本体3900円

（表示価格は税を含みません）

新曜社